CB018577

A Síntese Histórica e a Escola dos Anais

Coleção Estudos
Dirigida por J. Guinsburg

Equipe de realização – Tradução Paulo Bezerra; Revisão: Cristina Ayumi Futida; Sobrecapa: Sérgio Kon; Produção: Ricardo W. Neves, Heda Maria Lopes e Raquel Fernandes Abranches.

Aaron Guriêvitch

A SÍNTESE HISTÓRICA
E A ESCOLA DOS ANAIS

 PERSPECTIVA

Copyright © by Aaron Guriêvitch

Direitos reservados em língua portuguesa à
EDITORA PERSPECTIVA S.A.
Av. Brigadeiro Luís Antônio, 3025
01401-000 – São Paulo – SP – Brasil
Telefax: (0--11) 3885-8388
www.editoraperspectiva.com.br
2003

Sumário

Prefácio XI

Introdução XIX

PARTE I. OS FUNDADORES DA ESCOLA DOS ANAIS
  1. Mentalidade e Civilização: Lucien Febvre 3
  2. Uma Nova Concepção de História Social: Marc Bloch 39

PARTE II. OS DESTINOS DA HERANÇA DE FEBVRE E BLOCH
  1. "Geoistória" e Materialismo Econômico:
     Fernand Braudel 87
  2. O Diálogo com Georges Duby 113
  3. Emmanuel Le Roy Ladurie: A História "Imóvel" 149
  4. Mentalidade, Sistema de Valores, Imaginário. A Antropologia
     Histórica de Jacques Le Goff 173
  5. A Morte como Problema de Antropologia Histórica 215

Conclusão 253

Entrevista com Jacques Le Goff 287

Prefácio

O estado da Ciência Histórica mundial de hoje, em primeiro lugar as suas tendências principais e mais promissoras, e também o novo e valioso que ela conquistou, até hoje permanecem em grande medida fora do campo de visão dos historiadores soviéticos. Os novos problemas lançados pela historiografia estrangeira, as novas camadas de fontes históricas levantadas para elaboração desses problemas, os novos métodos de sua investigação e os novos aspectos da realidade histórica aí enfocados – tudo isso, infelizmente, fica a merecer a devida atenção de uma parte nada insignificante dos nossos historiadores. De igual maneira, também não se dá conta, com a devida profundidade, das novas relações da atual ciência histórica com outras ciências sobre o homem e dos efeitos metodológicos decorrentes dessa situação científica.

Aqui seria supérfluo discutir as causas do atraso da ciência histórica soviética em relação ao nível da ciência mundial; elas são evidentes demais. A fidelidade fanática a uma única teoria do desenvolvimento social e, independentemente das qualidades científicas dessa teoria, o repúdio imediato a todos os outros possíveis enfoques levam a um extremo estreitamento dos horizontes do pensamento. Isolados sectariamente dos historiadores estrangeiros por barreiras políticas e ideológicas, preferindo uma "crítica" unilateral e em bloco à historiografia burguesa a uma discussão profissional, os nossos historiadores se condenaram inevitavelmente ao atraso e ao provincianismo científico.

Os nossos filósofos tampouco assimilaram a experiência da historiografia mundial, embora seja evidente que essa experiência nem de longe é indiferente quer para a assimilação teórica do processo histórico, quer para a elaboração das questões metodológicas das ciências sociais. De uma forma ou de outra, no "ofício" do historiador sempre se exprime a autoconsciência da sociedade a que ele pertence, e por isso o conhecimento das tendências da ciência histórica poderia contribuir para revelar os segredos da visão de mundo dessa sociedade.

Hoje a situação está mudando, desapareceram muitos dos obstáculos externos para um contato científico produtivo. Mas os hábitos de um intelecto cercado de antolhos ideológicos e constituídos ao longo de decênios impedem que as pessoas se livrem da arraigada falta de conhecimentos imediatamente após a superação dos tabus políticos. Faz-se necessário um trabalho coerente e meticuloso de análise e assimilação da experiência da ciência. Esse trabalho está apenas começando.

Ao longo de vários decênios já existe no Ocidente a corrente conhecida como Nova Ciência Histórica (La Nouvelle Histoire) ou Escola dos Anais. Surgida na França no período situado entre as duas guerras mundiais e decorrente dos esforços de dois grandes historiadores – Lucien Febvre e Marc Bloch, a Nova Ciência Histórica há muito deixou de ser um fenômeno característico só da tradição historiográfica nacional francesa. Está fora de dúvida que hoje ela é a corrente mais influente na historiografia mundial. A atividade dos cientistas dessa corrente atraiu a viva atenção de historiadores de diversas escolas e orientações filosóficas. Os trabalhos de Febvre, Bloch e seus seguidores vêm exercendo uma enorme influência sobre os historiadores de muitos países, gerando discussões metodológicas, objeções e aprovações. Qualquer que seja a posição que se adote em relação a eles, nunca deixam ninguém indiferente à sua problemática e ao enfoque do estudo do passado.

A Escola dos Anais começa sua história no limiar dos anos vinte e trinta, a afirmação de suas posições científicas ocorre após o término da Segunda Guerra Mundial. Seu surgimento e evolução na França representaram, sem nenhum exagero, uma verdadeira revolução no campo do conhecimento histórico. Porque os cientistas dessa corrente formularam novos problemas que até então os historiadores não haviam colocado; dessa maneira alargaram-se vigorosamente os próprios limites da ciência histórica, que hoje abrange praticamente todos os aspectos da vida do passado. Os historiadores que seguem o curso da Nova História elaboram métodos de estudo dos monumentos históricos que abrem as vias de solução de novos problemas; na realidade, reviu-se e renovou-se consideravelmente toda a base das fontes.

Esses avanços no trabalho dos historiadores, imensos pela importância, tornaram-se possíveis primeiramente graças ao fato de que a Nova História vem derrubando muros que discriminavam tradicional-

PREFÁCIO

mente a Ciência História, em seu conjunto, em história da economia e história da cultura, história da religião e história da vida cotidiana, história da Igreja e história da sociedade, história da literatura e história da arte, história da técnica e história do pensamento... – muros esses erigidos pela diferenciação das disciplinas históricas e depois reforçados durante muito tempo pela formação universitária. A demarcação no interior da profissão de historiador foi determinada pelo seu próprio desenvolvimento, foi inevitável, mas aí começou a desaparecer a noção clara do conjunto de onde se destacaram essas disciplinas. Com a perda da consciência de que todas elas não passam de diferentes enfoques do mesmo objeto da ciência, acabou esquecido esse mesmo objeto – o homem social. A Nova História resultou de tentativas conscientes de restituir à história esse sentido que lhe estava escapando.

Diante desse novo objetivo, a Nova História envidou esforços orientados para o fim de superar o isolamento corporativo da história em relação às disciplinas contíguas. Em determinado momento, observou-se sua aproximação com a sociologia e a economia política, a psicologia e a geografia; depois, com o estruturalismo e a etnografia; simultaneamente ela deu atenção especial à história das mentalidades; hoje os "novos historiadores" lançam pontes em direção à demografia, à antropologia simbólica, à lingüística, à semiótica, aos estudos folclóricos, e assim se colocaram na via da transformação da ciência histórica – sob sua concepção tradicional – em história orientada em termos antropológico-culturais, em ciência do homem, na sua feição social e mental concreta que ele adquiriu em diferentes épocas do seu desenvol-vimento.

Laurence Stone, um dos famosos especialistas ocidentais em história da modernidade, escreveu há alguns anos:

> Tive a felicidade de testemunhar e inclusive participar da magnífica transformação de minha profissão. Se (e parece com isso) o afluxo de novas forças aos círculos acadêmicos no próximo decênio e meio for bruscamente reduzido em função da ausência de vagas, provavelmente virá uma estagnação intelectual, uma vez que as renovações podem ser esperadas precisamente dos jovens. Pois bem, se isso acontecer, os últimos vinte anos serão considerados uma espécie de período heróico no desenvolvimento da concepção histórica, comprimido entre dois períodos de aquietada assimilação dos conhecimentos obtidos[1].

Stone não está entre os adeptos da Nova História na etapa moderna de sua evolução: ele critica com bastante sarcasmo um ou outro de seus representantes externos. Mas quando se refere à "fase heróica" da evolução do conhecimento histórico da atualidade, a "novas idéias, novos enfoques e novos fatos que caracterizam essa Idade de Ouro da

---

1. L. Stone, *The Past and the Present Revisted*, London, 1987, p. XI.

XII A SÍNTESE HISTÓRICA E A ESCOLA DOS ANAIS

historiografia"[2], ele tem em vista, antes de tudo, a corrente que mencionei. Não há dúvida, escreve ele, de que nos quarenta anos passados a Nova História

rejuvenesceu o conhecimento histórico e levou a que esse período, juntamente com os quarenta anos que antecederam a Primeira Guerra Mundial, tornou-se o período mais produtivo e criativo em toda a história da nossa profissão. Todo aquele que teve a sorte de viver e trabalhar nesse período só pode se orgulhar do que foi conseguido na compreensão do homem na sociedade do passado[3].

Assim, reconhecendo a imensa importância da Nova História no passado recente, Stone supõe que essa página gloriosa da história do pensamento histórico já está virada. Ele não está só em suas avaliações pessimistas. Atualmente pode-se observar uma intensificação da crítica à Nova História. Muitos partidários tendem a considerar que essa corrente teria esgotado a si mesma e as suas possibilidades de crescimento e renovação. Segundo os críticos, nos trabalhos dos "annalenses" a história perdeu a integridade. A inserção de um imenso número de novos temas no campo de visão dos estudiosos estaria levando à fragmentação da história: ela "se desintegra em fragmentos"[4].

Entretanto, antes de fazer semelhante veredicto, é preciso estudar atentamente a problemática basilar dos trabalhos dos representantes da escola criticada, suas orientações de princípio. Não seria demais fazer a si mesmo outras perguntas: que outra corrente da historiografia mundial propõe hoje enfoques mais eficazes da apreensão da história que a Nova História? Constituiria ela uma corrente científica una, integral, não seria necessário discriminar em seu interior diferentes orientações? E o principal: o que significa a crise da Nova História na etapa atual, crise essa que não promete nenhuma saída e significa apenas estagnação e decadência, ou se trata de uma crise de crescimento ou renovação? Acho que, para responder a essas perguntas, é impossível que nos limitemos ao exame desses ou daqueles trabalhos concretos; importa definir a tendência do desenvolvimento da escola criticada e tentar elucidar as possibilidades nela contidas, independentemente de terem sido realizadas na prática ou permanecerem como certa potência.

Eu compartilho do entusiasmo de Laurence Stone no que tange à ascensão sem precedentes da nossa profissão, a qual esteve vinculada ao surgimento da Escola dos Anais. Graças aos esforços de Bloch e Febvre, a ciência histórica ganhou um alento mais amplo e livre. Entretanto não posso aceitar de maneira nenhuma a concepção de Stone e de toda uma série de outros adeptos da corrente, que colocam um ponto na evolução da Nova História e a consideram consumada.

2. *Idem*, p. XII.
3. *Idem*, p. 30.
4. F. Dosse, *L'histoire en miettes. Des "Annales" à la "nouvelle histoire"*, Paris, 1987.

PREFÁCIO XIII

Partindo de minha visão do processo historiográfico atual, ouso afirmar que as intenções radicais, as diretrizes investigatórias e os enfoques científicos hoje desenvolvidos por um determinado grupo de "annalenses" viabilizam o avanço subseqüente do pensamento histórico. Essa posição não contraria nem um pouco minha polêmica com esses ou aqueles "novos historiadores". Contudo estou convencido de que tanto a experiência passada quanto a moderna da Escola dos Anais fornece um rico alimento para reflexões.

Isso porque as transformações delineadas no enfoque da história como disciplina científica e na interpretação da história como processo, estudado por essa disciplina, naturalmente não podem deixar de acarretar toda uma série de conseqüências metodológicas essencialmente importantes quer para a própria Ciência Histórica, quer para as ciências sociais em seu conjunto. Por isso o estudo da experiência da historiografia mundial, antes de tudo em suas manifestações mais valiosas, é parte inalienável do trabalho de superação da crise que há muito já abrangeu o pensamento histórico em nosso país.

À semelhança do que acontecia com muitas outras manifestações doentias, próprias de nossa sociedade nos decênios anteriores, ignorava-se e silenciava-se a respeito da crise da ciência historiográfica soviética, impossibilitando sua simples constatação. Nesse período foram desaparecendo gradualmente as principais escolas de história (até as escolas da história socioeconômica, e mesmo assim essas mesmas correntes obtiveram grandes êxitos nos anos trinta a cinqüenta apoiadas na tradição antiga, e, parecia, tinham as chances mais reais de sobreviver), mas ninguém se deu ao trabalho de refletir sobre as causas de semelhante decadência. Isto não seria uma prova de que a problemática tradicional da investigação histórica – na forma em que ela existia no período precedente – esgotou-se e requer revisão e renovação radical?

Contudo, por uma questão de justiça, é preciso dizer que até no período sombrio da nossa história, quando se sufocava e até se pisoteava o livre pensamento (não raro juntamente com seus representantes), historiadores isolados e determinadas correntes das ciências humanas continuaram a trabalhar de maneira frutífera. Porque a criação intelectual e seu nível não são determinados de modo algum só por "condições objetivas"; seu espírito escrutador permanece inquebrantável.

Um fenômeno notável e sumamente simpático nas ciências humanas atuais em nosso país é a tendência à sua desideologização. Por acaso não é sintomático o fato de que, no limiar dos anos cinqüenta e sessenta, surgiram quase em sincronia e independentemente umas das outras pelo menos três correntes que, a despeito das diferenças pouco significativas entre si, revelaram de modo bastante preciso a referida tendência? Tenho em vista a escola de semiótica de Tartu, a teoria da

XIV   A SÍNTESE HISTÓRICA E A ESCOLA DOS ANAIS

"cultura carnavalesca" de Bakhtin e as primeiras tentativas de exploração da história das mentalidades na pesquisa histórica. Não pode restar dúvidas: a decidida recusa ao "engajamento" ideológico oficial foi plenamente consciente em todos os casos.

No que tange a Bakhtin isso se nota de modo talvez particularmente notório. Porque é difícil admitir a idéia de que um cientista de semelhante envergadura não tenha percebido que a acentuada oposição – que traça em seu livro sobre Rabelais – entre a tradição do carnaval popular, que desconhece o medo e a tradição cultural dos *agelastes** eclesiásticos, "estiliza" bastante (para não dizer simplifica e até deforma) a realidade histórica da Idade Média européia ocidental. A meu ver, o sentido do contraste construído por Bakhtin consiste, antes de tudo, em salientar a máxima liberdade e a índole antidogmática da "cultura popular do riso", totalmente desatrelada da cultura oficial: o contraste entre o espontâneo não-oficial, de um lado, e de outro, o dogmático oficial, é o contraste entre o vivo e o morto. De modo correspondente, a atenção investigatória de Bakhtin esteve inteiramente concentrada na "cultura popular do riso" da Idade Média e da Renascença, na cultura tipicamente "não-oficial".

Quando, ao estudarem a história da cultura, os representantes da corrente semiótica a consideram um sistema de signos no qual, "por trás do plano da expressão" esconde-se o "plano do conteúdo" por eles revelado, esse "plano do conteúdo" ideologizado não viria a ser o produto de uma espécie de "falsa consciência"? A investigação semiótica penetra no "subconsciente" da cultura, naquela sua camada em que a liberdade do indivíduo e de criação é limitada e direcionada pelas leis imanentes do comportamento sígnico próprias de uma dada cultura. A semiótica não forneceria o instrumento para decodificar e desmascarar todas e quaisquer formas ideologizadas solenes e manifestações da vida oficial, para abrir brecha em seu subtexto real e formulado de modo nem de longe claro e inequívoco pelos seus próprios representantes?

Por último, a história das mentalidades (um dos temas deste livro), isto é, do direcionamento dos interesses, das diretrizes não manifestas do pensamento e das orientações axiológicas, dos automatismos e hábitos da consciência que "transbordaram" em um determinado meio social, dos aspectos extrapessoais correntes e ao mesmo tempo muito estáveis desse pensamento, contrapõe-se à história das ideologias de modo tão inequívoco quanto a semiótica e a teoria bakhtiniana do carnaval. Mais uma vez a história das mentalidades desvela um outro plano da consciência social como que "oculto", por vezes não relevado com nitidez nem formulado explicitamente. O pesquisador das mentalidades não opera com convicções ou doutrinas filosóficas, religiosas

* Que nunca riem (do francês). (N. do T.)

PREFÁCIO XV

ou políticas como tais, ele não se ocupa das teorias mas do "solo" em que medram, em particular, também as teorias. No centro de sua atenção está a imagem do mundo que a cultura introjetou na consciência dos homens de uma dada sociedade e é por eles transformada espontaneamente, o mais das vezes fora do controle da sua "consciência diurna".

Sem dúvida, todas as referidas correntes do atual pensamento humanitário não surgiram e nem se desenvolveram porque quisessem a qualquer custo contrapor-se ao dogma oficial. Sua gênese e seus destinos subseqüentes decorreram da lógica do desenvolvimento da ciência. Sua ênfase interior está no aprofundamento no objeto das ciências humanas, na vontade direcionada de penetrar na especificidade da cultura; além disso, como não é difícil perceber, modifica-se a própria concepção de cultura, concepção essa que se reorganiza no mesmo sentido em que passou simultaneamente a destacar-se na etnologia ou na antropologia cultural. Em sentido contrário, a ideologização e a politização das ciências humanas foram uma violência contra o conhecimento científico, uma negação da própria essência dos estudos do homem. Eu gostaria apenas de salientar que, seguindo por diferentes caminhos, essas ou aquelas correntes do conhecimento humanístico hoje se aproximam entre si, unidas – a despeito de todas as divergências – por uma estratégia comum: é evidente que esta exprime um imperativo do nosso tempo. Mas essa estratégia não está plenamente clara nem experimentada: requer discussão.

O deslocamento do interesse das construções ideológicas para uma visão de mundo deve-se à compreensão de que, por trás das teorias e doutrinas, esconde-se outro plano da realidade enraizado na consciência dos homens, e ademais enraizado de modo tão profundo e sólido que quando uma ideologia substitui outra, essa camada oculta de imagens e representações pode permanecer imutável ou modificar-se apenas em parte, conservando os seus "parâmetros" básicos.

Como vemos, a reviravolta nas humanidades foi preparada pelo desenvolvimento anterior de determinadas disciplinas. Ao mesmo tempo, porém, não é difícil verificar também que essa preparação se deu de modo como que gradual, não tanto no interior da ciência histórica como tal quanto nas suas fronteiras e até mesmo fora do seu âmbito. E isso é sumamente sintomático. A renovação do acervo conceitual do atual conhecimento histórico se dá predominantemente como resultado de sua interação com ouras ciências do homem. É ao exame de como se realizou concretamente – e está se realizando – esse processo a que se dedica este meu livro. É claro que a Escola dos Anais é um fenômeno de suma complexidade, em termos rigorosos não é, de modo algum, uma escola científica na acepção corriqueira (e os próprios "annalenses" protestam energicamente contra sua classificação como "escola", preferindo falar de uma tendência comum do movimento ou de "estratégia", de "espírito" dos "Anais"); sob esse "teto" comum colocaram-se correntes e historiadores bastante diferentes, não vinculados por uma identidade de concepções e métodos. Eu estou longe de quaisquer pretensões de examinar esse fenômeno historiográfico no seu conjunto. Meu objetivo é duplamente limitado. Em primeiro lugar, eu abordo – e ainda de modo nem de longe completo – apenas a historiografia medievalista. Essa limitação não é justificada só pelos meus interesses profissionais, mas em grande medida pela essência da questão: é precisamente a historiografia medievalista que há muito vem servindo como campo em que, em primeiro lugar, novos enfoques e métodos de investigação histórica vêm sendo elaborados. É verdade que na Nova História é muito forte o ramo do conhecimento que vem estudando o período inicial da História Moderna (séculos XVI-XVIII). Abordo esses temas apenas parcialmente.

Em segundo lugar, não me proponho, absolutamente, o objetivo de apresentar um quadro multilateral da Nova História. Meu objetivo é outro: examinar como os representantes dessa corrente enfocam a síntese histórica. Noutros termos, se eles estão conseguindo unir numa visão abrangente os diferentes aspectos da realidade histórica, particularmente a vida socioeconômica com a vida espiritual e, em caso afirmativo, de que maneira e em que medida? É pouco provável que se possa negar que essa questão é tão atual quanto complexa. Entretanto, a colocação de semelhante problema perante os historiadores da Escola dos Anais parece lícita e até natural, porque foi justamente no seio dessa corrente do pensamento histórico que se formulou o postulado da "história total" ou "história global" (*histoire totale, histoire globale*). Da solução dessa questão cardinal – cardinal para o conhecimento histórico em seu conjunto – dependem muitas outras coisas na ciência da história.

Por último, desde o início eu gostaria de salientar mais uma circunstância importante para a compreensão do livro. Nele não estão ocultas as paixões do autor, suas simpatias e seus antagonismos. Contrariando uma famosa máxima, é pouco provável que freqüentemente se escreva a história *sine ira et studio*, menos ainda a história da própria ciência histórica. Seria preciso dizer que minhas propensões e não propensões em absolutamente todos os casos são inteiramente ditadas por uma razão: qual é a posição científica de um determinado historiador, em que medida ele se aproxima da solução do problema da síntese histórica? Nos trabalhos dos cientistas sobre quem escrevo eu procuro encontrar a resposta justamente a essa questão, de sorte que podem lamentar que eu não enfoco regularmente a contribuição científica desse ou daquele historiador para o conjunto; repito, eu tenho o meu ângulo de análise mais limitado e específico. Este não é um livro sobre a Escola dos Anais, é um livro sobre o enfoque de vários representantes dessa Escola à solução de um problema a meu ver decisivo e importantíssimo do conhecimento histórico. Quanto às orientações filosóficas, políti-

PREFÁCIO

cas ou quaisquer outras desses historiadores, em si mesmos elas não me ocupam e só são mencionadas à medida que, a meu ver, têm relação com as teorias científicas deles.

O livro teve sua parte principal escrita durante uma viagem de trabalho científico que fiz aos Estados Unidos em fins de 1988 e primeira metade de 1989, quando pude aceitar o convite do Centro Hatty de Estudo de História das Artes e das Ciências Humanas (Santa Mônica, Califórnia). Quero agradecer a todos os que foram partícipes desse convite e me prestaram uma ajuda inestimável na realização do meu projeto científico.

No outono de 1989 realizou-se em Moscou um colóquio internacional dedicado aos sessenta anos da revista *Anais*, principal porta-voz da francesa Escola dos Anais. Ao lado de historiadores russos, participaram dos trabalhos muitos dos principais representantes da Nova Escola francesa, bem como vários historiadores de outros países. A troca amistosa e viva de opiniões, as intervenções que ouvi e particularmente o conhecimento pessoal que travei com os mais destacados cientistas, entre os quais alguns "personagens" do meu livro, conhecimento esse prolongado durante minha visita a Paris na primavera de 1991, serviram-me de estímulo complementar no trabalho do seu texto definitivo.

Introdução

Uma das questões centrais da metodologia do conhecimento humano é a questão da originalidade das ciências do homem e as diferenças entre elas e as ciências naturais e exatas. Sabe-se que a colocação desse problema nada tem de novo: remonta a fins do século, aos trabalhos de Windenband e Richert. A contraposição das ciências "nomotéticas" às ciências "ideográficas", do método de estabelecimento das leis da natureza ao método individual "das ciências da cultura" permanece substancial também para o conhecimento atual. Sem discutir se se deve interpretar essa contraposição com a primeira atitude categórica ou se isso deve ser atenuado até converter-se em diferença, importa refletir sobre as causas que nos levam a insistir nela.

O positivismo partia da presunção de unidade da metodologia científica independentemente de sua aplicabilidade às ciências naturais ou às ciências do homem, pois, segundo essa presunção, a meta final desses ramos do saber é descobrir e formular leis. Essa é, particularmente, a convicção de parcela considerável dos historiadores marxistas. O marxismo acalentava a pretensão de haver descoberto as leis do desenvolvimento social. A teoria das formações econômico-sociais é a quintessência dessa diretriz metodológica geral. Mas o "critério de prática" lançado pelo marxismo, se aplicado a ele mesmo, impõe que se reflita sobre a questão: terão sido realmente descobertas as leis da história? Em todo caso, elas foram formuladas por filósofos, sociólogos e economistas que refletiram sobre a história e não por historiadores que estudam material empírico.

XX A SÍNTESE HISTÓRICA E A ESCOLA DOS ANAIS

O marxismo enriqueceu poderosamente a problemática do conhecimento histórico ao lançar na esfera do seu exame novos aspectos do desenvolvimento social, antes de tudo das estruturas econômico-sociais. E, o principal, trouxe para as ciências históricas o princípio sistêmico. Entretanto, no campo da teoria do conhecimento – e nem de longe por acaso, é claro –, Marx fez sua opção em favor de Hegel e não de Kant. Passar do campo do pensamento sobre o mundo para esse próprio mundo, com todas as suas "barreiras gnosiológicas", foi uma questão irrealizada para uma doutrina que partia da certeza da cognoscibilidade da realidade.

Entrementes, o sucessivo desenvolvimento das ciências mostrou que as rupturas mais ousadas e produtivas no sentido do aprofundamento da epistemologia histórica efetuaram-se à base do neokantismo. Precisamente aí foram demonstradas todas as complexidades geradas pela correlação do sujeito cognoscente com o "objeto" cognoscível. Não é por acaso que eu tomo o termo "objeto" entre aspas, pois está claro que o pesquisador não opera com o fenômeno real do passado "tal qual ele existiu em realidade" nem com o "fato bruto da vida", mas com um *objeto da ciência* a ser conscientizado pelo próprio pesquisador. Como foi a história "em realidade" não nos é dado saber, ao reconstruírmos a história nós a *construímos*. Nós a vemos do presente e, conseqüentemente, inserimos no seu quadro a nossa concepção de história, a concepção que temos de sua continuidade, nosso próprio sistema de apreciação.

Mas o principal consiste em outra coisa – nas peculiaridades do próprio objeto da história. Esse objeto é o homem social no tempo em mudança, os homens que vivem a história. Aí radica a diferença principal, essencial da história em relação às ciências naturais: o objeto destas difere do cientista que o estuda, ao passo que o objeto da história é idêntico ao sujeito cognoscente: o homem estuda o homem. Daí a diferença radical entre a natureza do interesse pela história e a natureza dos conhecimentos científico-naturais. Quando estudamos os homens no tempo não criamos a relação do sujeito com o objeto – nós entramos num *diálogo* com eles, que é impossível fora das ciências da cultura. Como Richert já mostrou, esse diálogo incorpora à investigação histórica o sistema de valores do historiador.

Mas precisamos ter em vista outro aspecto dessa relação: o diálogo com os homens do passado pressupõe igualmente o próprio sistema de valores *deles*, assim como de todos os outros aspectos da sua consciência. O objeto de pesquisa dos historiadores são os homens que pensam e os seres emocionais. Seus sentimentos e idéias devem ser objeto de investigação histórica tanto quanto as forças produtivas, as estruturas socioeconômicas ou os acontecimentos políticos. Essa idéia deve ser expressa de maneira mais definida. O historiador estuda a fonte; essa fonte, ou melhor, esse monumento, promovido pelo historiador à "categoria" de fonte (e respectivamente preparado, reconstruído e conscientizado por ele a partir dos fins da investigação), é produto do pensamento humano, e a primeira coisa com que opera o pesquisador são precisamente os pensamentos e concepções do autor do monumento (do "annalense", do escritor, do poeta, do legislador, do artista, do artesão...) da época em que foi criado o monumento ora tornado em fonte histórica.

Uma vez que o conhecimento histórico pressupõe o estudo não de estruturas socioeconômicas abstratas (objeto da sociologia e da economia política, que uma infinidade de historiadores toma como objeto propriamente histórico) mas dos homens que formavam coletividades reais, atuavam na história e a viviam, a apreensão do curso do processo histórico dificilmente poderia ser completa e convincente caso se ignorassem os pensamentos e sentimentos desses homens, a concepção de mundo que eles tomavam como guia em sua atividade prática.

Portanto, a história, entendida como diálogo da atualidade com o passado, como comunicação entre os indivíduos no "grande tempo", pressupõe necessariamente a inclusão – na esfera da análise histórica – do conteúdo da consciência humana em todos os seus níveis. O conhecimento da história, evidentemente, não se reduz ao estudo da consciência mas o subentende inevitavelmente.

Hoje em dia essas considerações podem parecer bastante bem conhecidas e por isso dispensariam uma minuciosa fundamentação. Contudo, em primeiro lugar seriam necessários não poucos esforços para meter na cabeça dos historiadores semelhante concepção de história e, em segundo, se analisarmos a produção de muitos pesquisadores ora em atividade, verificaremos facilmente que a problemática acima esboçada é tão estranha a eles quanto o era aos historiadores positivistas cem anos atrás. Mesmo que eles estejam informados sobre ela não adotam a nova metodologia em seus trabalhos.

Por isso a questão de como surgiu a nova metodologia da história não é uma questão vazia: não pertence exclusivamente à história da ciência histórica, sendo, ao contrário, sumamente atual. Ao nos envolvermos com sua análise estamos entrando na "batalha pela história", em discussões renhidas sobre a essência do conhecimento histórico, sobre o autêntico conteúdo do "ofício do historiador". Aqui se concentram em um nó apertado as questões dos métodos concretos da investigação histórica e as questões mais gerais da gnosiologia histórica, incluindo-se o problema da síntese em história. A discussão dessas questões é essencial não só para os historiadores mas também para os representantes de todas as disciplinas que estudam o homem – da filosofia e psicologia à filologia e ao conhecimento das artes.

Acabamos de empregar as expressões "ofício do historiador" e "batalha pela história"; elas não foram elaboradas por acaso, são títulos de livros dos dois maiores historiadores do nosso século – Marc

Bloch e Lucien Febvre. Esses títulos são uma espécie de senha de entrada no nosso problema – o problema da síntese em história, porque foram justamente Febvre e Bloch que colocaram o referido problema no solo real da investigação histórica. Eles estão no nascedouro da nova corrente da historiografia. O objetivo do meu livro é precisamente examinar, sob o ângulo de visão que acaba de ser fixado, a história dessa corrente na pessoa dos seus mais destacados representantes medievalistas.

Contudo, em relação à metodologia da Escola dos Anais eu ainda gostaria de expor algumas considerações.

A história, que estuda o homem e a sociedade no tempo é, "por definição", uma ciência sobre as mudanças, o desenvolvimento: no centro de sua atenção estão os processos sociais. Nessa diretriz natural, voltada para o dinamismo, o que menos ocupa os historiadores são aqueles aspectos da vida social que tendem à repetição e à imutabilidade. Ao encontrar semelhantes fenômenos nas fontes, o historiador não costuma inclinar-se a lhes dar maior importância, vendo neles uma espécie de constantes "extra-históricas" que não merecem ser estudadas justamente por não estarem sujeitas a mudanças.

Por essa razão, é perfeitamente explicável a ausência tão longa do interesse pelo imobilismo em história. Entretanto, o imobilismo ou os aspectos da vida social que revelam tendência ao imobilismo ocupam nesta um imenso lugar. O "peso do passado" paira sobre a história dos homens de qualquer sociedade por mais móvel que esta seja. É impossível compreender corretamente esse mesmo imobilismo em caso de abstração das constantes situadas em sua estrutura[1].

A história não é apenas um processo de desenvolvimento, de "evolução"; essa definição é notoriamente unilateral e sobrecarregada de categorias de valor que ganharam uma significação ideológica particular no período de formação da história científica nos séculos XVII e XIX – formação essa que transcorreu sob o signo do "progresso" – e hoje perderam o antigo significado. A experiência do homem ao término do segundo milênio da nossa era impõe extrema contenção em face dos conceitos de progresso, da ascensão contínua da humanidade etc. e das otimistas categorias histórico-filosóficas.

Façamos silêncio em torno da questão da possibilidade do progresso ao lado do regresso em história: esse tema, palpitante por si mesmo, não pode nos ocupar agora. Salientemos outra coisa: a história é um processo de interação de dinamismo e imobilismo, desenvolvimento e conservantismo. Esse processo é multiplanar, e seria muito precipitado destacar nele algum aspecto à custa da ignorância de ou-

---

1. Cf. J. Revel, *L'histoire au ras du sol*; G. Levi, *Le pouvir ao village*, Paris, 1989, p. IV.

tros. Pelo visto é lícito falar de dialética do dinamismo e do imobilismo em história, de diferentes "camadas", diferentes níveis da vida histórica. Nesses diferentes níveis observa-se uma variada correlação de ambos os componentes, contudo – e é importante salientar essa circunstância –, o imobilismo e o dinamismo coexistem invariavelmente, e só pela revelação de sua configuração concreta pode-se fornecer um quadro mais ou menos objetivo e equilibrado da história.

O objetivo de estudar esses componentes em sua interação só recentemente se colocou em toda a sua plenitude perante a ciência histórica. É pouco provável que aqui haja a necessidade de nos determos especialmente nas premissas ideológico-universais e filosóficas do problema teórico e ao mesmo tempo concretamente investigatório do imobilismo em história, o qual se esboçou subitamente. Menciono apenas que, em função das catástrofes vividas pela humanidade ao longo do século XX, a falência da idéia de progresso da história foi o fundamento em que surgiram tanto o elevado interesse pelo mito e pelos arquétipos na história e na cultura quanto a colocação de todo um conjunto de problemas do tempo quer artístico, quer social, quer psicológico e – o que é particularmente essencial no contexto da nossa discussão – histórico, tempo este que, como se verificou, não se reduz de maneira alguma ao tempo linear, "vetorial".

A correlação de dinamismo e imobilismo no processo histórico é, ao mesmo tempo, o problema da correlação da diacronia e da sincronia em seu estudo. Para o que os pesquisadores chamam a atenção predominante – para as mudanças que se dão com o correr do tempo ou para o funcionamento dos sistemas sociais, políticos, culturais e religiosos? Mas o problema dos enfoques sincrônico e diacrônico da história esbarra em uma das principais dificuldades do conhecimento histórico: de que modo os historiadores explicam inteiramente as mudanças históricas e onde vão buscar essas explicações? Em regra, os modelos de semelhante tipo de explicação dificilmente decorrem imediatamente da análise das fontes – costumam ser construídos pelo historiador (consciente ou implicitamente) com base em sua filosofia da história; no fim das contas é desta que depende a concepção de desenvolvimento e de mudança.

A tendência a concentrar a atenção em sincronia e imobilismo revelou-se nitidamente na ciência histórica do século XX. Será casual que se tenham projetado ao centro da atenção das ciências humanas e sociais a etnologia e a antropologia cultural, disciplinas que estudam as chamadas "sociedades frias", isto é, aquelas sociedades em que inexiste um ponto de vista interior sobre a história? Se tal tendência se verifica, ela transcorre com tanta lentidão que os membros dessas sociedades não notam o seu decorrer e estão predispostos a conscientizá-la em termos do "eterno retorno", da repetição. O enfoque relativista da história, particularmente da história da cultura, revelou-se mais aceitável e convincente que as concepções progressistas axiológica e teologicamente ornamentadas de "ascensão" das formas "inferiores" e "primitivas" a formas "superiores".

Claro que existem também outras causas que levam as ciências a recorrerem às questões da pluralidade de ritmos da história. Há muito tempo os historiadores deixaram de estudar apenas os fenômenos políticos e a concentrar a atenção em figuras do "primeiro plano". À diferença do tempo "breve", "nervoso" dos acontecimentos, o tempo dos avanços sociais costuma ser mais lento que o tempo das "conjunturas" políticas. Mas se enfocarmos o problema da correlação do homem e da sociedade com o ambiente natural (e hoje, numa situação de crudelíssima crise econômica, seria dispensável falar de atualidade da colocação desse tipo de problemas), verificaremos imediatamente que os ritmos a que a natureza está sujeita diferem essencialmente, por sua vez, dos ritmos sociais.

Portanto, os historiadores esbarraram na existência de uma estrutura temporal pluriestratificada no campo das suas investigações. Temos diante de nós, talvez, todo um "espectro de tempos sociais". Essa questão também foi levantada em sociologia, e em seguida na ciência histórica. Na fundamentação dessa idéia cabe um mérito especial a Fernand Braudel. Uma série de pesquisas concretas já demonstrou que a idéia é frutífera. Os historiadores ganharam um recurso novo e importante de análise e organização do material, de desmembramento de diferentes "camadas" da realidade social. É claro que esse recurso conceitual só é eficaz naqueles limites em que os historiadores dele se valem cautelosamente e não tendem a hipnotizá-lo, a transformá-lo em alguma essência independente.

Mas, como veremos adiante, essa substituição ocorre vez por outra. Paralelamente à constatação das dificuldades do avanço histórico, da lentidão do processo real da economia ou das relações sociais, da estabilidade dos estereótipos mentais, que jazem como um peso pesado nas sociedades humanas, encontramos na literatura científica (justamente em vários representantes da Nova História) concepções de história "imóvel" ou "pseudo-imóvel", que transferem para a história da Europa da Idade Média e da Idade Moderna os modelos de "sociedades frias de tipo etnográfico". Ao invés de estudar os acontecimentos em relação com as estruturas sociais e elucidar a interação e o intercondicionamento entre eles, costuma-se negar em linhas gerais o papel dos acontecimentos (e, com eles, dos homens que dele participam) na história, substituindo-os por esquemas sociológicos ou "geoistóricos".

A que se deve semelhante substituição? Não é fácil dar uma resposta ampla a essa pergunta. Em termos parciais, a resposta soa assim: durante certo tempo, a Nova História teve a pretensão não só de aproximar a história e as ciências sociais (a economia, a sociologia) mas ainda de colocá-la à frente desse "concerto". Essas pretensões não se justificaram. Entretanto, resultaram em que, ao nivelarem a história a outras disciplinas, começaram a perder a especificidade da história.

A colocação do problema da heterogeneidade dos ritmos de transcurso do tempo em diferentes níveis de realidade social veio a ser viabilizada pelo enfoque estrutural do seu estudo. O problema da correlação e da índole da relação entre os componentes do sistema social continua sendo central quer em sua colocação teórica, quer nas tentativas de resolvê-lo no processo da prática investigatória dos historiadores. Em dada relação, cabe notar o contraditório da situação que se criou na historiografia justamente no enfoque dessa questão.

Acontece que muitos historiadores ainda continuam a manter o esquema explicativo, conhecido pela denominação de "base-superestrutura", apesar de ninguém, ao que parece, ter conseguido demonstrar sua eficácia em investigações concretas e teorias gerais. Não há nenhuma dúvida de que entre as estruturas socioeconômicas, por um lado, e as instituições políticas e jurídicas da sociedade, por outro, existem inúmeras relações e interações e que um certo tipo de fenômenos culturais, religiosos e artísticos está correlacionado a um determinado tipo de estruturas sociais. Contudo, como todas as demais teses do marxismo, não há por que promover essa constatação a dogma e transformá-la em "falsa chave universal".

O mérito de Marx e Engels não reside tanto no fato de terem indicado com toda precisão a existência desse vínculo, aliás, bastante evidente, quanto de terem postulado o *caráter sistêmico* da estrutura social da sociedade. Quanto ao modo como dada estrutura concreta é organizada, aos "mecanismos" do seu funcionamento, aos componentes precisos da estrutura estudada que determinam o seu funcionamento – trata-se de uma questão que permanece inteiramente na competência do historiador, e dificilmente seriam lícitas as repostas dadas *a priori* a semelhante questão.

Mas o caráter sistêmico da sociedade é uma questão que não pode ser reduzida a um simples reconhecimento da multiplicidade de fatores do seu funcionamento e seu movimento. Os historiadores não podem deixar de procurar um certo "núcleo" do sistema social ao qual se juntem todos os seus aspectos e onde estes encontrem seu fundamento. No entanto esse "núcleo" não pode desempenhar o papel de "chave" através da qual se abram todas as portas. Ele não pode ser postulado antes da investigação histórica; deve ser encontrado no processo dessa investigação.

De modo correspondente, nossas considerações sobre o centro real do sistema social não podem apoiar-se em certos postulados formulados *a priori*. Aí as teorias filosóficas mais gerais sozinhas são insuficientes: fazem-se necessários modelos teóricos próprios, especialmente elaborados para a história como disciplina científica e que, conseqüentemente, levem plenamente em conta as particularidades específicas dessa disciplina. Mas esses tipos de modelo (de "teoria de nível médio") devem medrar no interior do nosso "ofício". A via pela qual se deveria seguir é a via normal de qualquer ciência: é necessário estudar a situação científica atual, a experiência acumulada, e fazer uma idéia nítida da prática investigatória existente entre os filósofos.

Só o conhecimento minucioso do estado atual do conhecimento histórico, com seus novos métodos e enfoques das fontes, com os meios de sua interpretação nos daria a possibilidade de compreender em que medida os modelos de explicação propostos pelos historiadores são convincentes e abrem novas perspectivas para se atingir a síntese histórica, ou seja, para uma apreensão mais ou menos integral e sistêmica da sociedade estudada. Porque justamente o problema da síntese continua fundamental e decisivo no conhecimento histórico.

A história da Ciência Histórica ao longo do último século não consistiu apenas no surgimento de novos ramos do conhecimento em seu seio (como a história econômica, a história social, a história da técnica, da ciência, da religião, a história local, a arqueologia, a história das colonizações, a demografia histórica, as disciplinas históricas auxiliares...), mas, ao mesmo tempo, no isolamento cada vez mais crescente desses ramos entre si. Esses processos foram inevitáveis e em si mesmos interiormente justificados. Graças a eles a história se tornou ciência e nossos conhecimentos sobre o passado se ampliaram poderosamente. Mas, como acontece com qualquer progresso, também temos de pagar pelo progresso dos conhecimentos. "O especialista é semelhante a uma fluxão", e depois que fraciona o vasto campo do estudo histórico numa infinidade de "lotes" nós não vemos esses campos por trás das cercas com que se isolaram entre si os representantes dos diferentes ramos do conhecimento histórico. Perdeu-se a concepção integral da história.

Essa perda é extremamente perigosa. O especialista "parcial", que conhece apenas a sua "horta", tende naturalmente a buscar explicações do fenômeno que estuda a partir da especificidade da própria profissão. Ele não se orienta pelo conhecimento do todo mas apenas de uma pequena parte deste, sua perspectiva é facultativa, unilateral e incompleta.

Há necessidade de ilustrações? Eis as primeiras que me vêm à lembrança.

Como os especialistas em história agrária da Baixa Idade Média interpretam o processo de pelo qual as massas de leigos transferiam suas propriedades agrárias para a Igreja e os mosteiros? Em regra, para esses historiadores aí não há um problema especial. Segundo eles, os camponeses alodiais, empobrecidos ou arruinados, procuravam ajuda material e proteção social entre protetores poderosos. Será correta essa resposta à questão do crescimento intensivo da propriedade agrária de igrejas e mosteiros? Sim e não. Só em parte é correta. Não há dúvida de que, em regra, os pequenos proprietários não podiam manter sua independência e preferiam ser mantenedores de sua terra dentro de vastas possessões de influentes magnatas, mesmo perdendo a sua liberdade.

É bem sabido, porém, que tais concessões não eram feitas apenas por elementos empobrecidos ou socialmente fracos, mas também por senhores da alta sociedade, inclusive pelos maiores e mais poderosos proprietários. As coletâneas de diplomas de concessões evidenciam que, por vezes, entre os doadores de terras em favor da Igreja era dificílimo encontrar pobres. Nesse caso, que razões moviam esse tipo de pessoas sólidas em termos de bens e sociais?

Por que não acreditar em suas próprias palavras? Ora, de diploma em diploma passa constantemente, com variações secundárias, a fórmula que reza que o doador está preocupado com a salvação da sua alma (ou da alma de um parente); ele exprime a esperança de que as rezas dos monges e as graças do santo protetor do mosteiro, ao qual ele fez sua doação, irão assegurar-lhe a salvação. Com base em que o historiador agrário de hoje ignora, no fundo, esse motivo religioso e vê no ato da doação apenas conteúdo econômico, qualificando a referida fórmula como "formalização religiosa" efetivamente "externa"? Sem dúvida, as doações de terras eram parte integrante do processo de formação da grande propriedade agrária das igrejas e mosteiros, mas a explicação desse processo foi empobrecida, foi retirada do contexto histórico.

O principal consiste em que o historiador agrário, provavelmente sem querer, põe na consciência dos homens de mil e mais anos atrás concepções próprias dele mesmo, historiador, e de sua própria sociedade. Porque é precisamente do seu ponto de vista que as motivações religiosas não podem ser impulso decisivo para a realização da transação econômica. Suponhamos que seja assim, mas com que fundamento ele atribui aos homens do período inicial da Idade Média semelhante modo de pensar?

Cabe pensar que o sistema de explicações proposto pelo historiador atual seria um tanto diferente se ele levasse em conta não só as preocupações dos homens com o pão de cada dia e a posição social mas também as suas crenças e medos. Não se deveria perder de vista tampouco o modo como esses homens tomavam consciência da natureza da doação e agiam de acordo com as concepções que nutriam. Porque todo presente pressupunha reciprocidade, uma "retribuição" nessa ou naquela forma. Em particular, as doações de bens em favor dos santos visavam a garantir por parte deles a proteção celestial e a defesa.

O exemplo citado me parece significativo. Revela a unilateralidade dessas interpretações socioeconômicas da história que não levam em conta a consciência e as crenças dos homens, as suas tradições. Sejamos mais precisos: o exemplo de interpretação da história social que acabamos de demonstrar (e ele é típico) é uma prova do perigo de ignorar-se um contexto sociocultural mais amplo.

Nesse sentido, parece-me ainda mais ilustrativa a interpretação, difundida na ciência, dos tesouros escandinavos da época dos viquingues. No norte da Europa foram descobertos milhares de tesouros com centenas de milhares de moedas de diversos países, da Inglaterra ao califado. Essas moedas caíram em mãos dos escandinavos como resultado de incursões com fins de pilhagem, de cobranças de contribuições, de serviços prestados a senhores estrangeiros na condição de mercenários, de obtenção de presentes, assim como de troca comercial. Mas a questão não reside na maneira como esses tesouros foram obtidos. Caberia refletir sobre o motivo pelo qual os viquingues escondiam parte considerável desses valores com tão obstinada constância ao invés de colocá-los em circulação mercantil "normal". Porque cabe supor que em outras partes da Europa dos séculos IX-XI não havia menos dinheiro do que na Dinamarca, Noruega ou Suécia, embora não se tenha observado semelhante volume de tesouros em nenhum lugar fora dos limites da Escandinávia.

Os arqueólogos e historiadores há muito propuseram a solução desse enigma, que aliás não tem nada de enigma para a maioria deles. Segundo eles, a explicação para o problema é extremamente simples. A época dos viquingues é um tempo intranqüilo quer para os vizinhos que sofriam com os ataques deles, quer para eles mesmos. A qualquer momento poderia aparecer um inimigo, e diante desse perigo o mais simples e seguro era enterrar as riquezas existentes. Daí os tesouros. Estes eram, segundo expressão do famoso arqueólogo sueco Stur Bulin, uma espécie de similar dos bancos modernos ou caixas econômicas. Além disso, supõe-se que nos períodos de calmaria e paz os donos dos tesouros podiam desenterrá-los e utilizar as riquezas ali contidas. Os tesouros encontrados na Idade Moderna são uma prova eloqüente do quanto "as coisas estavam podres no reino da Dinamarca" já que um número tão grande de tesouros não foi desenterrado: é evidente, supõe, Bulin, que seus donos morreram ou caíram prisioneiros. Observemos, porém, que as populações dos países cristãos, objeto de ataques dos viquingues e sujeitas a um perigo muito maior que os escandinavos, por algum motivo não escondiam os tesouros em proporções tão amplas.

Os pesquisadores que estudam o nascimento das relações feudais nos países escandinavos, vêem nos tesouros existentes uma evidente materialização do "potencial econômico" que existia no norte para a transição a uma sociedade de classes. Mesmo assim aqui mais uma vez, eu me permito observar que ao menos a parte dessas riquezas de que temos conhecimento acabou sendo apenas um "potencial" não utilizado do famoso desenvolvimento feudal da época dos viquingues.

INTRODUÇÃO   XXIX

Quanto à comparação dos tesouros viquingues a bancos, também neste caso há uma pequena imprecisão. À diferença dos clientes de uma caixa econômica ou banco, os donos dos tesouros não recebiam quaisquer "juros" sobre seus capitais, tampouco reclamavam seu "capital fixo". Há provas de que essas eram as suas intenções desde o início. Os tesouros foram encontrados não só onde não dava grande trabalho desenterrá-los como também em lugares de onde era absolutamente impossível retirá-los. Assim eram, por exemplo, os "tesouros de pântanos" ou tesouros depositados em fundos de rios e do mar.

Eis um esboço da vida islandesa da época dos viquingues. *A Saga de Egil, Filho de Scallagrim*, narra que quando o herói central, o grande *skald** islandês, envelheceu e sentiu a aproximação da morte, deu ordem para que dois escravos seus pegassem as arcas que possuía com ouro e moedas, outrora recebidas do rei da Inglaterra, foi com eles para uma região interior e inabitada da ilha e de lá voltou para casa sem arcas nem escravos. É absolutamente notório que Egil, sabendo que sua morte se aproximava, por alguma razão estava interessado em que seus tesouros permanecessem inacessíveis a outros homens, e por isso os escondeu e matou os escravos, únicas testemunhas do seu ato. Mas nisso também estava interessado um personagem de outra saga: depois de ser ferido de morte em um combate naval, agarrou sua arquinha com o tesouro e com ela pulou para a margem.

Sem dúvida, não se deve esquecer que as sagas foram escritas alguns séculos depois dos acontecimentos por elas representados. Mas se até na era cristã conservou-se a memória de semelhante tratamento dos tesouros, fica difícil imaginar que tal tratamento tenha sido fruto da imaginação dos autores de sagas. O que elas comunicam confirmam os dados da infinidade de achados arqueológicos.

O que acabamos de ver não deixará claro que a questão dos tesouros viquingues não pode ser satisfatoriamente resolvida sob seu tradicional enfoque estreitamente econômico? Está fora de dúvida que estamos diante de um fenômeno da vida material: os homens comerciam, adquirem riquezas, usurpando-as ou extorquindo-as. Os escandinavos conhecem a função terrestre, econômica dos metais preciosos, e esse seu emprego é informado pelas fontes. Mas quando o historiador discute a questão dos tesouros escandinavos não pode contentar-se exclusivamente com o contexto econômico-material. Ocorre que para a explicação desse fenômeno histórico faz-se necessário incorporar dados de ordem inteiramente diversa. O historiador não tem o direito de ignorar as crenças pagãs dos escandinavos, particularmente suas concepções sobre a morte e o outro mundo: ele deve fazer a tentativa de penetrar no sentido de conceitos verdadeiramente centrais para eles como os conceitos de "sorte", "ventura", "felicidade".

---

* Cantor-poeta escandinavo antigo (N. do T.).

XXX   A SÍNTESE HISTÓRICA E A ESCOLA DOS ANAIS

Os tesouros eram materializações visíveis dessa "sorte" mágica, e os escandinavos pagãos acreditavam que tinham tal sorte enquanto possuíssem esses objetos preciosos.

De igual maneira, o chefe que presenteava o guerreiro com um anel, uma espada ou uma capa estava, desse modo, investindo-o de uma parcela de sua própria "sorte", precisamente da qual o príncipe e o chefe eram particularmente ricos. Por isso as pessoas chegadas aos *konungs* e homens de casta deles solicitavam moedas, anéis e outras dádivas; exibiam-nos, orgulhavam-se deles, mas de maneira alguma os alienavam.

Mas a "sorte" – uma das categorias centrais da consciência dos escandinavos pagãos antigos – era necessária ao homem não só em vida mas também depois da morte. Quando Grettir, herói da saga homônima, penetra no túmulo a fim de aproveitar-se das riquezas ali escondidas, encontra o seu falecido dono, que está sentado nas arcas e as protege vigilantemente.

Eis por que os viquingues escondiam em primeiro lugar os tesouros e não "reclamavam" os seus "depósitos". Retirá-los do chão e de outros lugares secretos não estava absolutamente em suas intenções.

Como parece, os exemplos que acabo de apresentar podem servir de ilustrações à tese da importância da síntese na interpretação dos fenômenos históricos. Essa síntese pode ser atingida observando-se no mínimo duas condições: em primeiro lugar, com a ampliação do contexto histórico em que se examina o fenômeno em estudo e, em segundo, recusando-se o postulado apriorístico do papel invariavelmente decisivo dos fatores econômico-materiais no processo histórico.

Portanto, o problema da síntese e, em termos mais concretos, da síntese sociocultural se afigura central para a investigação histórica atual.

Mas como resolver semelhante problema? Ou melhor, como abordá-lo? Eu só vejo uma saída dessa situação: estudar a imensa experiência investigatória acumulada pela historiografia moderna, tentar interpretá-la criticamente e tirar da crítica as necessárias conclusões.

O enfoque da análise da historiografia pode ser diverso em função dos objetivos que se propõe o pesquisador.

Pode-se considerar a historiografia como parte constituinte da visão de mundo de uma sociedade ou de algum segmento social. Sob esse enfoque, o centro da atenção é ocupado pelo desenvolvimento do pensamento social de uma época; nos trabalhos de história procura-se o reflexo de determinadas idéias políticas e filosóficas: não se acentua a contribuição concreta dos historiadores para o estudo do passado mas as vinculações do conhecimento histórico com a filosofia e a teologia da história, com a história das concepções científicas em seu conjunto.

Ao mesmo tempo, é lícito ver nas composições de história uma das manifestações das diretrizes mentalistas, talvez não tão nitidamen-

INTRODUÇÃO   XXXI

te formuladas quanto implícitas, como que "diluídas" em um dado meio social, e nesse enfoque a análise das composições de história (e também de outros textos os mais diversos) é capaz de revelar a relação com o tempo e a história, relação própria dos homens da época estudada, a concepção de mundo desses homens.

Sob esses dois enfoques o pensamento histórico é um epifenômeno de um plano mais amplo. Ela se nos apresenta não como um objetivo em si mas antes como meio de apreensão de outros fenômenos. Em termos rigorosos, isso ainda não é uma análise da historiografia.

Se, porém, o pesquisador estiver interessado em estudar precisamente a experiência concreta da historiografia e tiver a intenção de elucidar para si qual o círculo de problemas que ela estuda, quais são os métodos de trabalho investigatório dos historiadores, os critérios da seleção das fontes por eles selecionadas, em que medida pode-se considerar convincentes o sistema de análise que eles adotam e as conclusões a que chegam, então das alturas da filosofia da história ou do apanhado geral das mentalidades ele deve descer aos laboratórios dos cientistas, chegar-se inteiramente ao "banco de carpintaria" do historiador e falar com ele na linguagem do profissional.

Contudo, sob essa formulação dos objetivos da investigação historiográfica, exige-se do historiador que ele não considere seu objeto "de fora" mas "de dentro". Noutros termos, o crítico deve trabalhar no mesmo campo: conhecer e compreender a problemática das pesquisas que pretende avaliar, conhecer ao menos parcialmente os monumentos históricos estudados por seus colegas, dominar os métodos de análise dessas fontes. Deve tentar conversar e discutir com eles "em pé de igualdade". A mim se afigura que só essa posição dá ao pesquisador de historiografia a possibilidade de fazer julgamentos qualificados acerca dos trabalhos dos seus co-irmãos de profissão e o direito a tais julgamentos.

Como já foi dito, estou convicto de que a corrente mais promissora do atual pensamento histórico é a Escola dos Anais francesa. Os representantes dessa tendência, agrupados em torno da revista *Annales. Economies. Sociétés. Civilizations.* (Anais. Economia. Sociedade. Civilização.) têm feito objeções reiteradas e motivadas contra a denominação de "escola", vendo nesta uma alusão ao fechamento em casta e à subordinação forçada à uniformidade, o que é absolutamente impróprio dessa corrente. Ela realmente carece de índole teórica monolítica e é bastante aberta. Além disso, ao longo de seis décadas de sua história, cujo início data de 1929, quando Lucien Febvre e Marc Bloch deram início à edição da revista *Anais de História Econômica e Social* (nome inicial da revista), essa corrente sofreu certa evolução.

Por isso os próprios representantes da referida corrente preferem referir-se a ela como Nova História ("La Nouvelle Histoire") e não como escola. Sem dúvida, precisamos ficar seriamente atentos a essa auto-avaliação. Pela colocação dos problemas da história, pelo enfoque da seleção das fontes históricas, pela concepção geral de processo histórico e pelo desmembramento, neste, de novos níveis de análise, a Nova História difere do modo mais substancial tanto da historiografia que a antecedeu, predominantemente positivista, quanto de outras correntes da ciência histórica da atualidade.

E mesmo assim – e precisamente por isso – eu manteria também a denominação de "Escola" no seu sentido mais direto: nessa escola há algo para se aprender. Seria por acaso que, em nossos dias, entre os adeptos e seguidores da Nova História se incluem de uma forma ou de outra muitos historiadores fora da França? Não seria sintomático que a produção dos representantes dessa corrente suscitam invariavelmente o mais vivo interesse no mundo científico, provoca discussões, e que a metodologia da Escola dos Anais permanece no centro da atenção dos historiadores de muitos países?

Repito: deve-se estudar a experiência investigatória da Nova História e nela assimilar criativamente tudo o que há de valor. Menciono um problema que aqui se formula assim: como o historiador de fins do século XX poderia enfocar a síntese histórica?

Para discutir esse problema do conhecimento histórico, a meu ver central, conviria concentrar a atenção na análise que a Escola dos Anais faz da história da *cultura* e das *mentalidades*. Desse modo, fica mencionado o problema profilático da Escola, colocado de modo preciso e enfático por seus fundadores; ele é objeto da maior atenção dos principais historiadores atuais dessa corrente.

Como seria mais correto realizar essa análise? Concebem-se duas vias. Ou podemos destacar certos aspectos do problema da história das mentalidades e da cultura e examinar como esses ou aqueles historiadores os resolvem. Ou podemos seguir a linha do estudo monográfico da obra de determinados representantes da Escola dos Anais com a finalidade de examinar mais atentamente a especificidade dos enfoques de cada um deles.

Depois de algumas tentativas, fui forçado a desistir de aplicar ao longo de todo o livro um único princípio programático. Há problema em torno dos quais convém reunir vários cientistas para a sua discussão; assim é, por exemplo, o tema da morte como objeto da antropologia histórica: vários historiadores o interpretam de diferentes maneiras, e o confronto de seus pontos de vista é interessante por ajudar a entender melhor a essência da questão. Além disso, a individualidade dos principais historiadores pertencentes à Nova História é tão grande que o enfoque monográfico, concentrado na análise da obra de um cientista particular, vem a ser mais adequado e útil.

Costuma-se falar de Marc Bloch e Lucien Febvre como fundadores da Nova História. E isso se justifica em grande medida. Ao mesmo tempo, porém, o estudo da obra, das posições comuns, da própria

INTRODUÇÃO   XXXIII

mentalidade desses dois historiadores leva a uma conclusão: eles eram profundamente diferentes, a metodologia de um e de outro era grandemente original, e por isso seria incorreto colocá-los sob o mesmo denominador. À luz da ulterior evolução da Nova História, as diferenças entre Febvre e Bloch, em termos retrospectivos, se tornam visíveis de modo particularmente preciso.

A segunda geração de "annalenses" é identificada com Fernand Braudel. De fato, sua figura domina na Ciência Histórica francesa entre fins dos anos cinqüenta e os anos setenta. No entanto a análise de suas obras leva à conclusão de que, tanto no plano da metodologia científica quanto no plano do desenvolvimento das tradições alicerçadas por Bloch e Febvre, Braudel dificilmente pode ser considerado um herdeiro dos dois e as tradições do estudo das mentalidades tiveram continuidade na França sem a participação dele. Por isso, julgar a Nova História partindo do conhecimento da contribuição que Braudel deu para ela também seria sumamente precipitado.

Mas até hoje os historiadores franceses que trabalham ativamente, aderindo de uma forma ou de outra aos Anais, mais uma vez não se assemelham. Por isso é tão arriscado examiná-los como um todo não desmembrado. Admito que no seio da Nova História existam caprichosamente duas tendências em muitos sentidos opostas, talvez duas "escolas" com metodologias radicalmente diversas.

O crítico da Escola dos Anais não raro erra o alvo justamente porque toma a parte pelo todo, julga todo o movimento historiográfico a partir de algumas de suas manifestações particulares, que às vezes não são as mais fortes nem plenamente representativas. Georg Iggers, por exemplo, escreve sobre duas fases no desenvolvimento da Escola – a "história das estruturas, que estuda as suas peculiaridades qualitativas" e dominou até 1945, e a "história das conjunturas, voltada para a análise quantitativa", que dominou depois de 1945[2]. Mas a "história quantificante", que realmente entrou na moda nos anos sessenta, de maneira alguma recalcou a "história qualitativa".

Robert Darnton critica a Nova História pela aplicação da "teoria do terceiro nível", que constrói a realidade histórica de acordo com um esquema "de construção" segundo o qual a economia, as relações sociais e a ideologia formam três "andares" com as mentalidades, sendo que o "andar inferior" determina o funcionamento dos superiores. Mas além disso Darnton aplica o ponto de vista de Pierre Chonu, que lançou a "teoria do terceiro nível", como expressão da diretriz geral da Escola dos Anais em seu conjunto[3]. Os historiadores franceses que

---

2. G. G. Iggers, "Die 'Annales' und ihre Kritiker", *Histoirische Zeitschrift*, Bd, 219, 1974, S. 578-608.

3. R. Darnton, *The Great Cat Massacre and other Episodes in French Cultural History*, New York, 1984, Conclusion.

XXXIV   A SÍNTESE HISTÓRICA E A ESCOLA DOS ANAIS

polemizaram com ele, entre os quais Roger Chartier, objetaram como fundamento que esse ponto de vista reducionista não é compartilhado por outros representantes da Nova História[4].

Eu suponho que é necessário um enfoque mais cauteloso e diferenciado, que não perca de vista a unidade interior ou ao menos os contornos gerais ou princípios desse movimento do pensamento histórico, sem, ao mesmo tempo, sacrificar a originalidade da contribuição de cada um dos seus participantes. No fim das contas, a autoridade da Escola dos Anais foi sempre determinada pelo fato de que os seus representantes criaram investigações de alto nível científico, cada etapa do desenvolvimento da Escola foi marcada pelo surgimento de obras primas do "ofício" de historiador. Os princípios gerais, métodos e concepções que caracterizam a Nova História só adquiriram todo o sentido e significação na medida em que encontraram sua materialização investigatória concreta.

São essas considerações que eu pretendo tomar como guia em meu livro. Não gostaria que este se desintegrasse em ensaios particulares; na medida em que estiver em minhas forças, faz parte das minhas intenções traçar um esboço do movimento na Nova História no sentido da elaboração de uma antropologia cultural da história.

---

4. P. Bourdieu, R. Chartier, R. Darnton, "Dialogue à propos de l'histoire culturalle", *Actes de la recherches en sciences sociales*, 59, 1985, pp. 86-94; R. Chartier, *Cultural History Between Practices and Representations*, Cambridge, 1988, pp. 95-111.

Parte I

Os Fundadores da Escola dos Anais

1. Mentalidade e Civilização: Lucien Febvre

A obra de Lucien Febvre (1878-1956) abrange a primeira metade do nosso século. Mas será que o que ele fez pertence exclusivamente à história da Ciência Histórica? Terá sido virada uma página da historiografia francesa – e não só francesa – escrita por ele? Ou isso é uma herança viva que continua a "operar" fecundando a obra dos historiadores ainda viventes? Essa questão é essencialíssima para a análise do estado atual do conhecimento histórico e a definição das tendências do seu movimento, das perspectivas que se desenham à luz da experiência acumulada pelos servidores de Clio nos últimos decênios.

Porque hoje, quando chegou o momento de fazer um balanço do desenvolvimento da Ciência Histórica ao longo do século que se está concluindo, é preciso dizer com toda a clareza: na história dessa ciência cabe a Febvre um lugar especial que eu chamaria de exclusivo. Na plêiade de historiadores notáveis promovidos por esse século ele se destaca como inovador, como lançador de novos caminhos. Ele deixou marca indelével na problemática, na metodologia e nos métodos investigatórios do ofício histórico. Se os historiadores tivessem um índice de citações como o que têm os representantes das ciências naturais, verificar-se-ia que, à exceção talvez dos seus amigos e companheiros Bloch e Braudel, nenhum outro historiador morto é citado na historiografia ocidental com tanta freqüência como Febvre. Ele foi e até hoje continua sendo a maior autoridade e um padrão. Sua atividade científica marcou o início de uma nova etapa na história do pensamento histórico. Inovador notável na ciência, Febvre foi ao mesmo

4 A SÍNTESE HISTÓRICA E A ESCOLA DOS ANAIS

tempo o seu grande organizador. Graças precisamente aos esforços de Febvre assegurou-se à profissão de historiador o lugar de destaque que ela ocupa na vida intelectual da França. Braudel o chamou de maior historiador francês desde os tempos de Jules Michelet[1].

A atividade científica de Febvre não se esgota no estudo da cultura e da psicologia dos homens do século XVI e da obra de homens notáveis como Luthero, Rabelais, Des Périers ou Margarida de Navarro. Ele via como outro objetivo principal a fundamentação de novos princípios do conhecimento histórico. Ao longo de quase toda a sua vida criadora ele travou incansavelmente um "combate pela história", por uma nova Ciência Histórica que, em sua concepção, era a "ciência do homem". A ênfase de toda a sua atividade foi devolver ao conhecimento histórico o conteúdo humanístico que ele perdera, impregnar a história de uma problemática vinculada à vida da sociedade moderna e ditada pelas demandas radicais e profundas que inquietam a civilização a que pertence o historiador.

Febvre travou seu "combate pela história" contra uma historiografia vetusta que se escondia da realidade atrás de caixas de fichários com cópias de textos antigos, nos quais ela era incapaz de sentir os homens vivos. O filósofo Henri Berr, que ainda antes dele começara uma luta semelhante pela renovação do pensamento histórico, chamava essa corrente totalmente dominante na Ciência Histórica francesa de "história historicizante" (*l'histoire historisante*), e o próprio Febvre debochava daqueles historiadores em cujos trabalhos os camponeses não aravam "com arados mas com cartulários" – coletâneas de cartas que mencionavam os camponeses como objetos da exploração e das transações comerciais dos seus senhores. Retratos satíricos – mas ao mesmo tempo próximos da realidade – de semelhantes eruditos, que se afogavam literalmente sob avalanches das suas inumeráveis cópias, das quais eram incapazes de haurir sequer uma centelha de sentido, foram desenhados por Anatole France – lembremos Fulgêncio Tapir, Sarietta e Silvestre Bonnar.

Sob a pena dos "historiadores historicizantes" a vida real dos homens e da sociedade era substituída por textos de monumentos – aos quais eles davam um significado que se bastava por si mesmo – não como meios de conhecimento do conteúdo humano do processo histórico mas como meio de demonstração de um esnobe conhecimento total de pormenores por "mandarins" da ciência universitária encerrados numa "torre de marfim".

Febvre começou a luta contra essa historiografia tradicional e socialmente estéril quase sozinho, na companhia de Marc Bloch, cien-

---

1. F. Braudel. "Lucien Febvre et l'histoire", *Annales. E. S. C.*, 12e année, n. 2, 1957, p. 178. Cf. H. Lapeyre "Un grand historien: Lucien Febvre (1878-1956)", *Revue européenne des sciences sociales*. Cahiers Wilfredo Pareto, 23, 1970, p. 151.

MENTALIDADE E CIVILIZAÇÃO: LUCIEN FEBVRE 5

tista e herói da Resistência francesa. "Ele foi um grande historiador não porque acumulou um grande número de cópias e escreveu alguns trabalhos científicos, mas porque sempre introduziu em seu trabalho o sentimento da vida, que nenhum historiador de verdade despreza"[2]. Essas palavras podem ser relacionadas com todo fundamento ao próprio Febvre.

Lucien Febvre, oriundo de Nancy, filho de um professor universitário e filólogo, concluiu a Escola Normal Superior de Paris onde estudou com o geógrafo Paul Vidal de La Blache e com o lingüista Antoine Meillet, com os historiadores Christian Pfister, Gabriel Mono e Gustav Bloch. Ao mesmo tempo, em seus anos estudantis (1889-1902) ele teve oportunidade de ouvir na Sorbonne conferências de vários cientistas notáveis – o psicólogo Henri Bergson, o etnólogo Lucien Lévy-Bruhl, o historiador de arte medieval Émile Mâle. Os anos de estudo e pesquisa independentes logo trouxeram os seus primeiros frutos, definindo o papel especial de Febvre na historiografia francesa. Ele se destacava entre seus colegas pela amplitude dos interesses e da colocação dos problemas, pela atração inicial pelo enfoque interdisciplinar na investigação histórica. Esse enfoque interdisciplinar logo seria aplicado em seus trabalhos.

Na dissertação do jovem professor da Universidade de Dijon *Philippe II e Franche-Comté* (1911), a história dessa província francesa, pátria de Febvre, é estudada numa série de aspectos: político, social, religioso. No centro da atenção do pesquisador estão as relações entre a nobreza e a burguesia, o estilo de vida de ambos os grupos[3]. Desse modo, já aí Febvre revela um interesse vivo pela psicologia social, interesse esse que nele não só irá conservar-se posteriormente como adquirir um novo significado que até podemos chamar de determinante. Segundo um historiador contemporâneo, na primeira monografia de Febvre está implícito o futuro programa da Nova História de investigação histórica[4].

Ao mesmo tempo, nesse livro Febvre dá atenção especial ao meio geográfico natural e à interação dos homens com ele. Ele sempre insistiu na necessidade de radicar os fenômenos humanos e sociais estudados pelos historiadores no ambiente natural, antecipando em muito tempo o interesse pela ecologia que irá despertar nos cientistas menos

---

2. L. Febvre, Marc Bloch. "Architects and Craftsmen in History", *Festschrift für Abbot Payson Usher*. Turbingen, 1956, S. 77.

3. L. Febvre, *Philippe II et la Franche-Comté, étude d'histoire politique, religieuse et sociale*. Paris, 1911 (2e éd. 1970).

4. L. Febvre, *A New Kind of History and Other Essays*, Ed. by P. Burke. New York, 1973, p. VI.

6 A SÍNTESE HISTÓRICA E A ESCOLA DOS ANAIS

sensíveis somente depois que a própria ecologia já se viu sob a ameaça de destruição total.

Esse enfoque destacou-se com clareza ainda maior no trabalho sintético de Febvre *A Terra e a Evolução Humana. Introdução Geográfica à História* (1922), que foi escrito para a série de monografias fundada e redigida por Henri Berr sob a denominação geral de Evolução da Humanidade[5]. Mas o interesse de Febvre pela geografia humana distinguiu-se essencialmente do "determinismo geográfico" contra o qual, aliás, dirigia-se a crítica contida nesse livro. Em oposição ao cientista alemão Friedrich Ratzel, que desenvolvera a idéia da "antropogeografia", Febvre insistia em que a sociedade humana se adapta de modo ativo e criador ao seu ambiente natural ao invés de subordinar-se a ele, que se deve falar das possibilidades que surgem no processo de interação dos homens com o meio geográfico.

A Terra e a Evolução Humana foi escrito depois de uma pausa forçada na obra científica dos cientistas, provocada pelo seu serviço prestado ao exército francês durante a Primeira Guerra Mundial. Ao término da guerra Febvre leciona na Universidade de Estrasburgo (de 1919 a 1933) que, depois da incorporação da Alsácia à França tornou-se uma das mais importantes instituições científicas do país. Aí se formou o meio intelectual extremamente favorável ao pensamento investigatório. Febvre estava em uma intensiva comunicação científica com cientistas de destaque – o sociólogo M. Halbwachs, o psicólogo M. Blondel, o historiador do direito eclesiástico G. Lebra e o geógrafo Henri Baulig.

No entanto teve importância especial para o ulterior desenvolvimento da ciência histórica francesa a aproximação, logo transformada em estreita amizade e permanente colaboração, de Febvre com Marc Bloch, que também lecionava na Universidade de Estrasburgo. Em 1929 houve um acontecimento, que na época foi pouco notado, mas, como mais tarde se tornou evidente, representou uma reviravolta no conhecimento histórico: Febvre e Bloch fundaram uma nova revista de história, *Anais de História Econômica e Social*, continuaram e desenvolveram as tendências já observadas por Henri Berr em sua *Revue de la Synthese Historique* – tendência de renovação radical da história. Tendo ganho sua própria tribuna permanente para expor as suas concepções científicas, Bloch e Febvre desenvolveram uma tempestuosa atividade. Basta dizer que nos primeiros vinte anos de existência da revista Febvre publicou quase mil artigos, resenhas críticas, notas e impressões de livros, programas científicos e outros materiais, nos quais defendia coerentemente uma nova concepção de Ciência da História. Logo elaborou um plano original de renovação do conheci-

---

5. L. Febvre, *La Terre et l'évolution humaine, introduction géographiqueà l'histoire*, Paris, 1922 (2e éd. 1970).

MENTALIDADE E CIVILIZAÇÃO: LUCIEN FEBVRE

mento humanístico, que serviu de base à nova edição da *Enciclopédia Francesa* (1932): esse plano consistia em derrubar as barreiras que separavam diferentes disciplinas e preferir os problemas à descrição empírica dos fatos.

Às vezes a atividade de Febvre se divide em dois períodos: antes de 1945 e depois, e chamam ao primeiro período de "tempo de luta", chamando ao segundo de "tempo do triunfo". De fato, ele e Bloch desenvolveram uma luta intensa pela mudança da situação na Ciência Histórica, luta essa cujos frutos Febvre começou a colher só após o término da Segunda Guerra Mundial (Bloch não viveu até esse momento, pois em 1944 foi fuzilado pelos nazistas como participante do movimento da Resistência). Mas no período do triunfo Febvre continuou o mesmo combatente decidido pela renovação do pensamento histórico e inimigo inconciliável da rotina na investigação histórica.

Mesmo assim, a situação do grupo dos historiadores dos *Annales* após o término da Segunda Guerra Mundial começou a mudar radicalmente. De um pequeno punhado de adeptos "guerrilheiros", que combatiam contra a maioria ramificada e pelo visto dona de sólidas posições no magistério universitário, a Escola dos Anais foi se transformando gradualmente na força científica e intelectual dominante e conseguiu consolidar institucionalmente essa sua nova posição. Desde 1933 professor do Collége de France, Febvre se torna o líder reconhecido da Ciência Histórica francesa.

Ele fundou a VI Seção da Escola Prática de Altos Estudos (Ciências Econômicas e Sociais), da qual foi o primeiro presidente a partir de 1947. Nesse centro científico por ele inspirado (hoje Escola Prática de Altos Estudos em Ciências Sociais), Febvre, auxiliado por F. Braudel e Ch. Morase, aplicou coerentemente na prática o programa do enfoque interdisciplinar dos problemas do homem, sem perder a perspectiva histórica na qual ele deve ser examinado. É claro que ele dirigiu invariavelmente o colegiado de redatores da revista *Annales* que, depois da guerra, quando saía de forma irregular e em parte até "semiclandestina"[6], recebeu a denominação de *Annales. Economies, Sociétés. Civilisations*. A mudança de título, sob o qual se destacavam inicialmente apenas os aspectos socioeconômicos da história, respondia melhor aos interesses científicos de Febvre, um historiador da civilização *par excellence*[7]. Ao mesmo tempo, Febvre, membro do Ins-

---

6. Sobre essa etapa na história da revista, no congresso internacional dedicado aos sessenta anos da *Annales* (Moscou, 4/6 de outubro de 1989) N. Z. Davis apresentou o relatório "Censorship, Silence and Resistance: The *Annales* during the German occupation of France". C. N. Z. Davis, "Rabelais Among the Censors" (1940s, 1540s). *Representations*, n. 32, 1990, pp. 1-32.

7. A despeito de toda a imensa importância dos trabalhos de Febvre para a Ciência Histórica francesa e mundial, ao que me consta, à exceção de um grande número de artigos dedicados a ele, existem apenas duas monografias em que se estuda especial-

8 A SÍNTESE HISTÓRICA E A ESCOLA DOS ANAIS

tituto Francês (Academia das Ciências Morais e Políticas), ocupava os postos de presidente do Comitê Nacional dos Historiadores da França, presidente do Comitê de História da Segunda Guerra Mundial, membro da comissão de elaboração do projeto de reforma da educação da França, membro da Delegação Francesa da UNESCO, redator-chefe da revista *Cadernos de História Universal*. Ele fundou a *Revista de História da Segunda Guerra Mundial*, dirigiu o conselho científico da série *O Espírito da Resistência* e a edição da *Enciclopédia Francesa*.

Portanto a nova escola em Ciência Histórica na França triunfava, adquiria controle sobre uma série de instituições científicas e assim ganhava a possibilidade de exercer uma influência mais direta e intensiva na orientação e no espírito das pesquisas em história. Nesses êxitos não suscitam quaisquer dúvidas sobre os méritos de Febvre (e mais tarde do seu seguidor e herdeiro Braudel), cuja personalidade aberta, temperamental e expansiva (segundo depoimento de todos que o conheceram) correspondia da melhor maneira ao seu amplo ativismo de organizador.

É importante salientar que, sendo organizador da ciência, Febvre nunca se transformou em administrador. Sua imensa autoridade dimanava antes de tudo de suas notáveis conquistas científicas. Esse cientista de amplíssimo diapasão e formação enciclopédica, excelente estilista e polemista agudo deve sua posição de primeiro historiador da França inteiramente às suas investigações em história do século XVI. Seus livros: *Um Destino, Martin Luther*[8], *Origènse e Des Périers ou o Enigma do Cymbalum Mundi*[9], *Em Torno de Heptaméron, o Amor Sagrado e o Amor Profano*[10] e antes de tudo *O Problema da Descrença no Século XVI: a Religião de Rabelais*[11] superaram em muito os limites habituais das biografias históricas ou ensaios de história da vida espiritual.

Em todos esses trabalhos Febvre analisa, em essência, a mesma questão que para ele era central: quais são as possibilidades do pensamento desse ou daquele líder da Reforma ou da Renascença apresentadas a ele pela época e o meio desses homens e quais são os limites desse pensamento? Segundo Febvre, a biografia intelectual não é outra coisa senão uma história da sociedade; as conquistas dos seus he-

---

mente a sua obra: H. D. Mann, *Lucien Febvre. La pensée vivante d'un historien*. Paris, 1971; G. Massicotte, *L'histoire problème. La méthode de Lucien Febvre*, Paris, 1981. Cf. também M. Mastrogregori, *Il genio dello storico*.

8. L. Febvre, *Un destin, Martin Luther*, Paris, 1928 (2e éd. 1968).

9. L. Febvre, *Origène et Des Périers ou l'énigme du Cymbalum Mundi*, Paris, 1942.

10. L. Fevbre, *Autour de l'Heptaméron, amour sacré, amour profane*, Paris, 1944 (2e éd. 1971).

11. L. Febvre, *Le problème de l'incroyance au XVIe siècle. La religion de Rabelais*, Paris, 1942 (2ed éd. 1968).

róis são condicionadas coletivamente. Um grande homem é filho da sua própria época e o representante melhor e mais completo da sua cultura, dos modos de conhecimento do mundo próprios dessa época. Mas ele não se dissolve na consciência coletiva, e em *Luthero* Febvre ausculta atentamente aqueles estados tensos que surgiam entre o seu herói e a sociedade alemã da primeira metade do século XVI. Ao elucidar o próprio estilo do pensamento de Rabelais ou Luthero, Febvre tende a reconhecer nele o estilo da época. Por isso, ele procura criar em torno de um grande homem aquele clima histórico em que se formaram as suas concepções. Não é o herói "que faz a época" mas a época que faz o herói, e ela deve ser lida nos textos por ele deixados. Segundo expressão de um estudioso do pensamento de Febvre, "o círculo determina o centro" e os mesmos Rabelais e Luthero não são "heróis da época" mas os seus *heroldes**[12].

Como já foi dito, *O Problema da Descrença no Século XVI: a Religião de Rabelais*, é a obra mais famosa e mais importante de Febvre. Meio século transcorreu entre o momento da primeira publicação desse livro e a ocupação da França pelos alemães. Desde então surgiu uma infinidade de novos estudos da obra de Rabelais, e os novos estudos rabelaisianos fizeram alguma revisão das conclusões de Febvre, apontando a unilateralidade de algumas de suas observações e revelando novos aspectos no romance do grande escritor e humanista. E mesmo assim a obra de Febvre não perdeu sua importância. Porque o principal nesse trabalho não é o romance de Rabelais e nem os pontos de vista que, provavelmente, ainda podem ganhar mais uma interpretação.

O mais interessante no livro de Febvre é a colocação do problema, o enfoque que o cientista faz do estudo da vida espiritual do passado, isto é, a sua metodologia. Na primeira página do livro lemos: "O historiador não é aquele que sabe. O historiador é aquele que busca". É esse o enfoque de princípio que Febvre faz da história, o qual penetra toda a sua obra e ele tomou por base do seu estudo do romance de Rabelais. Precisamente nesse sentido o livro de Febvre foi o mais fecundo e inovador. Ele é um documento vivo na história da Ciência Histórica do nosso século. As lições do método que Febvre lecionava continuam instrutivas também em nossos dias.

Que lições são essas?

Isso pode soar como um paradoxo, porém o pecado do anacronismo é o mais grave e simultaneamente o mais difundido, em que os historiadores caem facilmente. A premissa de que os historiadores –

---

12. G. Mairet, *La discours et l'historique. Essai sur la représentation historienne du temps*, Paris, 1974, p. 81.

* Do alemão *herold*, que significa mensageiro, arauto. (N. do T.)

10 A SÍNTESE HISTÓRICA E A ESCOLA DOS ANAIS

antecessores e contemporâneos de Febvre – partiam (e muitos continuam partindo até hoje) conscientemente ou o mais das vezes sem o perceberem, consistia na certeza de que, em todas as épocas de seu desenvolvimento, o homem se manteve uma grandeza invariável, tinha a mesma relação com o mundo, sentia e pensava na Antigüidade ou na Idade Média da mesma forma como pensava e sentia na Idade Moderna. Febvre lutou incansavelmente contra essa tendência de projetar sobre o pano de fundo do passado os nossos próprios sentimentos, idéias e preconceitos, e de formar as imagens de Ramsés II, César, Carlos Magno, Felipe II e Luiz XIV à imagem de um "Dupont" ou "Durand do ano de 1938"[13].

O livro *O Problema da Descrença...* se dedica propriamente a destronar esse preconceito. Abel Lefranc, antecessor de Febvre, estudioso da obra de Rabelais e mestre dos estudiosos franceses de Rabelais afirmava que esse humanista era um ateu consumado e racionalista, a quem remonta a linha contínua do livre pensamento dos séculos subseqüentes[14]. Mas antes de se fazer a devida avaliação desses ou daqueles enunciados e situações no romance de Rabelais, escreve Febvre, é necessário colocar uma questão mais geral: quais são as condições objetivas para o surgimento de uma tendência que se chama ateísmo, e existiriam tais condições no século XVI? Não estaríamos incorrendo em modernização quando transpomos as habilidades da consciência moderna, alimentada pela ciência da Idade Moderna, para a cabeça dos homens da época que antecedeu Descartes? Quais foram os modos da cosmovisão *desses homens*; que forças formaram a *sua* relação com a realidade; para eles seria possível uma delimitação tão precisa entre o natural e o sobrenatural, o possível e o impossível; essa premissa inalienável do pensamento científico? Na época de Rabelais existiriam conceitos como "lei" e "causalidade", "abstrato" e "concreto"? A cosmovisão dos homens é formada pelo seu modo de vida; esse pensamento, que hoje pertence à categoria das verdades evidentes, só a muito custo abriu para si o caminho na consciência dos historiadores.

Na referida colocação do problema está a importância do estudo de Febvre sobre Rabelais. Alguns especialistas modernos contestam a sua idéia da possibilidade do surgimento de um pensador ateu na primeira metade do século XVI. Suponhamos. No entanto, a colocação do problema por Febvre não se esgota no fato de saber se poderia ou não haver na França dos tempos de Francisco I um homem que teria rompido com o Cristianismo. Além do mais, o estudo de Febvre sobre Bonaventura Des Périers, que via em Cristo um "trickster", uma "mediocridade ignorante", reduzindo a religião a uma coletânea de histó-

---

13. L. Febvre, *Le problème de l'incroyance*, p. 1.
14. A. Lefranc, *Oeuvres*, t. 3. Paris, 1922.

MENTALIDADE E CIVILIZAÇÃO: LUCIEN FEBVRE 11

rias absurdas, demonstra que o próprio Febvre admitia a possibilidade de um livre pensamento individual naqueles tempos[15]. O essencial não está aí. O problema que ocupava Febvre consistia em saber se havia então um meio social e intelectual em que semelhantes idéias pudessem difundir-se e encontrar repercussão[16]. Noutros termos, qual era a relação entre o indivíduo e a sociedade, entre a iniciativa pessoal e a necessidade social em que as idéias e atos desse ou daquele homem ganham significação de ato histórico? "É essa a questão capital da história"[17].

Porventura essa colocação do problema não continua sumamente atual até hoje?

Febvre tratava de um problema: qual deve ser o método de estudo do papel do indivíduo e de sua concepção de mundo, da sua contribuição para o desenvolvimento da sociedade a que ele pertence? As concepções do indivíduo são representativas para a sua época e o seu meio, entretanto quanto maior e mais claro é o homem mais originais podem ser as suas idéias e a sua obra, e aí surge a questão da aplicabilidade de suas idéias, a questão de saber se elas dominam ou não as mentes dos seus contemporâneos, como de certo modo aconteceu com Luthero, ou se tornam uma espécie de impulso para o futuro mas não encontrarão ressonância em sua própria época (o caso de Des Périers).

Mais uma vez a idéia, manifesta muito antes do início das discussões metodológicas na historiografia francesa – a idéia de que não se pode julgar uma época com base apenas em declarações dos seus ideólogos que elaboram uma "falsa consciência" (Marx) –, a idéia sobre a "falta de transparência" dos sistemas ideológicos que camuflam a sociedade que os gerou[18] continuou estranha aos historiadores tradicionais, que concentravam a atenção no estudo dos feitos e enunciados de personagens históricas notáveis, tomando-as a torto e a direito como verdade. Febvre tinha consciência desse perigo. Como em 1900 (durante o famigerado "caso Dreyfus"), os pequenos burgueses colavam nas "pessoas perigosas" a "etiqueta de anarquistas" e em 1936 as situaram entre os "comunistas", assim como no século XVI os inimigos ideológicos acusavam uns aos outros de "ateísmo". Mas Febvre perguntava o que esse conceito realmente significava naquela época.

Nos trabalhos de Febvre e Bloch quase não há nenhuma menção aos nomes dos historiadores e filósofos alemães que trabalhavam no campo da sociologia do conhecimento, e seus próprios interesses estavam bastante longe dos aspectos teóricos dessa disciplina. E mes-

15. L. Febvre, *Origène et Des Périers...*
16. L. Febvre, *Le problème de l'introyance*, p. 381.
17. L. Febvre, *Un destin. Martin Luther*, p. 1.
18. A. Burguière, "L'anthropologie historique", *La nouvelle histoire*, sous la dir. de J. Le Goff. R. Chartier et J. Revel, p. 44.

mo assim eles chegaram a uma conclusão de extraordinária importância para a investigação histórica: o historiador deve procurar descobrir aqueles procedimentos do pensamento, aqueles modos de conceber o mundo e os hábitos da consciência que sejam próprios dos homens de uma dada época e dos quais esses mesmos homens possam não fazer uma idéia clara, aplicando-os meio "automaticamente", sem refletir sobre eles e por isso sem submetê-los a uma crítica. Com semelhante enfoque conseguir-se-ia abrir acesso a uma camada mais profunda da consciência, vinculada da forma mais estreita ao comportamento social dos homens, "auscultar" aquilo sobre o que esses homens pudessem no máximo "deixar escapar" algo, independentemente da sua vontade.

Esse enfoque, inusual para a ciência histórica, significava o início de sua nova etapa, depois de abrir amplas perspectivas para o estudo do passado. Ele muda radicalmente o estudo da consciência e do comportamento dos homens: da superfície dos fenômenos ele conduz o historiador às profundezas insondadas. A história das declarações dos grandes homens é recalcada pela história das estruturas ocultas do pensamento, que são inerentes a todos os membros de dada sociedade. Em função da sua disseminação universal e, principalmente, da índole inconsciente, do automatismo que lhes é próprio, essas formas de consciência social não são controladas por seus portadores e agem nestes inclusive à revelia da vontade e das intenções deles. Mas é precisamente por isso que elas são poderosas no mais alto grau, formam o comportamento social dos homens, grupos e indivíduos. Estudando esses mecanismos psicossociais, o historiador do campo da ideologia passa a outro campo em que as idéias estão estreitamente vinculadas às emoções, e as doutrinas, crenças e idéias estão arraigadas em complexos mais imprecisos e não formulados de representações coletivas. Aí o historiador penetra na esfera do "coletivamente não conscientizado" (eu prefiro esse termo ao de "inconsciente coletivo" uma vez que este está sobrecarregado de harmônicos ideológicos e místicos).

É importante salientar que o estudo desse nível de realidade social abre amplas perspectivas não só para o conhecimento da história do pensamento e das potencialidades criadoras dos homens – ao que Febvre dava a atenção predominante –, em cujo centro de interesses investigatórios estavam o Renascimento e a Reforma e não só a história da vida emocional (ele sonhava com a criação de uma história de sentimentos humanos como o amor, o riso, o medo etc.). O estudo das mentalidades dá a possibilidade de enfocar mais de perto a concepção de comportamento social dos homens – do comportamento do indivíduo em grupo, do comportamento do grupo, pois esse comportamento se forma sob o poderoso impacto das estruturas mentais. Segundo minha convicção profunda, o estudo das mentalidades pode permitir lan-

MENTALIDADE E CIVILIZAÇÃO: LUCIEN FEBVRE

çar uma ponte sob o precipício resultante da delimitação da história social e da história da vida espiritual. Mas eu me antecipei um pouco. Voltemos às reflexões de Febvre. Qual é o caminho que leva ao campo das mentalidades?

Pelo visto, para isso é necessário penetrar nos esconderijos da atividade pensante dos homens da sociedade estudada, particularmente estudar, do modo mais atento, o vocabulário dessa época, assim como os símbolos e os rituais próprios desses homens, nos quais eles revelavam aspectos substanciais do seu comportamento. No campo da atenção do historiador deve estar "tudo o que pertence ao homem, o que depende do homem, o que parte dele, o que o traduz, o que testemunha a sua presença, os seus atos, gostos e modos de existência humana". Ganha um novo sentido o estudo dos testemunhos da literatura e da arte, as configurações dos campos e do caráter das paisagens, dos dados da arqueologia e da história da técnica (aqui Febvre seguia o historiador agrário Bloch). É preciso fazer as coisas mudas falarem para que elas contem a respeito dos homens que as criaram e da sociedade aquilo que eles mesmos não contaram a seu respeito; nessa tentativa em constante renovação não estaria "o aspecto importante e, sem dúvida, o mais envolvente do nosso ofício de historiador?"[19].

Ao que me parece, nessas últimas palavras de Febvre está expresso um traço característico muito substancial do nosso enfoque da história. O historiador não deve ser um "coletor de lixo" ao qual se assemelhavam alguns de seus contemporâneos, que se vangloriavam de que pegavam qualquer informação, até mesmo sem ter noção de para que ela servia e se em geral ela serviria mesmo. Febvre ria maldosamente desses mesquinhos míopes. Voltado para um fim, em conformidade com o problema que se propôs, o historiador procura os vestígios do pensamento e da atividade humana, e é precisamente o contato com o homem de uma época distante, com seu psiquismo, o seu horizonte intelectual, com os seus interesses e paixões que dá à investigação histórica inusitada intensidade intelectual, agudeza e atrativo. O verdadeiro objetivo da história como ciência não é a construção de fatos dispersos, subordinados a um esquema elaborado *a priori* pelos historiadores ou imposto a eles, e nem o estudo do passado como um "objeto" inerte, semelhante aos objetos das ciências naturais, mas um diálogo entre o pesquisador e o homem de outra época.

Mas para a sua realização é necessário ter plena ciência da natureza específica do conhecimento histórico como "ciência sobre o homem". O historiador, que pertence à civilização contemporânea, com seus critérios e sua imagem do mundo que lhe foi dada por sua cultura, com seus próprios interesses e valores, entra em diálogo com os representantes de outra civilização, com homens dotados de outra ex-

19. L. Febvre, *Combats pour l'histoire*, Paris, 1953, p. 428.

14 A SÍNTESE HISTÓRICA E A ESCOLA DOS ANAIS

periência humana. O quanto me consta, o conceito de diálogo como modo de comunicação entre culturas de diferentes épocas não foi aplicado por Febvre nem Bloch, ele foi introduzido no conhecimento humano mais tarde. Quem escreveu sobre o conceito de diálogo entre culturas com uma sugestividade particular foi M. Bakhtin. Mas é precisamente esse diálogo que é pressuposto pelo modo de estudo da história que os fundadores da Escola dos Anais começaram a introduzir. Esse objetivo do encontro com homens de outras épocas e outras tradições culturais é incomparavelmente mais interessante e importante e mais complexo do que as descrições factográficas superficiais. Repito, porém, que a solução de semelhante problema é questão de excepcional dificuldade.

Às vezes os historiadores tendem a assumir o papel de juízes do passado. "Julgamento da história" é uma expressão batida. Em forma gasta e secularizada, ela nos devolve aos tempos em que dominava a convicção de que a história da espécie humana iria consumar-se com o Juízo Final. Ao colocar diante de si a pergunta: "Julgar ou compreender?", Marc Bloch a resolvia no último sentido[20]. Febvre igualmente não tendia a ver no historiador um juiz; seu problema não era proferir sentenças mas compreender. No livro sobre Rabelais ele age como pesquisador, pesando um após outro os dados "pró" e "contra" a religiosidade do humanista francês. No entanto, no processo dessa investigação se esclarece: para estabelecer a verdade não basta examinar os testemunhos sobre o próprio Rabelais, e Febvre não se contenta com a investigação tradicional do conteúdo do pensamento desse humanista; segundo sua convicção, esse enfoque isolador é insatisfatório. Cabe analisar não mais nem menos que todo o universo espiritual da época.

As categorias basilares pelas quais pensa Febvre são as de "época" e "civilização". De seu ponto de vista, na civilização materializa-se a unidade dos diferentes aspectos da vida material e espiritual dos homens. Febvre salienta as diferenças qualitativas entre as civilizações: cada uma delas, em um determinado estágio do desenvolvimento, tem as suas particularidades singulares, um sistema próprio de concepção do mundo. Conseqüentemente, para se compreender a essência de uma civilização e do comportamento dos homens que a ela pertencem é necessário reconstruir o modo de percepção da realidade próprio desses homens, conhecer o seu "instrumental" de pensar e sentir, isto é, aquelas possibilidades da consciência de si no mundo que uma dada sociedade põe à disposição do indivíduo. Já a cosmovisão individual, segundo Febvre, não é mais que uma das variantes da cosmovisão coletiva.

Aqui é importante salientar que, em relação à cosmovisão, Febvre não estava absolutamente disposto a ocupar uma posição rigidamente

20. M. Bloch, *Apologia da História*, 2. ed., p. 79.

determinista. Ele falava das "possibilidades" que a civilização abre diante do homem; como esse ou aquele indivíduo aproveita essas possibilidades já depende dele, das suas capacidades, do lugar que ocupa na sociedade e de outras circunstâncias concretas e correntes. Existem sempre muitas e diferentes potências, variantes de comportamento para um determinado indivíduo, para a expressão dele mesmo e da iniciativa, assim como alternativas de movimento da sociedade em seu conjunto. Ao mesmo tempo, porém, o caráter geral da cosmovisão, o estilo de vida, as linguagens da cultura, a mentalidade própria de uma dada comunidade humana não dependem dos grupos sociais ou dos indivíduos, "são dados" a eles. E mesmo assim a cultura forma uma certa esfera invisível, além de cujos limites os homens que a ela pertencem não são capazes de ir. Eles não têm consciência nem sentem essas limitações, uma vez que estão "dentro" de uma dada esfera mental e cultural. "Subjetivamente" eles se sentem livres, "objetivamente" subordinam-se a ela.

Entretanto, essa "subordinação" não é total nem absoluta, pois ao permanecer nos limites de uma esfera cultural o homem ainda assim muda gradualmente, e como que pouco a pouco, de mentalidade e de comportamento.

Nesse sentido Febvre introduz o importante conceito de "ferramentário mental" (*outillage mental*). Adiante examinaremos o aspecto geral desse conceito. Uma vez que no livro sobre Rabelais ele o aplica amplamente, cabe observar o seguinte. Para que o ateísmo lançasse raízes na consciência dos homens no século XVI, raciocina Febvre, deveria mudar substancialmente a visão de mundo que ele recebeu por herança da Idade Média. Entretanto, o estudo da criação individual dos pensadores e poetas da Renascença francesa e da psicologia coletiva dos seus contemporâneos leva o cientista a uma conclusão oposta. Porque nem no vocabulário dos homens do século XVI nem na sua consciência, que encontrava na linguagem o apoio e a expressão, já existia aquele material através do qual eles fossem capazes de criar um novo quadro do mundo.

Além disso, os mais potentes movimentos sociais da época tomaram a forma da Reforma e das guerras religiosas. Mas ainda no século XVII, os contemporâneos de Descartes e Galileu continuavam envolvidos pela psicose de massa do tipo da famigerada caça às bruxas, como acontecia nos países católicos e nos protestantes da Europa.

Em que radicam as peculiaridades do comportamento e do pensamento dos homens daquela época? Febvre tende a procurar a resposta no estudo do modo de vida da época que, segundo sua convicção, era por sua essência medieval. A rotina dos homens da sociedade predominantemente agrária, estreitamente vinculados à natureza, levava-os a conceber o tempo e o espaço "à maneira medieval". A carga hereditária das crenças religiosas e das superstições populares erguia em

16 A SÍNTESE HISTÓRICA E A ESCOLA DOS ANAIS

suas mentes sólidas barreiras contra tudo o que não tivesse sido visto, não tivesse sido ouvido, que já por isso era estranho e inaceitável. O novo, característico precisamente do século XVI, por exemplo, o lançamento do sistema heliocêntrico do universo ou os grandes descobrimentos geográficos, a despeito de toda a colossal importância dessas conquistas para o futuro, ainda não encontrava a avaliação adequada na consciência dos contemporâneos.

Segundo pensa Febvre, a mentalidade dos homens da época de Rabelais continuava tradicional. Não é difícil perceber que aí o pesquisador, a despeito de suas inclinações gerais para o estudo da cultura de elite, concentra sua atenção predominantemente na consciência do cotidiano, do dia-a-dia. Não foi por acaso que os seguidores de Febvre, que posteriormente escreveram sobre o período do século XVI, tiveram de compensar um pouco a desproporção criada em seu livro mostrando o novo que havia sido introduzido pelos escritores e cientistas avançados na vida intelectual da Europa da época do Renascimento[21]. Mas quando procuramos reconstruir a metodologia de Febvre, a questão não se resume só e nem tanto à referida desproporção.

É mais importante outra circunstância. Segundo me parece, neste caso Febvre cai numa conhecida contradição. Por um lado ele apela para a consciência corrente do "homem da rua" com suas representações e crenças habituais. Os bruscos contrastes entre o dia e a noite com suas conseqüências psicológicas, o "atraso visual" dos homens de então, que se apoiavam antes nas percepções auditivas que nas visuais[22], a crença no sobrenatural, no milagre, em toda sorte de medo – tudo isso são qualidades sobretudo do homem "simples", desprovido daqueles costumeiros aperfeiçoamentos da vida que pouco a pouco foram se tornando habituais para uma elite de vida mais confortável e mais civilizada. Mas, por outro lado, Febvre parece não perceber que as representações radicais dos homens sobre o mundo se formavam e se perpetuavam no seio de determinadas coletividades sociais, onde

21. G. Duby, R. Mandrou, *Histoire de la Civilisation française*, t. 1, Paris, 1958, p. 266 sq., 293 sq., 310, 325 sq.; R. Mandrou, *Introduction à la France moderne (1500-1640). Essai de psychologie historique*. Paris, 1961; *idem, Des humanistes aux hommes de science (XVIe et XVIIe siècles)*, Paris, 1973; *idem, Magistrats et sorciers en France au XVIIe siècle. Une analyse de psychologie historique*, Paris, 1968. Segundo reconhece Mandrou, o último dos livros referidos nasceu como resultado das reflexões sobre o artigo de Febvre "Sorcellerie, sottise ou révolution mentale", *Annales. E. S. C.* 3, 1948.

22. A tese de Febvre sobre o "atraso visual" dos homens do século XVI que eles, evidentemente, partilhavam com as gerações antecedentes, provocou de modo fundado dúvidas de muitos pesquisadores. Estes apontavam, particularmente, para o fato de que dificilmente as obras literárias em que Febvre aí se baseava seriam capazes de transmitir adequadamente as percepções visuais. Cf. G. Duby, "Histoire des mentalités", "L'histoire et ses méthodes", éd. Ch. Samaran (*Encyclopédie de la Plèiade*), Paris, 1961, p. 956.

MENTALIDADE E CIVILIZAÇÃO: LUCIEN FEBVRE   17

transcorria a sua vida, e que a estabilidade da mentalidade tradicional encontrava para si o terreno na tradicionalidade desses grupos sociais. Não seria na cadeia do velho sistema social que, no fim das contas, se deveria procurar também a causa da fraca sensibilidade para o novo e hostil em relação ao modo estável de vida?

É curioso e além de tudo sintomático que do vasto panorama histórico abrangido pela pesquisa de Febvre sobre Rabelais, onde são abordados os aspectos mais diversos da realidade francesa e européia do século XVI, da literatura e a teologia aos sistemas de mensuração do tempo, saíram as relações propriamente sociais, a estrutura da sociedade. Essa lacuna era perfeitamente notória para os continuadores de Febvre; Robert Mandrou, por exemplo, ao se voltar para o mesmo problema da psicologia histórica dos franceses no século XVI e primeira metade do século XVII, achou indispensável antes de tudo fazer um apanhado minucioso da estratificação social[23]. Segundo ele, só nessa base seria possível raciocinar sobre a visão de mundo dos homens daquela época.

Seria absurdo "expor uma avaliação" dos trabalhos de Febvre partindo da concepção marxista da sociedade e do processo histórico; o cientista estava longe do marxismo[24]. Só na geração seguinte, que entrou ativamente na vida científica após o término da Segunda Guerra Mundial, o marxismo passou a exercer uma influência notória e mais direta sobre as mentes de uma parte dos historiadores franceses. Mas tentemos nos manter nas posições de uma crítica, por assim dizer, imanente, no âmbito da escola dos Anais.

Ela foi encabeçada e inspirada por dois cientistas, companheiros e amigos, correligionários em muita coisa e no principal – Lucien Febvre e Marc Bloch. E mesmo assim basta que se compare o livro de Febvre sobre Rabelais com o trabalho fundamental e simultâneo de Bloch *A Sociedade Feudal*[25], para se ver com clareza que a metodologia dos dois nem de longe era idêntica. Para Bloch a categoria central da investigação histórica é a de "sociedade"; para Febvre, como já dissemos, é a de "civilização". A diferença não está tanto no volume de conceitos (civilização é um conceito mais amplo) quanto no seu conteúdo. Febvre concentra a atenção exclusiva na vida mental, na cultura e antes de tudo na psicologia dos homens; os fatores geonaturais e outros fatores materiais o interessavam vivamente na medida em que

23. R. Mandrou, *Introduction à la France moderne*. Cf. igualmente a crítica ao método de Febvre por Carlo Ginzburg, *The Cheese and the Worms. The Cosmos os a Sixteenth-Century*, Baltimore and London, Miller, 1980, p. XIII.

24. Cf. V. M. Dalin, *Historiadores da França dos Séculos XIX e XX*, Moscou, 1981, pp. 189 e ss; Iu. N. Afanassiev, *Historicismo contra Ecletismo. A Escola Francesa dos Anais na Historiografia Burguesa Atual*, Moscou, 1980, pp. 70 e ss.

25. M. Bloch, *La société féodale*, t. 1-2, Paris, 1939, 1940.

18 A SÍNTESE HISTÓRICA E A ESCOLA DOS ANAIS

influenciam a percepção do mundo circundante pelos homens. Febvre tendia a apreciar esses fatores materiais, sejam a riqueza, o trabalho e outros fenômenos da vida econômica, predominantemente como "fenômenos psicológicos", como "fatos de crenças e convicções". Por outro lado, no centro dos interesses de Bloch, a par de todas essas condições de vida, estão a estrutura social, as relações de classes, e ele as estuda de modo mais minucioso e profundo. Do ponto de vista de Bloch, a sociedade medieval representava uma unidade de todos os aspectos: produção, relações de dominação e dependência, sistemas de propriedade, de poder político, de concepção de mundo, sendo que o regime social e a estrutura agrária eram os componentes principais.

Ao conceito de "estrutura" Febvre preferia outros termos mais difusos: "ritmos, pulsações, correntes e contracorrentes"[26]. É claro que a diferença entre Bloch e Febvre é a diferença entre um historiador social, estudioso da economia da sociedade, por um lado, e um historiador da cultura, das idéias, da psicologia, por outro. Neste caso, porém, é essencial ressaltar as diferenças da concepção que ambos tinham da hierarquia dos fatores determinantes do processo histórico.

Febvre manifestou-se reiteradamente contra o apriorismo das avaliações e construções históricas, contra a imposição de sistemas de "Procusto" à história viva[27]. É difícil discordar dessa objeção. Entretanto, levando em conta a ênfase da síntese por ele proclamada como cadeia da investigação histórica, faz-se involuntariamente uma pergunta: conseguir-se-ia a síntese por meio de uma determinada organização de fatores os mais diferentes, que atuam na história, na organização subordinada a uma certa história, ou essa síntese se concebe como uma unificação eclética de forças e correntes heterogêneas na história?

Ainda voltaremos a esse importantíssimo problema. Neste momento eu gostaria apenas de salientar que, por mais que esse ou aquele pesquisador conceba a síntese histórica, não está no direito de ignorar ou contornar a estrutura social, a subestimar o seu papel na formação dos valores do sistema.

Quando se estudam os trabalhos de Febvre surge ainda outra pergunta: como, apesar de tudo, mudam as mentalidades? É difícil encontrar uma resposta clara para esta pergunta não só em Febvre como nos historiadores subseqüentes dos Anais. A questão realmente não é fácil. Se abstrairmos arroubos súbitos de humores de massa, do tipo do pânico, psicoses coletivas ou explosões de entusiasmo, e concentrarmos a atenção nas diretrizes radicais e hábitos da consciência, na

---

26. Citado do livro de H.-D Mann, *op. cit.*, p. 126.
27. L. Febvre, *Le problème de l'incroyance...*, p. 10; *idem, Combats...*, pp. 16, 25, 433.

MENTALIDADE E CIVILIZAÇÃO: LUCIEN FEBVRE 19

visão de mundo, veremos que as mentalidades mudam muito lentamente; isso, segundo expressão de Braudel, "são calabouços onde está
encerrado o tempo da longa duração".

Em Febvre talvez se possa encontrar apenas um enfoque desse
problema: as novas idéias e concepções, manifestas pelos representantes do pensamento filosófico e religioso, cedo ou tarde encontram
reconhecimento e se difundem em determinados círculos da sociedade e influenciam a visão geral de mundo. Concomitantemente com
Febvre, o sociólogo e historiador alemão Norbert Elias, ao estudar o
"processo civilizatório" concebido por ele como o processo de formação do homem moderno, afirmava que as novas formas e maneiras de
comportamento se constituíram nos séculos XVII e XVIII nos círculos aristocráticos e depois tiveram um reconhecimento mais amplo.
Posteriormente, Georges Duby, por sua vez, exprimiu uma idéia semelhante: os modelos e valores culturais que se formam predominantemente no "topo" da sociedade "descem" gradualmente às suas entranhas.

Há fundamentos indubitáveis para semelhantes afirmações. Mas
é igualmente lícita outra colocação do problema: não seria possível
surgir algumas tendências mentais nessas próprias "entranhas"? A semelhante posição leva, em particular, ao estudo das representações
dos anos medievais sobre a morte e o mundo de além-túmulo; em
grande medida essas representações existiam no meio de gente instruí-
da, precisamente na massa de religiosos comuns. De igual maneira, os
religiosos impunham o culto dos santos e a fé nos milagres que estes
obravam ao clero, que tentava se opor a eles[28]. Por isso seria mais
correto falar não do movimento unilateral das diretrizes mentais apenas "de cima para baixo", mas da interação das diferentes tendências
próprias dos diferentes estratos da sociedade.

Mas essa colocação do problema nos devolve à questão do vínculo
entre as mentalidades e a estrutura social, problema ao qual Febvre
não deu a devida atenção. O referido problema colocou-se com toda a
clareza nos anos setenta e oitenta perante os historiadores que estudam
a chamada cultura popular.

Entretanto voltemos ao livro sobre Rabelais.

Seu nervo central, a idéia que atravessa toda a exposição é a demonstração da divergência qualitativa, da contraposição das estruturas da consciência dos homens do século XVI e dos homens do século
XX. As fontes do pensamento científico devem ser procuradas em um
período mais tardio que a Renascença. Entre o tempo de Rabelais e a
Idade Moderna estende-se uma profunda cesura. A questão é diferente quando, partindo do trabalho de Febvre, tentamos delimitar a época

28. A. Ya. Guriêvich, *Problemas da Cultura Popular da Idade Média*, Moscou,
1981.

20 A SÍNTESE HISTÓRICA E A ESCOLA DOS ANAIS

de Rabelais da Idade Média. A crer em Febvre, aqui está à vista apenas a sucessão. Porque, em essência, o que ele escreve sobre a especificidade da percepção do mundo dos contemporâneos do mestre Alcofibrás, seja a atitude deles em face do milagre, da santidade ou das autoridades, sejam as crenças e superstições deles, que penetram qualquer aspecto de sua vida – tudo isso, confirmado fartamente pelas fontes do século XVI, poderia ser facilmente atribuído também aos séculos subseqüentes: o desconhecimento da contraposição do natural ao sobrenatural, do tradicionalismo do pensamento e do domínio da visão religiosa do mundo é uma herança que o Renascimento recebeu da Idade Média.

A "medievalização" do Renascimento por Febvre que, sem dúvida, contribuiu para a revisão das concepções tradicionais sobre aquele período, esbarrou ao mesmo tempo na objeção de uma série de críticos. É verdade que se deveria levar em conta que, no livro sobre Rabelais, Febvre não teve o objetivo de apresentar um quadro integral e equilibrado da vida espiritual do século XVI. Ele tampouco procurou examinar multilateralmente a obra do próprio Rabelais. O livro de Febvre, quero lembrar, está dirigido polemicamente contra as interpretações modernizantes das idéias de Rabelais pelos historiadores da literatura, em função de que a ênfase foi colocada inevitavelmente nos aspectos tradicionais da concepção de mundo dos humanistas franceses, naquilo que distinguia as suas concepções da concepção científica do mundo própria da civilização da Idade Moderna.

Cada cultura representa um conjunto cujos componentes, a despeito de todas as contradições possíveis entre si, estão correlacionados; esta é a tese central de Febvre. A visão racionalista científica do mundo – fundamento de um ateísmo conseqüente e do livre pensar – necessita de apoios intelectuais e premissas que ainda não havia nem podia haver na Idade Média. É incorreto confundir ateísmo com ataques críticos à teologia da Sorbonne ou com o riso alegre de Panurgo; como observa Febvre, um ateísmo autêntico na França católica da primeira metade do século XVI não é mais verossímil que "Diógenes de sombrinha ou Marte de metralhadora na mão"[29].

A idéia de Febvre sobre a relativa homogeneidade interior da cultura (inclusive a de que ela jaz sobre um substrato mental comum aos seus portadores) hoje já não parece tão original e inovadora; mas não esqueçamos que os cientistas só passaram a familiarizar-se propriamente com ela nos últimos decênios. O livro de Febvre, torno a lembrar, veio à luz em 1942; nesse período ainda não existiam nem a antropologia estrutural de Claude Lévi-Strauss, nem a "arqueologia do conhecimento" de Michel Foucault, e os historiadores em sua massa

29. L. Febvre, *Le problème de l'incroyance...*, p. 382.

MENTALIDADE E CIVILIZAÇÃO: LUCIEN FEBVRE

(à exceção de Febvre e Bloch) tinham conhecimento bastante fraco dos trabalhos dos etnólogos Marcel Mause ou Lucien Levi-Brühl e dificilmente adivinhavam que importância poderiam ter as concepções desses cientistas para as suas próprias pesquisas.

Depois de tudo o que acima foi dito sobre a luta coerente e convicta de Febvre contra o anacronismo na investigação histórica, contra a modernização da consciência dos homens das épocas distantes de nós, a pena tem dificuldade de escrever que o próprio autor do trabalho sobre Rabelais não evitou esse erro. Mesmo assim esse tipo de censura, que pelo visto tinha sob si um certo fundamento, acabou lhe sendo feita, se bem que já depois de sua morte. À primeira vista essa crítica veio de onde era difícil esperar.

No mesmo período em que Febvre concluía e preparava para publicação *O Problema da Descrença no Século XVI*, longe de Paris, em outro extremo da Europa, na cidade de Saransk no Volga, o filólogo exilado e desconhecido Mikhail Mikhilovitch Bakhtin também trabalhava em uma monografia sobre Rabelais. "Os livros têm o seu destino"... – O manuscrito de Bakhtin só se tornou patrimônio da ciência em 1965[30]. Hoje essa obra é considerada com justeza uma contribuição capital não só à fortuna crítica de Rabelais mas acima de tudo para a teoria e a história da cultura. O efeito refrescante e estimulante dele no pensamento humanístico soviético e em seguida no mundial é difícil subestimar. Bakhtin elaborou e fundamentou uma concepção original da cultura popular da Idade Média e do Renascimento. Com isso ele antecipou em parte a corrente na elaboração da história e na teoria da cultura popular dessas épocas que logo – e sob influência dele – surgiu no Ocidente, e precisamente no seio da Escola dos Anais.

Bakhtin define a cultura popular da Idade Média ocidental como cultura "carnavalesca", "cultura do riso". Essa tradição cultural, cujas fontes remontam à Antigüidade arcaica, está, segundo o pensamento de Bakhtin, impregnada de um profundo conteúdo cosmovisivo, resolvendo a seu modo os problemas radicais da existência, da relação da vida com a morte. A cultura popular da gente simples se opõe à cultura oficial "séria" – à cultura da Igreja que, segundo afirma Bakhtin, é desprovida do aspecto cômico-carnavalesco.

Segundo Bakhtin, nas épocas que antecederam a Idade Moderna o riso possuía um poder excepcional, que veio a perder com a passagem para a época moderna. Essa natureza especial do riso está contida na sua ambivalência: o riso carnavalesco é biunívoco, não só mata mas também ressuscita, nele se exprime um ponto de vista específico

---

30. M. Bakhtin, *A Obra de Françoise Rabelais: A Cultura Popular da Idade Média e do Renascimento*, Moscou, 1965.

22 A SÍNTESE HISTÓRICA E A ESCOLA DOS ANAIS

sobre o mundo, a convicção primordial do povo no não-desenrai-
zamento da vida, em sua capacidade de renovar-se constantemente,
antes de tudo por intermédio do riso vivificante. O riso popular rela-
tiviza o sério, revoga a sua índole absoluta e sua indiscutibilidade. A
esfera do domínio da cultura do riso na Idade Média era o folclore, o
carnaval, o espetáculo teatral de rua – estratos não-oficiais da cultura.
Só na época do Renascimento, e precisamente nos romances de
Rabelais, essa cultura popular, com as formas imagísticas que lhes são
peculiares, penetra – por um breve período – na "grande" literatura
dos homens instruídos. Sob a pena de Bakhtin o riso se transforma em
uma imensa força social e cosmovisiva, que cria e recria a cultura.

Aqui seria despropositado expor em mais detalhes as concepções
de Bakhtin, sendo bastante resumir a sua crítica ao livro de Febvre (o
cientista russo teve oportunidade de conhecê-lo quando preparava seu
manuscrito para edição).

Em diferentes épocas se ri de modo diferente, e essa riqueza
cosmovisiva e essa polifonia do riso popular se perderam com a passagem para a Idade Moderna. Ao mesmo tempo, também o sentido da
cultura popular veio a tornar-se para a ciência "uma coisa inacessível
à compreensão". Segundo Bakhtin, Febvre não compreendeu essa função cosmovisiva do riso da Idade Média e da época de Rabelais, quando o carnaval traduzia o aspecto cômico do mundo. O cientista russo
dá o devido valor à metodologia do historiador francês, que destrona
as construções anacrônicas de Lefran; além do mais, ele reconhece
que à luz do estudo de Febvre muitas concepções consolidadas de
cultura do século XVI devem ser revistas. Mas para Febvre, assim
como para os seus antecessores, existe apenas um plano "sério" da
cultura, apenas a cultura oficial, e ele não percebe a cultura popular
com o seu riso específico que ele não ouve. "A cosmovisão artística
de Rabelais – escreve Bakhtin – desconhece quer a negação abstrata e
pura, quer a afirmação unilateral"[31].

Sem ter percebido o principal, segundo Bakhtin – o elemento da
cultura popular carnavalesca na obra e na cosmovisão de Rabelais –,
Febvre "ouve o riso de Rabelais com ouvidos do século XX" e não
como o ouviam os homens de 1532". No entanto, pergunta Bakhtin,
"nós, homens do século XX, rimos como riam Rabelais e os seus leitores contemporâneos?"[32]. No romance de Rabelais Febvre estuda predominantemente apenas o sério, ao passo que no mundo imagístico do
humanista do século XVI só é possível uma "seriedade relativa", acompanhada sempre de tons cômicos. Por isso Febvre não percebeu o "extremo adogmatismo" e a "excepcional liberdade interior" do pensamento artístico que eram inerentes àquela época.

31. *Idem*, p. 145.
32. *Idem*, pp. 145-146.

MENTALIDADE E CIVILIZAÇÃO: LUCIEN FEBVRE 23

Eu me abstenho de uma análise detalhada dessa crítica, a meu ver a mais séria a que foi submetida a concepção de Febvre, porque, caso contrário, eu teria de discutir a concepção de cultura popular do riso do próprio Bakhtin, o que nos desviaria demasiadamente do nosso tema. Observo apenas que, a despeito de todas as divergências, ambos os estudiosos tendem a vincular a cosmovisão artística de Rabelais antes à Idade Média que ao Renascimento. Enquanto Febvre examina a cosmovisão de Rabelais no contexto da "alta" cultura oficial, Bakhtin a relaciona predominantemente à cultura popular do riso, "de baixo", da época. Quanto ao elemento especial do riso nos tempos antigos, que o cientista russo ressalta, cabe reconhecer: antes de Bakhtin ninguém revelou na ciência a natureza biunívoca do riso de modo tão persistente e amplo em relação à Idade Média e nem elucidou os seus fundamentos cosmovisivos[33]. Por uma questão de justiça lembro, entretanto, que foi precisamente Febvre que salientou que era fecundo e desejável que se estudasse a história das emoções humanas tomadas não isoladamente mas no contexto da época e de sua cultura. "Que surpresas se podem prever aqui!" exclamava o cientista[34]. Uma dessas surpresas é a interpretação da cultura popular da Idade Média feita por Bakhtin e não prevista pelo próprio Febvre.

A obra de um escritor da dimensão de Rabelais é de tal modo multiplanar e complexa, nela se cruzaram tantas tendências contraditórias que pode ser lida de maneiras bastante diferentes[35]. Por isso dificilmente seria correto e fecundo considerar a polêmica de Bakhtin com Febvre como um dilema em que só um lado está com a verdade. Rabelais – escritor e pensador que reuniu em sua consciência as tradições culturais do humanismo, está no topo do desenvolvimento literário da Idade Média e do Renascimento. Mas sua obra, segundo palavra de Bakhtin, representa uma "chave insubstituível de toda a cultura do riso européia e em suas manifestações mais fortes, profundas e originais"[36].

Eu acrescentaria ao que acaba de ser dito que tanto para Bakhtin quanto para Febvre o romance de Rabelais é antes um meio que um fim: o primeiro estudioso procura, através da análise da sua obra, revelar o elemento popular carnavalesco, ao passo que o segundo usa a

---

33. Veja-se, entretanto, os trabalhos postumamente publicados de O. M. Freidenberg, *A Origem da Paródia* (Trabalhos sobre sistemas semióticos, F.6 Tartu, 1973) e *O Mito e a Literatura Antiga*, Moscou, 1978.

34. L. Febvre, *Combats...*, p. 236.

35. L. Schrader, "Die Rabelais-Forschung der Jahre 1950-1960", *Romanistisches Jahrbuch*, XI, 1960; J. Larmat, *Le Moyen Age dans le "Gargantua" de Rabelais*, Nice, 1973. Sobre algumas diretrizes cosmovisivas gerais, características de Bakhtin e que, a meu ver, foram tomadas por base em sua concepção de cultura popular do riso, veja-se a Introdução.

36. M. Bakhtin, *Questões de Literatura e Estética*, Moscou, 1975, p. 485.

24 A SÍNTESE HISTÓRICA E A ESCOLA DOS ANAIS

obra de Rabelais como testemunho da psicologia religiosa na França do século XVI. Noutros termos, os objetivos que esses cientistas se propuseram são absolutamente distintos. E, se Febvre, segundo opinião de Bakhtin, não conseguiu revelar com a devida profundidade e o devido historicismo o substrato cômico do pensamento imagístico de Rabelais, a Bakhtin, por sua vez, poder-se-ia imputar que, de um modo geral, não deu atenção à vida religiosa da Idade Média e do Renascimento, subestimando o fato indiscutível de que, em primeiro lugar, o aspecto popular carnavalesco era, de uma forma ou de outra, inerente à cultura medieval em todos os seus níveis, incluindo a cultura oficial da Igreja[37]. E, em segundo, que a "cultura do riso" dificilmente representaria um elemento autônomo; estava antes vinculada da maneira mais estreita à cosmovisão perfeitamente séria e até sombria, e era o reverso dos medos inseparáveis da cosmovisão daquela época[38].

As construções de ambos os cientistas são unilaterais como, provavelmente, qualquer estudo inovador no qual a atenção principal se concentra no aspecto redescoberto do fenômeno em estudo; mas essa unilateralidade é fecunda. As discussões sobre Rabelais, sua obra e suas idéias, assim como sobre a cultura e a vida ideológica do seu tempo, irá prosseguir indubitavelmente. É igualmente indubitável que qualquer novo pesquisador terá de levar em conta, com a maior seriedade, tanto a concepção de Febvre quanto a de Bakhtin.

Repitamos: o mais importante e o mais valioso no livro de Febvre sobre Rabelais e a descrença no século XVI é a elaboração do problema da mentalidade, das possibilidades de a consciência humana perceber e assimilar o mundo naqueles limites e contornos que lhes são dados pela sua cultura e a sua época, do "instrumental do pensamento" que, em determinada época, está à disposição do homem e é historicamente condicionado, herdado do tempo precedente e simultaneamente se modifica de modo imperceptível no processo de sua criação, de toda a prática histórica.

Imperceptível porque a mentalidade, o modo de ver o mundo, de forma alguma é idêntica à ideologia, que opera com sistemas de pensamento arquitetados e em muitos aspectos, talvez no principal, continua não sendo refletida e nem revelada em termos lógicos. A mentalidade não são sistemas filosóficos, científicos ou estéticos, mas um

---

37. No romance de Umberto Eco *O Nome da Rosa* essa situação contraditória aparece com uma excepcional evidência e tensão.

38. Para mais detalhes, cf: A. Ya. Guriêvich, *Problemas da Cultura Popular na Idade Média*, cap. 6.

nível de consciência social no qual o pensamento não está separado das emoções, dos hábitos latentes e dos procedimentos da consciência.

Talvez o indicador mais evidente da diferença entre ideologia e mentalidade seja o fato de que, enquanto é admissível perguntar a alguém: "Que ideologia tu professas?", não é lícito lhe perguntar quais são a sua mentalidade ou o seu quadro do mundo, uma vez que os homens os possuem habitualmente sem o perceberem, sem se darem conta da sua essência e de suas premissas, da sua fundamentação lógica. Ao mesmo tempo, se é perfeitamente provável imaginar um homem sem cosmovisão, sem ideologia, é absolutamente impossível supor a existência de um homem sem um quadro do mundo; mesmo em uma feição deformada, esse quadro é inerente até a um louco clínico.

A introdução do conceito de "mentalidade" motiva, entre outras coisas, a que se enfoque de maneira grandemente nova o estudo das idéias, doutrinas, teorias científicas, estéticas e afins. Os historiadores da filosofia e da ciência costumam conceber os pensadores e cientistas sob a forma de "mentes incorpóreas", excluídos dos seus próprios dados históricos da época e do espaço; uma espécie de "girinos", de seres que possuem apenas a faculdade do pensamento lógico coerente, cujo processo transcorre numa atmosfera rarefeita de "pensamento puro", pretensamente livre de tudo o que é inerente aos simples mortais. Para caracterizar um homem criador notável, contentam-se com a análise das suas idéias e concepções, sem dar a devida ou qualquer atenção ao solo psicossocial, o único em que poderiam medrar tais flores *sui generis*. Não é a psicanálise, que dificilmente seria aplicável a homens de épocas passadas, mas precisamente o estudo da mentalidade própria de um determinado meio e época que constitui a condição indispensável da compreensão da criação humana.

Para revelar a mentalidade, o historiador tem de não acreditar imediatamente nas manifestações expressas dos homens, que deixaram esses ou aqueles textos e outros monumentos, mas "escarafunchar" até chegar a uma camada mais secreta da consciência, camada que ele pode descobrir nessas fontes antes meio contra as suas intenções e vontade. Nesse sentido, o mérito de Febvre consistiu, antes de tudo, em que ele percebeu os enfoques do estudo do psiquismo humano elaborados por psicólogos e etnólogos e os aplicou ousadamente ao estudo da história. O "não-conscientizado coletivo" ganhou o direito à existência na investigação histórica.

A palavra *mentalité* (mentalidade), que designa o conceito-chave introduzido por Febvre e Bloch na Ciência Histórica, é considerada intraduzível para outras línguas (embora no inglês haja a palavra *mentality* e no alemão *Mentalität*). É realmente difícil lhe dar uma tradição unívoca. Pode ser "disposição de espírito", "diretriz mental",

26 A SÍNTESE HISTÓRICA E A ESCOLA DOS ANAIS

"representações coletivas", "imaginário"*, "modo de pensar"[39]. Entretanto, é provável que o conceito "visão de mundo" traduza de modo mais aproximado ao que Bloch e Febvre colocaram nesse termo quando o aplicaram à psicologia dos homens das épocas passadas[40]. A meu ver, essa sua interpretação exprime com mais precisão a essência da questão e nos leva à compreensão do principal que foi descoberto pelo novo enfoque dos objetivos da investigação histórica. O conceito de *mentalité* ganhou "o direito de cidadania" precisamente no mesmo período em que Febvre começava a sua luta pela renovação do conhecimento histórico.

Dificilmente seria possível duvidar de que aí se manifestou a influência do trabalho de Lévi-Bruhl *A Mentalidade Primitiva*, publicado em 1922[41]. Antes Lévi-Bruhl havia publicado um livro: *As Funções Mentais nas Sociedades Primitivas*[42]. Nesses trabalhos ele salientava o "protologismo" e o colorido emocional da consciência dos homens que não haviam atingido o estágio da civilização. Tratava-se antes de tudo das representações coletivas que dominavam nas sociedades primitivas e contrastavam bruscamente com o modo de pensar característico das sociedades civilizadas. A respeito da mentalidade como fenômeno da vida psíquica, que caracteriza o "protologismo", mais ou menos no mesmo período escreveu o conhecido psicólogo francês Charles Blondel, enquanto Henri Vallon aproximava a "mentalidade primitiva" da percepção infantil.

Um pouco antes o termo *mentalité* atraiu a atenção e o interesse de Marcel Proust. Segundo palavras de uma das personagens do romance *O Caminho de Guermantes*, *mentalité* significa exatamente a mesma coisa que "modo de pensar" mas "ninguém sabe o que se quer dizer com isso": "isso é algo mais moderno, como se diz, 'o último grito' ". Outro interlocutor responde: "*Mentalité* me agrada. Existem palavras que entram em circulação mas não pegam"[43].

---

* Embora Guriêvitch empregue neste caso o substantivo russo *voobrajénie*, que comumente se traduz como "imaginação", ele já o empregou no sentido de "imaginário", razão pela qual tomei a liberdade de traduzi-lo também por "imaginário". (N. do T.)

39. Veja-se a resenha de definições no artigo Y. Conry, "Combats pour l'histoire des sciences:lettre ouverte aux historiens des mentalités", *Revue de synthèse*, 3e série, nos. 111-112, 1983, p. 370.

40. R. Mandrou, "Histoire sociale et histoire de smentalités. La France moderne", *Au jourd'hui l'histoire*. Paris, 1974, p. 221.

41. L. Lévi-Bruhl, *La mentalité primitive*. Paris, 1922. O conceito de *mentalité* foi aplicado por Marcel Mauss ainda em um trabalho de 1906. Cf. P. Burke, *Die "Annales" im globalen Kontext*, S. 18, Anm. 35.

42. L. Lévi-Buhl, *Les fonctions mentales dans les sociétés inférieures*, Paris, 1910.

43. M. Proust, *Le coté de Guermantes*, t. 1 (*A la recherche du temps perdu*). Paris, 1953, p. 330. Marcel Proust, *Em Busca do Tempo Perdido. O Caminho de Guermantes*, trad. de A. A. Frankovski, Moscou, 1936, pp. 280-281.

MENTALIDADE E CIVILIZAÇÃO: LUCIEN FEBVRE 27

Entretanto a palavra "mentalidade", contrariando a suposição do herói do romance, pegou. Um grande destino a esperava na Ciência Histórica. Hoje existe uma literatura vasta e quase inalcançável dedicada à análise desse conceito e do significado que ele tem para a apreensão da psicologia e da consciência social dos homens de diferentes épocas e sociedades[44].

É possível que não se devesse perder de vista que a gênese do conceito de *mentalité* na ciência francesa tenha ocorrido sob o signo do primitivismo, do atraso, do protologismo e da marginalidade sociopsicológica, numa contraposição contrastante à consciência desenvolvida, lógica, racional, "cultural". Febvre e Bloch, que aplicaram o conceito de mentalidade aos europeus da Idade Média e do século XVI, precisavam "recodificá-lo", dando-lhe um novo sentido que correspondesse ao contexto cultural, social e psicológico. Além disso, Lévi-Bruhl e outros etnólogos escreveram sobre a mentalidade específica dos homens primitivos a partir da pressuposição de sua homogeneidade rela-

---

44. L. Febvre, "Histoire et psychologie", *Encyclopédie française*, t. VIII. Paris, 1938; A. Dupront, "Problèmes et méthodes d'une histoire de la psychologie collective", *Annales. E.S.C.*, 16e année, n. 1, 1961, pp. 3-11; G. Duby, "L'histoire des mentalités", *L'Histoire et ses méthodes*, Paris, 1961, pp. 937-966; B. Geremek, "Umyslowosc i psycologia zbiorowa in historil", *Przeglad Historyczny*, LIII, 1962, s. 629-643; D. Ruschemeyer, "Mentalität und Ideologie", *Soziologie*, hrsg. Von R. König, 1967; R. Mandrou, "L'histoire des mentalités", *Encyclopaedia Universalis*, VIII, Paris, 1968, p. 436-438; L. Trénard, "Histoire des mentalités collectives: les livres, tilans et perspectives", *Revue d'histoile moderne et contemporaine*, 1968, p. 691-703; G. Duby, "Histoire sociale et histoire des mentalités", *Nouvelle Critique*, 34, 1970, pp. 11-19; A. Dupront, "D'une histoire des mentalités". *Revue roumaine d'histoire*, t. IX, n. 3, 1970, pp. 381-403; R. Sprandel, *Mentalitäten und Systeme. Neue Zugänge zur mittelalterlichen Geschichte*. Stuttgart, 1972; J. Le Goff, *Les mentalités: une histoire ambiguë*. J. Le Goff et P. Nora, eds. *Faire de l'histoire*, III. Paris, 1974, pp. 76-94; *G. Tellenbach*, Mentalität. Geschichte. Wirtschaft. Gesellschaft. Festschrift für Clemens Bauer zum 75. Geburistag. Hrsg. Von E. Hassinger, J. H. Müller und H. Ott. Berlin, 1977, S. 11-30; Ph. Ariès, *L'histoire des mentalités*, J. Le Goff, R. Chartier, J. Revel, *La Nouvelle Histoire*. Paris, 1978, pp. 402-423; R. Reichardt, *"Histoire des Mentalités"*. *Internationales Archiv für Sozialgeschichte der deutschen Literatur*, 3. Bd., 1978, S. 130-166; E. Hinrichs, "Zum Stand der historischen Mentalitätsforschung in Deutschland", *Ethnologia Europaea*, XI, 1979/1980, S. 226-233; P. H. Hutton, "The History of Mentalities: the New Map of Cultural History", *History and Theory*, XX,, N 3, 1981, pp. 237-259; M. Vovelle, *Idéologies et mentalités*. Paris, 1982; *idem*. "Le Tournant des Mentalités in France, 1750-1789". *Social History*, 5, 1977, pp. 605-630; A. Burguière, "The Fate of the History of Mentalités in the Annales", *Comparative Studies in Society and History*, vol. 24, 1982, pp. 424-437; U. Raulff, "Träge Ströme der Geschichte. Die *Annales. E. S. C.*, eine andere Art der Historiographie", *Freibeuter*, 17, 1983, S. 26-43; P. L. Orsi, "La storia delle mentalitá in Bloch e Febvre", *Rivista di storia contemporanea*, 1983, pp. 370-395; R. Chaklier, "Histoire intellectuelle et histoire des mentalités. Trajectoires et questions", *Revue de Synthèse*, 3e série, VIII, 1983, pp. 277-307; A. Burguière, "La notion de mentalité chez Marc Bloch et Lucien Febvre: deux ceonceptions, deux filiations", *Revue de Synthèse*, 3e série, VIII, 1983, pp. 333-345; S. Jöckel, "Nouvelle histoire" und Literaturwissenschaft. Bd. 1-2. Rheinfelden, 1984; J. Marx, "Les Mentalités: Un au-

28 A SÍNTESE HISTÓRICA E A ESCOLA DOS ANAIS

tiva. Entretanto Febvre e Bloch aplicaram essa definição operacional à consciência dos homens em sociedades socialmente diferenciadas. É claro que os fundadores da Escola dos Anais, com os seus seguidores e continuadores, estavam longe da intenção de transferir as peculiaridades psicológicas dos primitivos para a consciência dos homens dos períodos feudal ou dos primórdios do período burguês, mas eles chegaram à convicção de que o homem em diferentes épocas pensa de maneiras diferentes e por isso se comporta a seu modo.

O contraste entre as formas de consciência coletiva e o comportamento dos homens primitivos, por um lado, e dos civilizados, por outro, saltava à vista de qualquer observador, antes de tudo do etnólogo. Enquanto isso as diferenças de mentalidade dos homens da Idade Média e dos homens da Idade Moderna não eram tão evidentes, e os histo-

---

delà de l'histoire", *Mentalities / Mentalités*, vol. 2. no. 1, 1984, pp. 1-11; M. A. Gismondi, "The gift of theory, a critique of the histoire des mentalités", *Social History*, vol. 10, n. 2, 1985, pp. 211-230; V. Sellin, "Mentalität und Mentalitätsgeschichte", *Historische Zeitschfrift*, Bd. 241, H. 3, 1985, S. 555-598; *idem*. "Mentalitäten in der Sozialgeschichte", *Sozialgeschichte in Deutschland*. Hrsg. Von W. Schieder un V. Sellin. Bd. III. Göttingen, 1987, S. 101-121; J. Revel, "Mentalités", *Dictionnaire des sciences historiques*, sous la dir. De A. Burguière. Paris, 1986, p. 450-456; Mentalitäten im Mittelalter: Methodische und inhaltliche Probleme, hrsg. von Fr. Graus (Vorträge und Forschungen, Bd. XXXV). Sigmaringen, 1987: Mentalitätengeschichte. Hrsg. von U. Raulff. Berlin, 1987; H. Schulze, "Mentalitätsgeschichte – Chancen und Grenzen eines Paradigmas der französischen Geschichtswisssenschaft", *Geschichte in Wissenschaft und Unterricht*, 36, 1988, S. 247-270; A. Boureau, "Propositions pour une histoire restreinte des mentalités", *Annales. E. S. G.* 44e année – n. 6. 1989.

Os nossos historiadores, filósofos e psicólogos também não silenciaram diante do problema das mentalidades. Cf. B. F. Pórchnev, *História e Psicologia Social*. Moscou, 1966; A. Ya. Guriêvich, "Alguns Aspectos do Estudo da História Social (Psicologia, Histórico-Social)" *Questões de História*, 1964, n. 10; do mesmo autor. Historyczna psychologia spoleczna a "postawowe zadanie" nauki historycznej. *Studia metodologiczne*, t. 5. Poznan, 1968; do mesmo autor "História e Psicologia Social: Aspectos de Estudo das Fontes". *Estudo das Fontes*, Moscou, 1969; I. I. Rozovskaia, "A Problemática da Psicologia Histórico-Social na Historiografia Estrangeira do Século XX", *Questões de Filosofia*, 1972, n. 7; Yu. N. Afanassiev, *Historicismo contra Ecletismo*. Moscou, 1980; do mesmo autor "Evolução dos Fundamentos Teóricos da Escola dos Anais", *Questões de História*, 1981, n. 9; do mesmo autor "O Ontem e o Hoje da Nova História francesa", *Questões de História*, 1984, n. 8; do mesmo autor *A Ideologia da Sociedade Feudal na Europa Ocidental: Problemas de Cultura e Representações Socioculturais da Idade Média na Atual Historiografia Etrangeira*, Moscou, 1980; *Cultura e Sociedade na Idade Média: Metodologia das Pesquisas Estrangeiras*, Moscou, 1982; I. G. Beliavski, V. A. Chkurátov, *Questões de Psicologia Histórica*. Rostov sobre o Don, 1982; A. Ya. Guriêvitch, M. Vovelle, M. Rojanski, *Mentalidade*. 50-50; *Experimento de um Dicionário do Novo Pensamento*. Moscou, 1989; A. Ya. Guriêvitch, "O Problema das Mentalidades na Historiografia Atual", *História Universal: Discussões, Novos Enfoques*, fasc. I, Moscou, 1989; do mesmo autor "História e Psicologia", *Revista de Psicologia*, t. 12, 1991; Yu. L. Viessmertmii, *Anais: Uma Etapa de Ruptura? Odisseu. O Homem na História*, Moscou, 1981.

MENTALIDADE E CIVILIZAÇÃO: LUCIEN FEBVRE 29

riadores, antes de Febvre e Bloch, não costumavam levá-las em conta; chegavam ao máximo quando tratavam da "rotina", do "atraso" dos homens medievais, das suas "inclinações para as superstições"[45]. Com um mínimo de dúvidas, os historiadores metiam as suas próprias concepções na cabeça dos antepassados que viveram mil ou quinhentos anos antes de nós e, partindo do "bom senso" de hoje, explicavam as atitudes dos contemporâneos de Grigorio de Tours, São Luís ou Rabelais.

Os fundadores da Escola dos Anais foram os primeiros a ver com toda a clareza o equívoco de semelhante procedimento e se rebelaram contra ele. O conceito de mentalidade, a despeito de toda vagueza e indefinição, expressava o aguçado historicismo do pensamento de Febvre e Bloch, um historicismo estendido à mais complexa esfera de estudo – a esfera das emoções e da cosmovisão.

Em determinadas épocas, em cada sociedade existe uma imagem específica do mundo e, em particular, um quadro próprio da história. "Cada época cria a sua concepção de passado histórico" escreveu Febvre. "Ela tem sua Roma ou sua Atenas, sua Idade Média e sua Renascença"[46]. Porque a história não é composta em torres de marfim, é criada por homens pertencentes à sua sociedade, esta sociedade lhes fornece os critérios de julgamento e, partindo do presente, os homens formam a sua idéia de história; eles não a "recordam", não a conservam em sua memória em forma inalterada" do modo como se conservam nas geleiras os restos dos antigos mamutes; eles a reconstroem e as interpretam.

Foi precisamente por isso que Febvre forjou outro conceito acima mencionado, acompanhado pelo conceito de mentalidade: o *outillage mental*, "ferramental psíquico", "ferramentário mental". Este deveria concretizar a mentalidade. "É inerente a cada civilização seu próprio dispositivo psicológico" escreveu Febvre, e continuou: "Ele corresponde às demandas de uma dada época e não está destinado nem à eternidade, nem ao gênero humano em geral, nem mesmo à evolução de uma civilização particular"[47].

---

45. Sem empregar o termo "mentalidade" J. Huzinga em *O Declínio da Idade Média*, que Febvre apreciava altamente, estava em essência próximo do mesmo ponto de vista. Segundo convicção dele, o imaginário não desempenha papel menor na vida social do que a economia. A ilusão partilhada pela sociedade ou uma parte dela tem para esses homens a força da verdade, e por isso deve ser objeto da investigação histórica. No conjunto, antes de Febvre, o estudo das mentalidades não estava livre da tendência a reduzi-las a anedota, a curiosidades históricas, e os historiadores não davam a esse aspecto da vida espiritual o estatuto de objeto sério da ciência. Cf. Ph. Ariès, *L'histoire des mentalités*, pp. 402-423.

46. L. Febvre, *Le Problème de l'incroyance*, p. 12.

47. Cf. L. Fevbre, "L'outillage mental", *Encyclopédie française*, t. I. Paris, 1937. Cf. R. C. "Outillage mental", *Na Nouvelle Histoire*. Paris, 1978; J. Revel, "Outillage

30 A SÍNTESE HISTÓRICA E A ESCOLA DOS ANAIS

Febvre compreendia magnificamente que a consciência e o seu instrumentário psicológico são patrimônio de um determinado indivíduo. Mas em toda sociedade, em um determinado estágio de desenvolvimento, existem as suas condições específicas para a estruturação da consciência individual: a cultura e a tradição, a linguagem, a imagem da vida e a religiosidade constituem uma espécie de "matriz" em cujo âmbito se forma a mentalidade. A época em que vive o indivíduo imprime marca indelével em sua percepção do mundo, faculta-lhe determinadas formas de reações psíquicas e de comportamento, e essas particularidades do instrumental se revelam na "consciência coletiva" dos grupos sociais e das multidões e na consciência individual dos representantes notáveis da época. Na obra dos escritores, pensadores e artistas, a despeito de todas as suas peculiaridades singulares e únicas, manifestam-se os mesmos traços da mentalidade, porque a todos os homens pertencentes a determinada sociedade a cultura propõe um instrumentário mental comum, e já das potencialidades e possibilidades desse ou daquele indivíduo depende a medida em que ele o domina.

Todo escritor, artista, pensador está sujeito a uma espécie de "coação cultural"; nessa ou naquela medida ele está "preso" ao sistema de representações que domina em seu meio. Em termos de linguagem da teoria da comunicação (essa não era a linguagem de Febvre), pode-se dizer que o criador notável, sendo autor original dessa ou daquela "mensagem", não pode deixar de exprimi-la em um "código" antes dado a ele pela linguagem do sistema e a cultura da tradição, que lhe impõe determinados limites. Essas limitações não se tornam menos essenciais pelo fato de ele não as sentir nem estar ciente delas.

A influência da etnologia e da psicologia no pensamento de Febvre é indiscutível. Entretanto o método de trabalho do historiador é diferente do método do etnólogo ou do psicólogo, ele não pode comunicar-se imediatamente com os homens dos tempos passados e observar a sua vida psíquica "em condições de campo". Ele é capaz apenas de revelar alguns de seus sintomas particulares, em regra dispersos, fixados nos monumentos preservados. Uma vez que os nossos conhecimentos sobre o passado são sempre e inevitavelmente fragmentários, o historiador é capaz de resolver este problema só parcialmente. Ao mesmo tempo, porém, de uma forma ou de outra em qualquer resquício do passado estão fixados essencialmente certos aspectos da estrutura mental dos homens, que criaram um certo objeto ou texto. É preciso encontrar apenas o enfoque para essa fonte, elaborar os respectivos métodos do seu estudo, e então a fonte possivelmente "começará a falar", revelará ao historiador aqueles segredos da consciência social dos tempos passados, não percebidos por seus predecessores. A condição principal e primordial é o espírito escrutador do cientista, a colocação competente dos problemas. "Sempre no início o espírito escrutador" – era essa a forma predileta de Febvre.

MENTALIDADE E CIVILIZAÇÃO: LUCIEN FEBVRE 31

O convívio com outras ciências sobre o homem enriquece o historiador precisamente com novas perguntas que, ao formulá-las a seu modo, ele faz às suas fontes[48]. Daí a necessidade da colaboração do conhecimento histórico com outras ciências, a necessidade de aprender com elas. Febvre tentou, e às vezes com sucesso, aplicar métodos de outras ciências na investigação histórica. O livro sobre Rabelais é o livro de um historiador, mas um historiador que invade os campos vedados da teologia, da filologia, da lingüística, da psicologia. Hoje, os historiadores que seguiram as suas pegadas trabalham de modo muito diferente, mais rigoroso, têm outra perspectiva, uma grande experiência, no entanto, Febvre foi, possivelmente, o primeiro a abrir caminho a um enfoque tão conjunto e abrangente das fontes históricas.

No entanto a interdisciplinaridade, ou melhor, a polidisciplinaridade não era para ele um fim em si mesmo mas um meio para a construção de uma ciência todo-abrangente sobre o homem, uma ciência que abrangesse os mais vários aspectos de sua atividade social – da relação com a natureza às alturas da criação intelectual. Por isso o problema da geografia humana e da ecologia (termo surgido mais tarde), os problemas da psicologia, individual e coletiva, incluindo a história das emoções humanas, a história da técnica, o estudo dos meios de fixação e disseminação dos conhecimentos (o livro na história de diferentes sociedades e civilizações), as questões da história da religião quer nos níveis superiores da teologia, quer no nível da religiosidade cotidiana e rotineira, das crenças e rituais corriqueiros assim como dos fenômenos psicossociais de massas, semelhantes à famosa caça às bruxas que assolou na Europa dos séculos XV-XVII, o folclore, este repositório de representações populares sobre o mundo e o homem, e a arte, este testemunho vivíssimo da percepção de mundo de uma época – todas essas e muitas outras manifestações do homem social, do homem de sua época, do homem em grupo, ou melhor, em grupos, atraíam invariavelmente a atenção do historiador francês.

Nem todos esses aspectos da história dos homens eram igualmente temas dos enunciados aprofundados de Febvre, historiador do Renascimento *par excellence**, mas todos eles fizeram parte do seu campo de visão, e ele comentava vivamente os trabalhos em que se levantavam semelhantes questões, assim como aquelas obras dos historiadores nas quais essas questões passaram despercebidas, embora, segundo ele, devessem tornar-se objeto de exame. Febvre as vinculava constantemente à visão integral da história – ciência do homem. Seus inú-

mental", *Dictionnaire des sciences historiques*, sous la dir. de A. Burguière, Paris, 1986, pp. 497-498.

48. Cf. a respeito: A. Ya. Guriêvich, "Etnologia e História nos Estudos Medievais de Hoje na França", *Etnografia Soviética*, 1984, n. 5.

* Em francês, no original russo. (N. do T.)

32 A SÍNTESE HISTÓRICA E A ESCOLA DOS ANAIS

meros artigos na *Annales* e outras publicações são provas do seu inesgotável interesse pelo homem na história[49]. Ele apoiava de modo enérgico e decidido semelhantes investigações, protestando contra a
diretriz da historiografia tradicional voltada para uma "história desar-
ticulada", que trabalha algum fragmento da vida histórica sem enxergar a floresta atrás das árvores e desprovida de um "alento profundo",
de uma ampla perspectiva investigatória. A integridade da visão da
história, sua índole "estereotípica", o empenho de abranger a diversidade concreta e a diversidade de planos das manifestações do homem
são a parte inalienável mais característica do pensamento de Febvre.
O princípio condutor da Escola dos Anais veio a ser o princípio da
história "total" ou "global"[50].

A "história total" não é universal. Abrange um determinado corte
do tempo e pode ser perfeitamente local, a história de alguma localidade, região ou paróquia. Mas é uma história dos homens que vivem
num espaço e num tempo concretos, que é vista do número máximo
possível de pontos de observação, em diferentes escorços, com o fim
de restabelecer todos os aspectos da atividade vital desses homens
acessíveis ao historiador, compreender as suas atitudes, os acontecimentos de sua vida em sua grande complexidade, no entrelaçamento
das mais diversas circunstâncias e causas motivadoras. A "história
total" rejeita a divisão da vida dos homens em política, diplomática,
militar, econômica, religiosa ou qualquer outra história "parcial". É
uma história sobre a qual o ponto de vista não está consolidado rigidamente mas desloca a atenção de um aspecto para outros, é a investigação que visa a oferecer um quadro abrangente da vida histórica nos
seus diferentes níveis. Esse enfoque foi aplicado por Febvre já em sua
primeira história de Franche-Comté durante Phillipe II.

O conceito de "história total" está ligado à teoria do "fato social
total", que foi lançada ainda antes por Marcel Mauss, que salientou o
estreito entrelaçamento e a substancial unidade funcional dos diferentes aspectos da atividade humana na sociedade. Sobre as "estruturas
sociais globais" escreveu também o sociólogo francês Georges
Gurvich, cujas idéias exerceram certa influência nas concepções de
Fernand Braudel. Ainda teremos oportunidade de falar da "história

49. A parte principal dos artigos de Febvre, nos quais se estudam os problemas
metodológicos, foi reunida na coletânea *Combates pela história* (Paris, 1953) e em *Por
uma história total* (Paris, 1962). Cf.: L. Febvre, *O Combate pela História*, Moscou, 1991.
50. Cf.: J. Le Goff, e P. Toubert, "Une histoire totale du moyen âge est-elle
possible?", *Actes du 100e Congrès national des sociétés savantes*, Paris, 1975, Section
de philologie et d'histoire usqu'â 1610. t. 1. Paris, 1977, pp. 31-44. Outra avaliação: R.
Mandrou, *Histoire sociale et histoire des mentalités*, pp. 234-235. De modo particularmente crítico: F. Furet, L'atelier de l'histoire, p. 3-34. Objeções à posição negativa de
Furet veja-se em: "La storia, dialogo con gli uomini delle età passate", *La teoria della
storiografia oggi*, A. Ya. Guriêvitch, Milano, 1983, pp. 231-237.

MENTALIDADE E CIVILIZAÇÃO: LUCIEN FEBVRE 33

total" ou "história global" como parte de uma estratégia geral da Nova História. Observo apenas que, a meu ver, a "história total" se aproxima em parte do enfoque da atual antropologia cultural, que procura fazer uma "descrição densa" do convívio social dos homens que formam uma dada sociedade, através da interpretação das suas normas, dos seus valores, símbolos e categorias, como eles mesmos tomam consciência destes em seus próprios termos. Por outras palavras, a "descrição densa" visa a revelar o plano da realidade social que estava presente na consciência dos homens da época estudada e por isso pressupunha forçosamente sua marca nas atitudes deles, em todo o seu comportamento[51]. Esse método da descrição densa (*thick description*) foi elaborado para aplicar-se àqueles *sociuns* relativamente "simples", ou seja, fracamente diferenciados. Desse modo, até certo ponto ele vem a ser aplicável a sociedades relativamente mais complexas e dinâmicas.

A concentração da análise em pequenos grupos, nos quais se incluem realmente os indivíduos, permite atingir maior profundidade na investigação. Porque as alusões à disponibilidade desses microgrupos de variado grau de complexidade (em termos de Europa Medieval, temos em vista grupos como a família em suas variadas formas, a comunidade rural, a oficina do artesão, o ofício, a guilda, a comuna urbana, a confraria, a paróquia, o mosteiro, a universidade, a aliança do senhor e seus vassalos etc.) podem ser encontradas diretamente nas fontes. Entretanto, é muito importante não esquecer que quando aplicamos à história da humanidade, do Oriente antigo ou da Idade Média européia, conceitos como "Estado", "sociedade", "classes" ou "castas", esses conceitos, que designam macrogrupos ultracomplexos são construções sociológicas inseridas pelo pensamento ordenador do historiador.

Nos últimos casos, o sistema de conceitos do próprio pesquisador desempenha um papel incomparavelmente maior na investigação histórica do que o material das fontes por eles estudadas. Não é por acaso que ninguém discute a existência da pólis na Grécia antiga, do latifúndio ou do patrocínio na Roma antiga, ou a existência do grêmio de ofício ou da comuna na Europa feudal – só se pode discutir o seu caráter concreto –, ao passo que essa questão da própria aplicabilidade dos conceitos de "classe" ou "Estado" não sai da ordem do dia nessas épocas.

É necessário ter constantemente uma noção exata dessa diferença essencial entre dois sistemas radicalmente divergentes de conceitos, que se aplicam na investigação história (a "auto-avaliação" da socie-

---

51. C. Geertz, *The Interpretation of Cultures. Selected Essays.* New York, *1973*, *ch, 1:* "Thick Description: Toward an Interpretative Theory of Culture", sobre história total ou global, cf.: T. Stoianovich; *French Historical Method*, ch. 4.

34   A SÍNTESE HISTÓRICA E A ESCOLA DOS ANAIS

dade e sua avaliação pelo observador "de fora" a partir das posições da ciência atual). O historiador aplica e nem pode deixar de aplicar esses dois enfoques, mas existe o perigo real de misturá-los. A questão é como combinar esses enfoques e como coordenar o estudo da visão de mundo das pessoas de uma época passada com o sistema de representações e conceitos que municia o historiador. A questão consiste ainda em saber qual é a correlação dos diferentes fatores no processo histórico, qual é o seu peso específico e qual é a ação de cada um deles sobre a vida social dos homens.

Como Febvre respondia a essas questões? Antes de tudo, aqui cabe lembrar mais uma vez: a história propriamente social, a análise da composição da sociedade e das relações entre as classes, castas e grupos que a formam como que desaparecem do seu campo de visão. Febvre supunha que, uma vez que a história é sempre e invariavelmente a história dos homens, então o homem como ser dotado de psiquismo, pensamentos e sentimentos deve estar no centro dos interesses do historiador. Com isso temos de concordar: a história não se passa fora dos homens, "acima" os homens, a força que a move são os homens. Febvre reconhece que os homens integram os grupos, a sociedade. No entanto, como já observamos mais de uma vez, a análise social não é o seu elemento.

Entretanto o estudo das mentalidades não é o objetivo em si e nem algum ramo isolado do conhecimento histórico. Dificilmente seria lícito falar de independência da história das mentalidades. Se refletirmos sobre a experiência da Nova História francesa depois de Febvre – no decorrer dos últimos três decênios –, poderemos afirmar: a introdução da história das mentalidades está ligada à apreensão de um novo aspecto da história social. Além do mais, é necessária uma nova apreciação do seu próprio volume e conteúdo. À luz de novos enfoques propostos pela antropologia histórica (sobre ela falaremos adiante), a história social fica desprovida do mecanicismo que ignora o homem vivo. Este não é visto como vítima de forças supra-individuais ou impessoais, que dirigiriam a história, não é visto como um participante passivo de acontecimentos históricos determinados pelas leis globais, conseqüentemente, não é visto como objeto científico-natural[52]. Sua consciência – em todos os níveis, da reflexão filosófica até os estereótipos culturais e o "inconsciente coletivo" –, que colore inevitável e necessariamente e em muito determina o seu comportamento social, é o componente substancial inalienável da atividade dos grupos sociais. Falando com propriedade, é a primeira vez que a tese de que a história é a história dos homens e não abstrações ganha completude concreta e se realiza na própria investigação.

52. Para mais detalhes, cf.: A. Ya. Guriêvitch, "A Ciência Histórica e a Antropologia Histórica", *Questões de Filosofia*, 1988, n. 1, pp. 56-70.

A Ciência Histórica esbarra constantemente em uma dificuldade gnosiológica: as investigações de história econômica e social, no fundo, continuam totalmente desvinculadas dos estudos da história da vida espiritual. Os trabalhos dos historiadores, que tentam combinar esses dois campos do funcionamento da sociedade, são em sua maioria superficiais e pouco convincentes, neles o social e o cultural não estão logicamente articulados nem mutuamente condicionados. A concepção tradicional de "base" e "superestrutura", quando se tenta transferi-la mecanicamente do nível das abstrações filosóficas para o nível da explicação concreta dos fenômenos históricos, tem demonstrado a sua inutilidade para revelar a interação real das referidas esferas do todo único.

Também aqui surge a seguinte pergunta: a categoria de comportamento social não seria aquele elo mediador indispensável que unifica tais conceitos? O comportamento social dos indivíduos e grupos – comportamento econômico, político, criador, mágico, religioso e assim por diante – é determinado pela vida deles, por toda a vida deles, incluindo-se tanto a material quanto a espiritual. Mas essas determinantes não predeterminam direta e imediatamente os atos dos homens, esses passam através dos complexos "filtros" da sua consciência que se refratam na mentalidade, adquirindo sentido simbólico. A percepção do mundo e a tradição cultural, a religião e a psicologia são um meio no qual sempre e necessariamente se funde a reação dos homens aos estímulos do seu comportamento.

É claro que não se trata de alguma "psicologização" unilateral e artificial da história (e, de modo correspondente, parece-me que erram o alvo as censuras feitas nesse sentido a Febvre e particularmente a Bloch[53]), mas da concepção segundo a qual quaisquer fatores objetivos do movimento histórico são produzidos pelas molas efetivas deste só depois de passar pela mentalidade que os transformam de modo complexo de por vezes torná-los irreconhecíveis. Por isso o homem com seu mundo interior, a sua psicologia, por sua vez historicamente condicionados, não pode deixar de estar no centro da investigação histórica. Mesmo no caso de se estudar não a vida espiritual mas os fenômenos econômicos ou biológicos. Devolve-se à história enquanto meio de conhecimento o seu único e principal objeto.

As mentalidades que, por tradição, ficavam fora do âmbito da história como uma espécie de "anedota" ou "remanescente extra-histórico"[54], que não é abrangido por uma investigação mais "séria", "científica" da economia, da estrutura social, da história dos acontecimentos, da literatura e da arte, à luz de novos enfoques se tornam

---

53 Cf. V. M. Dalin, *Historiadores da França*, pp. 188 e ss.
54. J. Le Goff, *Les mentalites. Une histoire ambiguë*, pp. 76-94.

objeto inalienável e essencial da história. A incerteza, a imprecisão e até a ambigüidade do conceito de "mentalidade", que não cansam de apontar com enfado e lamento, são condicionadas não só pelo fato de que o conceito ainda não foi suficientemente elucidado de forma lógica pelos historiadores. (Aliás, se refletíssemos teríamos de reconhecer: todos os outros conceitos de história mais corriqueiros e, pareceria, melhor elaborados, também se distinguem por uma falta de clareza não pequena e particularmente por uma indesarraigável polissemia e metaforicidade, pois uma vez que tratamos de questões humanas não nos é dado atingir a precisão naturalista e a univocidade na sua definição.)

Essa falta de clareza em relação às mentalidades, estou convicto, reflete a essência da questão: o objeto não está delineado com precisão no próprio tecido da história, ela está mesmo presente em toda parte. No fundo, em todas as suas manifestações, sem exceção, podem e devem ser descobertos esses ou aqueles sintomas da vida psíquica coletiva, os seus aspectos e automatismos "corriqueiros", não individualizados e impessoais, o conteúdo da consciência, que não está expresso explícita e intencionalmente, situa-se nas profundezas ocultas do psiquismo social e individual.

Não se deve perder de vista mais uma circunstância: o historiador trabalha com fontes. Mas essas fontes, sejam textos artísticos, jurídicos ou econômicos, são produtos ou instrumentos de trabalho, quaisquer objetos em geral, saíram das mãos do homem e por isso há nelas a marca do seu criador. Não podem deixar de refletir a atividade simbólica e as representações desta, de reproduzir essas ou aquelas reações psicológicas, de fixar a posição dele no mundo e as relações com esse mundo. Por isso, independentemente da sua pesquisa, qualquer historiador é forçado a levar, de uma forma ou de outra, em conta a mentalidade dos homens que criaram os textos por ele estudados ou outros monumentos de sua atividade. A crítica "exterior", – centrada no estudo das fontes – da fidelidade do monumento deve ser completada pela crítica "interior" do seu conteúdo psicossocial e culturológico.

É necessário reconhecer que nem todos os efeitos metodológicos gerais da colocação do problema das mentalidades estavam claros para Febvre, que, com Bloch, está na fonte dessa nova corrente. Mas será que eles estariam plenamente claros para a atual geração da Escola dos Anais, cujos representantes aprofundaram, reviram ou reformularam os objetivos da história das mentalidades? Eles colocam a investigação concreta acima da reflexão teórica. É claro que a história é antes de tudo uma ocupação empírica, e sem o mergulho no material das fontes e sua análise escrupulosa os raciocínios gerais pouco valem. Muitos historiadores franceses reconhecem que uma certa rela-

MENTALIDADE E CIVILIZAÇÃO: LUCIEN FEBVRE

ção cética com a teoria faz parte das tradições da sua historiografia[55]. Ao mesmo tempo, porém, a Ciência Histórica atingiu hoje aquele estágio crítico em que é necessário interpretar a experiência por ela acumulada e entrar fundo no sentido da corrente historiográfica que se denomina história das mentalidades.

O que Lucien Febvre conseguiu fazer no longo período de "senhor das mentes" dos historiadores avançados, tanto em seu país – onde, antes de tudo, sob sua influência, deu-se uma renovação substancial no conhecimento histórico e das ciências sobre o homem em geral – quanto bem longe dos seus limites, deve-se grandemente à sua ativa posição social, inseparável da sua posição na ciência.

Em 1941, período da derrota e da humilhação nacional trágica para a França, Febvre dirigiu-se aos estudantes da Escola Normal Superior com as seguintes palavras: "Estando em um barco que sofre um desastre não se acovardem como Panurgo, não rezem de olhos para o céu como Pantagruel, mas como o irmão Jean arregacem as mangas e ajudem os marinheiros"[56]. Na primeira folha do livro sobre Rabelais, na dedicatória ao aluno e seguidor Fernand Braudel, Febvre escreveu: *Espérance*. Era o ano de 1942 e Paris estava ocupada pelos nazistas.

Esse sentimento de esperança não o deixou nem em seus últimos anos de vida. Indignado com seus colegas de ofício, que "ocultos no silêncio dos seus gabinetes, com as cortinas fechadas, a sós com seus papéis" e dão um jeito de suas "histórias estéreis" nunca responderem as perguntas que inquietam os contemporâneos e por isso não são capazes de "influenciar o mundo ao nosso redor"[57], Febvre contrapunha a eles sua própria concepção da missão do historiador, igualmente atual para os nossos dias. Em 1952 ele escreveu: "No sangue e na dor está nascendo uma nova Humanidade. E com ela, como sempre, aproxima-se de vir à luz a História, a Ciência Histórica que corresponda ao novo tempo". Ele exprimiu a esperança de que os seus esforços tivessem antecipado e de alguma forma contribuído para esse avanço[58].

---

55. Para mais detalhes, cf. A. Ya. Guriêvitch, *A Nova História na França*, pp. 99-127.

56. L. Febvre, *Combats pour l'histoire*, p. 32.

57. L. Febvre, "Sur Eistin et sur l'histoire", *Annales. E. S. C.*, 10e année, 1955, pp. 310, 311.

58. L. Febvre, *Combats pour l'histoire*, p. IX.

2. Uma Nova Concepção de História Social: Marc Bloch

Paralelamente a Lucien Febvre, Marc Bloch foi outra figura central na revolução do desenvolvimento da Ciência Histórica francesa que teve início entre as duas guerras mundiais.

Correligionário de Febvre, a quem esteve ligado pela identidade de objetivos e uma amizade pessoal e colaboração de muitos anos, mesmo assim Bloch ocupa lugar especial na historiografia. Isto não se deve apenas às diferenças de interesses, caracteres e temperamentos dos dois fundadores da Escola dos Anais, mas antes de tudo às peculiaridades essenciais do seu perfil científico. Febvre, como já sabemos, foi o historiador da vida intelectual da época da Renascença, um historiador da civilização. Bloch foi predominantemente um historiador social e econômico. A principal esfera dos seus interesses foi o regime feudal da Europa medieval, sua vida material, as relações agrárias, a história da agricultura e da propriedade agrária, da técnica e da circulação monetária. De modo correspondente, se no campo de visão do seu amigo mais velho estavam os homens notáveis do Renascimento, no centro da atenção de Bloch predominavam os segmentos sem terra da sociedade, os vassalos e senhores nos diferentes estágios da hierarquia feudal, mas principalmente os camponeses, que ao longo de muitos séculos formaram a paisagem agrária da França e da Europa.

A orientação diversa dos interesses investigatórios de ambos os cientistas estava, naturalmente, vinculada às peculiaridades da sua metodologia, determinava enfoques bastante diferentes da interpretação do processo histórico, as diferenças no sistema de apreciação dos

40 A SÍNTESE HISTÓRICA E A ESCOLA DOS ANAIS

fenômenos históricos. Por isso não são nem de longe idênticos os papéis que Bloch e Febvre desempenharam na reconstrução da Ciência Histórica e a marca que eles deixaram no seu desenvolvimento subseqüente.

A biografia de um cientista está nas suas idéias, nas suas descobertas, nos livros e discípulos. Entretanto, a biografia de Marc Bloch não se esgota nisso. Todos os que o conheceram ressaltam a integridade excepcional da sua personalidade: o cientista e o homem eram inseparáveis. Historiador notável, ele foi ao mesmo tempo cidadão e patriota. Depois de consagrar o seu talento e os seus conhecimentos à universal "república dos cientistas", ele deu a vida pela pátria e seu nome integra o Panteão dos Heróis da Resistência Francesa.

Marc Bloch nasceu no dia 6 de julho de 1876 na cidade de Lyon, na família de um professor universitário. Seu pai, Gustav Bloch, foi em sua época um famoso historiador da Antigüidade. Mais tarde Bloch ressaltou reiteradamente a grande influência que recebera do pai na formação do seu interesse pela história. Não era sem orgulho que ele recordava que seu bisavô havia sido soldado do exército revolucionário em 1793. Segundo ele mesmo reconhece, a tradição republicana e patriótica não foi um fator menos essencial na formação de sua concepção de mundo do que a tradição acadêmica.

Os anos de estudo na Escola Normal Superior (1904-1908) e os estudos de história e geografia em Leipzig e Berlim (1908-1909) foram uma etapa importante da preparação do Bloch medievalista. A partir de 1912 ele lecionou nos liceus de Montpellier e Amiens. Em 1913, publicou a dissertação *L'ile-de-France: Um País ao Redor de Paris*[1]. Entretanto, logo sua atividade científica e pedagógica iria interromper-se por um longo período. Durante toda a Primeira Guerra Mundial Bloch esteve no serviço militar, onde serviu até chegando à patente de capitão e recebeu várias condecorações de guerra.

Mas nem na guerra Bloch deixou de ser o historiador que reflete sobre os seus problemas. Depois da guerra, publicou um artigo sobre a difusão de falsos rumores na linha de frente: eles o ocupavam como fenômenos sociopsicológicos. Em função do controle estabelecido pela censura militar, grandes massas de homens foram isoladas dos meios da informação escrita e nesse sentido devolvidas a um estado mais primitivo, o que fez renascer determinados aspectos do clima daquele passado distante em que a palavra escrita se tornou patrimônio de uns poucos[2].

---

1. M. Bloch, "L'ile-de-France. Les pays autour de Paris", Paris, 1913.

2. M. Bloch, "Réflexions d'un historien sur les fausses nouvelles de la guerre", *Revue de Synthèse historique*, t. 33, 1921, pp. 13-35. Cf.: G. Lefebvre, *La Grande Peuer*

UMA NOVA CONCEPÇÃO DE HISTÓRIA SOCIAL: MARC BLOCH   41

A circulação de rumores em clima de um irracionalismo que cresceu subitamente criou para Bloch uma espécie de laboratório "vivo", no qual ele podia compreender melhor a natureza da divulgação de notícias na sociedade em que reinava o "quem ouve". Em semelhante sociedade o efeito do fabular, da lenda e do mito sobre a consciência humana era incomparavelmente mais poderoso do que na sociedade com meios desenvolvidos de comunicação. Na Idade Média, a fronteira entre a invenção notória e a verdade não passava pelo lugar em que passa na Idade Moderna, e uma prova disso são a fé no falso, nos estandartes e milagres, a reverência a relíquias. Mas essa circunstância é um dos fatores que geraram a elevada instabilidade do psiquismo humano e toda sorte de estados psíquicos tensos (pânico, psicoses em massa, epidemias de penitências, de autoflagelação, caça às bruxas etc.).

Depois da desmobilização, a partir de 1919 Bloch lecionou na Universidade de Estrasburgo, na época, como já sabemos, importante centro da vida científica e intelectual da França, onde se aproximou e começou a colaborar com Lucien Febvre[3]. A partir de 1936, e até o começo da Segunda Guerra Mundial, Bloch foi professor de história econômica na Sorbone. O período mais produtivo de sua atividade científica abrange vinte anos, de 1919 a 1939. No período situado entre as duas guerras mundiais, paralelamente a um gigantesco número de artigos, ele publica toda uma série de monografias sobre história da Europa medieval. No livro *Os Reis Servos – Um Capítulo da História do Período dos Capetiens*[*4] – ele estuda, entre outras coisas, o caráter da liberdade na sociedade medieval, questão que já foi colocada em sua primeira monografia e continuou a ocupar o cientista ao longo de toda a sua atividade científica posterior. Os problemas da história social e econômica permaneceram invariavelmente no centro da atenção de Bloch.

Entretanto, o livro seguinte, *Os Reis Taumaturgos*[5], foi dedicado a um problema inteiramente diferente: o problema das representações coletivas. Bloch examina a história do surgimento e da longa permanência, na França e na Inglaterra, da fé de amplas massas da população na força milagrosa dos seus monarcas. O rei, um substituto de

---

de 1789, Paris, 1931; L. Febvre, *Une gigantesque fausse nouvelle: La Grande Peur de juillet 89*; L. Febvre, *Pour une histoire à part entierre*, Paris, 1962, pp. 821-828.

3. Sobre o tempo em que Bloch e Febvre trabalharam em Estrasburgo e seu ambiente intelectual e científico, cf. "Au Berceau des Annales. Le milieu strasbourgeois. L'histoire em France au débimport du Xxe siècle", *Actes du Colloque de Strasbourg* (11-13 octobre 1970), Toulouse, 1983.

* Pertencente à raça dos capetos, reis da França. (N. do T.)

4. M. Bloch, *Rois et eris – um chapitre d'histoire capétienne*, Paris, 1920.

5. M. Bloch, *Les rois thaumaurges. Etude sur le caractère surnaturel attribué a la puissance royale particulièrement en France et en Angleterre*, Paris, 1924.

42 A SÍNTESE HISTÓRICA E A ESCOLA DOS ANAIS

Deus ungido pela Igreja, tinha aos olhos dos súditos o dom de curar com um simples toque os doentes de escrófula. A magia e a política, a idéia da natureza sagrada do poder real, o culto do governante refratado na psicologia de massas é o tema dessa monografia, na qual se manifestou com força particular o interesse de Bloch pela história das mentalidades.

A "superstição", o "preconceito", o "equívoco" – essas qualificações (das quais não está livre o livro do jovem cientista) ainda não explicam nada, e para apreender semelhantes fenômenos psicossociais fazia-se necessário um acervo conceitual da sociologia e da história da religião. O poder real, que por tradição os historiadores consideravam exclusivamente como poder do Estado, como instituição jurídica do Estado, aparece nas páginas do livro de Bloch no contexto das representações coletivas que ao longo dos séculos dominaram as mentes e os sentimentos do povo: na Inglaterra essa fé continuou até o início do século XVIII, na França por ainda mais tempo, até finais do primeiro quartel do século XIX. Só as revoluções da Idade Moderna destronaram a autoridade divina do monarca e as representações mágico-religiosas a ela vinculadas.

O estudo conjunto do ritual, dos símbolos, crendices e folclore traçou o caminho por onde a antropologia histórica seguiria posteriormente. Não estamos diante de idéias na "forma pura" nem do fruto da sugestão de crenças feita "aos simplórios" pela Igreja em proveito próprio, mas da manifestação de diretrizes radicais da consciência coletiva, que em uma determinada etapa foram utilizadas pela monarquia e pelo clero para seus próprios fins.

Costuma-se apreciar esse trabalho como estando à margem da linha magistral dos interesses de Bloch, uma vez que doravante ele retoma as investigações dos temas socioeconômicos, e sua recusa em continuar aquela linha de investigações traçada em *Os Reis Taumaturgos* explica-se pelo fato de que, em meados dos anos XX, a maioria dos historiadores não compreendeu nem assumiu essa problemática[6]. Ainda assim, pode-se afirmar que Bloch não se desviou em sentido nenhum. Porque as referidas observações que ele faz sobre a divulgação de rumores na frente de batalha na Primeira Guerra Mundial, os estudos do conteúdo real dos conceitos medievais de liberdade e não-liberdade, que parecem bastante complexos, a análise das representações do povo sobre a natureza mágica do poder real e até os seus trabalhos sobre história da técnica medieval – tudo isso são elos de uma cadeia da história social, naquela concepção nova e mais ampla a que o cientista chegou bastante cedo.

A história social na interpretação de Bloch não é só a história das relações da posse da terra e do poder senhorial, das formas de depen-

---

6. *Idem*, nouvelle éd. 1983, préface de J. Le Goff, p. XXIX sq., XXXII.

UMA NOVA CONCEPÇÃO DE HISTÓRIA SOCIAL: MARC BLOCH   43

dência camponesa e de exploração fundiária; ela tampouco se limita ao estudo dos sistemas de agricultura e de uso da terra. Ela incorpora como componente inalienável a consciência humana, a mentalidade, e só através desta se torna compreensível e, ademais, adquire um verdadeiro sentido para o historiador. Na ótica de Bloch e Febvre, a história não é "o estudo do passado" mas uma "ciência sobre o homem".

Nesse sentido, são bastante ilustrativas as pesquisas de Bloch sobre história das forças produtivas. À primeira vista, elas podem parecer dedicadas a questões especiais e bastante estreitas; em realidade, elas nos trazem uma lição de método.

Em 1935 Bloch publica um artigo sobre o surgimento e a difusão do moinho à água[7] na Europa medieval. Na pena de Bloch esse tema – um capítulo da história da técnica – ganha uma ressonância absolutamente nova. O moinho à água, pelo visto, foi inventado no último século antes da nossa era, e mesmo assim esse aperfeiçoamento, que pareceria simples e capaz de economizar uma massa de esforços humanos, não foi empregado na Antigüidade. Como explicar tal coisa?

A resposta não deve ser procurada no campo da história das adaptações puramente técnicas, mas no campo das diretrizes mentais e da estrutura social. Enquanto não cessou o afluxo de força de trabalho escrava e barata e não houve uma redução da população, ninguém esteve interessado em substituir o trabalho manual dos escravos por dispositivos mecânicos. À história dessa invenção Bloch incorpora todo o problema da escravidão e do trabalho escravo: sua baixa apreciação na Antigüidade foi um obstáculo intransponível para a criação dos moinhos movidos pela força da água. Só quando, por um lado, houve mudanças no poderio militar do império e reduziram-se os recursos humanos de que ele dispunha e, por outro, o estatuto social dos trabalhadores sofreu modificações e sob a influência do Cristianismo surgiu um novo sistema de valores, uma apreciação mais elevada, particularmente diferente do trabalho humano, o moinho à água conquistou o seu lugar na história da técnica.

Desse modo, a combinação e o entrelaçamento dos mais diversos fatores, sociais, militares, políticos, ideológicos e psicológicos criou pela primeira vez a possibilidade para que um invento individual ganhasse importância social.

É exatamente assim que Bloch enfoca o problema do surgimento de novas formas de arreio na baixa Idade Média, que tornaram possível o uso mais racional da força de tração dos animais, e para isso foi necessário começar a tratar de maneira diferente o camponês[8]. Como

7. M. Bloch, "Avènement et conquête du Moulin à eau", *Annales d'Histoire Economique et Sociale*, 1935.

8. M. Bloch, "Technique et évolution sociale: à propos de l'histoire de l'attelage et celle de l'esclavage", *Revue de Synthèse Historique*, t. XLII, 1926.

44 A SÍNTESE HISTÓRICA E A ESCOLA DOS ANAIS

mostra Bloch, a própria configuração das áreas camponesas na Idade Média não pode ser explicada apenas pelas peculiaridades do pesado arado sobre rodas, uma vez que tal configuração era determinada ainda pela psicologia dos camponeses, convencidos de que a disposição natural e normal das áreas agricultáveis no campo deveria ser feita entre faixas, ou seja, subordinadas às regulamentações da coletividade rural. Conseqüentemente, para compreender até questões que pareceriam puramente técnicas era necessário ir além dos limites restritos da história tradicional da técnica agrícola e recorrer a uma análise da "mentalidade social" do campesinato[9].

Portanto, para Bloch, as forças produtivas não são artefatos mortos mas componentes das relações sociais, das relações entre os homens que formam a sociedade. A história da técnica como aspecto da história social é uma nova concepção inserida por Bloch. Mas desse modo também a história social adquire um sentido inusual, completando-se com um novo conteúdo.

Esse mesmo enfoque pode ser observado em um dos artigos mais antigos de Bloch, dedicado à análise das formas de anulação da dependência vassala na sociedade feudal. Contrariando a tradição estabelecida na ciência, ele vê essas formas não só como instituição jurídica mas também em um contexto mais amplo de relações interpessoais entre os senhores e os seus súditos. Já aqui se manifesta o seu interesse vivo pelo ritual e o gesto nos quais "enformavam-se" as relações entre senhores e vassalos. Por isso, paralelamente às fontes jurídicas, ele incorpora amplamente também os monumentos da literatura medieval, nos quais essas relações adquiriam um colorido específico[10].

Em toda parte e invariavelmente Bloch procura e encontra o conteúdo humano da história. Em essência, ele antecipa o apelo dos historiadores da Escola dos Anais para a problemática antropológica, cujo significado para a investigação histórica foi todo conscientizado muito depois. Jacques Le Goff, o maior representante da corrente histórico-antropológica na atual historiografia francesa, tem fundamento para chamar Bloch de "pai da antropologia histórica".

Por isso se pode afirmar que a obra *Os Reis Taumaturgos* não desviou Bloch dos problemas da história social. Porque o estudo da natureza do poder político não pode ter êxito enquanto for considerado isoladamente da sua concepção, que domina na sociedade em um determinado período, e ademais não só no nível da elite intelectual – nos círculos dos ideólogos da monarquia ou nos esquemas teológicos dos pensadores – mas também no nível das amplas massas iletradas.

9. M. Bloch, *Mélanges historiques*, t. II, Paris, 1963, pp. 648-669.
10. M. Bloch, "Les formes de la rupture de l'hommage dans l'ancien droit feudal", *Nouvelle Revue Historique du Droit français et étranger*, t. XXXVI, 1912, pp. 141-177.

UMA NOVA CONCEPÇÃO DE HISTÓRIA SOCIAL: MARC BLOCH   45

O pesquisador trata da questão de saber como a vontade política dos monarcas, que gerara o mito das suas faculdades miraculosas, "cruzava-se com as correntes subterrâneas da consciência coletiva". A história do "equívoco" é por si só componente inalienável da história social. Quer naquele trabalho, quer em outros, Bloch não perde de vista a sociedade como um todo.

A antecipação do enfoque antropológico no estudo da história da mentalidade em *Os Reis Taumaturgos* não deve ser interpretada como se o cientista já tivesse se afirmado nesse caminho novo para os historiadores. Bloch ainda não dispunha – e acrescentemos, nos anos vinte ainda não podia dispor – de um dispositivo conceitual que lhe permitisse fazer uma avaliação adequada de semelhantes manifestações da psicologia de massas. No campo do estudo da natureza sagrada do poder real ele tinha, em essência, apenas um antecessor, James Frazer, mas ao contrário do autor de *Ramo de Ouro* Bloch não se deixou levar pela sedução de um comparativismo incontido. Ao mesmo tempo, o historiador nem sempre delimitou com precisão seu próprio sistema de conceitos daquele que existia na época por ele estudada: assim, por exemplo, o conceito de "superstição", lançado pela Igreja para condenar as crendices que contrariavam a ortodoxia ou dela se desviavam, ou definições como a de "equívoco coletivo", "representações infantis do povo", que se encontram no trabalho de Bloch, trazem a marca do estado da ciência do tempo e de sua criação[11].

Terá envelhecido esse livro de Bloch depois de mais de seis decênios de seu surgimento? Não faz muito tempo foi reeditado na França. No prefácio dele, Jacques Le Goff desenhou as circunstâncias de sua gênese, demonstrando a importância de *Os Reis Taumaturgos* para as subseqüentes investigações dos aspectos psicossociais da história. Ele indica, em particular, que, nesse trabalho, já está contida uma alusão à teoria do "tempo da grande duração", elaborada posteriormente por Fernand Braudel. Dificilmente isto seria plenamente exato, mas ainda assim o objeto da investigação de Bloch são, em realidade, as crendi-

---

11. M. Bloch, *Les rois thaumaturges*, préface de J. Le Goff, pp. XXVI-XXIX. Le Goff observa que Bloch não aproveitou nessa obra as idéias de Marcel Mauss, que lhe permitiriam interpretar com maior precisão os rituais de cura dos vassalos pelo rei. *Idem*, p. XXXV. Sobre o conteúdo do conceito de "superstição" na Idade Média, ver D. Harmening, *Superstitio. Überlieferungs-und theoriegeschichtliche Untersuchungen zur Kirchlich-theologischen Aberglaubensliteratur des Mittelalters*, Berlin, 1979; J.-Ct. Schmitt, "Les traditions fokloriques dans la culture mèdiévale", *Archives de sciences sociales des religions*, p. 52, 1981.

Poder-se-ia fazer a Bloch outra censura, outra recriminação: ele não discute que círculos sociais tirariam vantagem empregando com seus fins políticos a crença popular na capacidade curativa sobrenatural do monarca. Cf. [...], P. Burke, "Reflections on the Historical Revolution in France: The Annales School and British Social History", *Review*, vol. I, n. 3/4, 1978, pp. 154-155.

ces que conservaram o seu poder sobre a mente de massas humanas ao longo dos séculos, pois as mentalidades mudam com extraordinária lentidão. Bloch mantinha a conclusão de que o hábito de cura dos doentes de escrófula pelos reis já havia sido fixado no século XII, mas estudos recentes de F. Barlow e J. Le Goff introduziram corretivos nessa tese: pode-se considerar demonstrada a existência do costume em meados do século XIII[12]. Em qualquer caso estamos diante de um fenômeno que revela uma enorme estabilidade.

Como se vê, um dos *leitmotivs* da metodologia de Bloch é o empenho em produzir uma interpretação do fenômeno histórico na qual ele não seja reduzido a alguma fórmula unívoca. Em cada grande fenômeno da vida coletiva dos homens entrelaçam-se e interagem muitas causas discrepantes. É uma determinada constelação de fatores que gera dado fenômeno. Além disso, Bloch previne contra a aplicação de esquemas *a priori*. "As causas em história, como em qualquer outro campo, não podem ser postuladas, devem ser buscadas" – com essas palavras interrompe-se o livro inconcluso de Bloch *A Apologia da História ou o Ofício do Historiador*[13]. O resultado – o acontecimento histórico concreto – é influenciado pelos mais diversos fatores e aspectos do sistema social. Como Febvre, Bloch era inimigo jurado de todo e qualquer dogmatismo.

> A ciência desmembra a realidade apenas para melhor examiná-la graças aos fogos cruzados cujos raios confluem e se cruzam sem cessar – escreve Bloch no mesmo livro. – O perigo só surge a partir do momento em que cada projetor começa a pretender que só ele enxerga tudo, quando cada cantão do conhecimento se imagina todo um Estado[14].

O apriorismo é o mais perverso inimigo da ciência. Não há nada pior do que empurrar a vida viva para dentro de modelos estabelecidos de uma vez por todas. Estamos bem lembrados da famosa advertência sobre o perigo da transformação da teoria filosófica em "chave falsa universal" por mentes esquemáticas pouco inteligentes.

Entretanto, a "plurifatorialidade" da interpretação histórica não tem nada em comum com o ecletismo e nem exclui um determinado "monismo"; ao contrário, ela o pressupõe necessariamente. Mas não se trata daquele monismo que parte de uma hierarquia de causas e efeitos postulada de antemão. É um "monismo" determinado pela concepção que o historiador tem do objeto principal da sua investigação.

12. F. Barlow, "The King's Evil", *English Historical Review*, vol. 95, n. 374, 1980, pp. 3-27; M. Bloch, *Les rois thaumaturges*, préface de J. Le Goff, p. XIII; Le Goff, "La genèse du miracle roval"; "Marc Bloch aujourd'hui. Histoire comparée. Sciences sociales", textes réunis et présentés par H. Atsma et A. Burguière. Paris, 1990, pp. 147-156.
13. M. Bloch, *Apologie pour l'histoire*, p. 103.
14. *Idem*, p. 75.

UMA NOVA CONCEPÇÃO DE HISTÓRIA SOCIAL: MARC BLOCH   47

É claro que "cada investigação tem o seu próprio eixo"[15], mas ao mesmo tempo existe um objeto geral e principal da história. Segundo convicção de Bloch e Febvre, o homem em sociedade continua a ser invariavelmente esse tema central que atrai imperiosamente. Daí porque qualquer fenômeno se torna histórico, adquire forma de realidade somente sob a condição de que tenha passado, de uma forma ou de outra, através da consciência de alguém, tenha se tornado fato da psicologia humana. A história não transcorre fora do homem, sem a sua participação. Os acontecimentos da história são acontecimentos da vida coletiva e social dos homens. Por isso a mentalidade é verdadeiramente uma categoria central da metodologia de Bloch[16].

Quando da "diversidade de fatos humanos" Bloch passa à sua unidade, ele a vê na consciência. Segundo sua convicção, o objeto da história "no sentido preciso e último é a consciência dos homens. As relações que se desencadeiam entre os homens, as influências mútuas e até a confusão que surge na consciência deles são o que constitui para o historiador a autêntica realidade"[17]. O historiador, que examina o movimento dos mais diversos fenômenos sociais – da economia, da estrutura das classes ou grupos, das crendices, das crises políticas – observa, segundo palavras dele, "de que modo elas se fecham na consciência humana"[18].

O que significam essas afirmações?

Tomada isoladamente do tecido concreto das obras de Bloch, a tese segundo a qual a sociedade é "produto de consciências individuais" pode ser interpretada como renascimento das concepções subjetivas da história. Transformar a história da sociedade em história da sua consciência, ainda que seja coletiva, e ver nesta última o fator que explica a vida social e as suas mudanças é uma tendência prejudicial e perigosa. Essa é a sentença proferida por um dos principais representantes atuais do grupo da *Annales* e não se pode deixar de concordar com ela[19].

Entretanto não nos aferremos com as formulações aparentemente discutíveis de um livro que o próprio autor não chegou a preparar para impressão. Lembremos melhor como Bloch realizou essas idéias em suas investigações.

---

15. M. Bloch, *La société féodale*, p. 98.

16. Cf. C. Ginsburg, "A proposito della raccolta dei saggi storici di Marc Bloch", *Studi medievali*, 3, VI 1965, pp. 335-353. Tradução alemã: Mentalität und Ereignis. Über die Methode ei Marc Bloch, C. Ginzburg, *Spurensicherungen*, Berlin, 1983, s. 97-113.

17. M. Bloch, *Apologie pour l'histoire*, p. 76.

18. *Idem*, p. 79. Cf. p. 101.

19. J. Le Goff, "Terá Existido a Escola Histórica Francesa dos Anais?", *Anuário Francês*, 1968, 1970, p. 357, 1968, 1970, p. 357.

48 A SÍNTESE HISTÓRICA E A ESCOLA DOS ANAIS

As formas de consciência social, de cultura, sempre o interessaram predominantemente no plano da expressão das relações sociais que elas contêm. O sentido das afirmações anteriormente citadas, como decorre com toda a clareza dos trabalhos de Bloch, consiste em que quaisquer fenômenos da vida dos homens devem inevitavelmente passar pela sua consciência (no sentido amplo, incluindo até o "inconsciente"). Nós já vimos (e ainda tornaremos a ver) o quanto foi fecunda a análise que Bloch empreendeu dos fenômenos da psicologia coletiva, voltada invariavelmente para a descoberta das profundezas da estrutura social e do seu movimento. Em história não existe automatismo, relação unívoca das causas com os efeitos. Segundo Bloch, os fatos da história são fatos "psicológicos" porque quem cria a história é o homem e a integridade social cuja descoberta representa, segundo ele, o objetivo final da ciência histórica exprime-se precisamente através da consciência humana: é nela que confluem todos os fenômenos sociais. Ao qualificar a si mesmo de historiador social, Bloch exatificou: ele é um historiador que, operando com "fatos humanos" e, naturalmente, identificando neles "fatos psicológicos", procura "explicá-los de dentro para fora"[20].

À semelhança de Febvre, Bloch tratava cautelosamente o exame teórico do processo histórico; a "filosofia da história" não era o seu elemento. Ele é um empirista que sonda o seu caminho de pesquisa sem se separar do "banco de carpinteiro" no seio do material concreto. Em todo caso era assim que ele compreendia os seus objetivos. Ao mesmo tempo, entre os seus predecessores e velhos colegas havia figuras como Emile Durkheim, chefe da escola sociológica francesa, Marcel Mauss, notável etnólogo, Françoise Simian, economista e sociólogo, que já no início do século manifestou-se a favor da aproximação entre a história e as ciências sociais, e Henri Berr, filósofo, que também antes de Febvre e Bloch começara uma luta pela renovação radical do conhecimento histórico. A mente de Bloch estava aberta às idéias desses cientistas assim como de outros, cujos pensamentos e procedimentos científicos pudessem ser úteis em seu trabalho investigatório.

É sobretudo essencial o fato de que, à diferença da maioria dos contemporâneos historiadores, Bloch nunca se fechou em âmbitos estreitamente delineados de sua profissão e teve olhos largos para o objeto do ofício histórico (no sentido tradicional da palavra *métier*, que remonta a Idade Média como profissão sólida, voltada para a cria-

---

20. M. Bloch, *Projet d'un enseignement d'histoire comparée des sociétés européennes* (1934). Alguns anos antes Bloch aprecia criticamente as tentativas de explicar o processo histórico das posições do determinismo geográfico ou demográfico: nem um nem outro "atua por si mesmo. O elemento efetivamente ativo é, em maior ou menor grau, o reflexo deformado das necessidades das massas na consciência humana". Apud. M. Mastrogregori, *Il genioi dello storico*, pp. 174-175.

UMA NOVA CONCEPÇÃO DE HISTÓRIA SOCIAL: MARC BLOCH   49

ção de "obra-prima"). Ao contrário dos positivistas, ele tinha consciência precisa das peculiaridades do conhecimento histórico em comparação com o conhecimento das ciências naturais.

Isso significa que a natureza da história como ciência não consiste na ilustração das leis da história postuladas por quem quer que seja e nem na descoberta de semelhantes leis. Bloch compreendia que a solução de qualquer problema especial pelo historiador deve estar sujeita a um determinado "super-objetivo" – ao estudo do conteúdo humano do processo histórico. É precisamente aí, segundo ele, que reside a missão do historiador profissional. Por isso, sendo empírico, Bloch nunca foi eclético. Ele dispunha do "elo fundamental" na cadeia dos raciocínios sobre a história e conhecia a magnitude inicial e final pela qual se guiava constantemente.

Esse enfoque se revela plenamente ainda em um dos seus trabalhos mais conhecidos – *Os Traços Característicos da História Agrária Francesa*[21]; o livro é um curso de aulas dadas por Bloch no Instituto de Estudo Comparado das Culturas em Oslo. Até hoje esse livro continua sendo a melhor síntese no campo da história agrária da França. Os monumentos históricos e arqueológicos, os dados da lingüística e da geografia foram aí unificados pela concepção sintetizadora do cientista que se apóia nas conquistas da Ciência Histórica de fins do século XIX e do primeiro quartel do século XX. Também nesse livro o sujeito autêntico da história agrária continua sendo o homem em sociedade[22].

O que acaba de ser dito se refere ainda mais à investigação sintetizadora e capital de Bloch em dois volumes: *A Sociedade Feudal*[23]. Para compreender o funcionamento do sistema social feudal é necessário levar em conta as condições naturais, o meio geográfico, a fixação dos povos no território da Europa, e é do exame desses elementos que Bloch começa o seu trabalho. Mas a sua originalidade principal consiste em que a sociedade feudal está aí desenhada – pela primeira vez na ciência – não só como um regime de instituições agrárias, militares e jurídicas, mas também sob a forma de organismo vivo, no qual as relações sociais e econômicas se entrelaçam com as relações do plano psicossocial e político. Por isso, o seu estudo requer a incorporação, além de cadastros econômicos, dos registros dos costumes feudais e dos tratados e de outras fontes jurídicas, bem como dos monumentos da literatura, da epopéia, dos cantos heróicos, da crônica, das lendas genealógicas.

21. M. Bloch, *Les caractères originaux de l'histoire rurale française*, Paris, 1931.
22. Foi postumamente editado o segundo volume dessa obra, ao qual foram incorporados inúmeros estudos de Bloch sobre história agrária, escritos depois de 1931. M. Bloch, *Les caractères originaux de l'histoire rurale française* II (supplément èd. par R. Dauvergne), Paris, 1956. [...]: M. Bloch, *Les caractères originaux de l'Histoire Rurale Française*, préface de Pierre Toubert, Paris, 1988, pp. 5-41.
23. M. Bloch, *La Socièté féodale*, t. I-II, Paris, 1939, 1940.

50 A SÍNTESE HISTÓRICA E A ESCOLA DOS ANAIS

Bloch analisa a sociedade feudal como que "de dentro", partindo do homem em grupo, no *socium* – em família, no sistema de parentesco, nas relações com o senhor. De certo modo, a sociedade feudal tinha consciência de si mesma e Bloch levanta a questão da relação dos homens medievais com a natureza, da sua percepção do tempo e do espaço, da história e da religião, da sua concepção do direito e da riqueza. Todos os aspectos da sua orientação no mundo social e natural são objeto de estudo para o historiador social. Essas partes de *A Sociedade Feudal* não são, como parecia a Febvre, uma "representação da civilização"; refletem a original concepção blocheana da estrutura social do feudalismo, que se baseava em um modo específico da economia mas ao mesmo tempo ainda se caracterizava por um peculiar "aparelhamento psicológico" dos homens que formavam essa sociedade. Segundo Bloch, a característica da mentalidade não é algum "complemento" à análise social, não é um "florescimento" dela; a mentalidade integra o próprio tecido da estrutura social.

Nessa obra (como, aliás, em outras obras suas[24]), Bloch empreende uma ampla análise histórico-comparativa das sociedades feudais européias. A tendência a examinar as estruturas sociais em seu confronto mútuo, revelando ao mesmo tempo o comum e o peculiar, é um traço característico do Bloch historiador. O particular, o individual, está no centro da sua atenção, é ditado pela própria natureza do conhecimento histórico, mas no historicamente concreto revelam-se os traços recorrentes, as identidades tipológicas.

Depois de meio século transcorrido da publicação de *A Sociedade Feudal*, continua em vigor a afirmação de que essa obra de Marc Bloch é, na historiografia mundial, a melhor investigação da essência e do funcionamento da estrutura social.

Os trabalhos de Marc Bloch, suas monografias, os inúmeros artigos investigatórios, os apanhados e resenhas em que ele enfoca vivamente os novos fenômenos da Ciência Histórica promoveram-no a um dos primeiros lugares tanto nos estudos medievais franceses quanto mundiais.

Na vasta relação de trabalhos do medievalista francês[25] observamos uma "lacuna": nela não há trabalhos dedicados à história política

---

24. M. Bloch, "Pour une histoire comparée des sociètés européennes", *Revue de Synthèse Historique*, 1928; M. Bloch, "The Rise of Dependent Cultivation and Seignorial Institutions", *The Cambridge Economic History of Europe*, vol. I: *The Agrarian Life of the Middle Ages*, ed. by M. M. Postan, Cambridge, 1971 (lst ed. 1941), pp. 235-290; M. Bloch, "Seigneurie française et manoir anglais", *Cahiers des Annales*, 16, Paris, 1960.
25. A bibliografia de Bloch ocupa setenta páginas do texto tipográfico na segun-

UMA NOVA CONCEPÇÃO DE HISTÓRIA SOCIAL: MARC BLOCH 51

ou a personagens históricas isoladas. Pelo visto, Bloch pouco se ocupava desse plano da história em que se movem os heróis e se realizam os acontecimentos. Nesse sentido, ele se distinguia da maioria dos historiadores franceses, seus contemporâneos, com seu culto ao fato-acontecimento. Nós já sabemos com que paixão Febvre e Bloch se colocaram contra a descrição factual terra a terra, que não levou a camadas mais profundas da realidade histórica. Como agora fica mais claro, na luta contra a história de acontecimentos esses cientistas andaram distribuindo "açoites". Eles têm absoluta razão no sentido de que a história não pode se reduzir à fixação de acontecimentos, mas ela não pode ignorá-los.

A ausência de interesse pelo estudo da história de acontecimentos em Bloch se explica facilmente pela especificidade da sua orientação científica. Mas, em princípio a negação da "história-relato" estava cheia de certas "entortaduras" no desenvolvimento subseqüente da Nova História. Os representantes da sua geração seguinte, já depois da Segunda Guerra Mundial, ignoravam a circunstância de que o plano dos acontecimentos não era, de maneira nenhuma, apenas uma "espuma" gerada pelas correntes profundas em outros níveis da realidade. Braudel e outros seus seguidores tratavam por cima dos ombros o fato histórico ou acontecimento histórico como um tema indigno da atenção da Ciência Histórica; eles transferiram integralmente o centro da gravidade para as "estruturas", o "tempo da grande duração", para ser breve, "colocaram-se acima" da história viva dos homens. Em essência, eles perderam de vista que determinados acontecimentos e cataclismos políticos podem exercer considerável influência sobre as estruturas socioeconômicas. A questão não é eliminar o plano dos acontecimentos da história, mas integrá-lo num contexto social.

Febvre e Bloch não ocupavam essa posição niilista em relação aos atos dos homens mas deixaram escapar da garrafa de gin as condenações à história política. Só hoje, entre os historiadores "annalenses", ouvem-se vozes que falam da necessidade do renascimento da história política, evidentemente em nova feição.

O enfoque da história por Bloch diferia do enfoque de Febvre, que estudara atentamente as concepções e a vida de Luthero, Rabelais e Erasmo. É verdade que, como já sabemos, também para Febvre essas figuras centrais da Renascença e da Reforma eram interessantes antes de tudo na medida em que seus feitos individuais revelaram o "espírito da época", a consciência social, a mentalidade da época que os promoveu. Mas Febvre caminhou do particular e singular para o geral.

Nos casos em que Bloch, à semelhança de Febvre, recorre à história da cultura e da psicologia social, ele a estuda partindo não da

da edição póstuma de seus artigos investigatórios. Cf. M. Bloch, *Mélanges historiques*, t. 2, Paris, 1963 (2éd. 1983), pp. 1032-1104.

52 A SÍNTESE HISTÓRICA E A ESCOLA DOS ANAIS

análise do pensamento de indivíduos isolados mas imediatamente de suas manifestações em massa. Ainda assim, a sociedade feudal por ele estudada aparece sob sua pena não como abstração sociológica mas precisamente como sociedade humana, como sistema de vínculos, de relações entre os homens.

Para caracterizar as diferenças de enfoque de ambos os cientistas, é sintomática, entre outras coisas, a reação de Febvre ao livro *A Sociedade Feudal* de Bloch. Ao fazer desse trabalho em seu conjunto uma avaliação positiva, mesmo assim Febvre o acusou de sociologismo e não conseguiu esconder a sua surpresa: em todo o vasto livro, cujo autor afirma que na época feudal a "idéia abstrata de poder estava debilmente separada da feição concreta do soberano", não há nenhuma caracterização da personalidade de qualquer senhor ou soberano[26]. Mas isso não é um lapso – esse é o método de Bloch. Cabe reconhecer que, apesar de não haver no livro retratos individuais dos representantes da sociedade feudal, esta aparece sob a pena de Bloch como um sistema de vínculos, de relações interpessoais entre os homens.

Depois de declarar que no centro da atenção do historiador deve estar o homem, Bloch se apressa em exatificar: não é o homem mas os homens – os homens organizados em classes, em grupos sociais. A psicologia coletiva o atrai predominantemente, justo porque nela se manifesta o comportamento dos homens social e culturalmente determinado. Estudando atentamente o direito medieval Bloch, contrariando a tradição dominante na historiografia ocidental, não vê nesse direito um elemento autônomo e em autodesenvolvimento. No direito dilui-se a prática social, logo, "o objeto da investigação deve ser transferido do campo dos esquemas jurídicos para o plano social e humano"[27]. Segundo Bloch, a tarefa primordial do historiador das instituições jurídicas é procurar ver por trás delas as reais demandas sociais e as mudanças das relações sociais que essas instituições e normas refletem (nem de longe adequadamente). As classes (dos camponeses, dos feudais), a sua formação, a composição da mudança da sua estrutura, as relações entre elas, assim como as relações entre outras classes da sociedade, são o que mais interessa.

Dessa maneira, a metodologia de Bloch está distante das diretrizes dos historiadores alemães seus contemporâneos: no centro da atenção destes não estava tanto a sociedade quanto o Estado. Mas, como já observamos, o Bloch historiador social diverge do seu colega Febvre, na medida em que a categoria central com que opera o pensamento do último era a de "civilização", ao passo que a categoria nuclear para Bloch continuava sendo invariavelmente a "sociedade".

---

26. L. Febvre, *Pour une histoire à part entière*, Paris, 1962, p. 424.
27. M. Bloch, *Les caractères originaux...*, t. II, p. XXVII.

UMA NOVA CONCEPÇÃO DE HISTÓRIA SOCIAL: MARC BLOCH   53

No campo de visão de Bloch estavam os fenômenos típicos predominantemente de massas, nos quais se pode descobrir uma determinada repetição. Por isso o parâmetro essencial da metodologia de Bloch era o enfoque tipológico-comparativo das sociedades e instituições estudadas. Desse historiador, que pensava de forma ampla, era próprio recorrer a comparações – até à comparação do feudalismo no Ocidente com o regime social do velho Japão, uma vez que feudalismo não era para Bloch um produto singular da evolução européia mas um "tipo" social. Através do método comparativo revelam-se algumas leis próprias das diferentes sociedades nas etapas iniciais do seu desenvolvimento. Entretanto, o método tipológico-comparativo lhe dava a possibilidade de definir com mais precisão também o individualmente específico em cada uma dessas séries comparadas. Porque em história, diferentemente da natureza, o regular transcorre exclusivamente através do particular e nenhuma generalização é possível sem ressalvas e restrições muitas e freqüentemente muito substanciais. "A sociedade" – escreveu Bloch – "não é uma figura geométrica, e uma demonstração em história não é uma demonstração de teoremas"[28]. Por isso o historiador tem de elaborar procedimentos lógicos especiais, guiando-se por aqueles que ele organiza e interpreta o material investigado. O novo estilo de trabalho do Bloch-historiador é demonstrado, em particular, pelo fato de que a muitos dos seus trabalhos ele faz previamente "observações sobre o método".

O historiador estuda natural e inevitavelmente a gênese dos fenômenos sociais que lhe interessam. Mas Bloch não se satisfaz com a explicação genética superficial tão amável ao coração de muitos cientistas que, ainda antes de terem entendido a essência de uma determinada instituição, começam diretamente pelo estudo das suas premissas, substituindo as causas "pelas fontes" (Bloch fala do "ídolo das fontes", diante do qual se inclinam os historiadores sem se darem conta da excepcional importância de estudar o fenômeno em exame em seu contexto histórico). Assim foi, por exemplo, o enfoque do estudo do feudalismo empreendido pelos historiadores do século XIX, pertencentes às correntes dos "romanistas" e "germanistas" que se digladiavam e são dignas de memória. Elas se ocupavam antes de tudo com procurar a pátria do feudalismo. O império romano com sua grande propriedade territorial, o colonato e o poder pessoal dos senadores – eis onde foi gerado o regime social da Idade Média, afirmavam os romanistas. As florestas da Alemanha antiga, onde habitavam as tribos guerreiras dos teutões com as suas milícias combativas encabeçadas pelo rei, foram uma resposta a essa pergunta dos germanistas.

Em ambos os casos, na descoberta, na Antigüidade românica ou germânica, de determinados traços nas relações sociais que se difun-

28. M. Bloch, *La société féodale*, Paris, 1968, pp. 371, 469.

54 A SÍNTESE HISTÓRICA E A ESCOLA DOS ANAIS

diram na Europa medieval esses historiadores viam a solução do problema da origem e da essência do feudalismo. Já sem falar da evidente tendenciosidade política e nacionalista de semelhantes concepções (não é por acaso que o romanismo floresceu na historiografia francesa enquanto o germanismo dominava na historiografia alemã), fica claro que, sob semelhante enfoque do problema, o desenvolvimento era essencialmente eliminado: segundo esses cientistas, o regime social característico da Idade Média existira de uma forma ou de outra na fase anterior da história, e a passagem da Antigüidade para a Idade Média foi marcada apenas por uma transformação gradual e lenta ou pelo fortalecimento daquelas ordens que se haviam formado muito tempo antes. Além disso ignoravam-se os avanços qualitativos ocorridos na história da Europa na fronteira entre a Antigüidade e a Idade Média, que foram suscitados pela interação dos povos germânicos e dos outros povos bárbaros com a população do império que eles iam conquistando e povoando.

Bloch estava ciente do perigo que encerra a tentativa de explicar os complexos fenômenos históricos por meio da descoberta apenas das suas "raízes". "Mania de origem" – assim ele denominava a "alucinação" pela qual se deixaram levar os autores de muitas investigações históricas. É possível explicar os fenômenos históricos apenas fazendo-os remontar a estados mais primitivos? "Da semente nasce o carvalho. Mas ele só se torna e permanece carvalho quando se acha nas condições de um meio propício e estas já não dependem da embriologia"[29]. Assim são também os homens. Bloch repete o provérbio árabe: "Os homens se parecem mais com o seu tempo do que com os seus pais". A respeito das teorias dos romanistas e dos germanistas, ele faz uma importante consideração geral: "O feudalismo europeu, em suas instituições características, não foi um entrelaçamento arcaico de remanescentes. Ele surgiu em uma determinada etapa do desenvolvimento e foi gerado pelo conjunto de todo o meio social"[30].

Querem saber como surgiu um dado fenômeno? Mas antes é necessário revelar sua natureza, isso só é possível conhecendo-o em sua forma mais madura, mais acabada. "Pode-se perguntar licitamente se não seria melhor definir os traços de um quadro concluído antes de mergulhar nos segredos da origem"[31]. Porque, a despeito de tudo, o mais distante do historiador no tempo é o que costuma ser menos

29. M. Bloch, *Apologie pour l'histoire*, p. 7.
30. *Idem*, p. 8.
31. M. Bloch, *Traços Característicos da História Agrária Francesa*, 1957, pp. 34-35.

UMA NOVA CONCEPÇÃO DE HISTÓRIA SOCIAL: MARC BLOCH

conhecido e está fracamente refletido nas fontes. Por isso, para interpretar o passado distante, não raro é necessário recorrer a tempos mais próximos e "lançar sobre o objeto o olhar geral, o único capaz de sugerir as linhas principais da investigação"[32]. Bloch usa amplamente o método "regressivo" ou "retrospectivo", o método da ascensão do conhecido para o desconhecido (ou do melhor estudado para o menos estudado), "rodar o filme em ordem inversa", o que lhe dá em seguida a possibilidade de construir (por exemplo, em *Os Traços Característicos da História Agrária Francesa*) um quadro conexo do desenvolvimento histórico das relações econômicas no campo francês das épocas mais remotas até a Idade Moderna.

Assim ele o faz quando estuda, numa instituição tão contraditória como foi a *servage** francesa, a dependência pessoal dos camponeses em relação ao senhor (o que se designa com muita imprecisão pela palavra "servidão" – imprecisa e até simplesmente incorreta, porque a *servage* ocidental está muito distante do direito servil** russo, representando um fenômeno de ordem qualitativamente distinta): ele caracteriza os traços e indícios mais importantes da *servage* no período do seu mais elevado desenvolvimento, nos séculos XI-XIII, e já depois recorre às suas raízes e premissas.

De modo semelhante, Bloch também começa o livro *A Sociedade Feudal* partindo do estudo da gênese "embriológica" das relações feudais ou elucidando as circunstâncias que as geraram. Da descrição do "meio" em que funcionaram os "vínculos de dependência" do homem em relação ao homem, ou seja, a situação criada pelas invasões dos árabes, húngaros e normandos (prestemos atenção: não pelas invasões anteriores dos germânicos, que liquidaram o Império Romano e lançaram o fundamento de um novo mapa demográfico e político da Europa mas precisamente pela última invasão da periferia bárbara contra os focos em desenvolvimento da civilização da baixa Idade Média nos séculos VIII-XI), bem como das condições objetivas e subjetivas de vida da sociedade medieval, ele passa diretamente para a análise do sistema feudal constituído como ele o interpreta – o sistema da vassalagem e dos feudos (*fiefs*). O estudo do feudo, possessão cavaleiresca desde o momento do seu surgimento, é impossível: primeiro é necessário examiná-lo na época do feudalismo desenvolvido, pois é impossível estudar a embriologia sem conhecer o animal adulto.

Entretanto, se Bloch começa a pesquisa não pelas fontes mas pela forma clássica que adquire uma determinada instituição feudal, isso não significa que, de um modo geral, ele não se interesse pela sua

---

32. *Idem*, p. 32.

  * Servidão. (N. do T.)

  ** No direito servil russo ou *kriepostnóie pravo*, o senhor de terras exercia o direito de dispor da pessoa, do trabalho e dos bens pertencentes ao camponês. (N. do T.)

56   A SÍNTESE HISTÓRICA E A ESCOLA DOS ANAIS

origem. Mas ele recorre ao problema da gênese só depois de ter se sentido suficientemente municiado do conhecimento da essência dessa instituição.

Muito antes de Bloch, em *O Capital*, foi formulado um princípio científico: para compreender a essência de um fenômeno histórico-social é necessário estudá-lo na fase de desenvolvimento em que se desenvolveram com a máxima plenitude os seus principais traços estruturais. Foi precisamente esse enfoque que Bloch aplicou ao estudo do regime social da Idade Média ocidental, ao que tudo indica sem influência direta de Marx. Por isso não surpreende que, posteriormente, muitos historiadores franceses pertencentes à última geração da Escola dos Anais, segundo o testemunho autorizado de Georges Duby, "leitores atentos de *O Capital*, sem vacilações ou quase sem elas, aceitaram todas as recomendações metodológicas de Marc Bloch"[33], e na Inglaterra os historiadores marxistas (K. Hill, R. Hilton, E. Hobsbawm e outros) conscientizaram a fecundidade dos enfoques de Bloch ao problema da história antes dos historiadores de outras orientações filosóficas.

Portanto, a explicação da natureza de um organismo social consiste, segundo Bloch, não apenas em pesquisar os estados antecedentes mas – e acima de tudo – em estudar aquela sua fase em que se revelam em um maior grau as possibilidades nela contidas. A ciência história teve de passar por um longo e torturante caminho até que os seus melhores representantes assimilassem essa verdade científica e aprendessem a aplicá-la em seu trabalho investigatório. É verdade que se deve reconhecer que até hoje o problema da combinação desses dois enfoques, que podem ser definidos como genético e estrutural, gera não poucas dificuldades e continua a suscitar discussões.

Se tentarmos discriminar a peculiaridade mais importante do Bloch historiador, será necessário dizer: ele pensa pelas estruturas sociais. Concebendo a formação social em sua integridade, numa fase madura do desenvolvimento, ao mesmo tempo ele procura vê-la em amplos vínculos genéticos. A sociedade feudal dos séculos XI-XIII foi colocada por ele numa perspectiva histórica, que incluía a Antigüidade tardia, por um lado, e a Idade Moderna (até a evolução do século XVIII) por outro. Aqui não se pode deixar de mencionar que Jacques Le Goff, aproximando-se de Bloch e baseando-se nele, assim como em Duby e em outros especialistas no campo da história agrária, também fala de uma "Idade Média" duradoura, "muito longa" cuja concepção se tornou possível depois que a atenção dos medievalistas foi transferida da história da cidade para a história do campo. Essa "Idade

---

33. M. Bloch, *Apologie pour l'histoire ou Métier d'historien*. Préfacio de George Duby, Paris, 1974, p. 13.

Média longa" começa no período pós-romano e, segundo Le Goff, termina propriamente apenas no início do século XIX.

Depois de propor interpretar a essência do regime social e esboçar a história da sua formação, Bloch não considerava cumprida a sua tarefa. Sempre que apresenta o quadro dessa ou daquela instituição da Idade Média em sua "redação definitiva", ele procura mostrar a diversidade dessa instituição em diferentes países ou regiões de um país. Isso não só para que o quadro inicial por ele criado não produza a impressão de uma disseminação universal e uniforme, mas ainda por outra causa importante. A generalização é contígua da simplificação, da retificação, o tecido vivo da história é incomparavelmente mais complexo e contraditório. "Está fora de dúvida", observa ele, "que o destino de todos os sistemas de instituições humanas é nunca se realizar a não ser em forma inacabada"[34].

Comparando coerentemente a característica generalizada do fenômeno histórico com as suas variantes, Bloch generaliza-a, torna-a mais flexível e saturada de um conteúdo concreto. Após os capítulos sobre a vassalagem e o feudo em *A Sociedade Feudal*, vem o capítulo "Um Apanhado do Horizonte Europeu", no qual ele mostra a heterogeneidade do desenvolvimento das diferentes regiões da França e revela a especificidade das relações vassalo-feudais na Itália, na Alemanha, na Inglaterra, na Espanha e em outros países. Depois de elucidar a essência da *servage* francesa, Bloch se volta para a comparação (e a contraposição) dela às formas de dependência camponesa na Alemanha e na Inglaterra.

É difícil dizer em que medida Bloch partilhava da metodologia de Max Weber. A filosofia alemã e o pensamento sociológico estavam longe do círculo de interesses tanto dos fundadores da Escola dos Anais quanto dos seus "descendentes" (diferentemente da historiografia alemã, que Bloch conhecia bem)[35]. Mesmo assim, o método aplicado por Bloch na construção do seu modelo geral de fenômeno social, que em seguida se modifica e se complexifica à luz da diversidade nos seus traços completos, lembra involuntariamente o "tipo ideal" weberiano, que se destina a servir de estrela-guia na investigação histórica. O "tipo ideal" não é um esquema abstrato que "levante debaixo de si" o material factual da história; ele fornece a orientação e a forma sistematizante do conhecimento da realidade, e onde ele descobre "jogo", divergência ou contradição entre esse modelo prévio de trabalho ou "utopia investigatória" por um lado, e a riqueza em-

---

34. M. Bloch, *La société féodale*, p. 609.

35. Vários estudiosos afirmam que Bloch conhecia os trabalhos metodológicos de Weber e foi influenciado por ele. Cf. particularmente O. G. Oexle, "Marc Bloch et la critique de la raison historique", *Marc Bloch aujourd'hui*, p. 423.

58 A SÍNTESE HISTÓRICA E A ESCOLA DOS ANAIS

pírica da história, por outro, é que começa propriamente o conhecimento[36].

Nós já vimos que entre os meios de aperfeiçoamento da história como ciência Bloch reservava um lugar especial para o método comparativo. Com sua ajuda pode-se descobrir o que é mais típico, o que se repete e é regido por lei. O comparativismo desempenha o papel de experimento no trabalho do historiador. Esse método permite estabelecer vínculos entre os fenômenos que não podem ser encontrados por outra via[37]. Mas em história, segundo convicção de Bloch, o método comparativo serve, além da tipicização, também à individualização: ele conduz a uma melhor compreensão do objeto da pesquisa como particular, revelando os traços inerentes a instituições e sociedades particulares. A história é a ciência das mudanças, diz Bloch, é ao mesmo tempo também a ciência das diferenças.

Bloch considera necessário comparar não os fatos isolados e as instituições particulares, pois essa busca superficial de analogias pode levar e leva a conclusões falsas, mas precisamente os sistemas integrais, os conjuntos sociais em que essas instituições estão inseridas e dos quais elas ganham o seu sentido. Mesmo nos casos em que, parece, ele compara fenômenos particulares como, por exemplo, o senhorio francês e o solar inglês, duas modalidades da posse feudal da terra, em realidade trata-se de mais coisas – da comparação das vias do desenvolvimento agrário da França e da Inglaterra[38].

Da forma madura para as suas premissas e fontes, da demonstração da linha magistral do desenvolvimento para a revelação das variantes e da diversidade – eis o caminho das reflexões de Bloch. Daí resulta um quadro do desenvolvimento do regime social da Europa medieval, desenvolvimento esse interiormente conexo e dotado de lógica própria. À diferença de muitos representantes da Nova História, que concentram sua atenção na história da França, Bloch, o maior especialista em história da sua pátria, pensava antes pelas categorias da história da Europa que da história de um país isolado.

---

36. Numa conferência dedicada à *Annales* (EUA, 1977), um historiador americano disse: a despeito de toda a indubitável influência exercida sobre Bloch pela escola sociológica francesa, não se pode deixar de notar que nas premissas teóricas dos seus estudos o pensamento de Max Weber é mais importante que a doutrina de Dukheim. Birnbaum N., "The Annales School and Social Theory". *Review*, vol. I, n. 3/4, 1978, p. 227. [...]. *Idem*, p. 228. Norman Birnbaum destacou, em particular, que do ponto de vista da sociologia de Durkheim, as "estruturas geram as significações", ao passo que em *A Sociedade Feudal* de Bloch "as estruturas são geradas pelas significações", *idem*, p. 228.

37. M. Bloch, "pour une histoire comparée des sociétés européennes", *Mélanges historiques*, t. I. Paris, 1983, pp. 16, 24. Cf. "Le comparatisme en histoire", *Marc Bloch aujourd'jui*, pp. 255 ss.

38. M. Bloch, "Selgneurie française et manoir anglais", *Cahiers des Annales*, 16, Paris, 1960.

UMA NOVA CONCEPÇÃO DE HISTÓRIA SOCIAL: MARC BLOCH   59

Ele sempre pensa em grandes escalas. Não seria essa configuração de escalas um traço orgânico de qualquer cientista que vê os fenômenos que estuda em todas as suas interconexões em contextos possíveis? Ela é inseparável da tendência do cientista para as construções generalizadoras. Eis a afirmação com que Bloch abre o livro *Os Traços Característicos da História Agrária Francesa*:

> Na história da ciência há momentos em que o trabalho sintético, mesmo que pareça prematuro, vem a ser mais útil do que toda uma série de investigações analíticas, noutros termos, quando é consideravelmente mais importante formular bem os problemas do que tentar desenvolvê-los[39].

Bloch sabe perfeitamente que o livro que coloca amplos problemas e é rico em generalizações suscitará fatalmente a crítica dos especialistas, que as soluções propostas por esse trabalho em muitos casos acabam não passando de hipóteses ("Aliás", observa ele, "não seria o caso de sempre se subentender que qualquer afirmação em ciência é apenas uma hipótese?"). Isso não o perturba. As hipóteses por ele sugeridas devem ser verificadas por pesquisas especiais, e mesmo que venham a ser posteriormente refutadas prestarão um trabalho útil, uma vez que estimulam outros pesquisadores. Por isso não há nem sombra de ptentação ou falsa modéstia nas palavras de Bloch:

> Se, um dia, em virtude de investigações mais profundas, o meu esboço caducar inteiramente, estarei certo de que ao contrapor à verdade histórica as minhas propostas equivocadas ainda assim eu terei ajudado a tomar consciência dessa verdade e me considerarei perfeitamente recompensado pelos meus trabalhos[40].

O quadro do feudalismo, de onde Bloch começa as suas reflexões, não é um conjunto de indícios abstraídos da realidade viva: ele sempre coincide com o espaço real e o tempo real e se apóia em testemunhos de fontes inúmeras e diversas. No curso sucessivo da análise, essa característica se exatifica e se concretiza, ganha novos traços, torna-se cada vez mais relevante e pluridimensional. Bloch não segue o caminho trilhado pelos predecessores na enumeração de quaisquer indícios gerais de feudalismo. Ele prefere desenvolver um quadro e um sistema orgânico uno, cujos componentes estão interligados. Do ponto de vista dele, o feudalismo é um conjunto de instituições sociais, políticas, econômicas e espirituais interligadas e interagentes, que funcionaram no território da Europa ocidental ao longo de vários séculos.

O mais notável é o fato de que, ao romper com as tradições da historiografia precedente, que limitava o feudalismo às relações no seio da classe dominante, Bloch lhe dá um caráter mais abrangente,

---

39. M. Bloch, *Os Traços Característicos da História Agrária Francesa*, pp. 29-30.
40. *Idem*, p. 30.

60 A SÍNTESE HISTÓRICA E A ESCOLA DOS ANAIS

incluindo nesse conceito, em parte, também as relações camponesas-patrimoniais. Segundo Bloch, a sociedade feudal não se esgota na fachada aristocrática, nos "nobres" – as relações de dependência a abrangem integralmente de alto a baixo. Além disso, Bloch insiste em que o senhorio, a possessão senhorial, baseada na exploração dos camponeses dependentes, é muito mais velha do que o feudalismo no sentido restrito, isto é, do que as relações de vassalagem, e que posteriormente ela sobrevive por muito tempo a essas relações, existindo até às revoluções burguesas. Mas no período entre os séculos XI e XIII, na Europa central e ocidental o regime de vassalagem e o senhorio se unem em um sistema integral[41]. Esse sistema estava em formação e permanente mudança. Bloch não se limita a mostrar as suas premissas no reinado franco e os remanescentes que permaneceram na Idade Moderna; ele traça uma periodização no interior da própria época feudal, destacando dois "períodos feudais" subseqüentes.

O método do historiador encontra sua expressão também na seleção das fontes e no modo de interpretá-las. Bloch se situa entre os cientistas que romperam terminantemente com a tradição da velha historiografia, que lia a história do passado depois das crônicas. Para ser mais preciso, ela imaginava, alimentava semelhante ilusão baseada na ingênua idéia segundo a qual o historiador é apenas um mediador entre a fonte e o leitor atual. Vejamos o próprio Alfan: "Basta que nos coloquemos, por assim dizer, à disposição das fontes, lendo-as uma após outra na forma como chegaram até nós" escreveu ele "para que a cadeia dos acontecimentos se restabeleça quase que automaticamente"[42]. A função do historiador, segundo Alfan, reduz-se essencialmente ao papel de simples reprodutora de textos ou de registradora passiva das unidades de um acervo de arquivos.

Já Bloch compara o historiador a um juiz de instrução. À semelhança do juiz, que não se contenta com a versão do réu nem com as suas próprias confissões mas procura as provas objetivas e se empenha por descobrir todas as circunstâncias do caso, o historiador-investigador também não se apóia apenas em enunciados diretos das fontes, por assim dizer situadas na superfície. Ele faz a elas novas e novas perguntas. O questionário, se é formulado com inteligência, é "um ímã para as limalhas dos documentos", destacando neles o essencial. Para atingir a verdade histórica é necessário tratar com o máximo de ativismo as fontes. "Sempre no início o espírito escrutador"[43].

---

41. Cf. M. A. Barg, *Problemas de História Social à Luz dos Atuais Estudos Medievais no Ocidente*. Moscou, 1973, pp. 45, 48, 54, 76, m., 1969, c. 321. Cf. G. Bois, "Marc Bloch, historien d'um système social", *Marc Bloch aujourd'hui*, pp. 165 ss.

42. L. Halphen, *Introduction à l'histoire*, p. 50.

43. M. Bloch, *Apologie pour l'histoire*, p. 26.

UMA NOVA CONCEPÇÃO DE HISTÓRIA SOCIAL: MARC BLOCH   61

Mas esse é o espírito escrutador do cientista rigoroso. Os livros de Bloch são ricos em idéias e hipóteses. Entretanto ele seguia invariavelmente a "lei" da honestidade que obriga todo o historiador a não lançar quaisquer teses que não possam ser verificadas"[44], lei essa que ele mesmo formulou. Eis uma das muitas aplicações dessa "lei da honestidade". Diante da difícil questão da história social da Idade Média e sem se decidir a responder a ela, Bloch declara:

> Peço desculpas ao leitor, mas há circunstâncias em que o primeiro dever do pesquisador é dizer: "Eu não encontrei". Aqui é justamente aquele caso em que é necessário confessar o desconhecimento, que isso é ao mesmo tempo um apelo para continuar a investigação...[45].

Qualquer monumento histórico pode tornar-se fonte de importantes provas se soubermos como enfocá-lo, que perguntas formular. "Tudo o que o homem diz ou escreve, tudo o que ele prepara, tudo o que ele toca pode e deve fornecer informações sobre ele"[46]. A investigação não começa pela "escolha do material", como se imagina freqüentemente, mas pela colocação de um problema formulado com precisão e pela elaboração refletida de uma lista prévia de perguntas que o pesquisador deseja fazer às fontes.

Sem se contentar com o fato de que a sociedade do passado, por assim dizer, a medieval, houve por bem falar a seu respeito pelos lábios dos cronistas, dos filósofos, dos teólogos, dos poetas e em geral de homens instruídos, o historiador, mediante a análise da terminologia e do léxico das fontes escritas conservadas, é capaz de forçar essas fontes a dizer de si mesmas bem mais, a responder às perguntas que interessam ao investigador contemporâneo mas de cuja colocação a própria sociedade medieval poderia estar infinitamente distante. Desse modo se consegue aprofundar excepcionalmente os conhecimentos sobre o passado.

Mas a questão não se reduz à penetração nas peculiaridades do vocabulário de uma época estudada; as novas questões que o investigador coloca diante das fontes descobrem nelas camadas novas e ainda não estudadas. Em princípio a fonte histórica é inesgotável, suas potencialidades cognitivas dependem da capacidade dos historiadores

---

44. M. Bloch, *Os Traços Característicos da História Agrária Francesa*, p. 38.

45. *Idem*, p. 151. Cf. o testemunho de um seu discípulo: ao fazer uma conferência para seus alunos e chegar ao ponto das suas reflexões onde ele sentia que eram insuficientes os dados para a argumentação, Bloch interrompeu o curso do pensamento com uma observação: "Desculpem-me, aqui eu não sei". Esse testemunho é citado pelo filho de Marc Bloch Etienne: Marc Bloch, E. Bloch, *Father, Patriot, and Teacher*, New York, 1987, p. 11.

46. M. Bloch, *Apologie pour l'histoire*, p. 27.

de interrogá-las de maneira nova, e enfocá-las a partir de aspectos sob os quais não as estudavam antes.

Nós colocamos diante da cultura do outro novas perguntas que ela mesma não se fazia, procuramos nela resposta a essas perguntas nossas, e a cultura do outro nos responde revelando-nos seus novos aspectos, as novas profundidades do sentido. Sem as nossas próprias perguntas não podemos compreender criativamente nada do outro e do alheio (mas, é claro, são perguntas sérias, autênticas). Nesse encontro dialógico de duas culturas elas não se fundem e não se misturam, cada uma conserva a sua unidade e a integridade aberta, mas se enriquecem mutuamente[47].

O leitor seguramente distinguiu nessas palavras uma entonação que não é de Bloch e não se equivocou; elas foram escritas em 1970. Nos anos trinta e início dos anos quarenta ainda não havia sido formulada a idéia do conhecimento histórico como diálogos de culturas. Ainda assim, parece-me que a preocupação incansável de Marc Bloch com o máximo estímulo da criadora do historiador, que interroga as fontes com o fim de identificar o seu conteúdo humano, em certo sentido encontra eco no enfoque formulado por Bakhtin.

Bloch não se limita ao apelo de ampliar o círculo de fontes e rever os métodos do seu estudo. Seu traço mais característico como cientista e como pessoa (já que essa delimitação faz sentido) era a unidade da palavra e do ato, que correspondia à integridade da sua natureza inovadora. Em seus livros e artigos ele dá uma lição concreta de aplicação de métodos originais de seleção, tratamento e elaboração dos monumentos históricos. "Se estou convencido de que o historiador, como qualquer pesquisador, precisa de quando em quando deter-se para meditar sobre a sua ciência e melhor compreender os seus métodos, para mim não é menos claro que o melhor meio de verificar a justeza de uma corrente escolhida é seguir adiante"[48].

Depois de avançar poderosamente os limites da investigação histórica, Bloch descobre novas perspectivas; sob o véu dos fenômenos, que os homens compreendem com bastante precisão, ficam as camadas secretas da estrutura social profunda, que, no fim das contas, determina as mudanças que ocorrem na superfície da vida social. Forçando o passado a "deixar escapar" aquilo de que ele não tinha consciência ou não pretendia dizer, o historiador obtém provas históricas que possuem valor em função de sua maior objetividade. De fato, a fonte interpretada pelos métodos da historiografia tradicional

47. M. M. Bakhtin, *Estética da Criação Verbal*, Moscou, 1979, p. 335. Em seu último escrito "Para uma Metodologia das Ciências Humanas" (1974), Bakhtin se apóia diretamente em Bloch. Cf. ainda na mesma obra, p. 370.

48. M. Bloch, *Seigneurie française et manoir anglais*, p. 19.

UMA NOVA CONCEPÇÃO DE HISTÓRIA SOCIAL: MARC BLOCH   63

só nos comunica aquilo que passou pela reflexão do seu criador – o cronista, o ativista da igreja, o escritor, o legislador, o escrivão, e por isso está inevitavelmente colorida pelas concepções e interesses desse criador; ela já contém a interpretação dos fatos sobre os quais narra. Quando, porém, o historiador consegue "escutar" o passado e também quando estuda toda a sorte de objetos materiais, ele entra em contato mais direto com a sociedade estudada e obtém fragmentos não-filtrados da autêntica realidade histórica.

Os instrumentos de trabalho, os outros objetos estudados pela arqueologia, os mapas e as aerofotografias dos campos e povoações antigas, a terminologia das fontes, os dados da toponímia e da hidronímia, do folclore, em suma, tudo são "remanescentes" do passado – são pontos de apoio para o pensamento do investigador. Os sistemas de signos, materializados na língua e nas criações da arte, as descrições dos costumes e dos rituais formam conexões objetivas independentes de juízos de valor que o investigador descobre evitando o mediador, por assim dizer, de primeira mão. Nós mesmos atingimos o conhecimento deles.

> Aqui não precisamos reconhecer como intérprete a inteligência do outro – diz Bloch. – De maneira nenhuma é certo que o historiador esteja condenado a saber o que se faz em seu laboratório unicamente a partir de palavras dos outros. É verdade que ele aparece já quando a experiência está concluída. Mas se as condições favorecem, como resultado da experiência obtém-se seguramente um resíduo que pode ser perfeitamente visto pelos próprios olhos[49].

Desse modo, o cientista é perfeitamente capaz de obter algo da história em "forma pura", evitando os interpretadores dos tempos passados. E esse "algo" não é absolutamente tão insignificante como chegou a parecer. Os remanescentes diretos das épocas passadas não desempenharam papel essencial no conhecimento histórico enquanto os historiadores estiveram concentrados na história política, no relato dos acontecimentos. Aqui o historiador depende grandemente do seu informante que outrora viveu. Mas já que o objeto da história mudou e o centro de gravidade da investigação se transferiu para o campo da história social, da história da economia, da cultura, dos fenômenos da consciência de massas; os objetos reais do passado, sejam os instrumentos de trabalho, as formas de colonização ou as línguas e o folclore, adquiriram uma nova significação. Trata-se daquela realidade sensorial e concreta que o historiador social pode tocar imediatamente e cuja interpretação é menos discutível que os enunciados diretos das fontes, que contêm a interpretação e a avaliação dos acontecimentos por seus contemporâneos e participantes. Nesse sentido Bloch contrapõe os testemunhos "intencionais" aos testemunhos "não-intencio-

---

49. M. Bloch, *Apologie pour l'histoire*, p. 20.

64 A SÍNTESE HISTÓRICA E A ESCOLA DOS ANAIS

nais", "involuntários", dando preferência aos últimos. Só por essa via foi possível restabelecer fragmentos inteiros do passado: todo o período pré-histórico, quase toda a história da economia, toda a história das estruturas sociais[50].

A reavaliação da relativa importância das diferentes modalidades e testemunhos históricos está estreitamente vinculada à reorientação da Ciência Histórica. Depois de deslocar a sua atenção principal da descrição dos acontecimentos políticos para o estudo dos profundos processos socioeconômicos e culturais, ela se voltou para outras categorias de fontes históricas que, pela própria natureza, vêm a ser mais autênticas, mais precisa e univocamente interpretáveis que as fontes predominantemente narrativas, preferidas da historiografia tradicional. "Por um feliz acaso, o mais profundo em história é também o mais autêntico"[51].

Entretanto, conseguir esse "autêntico" é por vezes extremamente difícil, particularmente nos estudos medievais. Eis um exemplo: até quase o século XIII, quase todos os documentos jurídicos, tão importantes para o historiador social, eram escritos em língua latina.

Mas os fatos cuja memória eles procuravam conservar inicialmente não eram expressos em latim. Quando dois senhores discutiam sobre o preço de um pedaço de terra ou sobre os pontos de um tratado sobre vassalagem, pelo visto não se expressavam na língua de Cícero. Depois já cabia ao escrivão dar vestes clássicas ao acordo deles. Portanto – conclui Bloch –, toda ou quase toda carta ou registro latino é o resultado da transposição que o historiador de hoje, que deseje chegar até a verdade, deve fazer em ordem inversa[52].

Por trás dessas palavras do cientista se escondem enormes esforços metódicos e investigatórios, inspirados pelo empenho de estabelecer contato com a consciência dos homens da Idade Média, compreender o seu pensamento e as suas intenções codificados em documentos escritos numa língua que esses homens não falavam e na qual não pensavam. Infelizmente cabe reconhecer: há poucos historiadores que são capazes de se propor semelhante objetivo e sabem como resolvê-lo na medida em que ele pode mesmo ser resolvido.

Seria bom – continua Bloch – se esse trabalho (a tradução de conceitos expressos em dialeto popular para o latim do documento) fosse realizado sempre segundo as mesmas regras! Mas qual! Da composição escolar, cuja linguagem decalca desajeitadamente o esquema de pensamento em linguagem popular, ao discurso latino, cuidadosamente lapidado pelo cientista da Igreja, encontramos uma infinidade de fases[53].

Aqui cabe observar que a comparação dos registros jurídicos do período medieval, que se conservaram em duas línguas, em latim e

50. *Idem*, p. 24.
51. *Idem*, p. 49.
52. M. Bloch, *La société féodale*, pp. 122-123.
53. *Idem*, p. 123.

UMA NOVA CONCEPÇÃO DE HISTÓRIA SOCIAL: MARC BLOCH   65

alemão, que já foi feita depois de Bloch (particularmente por Hans Hattenhauer), descobriu divergências consideráveis e sumamente interessantes. A mentalidade materializada em ambas as versões é diferente. Os dialetos populares da Idade Média não dispunham do arsenal de abstrações que foi herdado do período de domínio do latim clássico, e nos documentos compostos nesses dialetos predomina notoriamente o pensamento concreto-objetivo. Temos diante de nós fragmentos de dois diferentes tipos de mentalidade.

O exemplo citado é apenas uma das "lições de método" oferecidas pelos trabalhos de Bloch. Suas obras contêm muitas experiências concretas de análise terminológica, que levam a uma apreensão mais precisa e profunda da realidade social escondida por trás das fontes.

Não vou me deter em outros exemplos dessa análise, mas não me privo do prazer de expor brevemente o conteúdo do esboço mental sobre a iniciação a cavaleiros que encontramos em um dos capítulos do segundo volume de *A Sociedade Feudal*: é uma espécie de modelo de estudo do ritual. Começando por meados do século XI, os textos franceses mencionam com freqüência cada vez maior os atos simbólicos que acompanhavam o ingresso na ordem dos cavaleiros: cinge-se o jovem com a espada, ele recebe do senhor um golpe no ombro com um lado da espada, depois corre a cavalo e com a lança atinge um objetivo. Considerava-se que o momento substancial desse ato era o toque físico do jovem neófito no senhor que o consagrava – desse modo um age sobre o outro por meio mágico como o faz o bispo com o sacerdote que toma o hábito. Bloch aproxima o ritual estudado das iniciações dos jovens nas sociedades primitivas; é indiscutível a sua ligação com os costumes germânicos antigos nos quais, não obstante, cabe supor também o aspecto mágico desses atos.

Os historiadores que antecederam Bloch se limitavam a constatar semelhante continuidade. Para Bloch, porém, o problema apenas começa. Porque "com a mudança do meio social, mudava de modo correspondente também o conteúdo humano do ato"[54]. Entre os alemães, todos os homens livres formavam a tropa, e a iniciação do jovem era apenas um ritual de seu ingresso na composição do povo, ao passo que na sociedade feudal forma-se um grupo especial de guerreiros profissionais do qual fazem parte vassalos e senhores, e essa cerimônia se converte numa forma de ingresso na classe.

Entretanto, no "primeiro período feudal" a cavalaria era uma classe apenas de fato. Porque a partir de meados do século XI ela começa a ganhar forma e o ritual de cavaleiro se torna uma espécie de iniciação acompanhada da familiarização com as castas – com o *hordo*, a subdivisão, das quais, segundo plano divino, se constitui a sociedade (o hordo dos guerreiros, o hordo do clero e o hordo dos trabalhadores,

54. *Idem*, p. 436.

66 A SÍNTESE HISTÓRICA E A ESCOLA DOS ANAIS

dos camponeses). "Mas como na sociedade, que vive sob o signo do sobrenatural, o ritual de entrega da arma, de início puramente mundano, poderia não ganhar marca sagrada?"[55] E ele realmente o ganha: o clero benze a arma, o cavaleiro deixa a sua impressão digital no altar, as rezas acompanham o ritual. Um pouco mais tarde, o ato de iniciação se torna um privilégio hereditário dos "nobres" e o momento em que se proclama abertamente esse privilégio testemunha a nítida tomada de consciência, pelos cavaleiros, de seu isolamento social na sociedade feudal.

O crescimento da autoconsciência da cavalaria no século XII reflete, ao mesmo tempo, as mudanças que se processaram na sociedade em seu conjunto, o agravamento das contradições entre os feudais e os camponeses, o fortalecimento dos citadinos. Foi precisamente nesse clima que a casta dominante sentiu a necessidade de isolar-se dos "miseráveis" e da gente simples. Desse modo, a cristalização da cavalaria encontra sua expressão também na cerimônia de iniciação. A análise da terminologia social, dos rituais que saturavam a vida da sociedade medieval permite a Bloch estudar a fundo a realidade da vida[56].

É impressionante a coerência com que Bloch aplica a metodologia da análise social que elaborou. Fragmentos da realidade da remota Antigüidade, que pareceriam desligados entre si, são fundidos lógica e naturalmente pelo historiador em um todo único, uns deitando luz mutuamente sobre os outros e assim adquirindo um sentido mais novo e profundo. Em verdade, é uma lição inestimável de metodologia.

Lembremos as palavras já citadas de Alfan, segundo as quais a história é forçada a copiar obedientemente os testemunhos históricos, sem se distanciar um passo da sua letra e partilhando inteiramente com eles das suas limitações. Mas vejamos como Marc Bloch interpreta essa coincidência:

> Com a nossa inevitável subordinação ao passado nós temos pelo menos uma vantagem: embora estejamos condenados a conhecê-lo apenas pelos vestígios, ainda assim conseguimos saber sobre ele bem mais do que ele gostaria que descobríssemos. Encarando o assunto com inteligência, trata-se de uma grande vitória da interpretação sobre o dado[57].

A Ciência Histórica não é "uma aluna eterna" das crônicas antigas "que não se desenvolve", que copia as suas apreciações, mas "uma investigadora cada vez mais audaz das épocas passadas"[58].

---

55. *Idem*, p. 438.
56. Dando continuidade e aprofundando a análise dos rituais de dependência vassala, Le Goff se baseia nas obras de Bloch, demonstrando assim a sua fecundidade para o estudioso atual da simbólica social medieval. Cf. J. Le Goff, "Le rituel symbolique de la vassalité", *Pour um autre Moyen Age*, pp. 349-420.
57. M. Bloch, *Apologie pour l'histoire*, p. 25.
58. *Idem, ibidem*.

UMA NOVA CONCEPÇÃO DE HISTÓRIA SOCIAL: MARC BLOCH   67

O verdadeiro historiador parece com o antropófago da fábula. "Onde há cheiro de carne humana ele sabe que ali o aguarda a presa"[59]. O homem social, o homem no grupo social, em sociedade é o objeto da investigação histórica. Bloch protesta contra a separação artificial do homem em *Homo religiosus* e *Homo oeconomicus* ou *homo politicus*; a história tem a missão de estudar o homem na unidade de todas as suas manifestações sociais. As relações sociais e a atividade de trabalho, as formas de consciência e as disposições coletivas, os hábitos, a criação de leis e o folclore – é nesses escorços que o homem atua nos trabalhos de Bloch. O estudo da técnica, da economia, da paisagem rural, das instituições políticas ou jurídicas, dos rituais e costumes não deve ocultar da visão do historiador aqueles homens que os criaram ou os influenciaram e utilizaram. "Quem não assimilou isto, o máximo que pode vir a ser é um trabalhador braçal da erudição"[60]. Cabe à história abranger a vida social dos homens em sua plenitude, em suas relações mútuas, em todos os aspectos.

A ironia com os eruditos, "para os quais o camponês do passado só existe para a composição de cômodas dissertações jurídicas" (lembremos as palavras de Febvre sobre os camponeses que, na representação dos historiadores tradicionais "aravam com cartulários"), Bloch insistia em que o homem dos tempos antigos não deve continuar sendo um "fantasma vazio". O historiador procura a representação exata da época estudada. Mas "ser exato significa ser concreto". Segundo Bloch, os camponeses descobertos nos documentos medievais

devem se apresentar como seres de carne e osso, que trabalham em campos verdadeiros, que experimentam dificuldades verdadeiras. Sua consciência, freqüentemente obscura para nós e, sem dúvida, para eles também, apesar disso, fornece ao historiador um excelente tema para investigação e ressurreição[61].

Bloch estava próximo das palavras de Jules Michelet: "A história é uma ressurreição". Entretanto o sentido que ambos os grandes historiadores incluíam nesse conceito, acho eu, era profundamente diferente. Michelet pensava a "ressurreição" (*résurrection*) dos homens dos tempos passados e de todo regime de sua vida como resultado da compenetração do historiador na época descrita, da apreensão intuitiva dessa época. Não é o que acontece com Bloch. O ativismo criador do historiador não está no domínio artístico do passado, que involuntariamente é sempre subjetivo, mas na aplicação de procedimentos científicos rigorosos e verificáveis. Por isso, para Bloch a "ressurreição" não passa de uma metáfora, que sugere o empenho do historiador de atingir a essência do problema, isto é, o conteúdo humano da história.

59. *Idem*, p. 4.
60. *Idem, ibidem*.
61. M. Bloch, *Les caractères originaux...*, t. II, p. XXVII.

68 A SÍNTESE HISTÓRICA E A ESCOLA DOS ANAIS

É necessário elaborar métodos de penetração nas camadas secretas da história, que os historiadores não testemunham de modo evidente e imediato.

Escrever a história na qual agem homens vivos é uma exigência imperativa. Mas é de difícil execução, particularmente porque, como observa Bloch, a consciência desses homens era por vezes "obscura para eles mesmos". Como superar essa dificuldade?

Segundo Bloch, antes de tudo é necessário estudar, na medida do possível, o meio em que existiram os homens: as condições naturais, os meios de comunicação, de trocas, o estado da técnica. "É ingênuo pretender compreender os homens sem saber como eles se sentiam"[62]. O historiador não pode deixar de levantar as questões referentes à densidade populacional na época estudada, à média de vida, ao estado físico do homem, às condições de higiene em que ele vivia. Uma nova questão para a Ciência Histórica é a sensibilidade humana.

As explosões de desespero e fúria, os atos impensados, as inesperadas crises espirituais oferecem não poucas dificuldades aos historiadores instintivamente inclinados a reconstruir o passado segundo esquemas da razão; mas acontece que todos esses fenômenos são essenciais para qualquer história e, sem dúvida, exerceram sobre o desenvolvimento dos acontecimentos políticos na Europa feudal uma grande influência a respeito da qual se silencia unicamente por algum acanhamento tolo[63].

Mas a questão estaria no "acanhamento"?

Os pensadores do passado partiram da certeza de que em todas as peripécias da história algo permaneceu imutável nela: o homem. Os historiadores ataviavam de bom grado os seus contemporâneos com roupas de diferentes períodos, atribuindo a homens de diferentes épocas suas próprias concepções de mundo e reações ao ambiente social e natural. A ciência da Idade Moderna chega a uma conclusão oposta: o homem é mutável, e particularmente mutável é o seu psiquismo. A ciência é uma psicologia coletiva que obteve não poucos êxitos precisamente na França, como já sabemos, exerceu sobre Febvre e Bloch uma influência considerável. Na história dos sentimentos e da imagem do pensamento eles viam os seus "reservas" e elaboravam apaixonadamente esses novos temas.

Hoje, ao que parece, ninguém põe em dúvida a idéia de que os problemas da psicologia social têm importância substancial para a Ciência Histórica. E não por que o enfoque psicossocial, como às vezes o concebem, ajuda a "vivificar" o passado e tornar o relato sobre ele mais interessante. Sem dar a devida atenção à psicologia dos homens, o historiador se arrisca a cair no "mais imperdoável de todos os pecados": no pecado do anacronismo, atribuindo aos homens de outros

62. M. Bloch, *La société féodale*, pp. 115-116.
63. *Idem*, p. 117.

UMA NOVA CONCEPÇÃO DE HISTÓRIA SOCIAL: MARC BLOCH   69

tempos e de outra cultura, diferente daquela a que ele, historiador, pertence, diretrizes emocionais e normas de comportamento impróprias daqueles homens. O comportamento social – importantíssima categoria da sociologia e da psicologia social, até então não havia penetrado essencialmente na Ciência Histórica. O *Homo sapiens* deixa escapar pelos filtros da sua consciência todo o mundo em que vive e atua. Uma vez que esse mesmo mundo é historicamente mutável, é também mutável a consciência dos homens. Esta é determinada por todo o sistema da sociedade, por sua cultura, pelo sistema de valores, pela religião, pelos costumes, pelas novas morais dominantes. O homem é membro do grupo social que até certo ponto modela a sua consciência e determina as suas atitudes.

Ao examinar as concepções de Febvre, constatamos uma dificuldade que ele não conseguiu superar: como e por que mudam as mentalidades. Bloch, que não estudava as mentalidades isoladamente do sistema social mas como seu aspecto inalienável, propõe uma resposta para essa questão. Os avanços nas relações sociais acarretam os avanços na consciência dos homens. Mas esse estado é o componente das relações sociais e por isso não só reflete o seu movimento quanto o influencia. Nem as mudanças na técnica, nem o desenvolvimento das classes e dos grupos sociais, nem as transformações lentas e latentes dos costumes e do direito acontecem sem a participação de homens que pensam e sentem, colocados em condições concretas de vida.

Mas o problema da consciência deve ser entendido de modo suficientemente amplo. Equivocam-se os historiadores e psicólogos, observa Bloch, que só dão atenção à "consciência clara". "Lendo alguns livros de história, pode-se pensar que a humanidade tenha sido constituída sempre de homens que agem logicamente, para os quais não havia o mínimo segredo nas causas dos seus atos". Trata-se de uma opinião absolutamente equivocada e "nós deturparíamos fortemente o problema das causas na história se sempre e em toda parte a reduzíssemos ao problema dos motivos conscientizados"[64]. Não raro o historiador tem de esbarrar em "representações que contrariam toda e qualquer lógica"[65].

A estrutura da sociedade feudal, o sistema da sua economia, toda a soma das suas condições materiais de vida, incluindo a atitude dos homens da Idade Média em relação à natureza, assim como o domínio da religião na vida espiritual, geravam, como mostra Bloch, uma percepção particular do tempo e a este correspondiam formas específicas de memória coletiva: os conhecimentos históricos, a epopéia, o direito consuetudinário. A índole contraditória das expressões, inclusive nos documentos jurídicos, vinculada ao já referido dualismo bilíngüe

---

64. M. Bloch, *Apologie pour l'histoire*, pp. 101, 102.
65. M. Bloch, *La société féodale*, p. 525.

70 A SÍNTESE HISTÓRICA E A ESCOLA DOS ANAIS

(o latim como língua universal da escrita se contrapunha a uma infinidade de falares populares não fixados e correntes), a imprecisão excepcional e a proximidade do cálculo, a ausência de medidas padronizadas, a imprecisão na definição do tempo são traços que distinguem acentuadamente a civilização medieval da contemporânea. Todos eles exprimem as peculiaridades da consciência dos homens da época feudal.

Ao estudar a vida religiosa da sociedade medieval e contrariando as tradições da velha historiografia, Bloch não se estende sobre o campo da devoção que, em igual medida, dominaria a consciência de todos os religiosos, independentemente do seu *status* e do seu nível de instrução. Uma concepção que só leva em conta uma série de fatos e ignora a existência de diferentes camadas da consciência religiosa é notoriamente unilateral, uma vez que ignora as diferenças reais no "ferramentário espiritual". Bloch, porém, constata uma profunda oposição entre a teologia oficial e as autênticas crenças e superstições populares, que nada têm em comum com a teologia cristã. Essa colocação do problema se deve ao fato de que o pesquisador concentra a sua atenção antes de tudo não na doutrina, que por vezes permanece muito longe da vida e é inacessível à compreensão dos "simplórios", mas na "orientação do pensamento e do sentimento, cuja influência no comportamento social parecia ser particularmente forte"[66]. O medo do inferno, infundido pela Igreja, é um dos "grandes fatos sociais daquela época"[67]. As pesquisas mais recentes (em particular os trabalhos de Jean Delumeau sobre o medo no Ocidente e a educação do sentimento do pecado no rebanho pela Igreja) demonstraram de modo evidente a fecundidade precisamente dessa concepção de vida espiritual na época feudal.

Na concepção de Bloch, os ideais e valores culturais estão indissoluvelmente fundidos com as instituições socioeconômicas. Os ideais são gerados pela prática social, mas ao mesmo tempo exercem sobre ela a sua influência e assim se inserem nela. A nova norma do comportamento do cavaleiro era a generosidade demonstrativa, enquanto que a cobiça por riquezas e a sovinice eram desprezadas como indícios de gente simples. "A generosidade da natureza" do feudal chegava por vezes ao esbanjamento desenfreado e à destruição dos valores materiais.

No livro *A Sociedade Feudal* Bloch apresenta claras ilustrações de semelhante comportamento dos homens da casta nobre, que "por fatuidade" queimavam as suas cavalariças juntamente com os cavalos queridos, semeavam o campo com moedas de prata e abarrotavam a

66. *Idem*, p. 130.
67. *Idem*, p. 135.

UMA NOVA CONCEPÇÃO DE HISTÓRIA SOCIAL: MARC BLOCH   71

cozinha de velas de cera. Tais extravagâncias, naturalmente, não eram norma, elas atingiam os contemporâneos, mas são valiosas para o historiador como manifestação extremada da psicologia do feudal, que procurava afirmar o seu prestígio aos olhos dos circundantes exagerando nas exigências da ética cavaleiresca. Elas deitam luz sobre a personalidade humana colocada em condições historicamente determinadas, em função das quais a apreciação dessa pessoa pelos seus co-irmãos de classe tem aos próprios olhos dela mais força do que a sua própria apreciação (para ser mais exato, a última depende inteiramente da "opinião pública"). A natureza do conceito de honra é uma das "linhas demarcatórias entre os grupos humanos".

A constituição de uma classe social, escreve Bloch, é acompanhada da formação de uma autoconsciência específica de classe. Por isso o historiador não pode ignorar o problema da ideologia e da psicologia social[68].

Bloch dá uma importância excepcional à história do campesinato. Mas, segundo sua convicção, a história dos servos não pode limitar-se ao estabelecimento do seu *status* socioeconômico e jurídico e à sua transformação, ao estudo das suas obrigações, da posição material, dos meios de tratamento da terra etc. Essa também é uma história de um determinado conceito social, ou seja, o conceito de liberdade pessoal e sua perda. O estudo da dialética das categorias de liberdade e não-liberdade é uma importante chave para a compreensão da realidade social da Idade Média[69].

As instituições sociais geram estereótipos de pensamento e sentimentos. Eis o exemplo dos "sentimentos vassalos onipresentes". O cavaleiro exprime a sua paixão pela bela dama em conceitos tomados de empréstimo ao vocabulário feudal e esse avanço da importância não é puramente verbal: "A mistura de qualquer ser com o senhor correspondia à orientação da moral coletiva inerente à sociedade feudal"[70].

A complexidade do estudo do psiquismo dos homens do passado consistia antes de tudo na ausência da elaboração de uma metodologia científica de tal pesquisa. Bloch era estranho ao enfoque "impressionista" da história e não compartilhava as esperanças daqueles historiadores que confiavam na própria capacidade de "compenetrar-se" da época, de "imbuir-se" de pensamentos e sentimentos dos homens caídos no Lete. Para ele, a história é um ofício que requer procedimentos exatos e objetivos de elaboração de material das fontes[71]. Segundo

68. *Idem*, pp. 425, 432-433.
69. M. Bloch, "Liberté et servitude personnelles au moyen âge", particulièrement en France, *Mélanges historiques*, t. I, pp. 286-355.
70. M. Bloch, *La société féodale*, pp. 430, 327-328.
71. "A profissão de historiador" – escreveu Marc Bloch ao filho Etienne no dia 25 de abril de 1940 –, "é um ofício sólido. Requer um trabalho pertinaz, uma multiplicidade de conhecimentos vários e autênticas capacidades intelectuais: desejo de saber, imagi-

72 A SÍNTESE HISTÓRICA E A ESCOLA DOS ANAIS

sua convicção, um dos meios mais efetivos de apreensão da forma de pensamento e concepção de mundo dos homens da Idade Média é a análise da sua linguagem. O pensamento humano não está separado dos modos de comportamento dos homens mas se insere organicamente neles e por isso pode ser descoberto pela análise da semântica histórica.

Ao trabalhar com monumentos escritos, o historiador opera com a língua em que escreviam e falavam os homens da sociedade estudada. Não há outro meio de apreender o seu mundo a não ser a decodificação daquele sistema de signos através dos quais eles o traduziam. Mas o cientista mergulha no elemento do léxico histórico não com o fim de segui-lo sem refletir e ser prisioneiro dele. Ele sabe que "o surgimento da palavra é sempre um fato considerável, mesmo se o próprio objeto já existia antes; ele observa que chegou o momento decisivo da tomada de consciência"[72]. Por isso o investigador procura descobrir o sentido que os homens da época estudada inseriam em suas palavras e fórmulas e tenta "arrancar delas as informações que elas não se propunham a dar"[73].

Na mudança da terminologia, na saturação das palavras e expressões que por tradição passam de geração em geração com novo sentido refletem-se as mudanças das instituições sociais e os "abalos dos sistemas de valores sociais"[74]. Como demonstram convincentemente os trabalhos de Bloch, esses deslocamentos de sentidos, essas "mutações semânticas" costumam ocorrer de modo gradual e imperceptível para a sociedade que adota dada língua. Porque o estudo deles tem imensa importância: a análise terminológica permite entrar em contato com o "inconsciente coletivo", que em Bloch carece de todo e qualquer misticismo. Basta salientar que essa análise lhe deu a possibilidade de passar das formulações *litterati*, nas quais se encarnavam a sabedoria oficialmente reconhecida e as idéias das camadas superiores da sociedade, para a revelação das diretrizes sociopsicológicas das massas desprovidas da possibilidade de traduzir os seus sentimentos e concepções imediatamente em monumentos escritos.

Pela primeira vez essa "maioria silenciosa" da sociedade medieval falou a própria linguagem nas páginas de uma investigação histórica, confirmando assim que as palavras sobre a "ressurreição" do mundo interior dos homens do passado pelo historiador não é uma metáfora bela porém de pouco conteúdo. Bloch conseguiu contato com aqueles homens graças à nova metodologia de estudo da semântica

---

nação e capacidade de sentir". *Apud* C. Fink, *Marc Bloch, A Life in History*, Cambridge, 1989, p. 238, n. 114.

72. M. Bloch, *Apologie pour l'histoire*, p. 85.
73. *Idem*, p. 40.
74. M. Bloch, *La société féodale*, p. 364.

UMA NOVA CONCEPÇÃO DE HISTÓRIA SOCIAL: MARC BLOCH   73

histórica. Para o cientista, não são caros apenas os conceitos conscientemente aplicáveis à Idade Média, que desaguaram em formulações rigorosas e acabadas, mas as palavras e expressões encontradas por acaso nas fontes e que são "sintomáticas por força da sua ingenuidade"[75].

O estudo da psicologia coletiva dos homens do passado significa a difusão do princípio do historicismo também à consciência do homem que, por natureza, é uma "imensa grandeza variável"[76].

Como resultado da aplicação dos métodos de investigação que elaborou, Bloch consegue sondar numa série de casos como as diferentes correntes da vida histórica "confluem em um poderoso nó na consciência dos homens"[77]. Mas daí não se segue que a sociedade perca a sua materialidade e se transforme em produto da consciência dos homens, e que o pensamento e os sentimentos humanos são a única realidade histórica autêntica. A história da consciência humana não está, de maneira alguma, separada do desenvolvimento social; ao contrário, como mostra o próprio Bloch, aquela se insere imediatamente nesta, representando o seu aspecto substancial que o historiador não pode ignorar, pois nada na história humana evita a esfera dos pensamentos, representações e emoções e tudo recebe dessa esfera um determinado colorido. Na demonstração dessa idéia – demonstração não especulativo-declaratória porém empírica e fundada em estudo das fontes – está o mais importante mérito de Marc Bloch.

Hoje, em início dos anos noventa, quando escrevo estas linhas, nós não paramos de nos admirar do quanto Bloch antecipou a tendência subseqüente do conhecimento histórico, sondando os seus "pontos frágeis" mais agudos e os problemas mais atuais da investigação histórica antropologicamente orientada de nossos dias. Aliás, o que significa "antecipou"? Bloch não antecipou, mas em muito e, talvez, no principal, predeterminou essa tendência com seus trabalhos. A problemática da multiplicidade de trabalhos dos historiadores, escritos a partir dos anos sessenta até os dias de hoje, como que de forma "invertida" já está contida nos seus livros e artigos. Os historiadores atuais das mentalidades, os "historiadores etnográficos", os representantes da antropologia histórica "saíram desse capote"*, independentemente de como qualifiquem a si mesmos. Sem conhecer pessoalmente o seu verdadeiro mestre, que deixou a vida antes que eles se fizessem historiadores, eles como que passaram por um curso de aprendizagem no laboratório

75. *Idem*, p. 469.
76. M. Bloch, *Apologie pour l'histoire*, p. 103.
77. *Idem*, p. 79.
* Alusão às célebres palavras de Dostoiévski, que, referindo-se à importância de *O Capote* de Gógol para a literatura russa, declarou: "Todos nós descendemos de *O Capote* de Gógol" (N. do T.).

74 A SÍNTESE HISTÓRICA E A ESCOLA DOS ANAIS

de pesquisa dele, no ateliê de Estrasburgo e depois na Sorbonne; nessa mesma Sorbonne, cujo nome servia de símbolo da rotina e da estagnação do pensamento de Bloch em vida e que ele, já depois da prematura morte heróica, acabou explodindo com suas criações inovadoras e desbravadoras de novos caminhos.

Para compreender o lugar de Marc Bloch na historiografia francesa e mundial[78] é insuficiente estudar os seus livros e artigos. O próprio Bloch considerou que seu objetivo não era apenas desenvolver essas ou aquelas investigações concretas, por mais importantes que fossem os problemas a que elas se dedicaram, e levar adiante seu trabalho de professor; ele via o sentido "estratégico" principal de sua atividade científica na transformação da Ciência Histórica, na renovação da sua problemática e dos seus métodos. Ciente do profundo mal-estar no estado da historiografia de sua época, ele se propõe o objetivo de quebrar as tradições ultrapassadas e abrir perante elas novas perspectivas. A fundação, por ele e Febvre, da revista *Anais de História Econômica e Social* criou a possibilidade de realizar esse objetivo de modo mais decidido e efetivo. Os dois amigos e correligionários editaram com esforços conjuntos essa revista até o início da Segunda Guerra Mundial.

Desde os primórdios de sua publicação, a *Annales* foi uma das inúmeras revistas de história publicadas no Ocidente. Ela se tornou o centro da coesão intelectual daquelas forças científicas que partilha-

78. Ch.-E. Perrin, "L'oeuvre historique de Marc Bloch", *Revue Historique*, t. 199, 1948; Ph. Dollinger, "Notre maitre Marc Bloch. L'historien et sa méthode", *Revue d'histoire économique et sociale*, vol. 27, n. 2, 1948; L. Walker, *Marc Bloch, Feudal Society. History and Theory*, vol. III, n. 2, 1963; K. E. Born, *Neue Wege der Wirtschafts- und Sozialgeschichte in Frankreich: Die Historikergruppe der Annales*, Saeculum, bd. 15, h. 3, 1964; C. Ginzburg, "A proposito della riccolta dei saggi di Marc Bloch", *Studi medievali*, 3e sér., VI, 1, 1965; *idem*, Prefazione, M. Bloch, *I re taumaturghi*, Torino, 1973; M. Wüstemeyer, "Die Annales: Grundsätze und Methoden ihrer neuen Geschichtswissenschaft", *Vierteljahrschrift für Sozial- und Wirtschaftsgeschichte*, bd. 5, h. 1, 1967; G. Mairet, *Le discoure et l'historique*, Paris, 1974; T. Stoianovich, *French Historical Method. The Annales Paradigm*, Ithaca and London, 1976; J. C. Schmitt, Marc Bloch, *La Nouvelle histoire*, sous la dir. de J. Le Goff, R. Chartier, J. Revel, pp. 79-82; R. Colbert, "Emile Durkheim and the Historical Thought of Marc Bloch", *Theory and Society*, vol. 6, n. 1, 1978, pp. 45-73; P. Burke, "Reflections on the Historical Revolution in France: The Annales School and the Britisch Social History", *Review*, vol. I, n. 3/4, 1978, pp. 147-156; B. Geremek, "Marc Bloch, historien et résistant", *Annales*, E. S. C., 41e annee, N 5, 1986, pp. 1091-1105.

O estudioso americano C. Fink publicou uma biografia dele: [...]: C. Fink, *Marc Bloch. A Life in History*, Cambridge 1989. Histoire comparée & Sciences sociales. Paris, 1990. Ao mesmo tempo, não se pode deixar de ressaltar que, o quanto eu sei, em face do interesse persistente e vivo pela contribuição desse grande cientista para a ciência não existe uma só monografia de autor francês em que a metodologia de Marc Bloch seja amplamente estudada. Cf. o rico livro do estudioso italiano Massimo Mastrogregori *Il genio dello storico*.

UMA NOVA CONCEPÇÃO DE HISTÓRIA SOCIAL: MARC BLOCH 75

vam das intenções de Bloch e de Febvre de renovar e reconstruir a Ciência Histórica. A transformação do conhecimento histórico, traçada ainda em pleno início do século por Henri Berr e François Simian e realizada na prática por Febvre e Bloch, estava voltada para a superação da dispersão das ciências sociais e da ciência da história, assim como para a unificação de todos os ramos da história em torno de um objetivo comum. De disciplina humanística particular, uma das muitas que estudam o homem, cabia ao conhecimento histórico, segundo a idéia desses dois cientistas, transformar-se numa ciência abrangente do homem social. Para isso os historiadores deviam colaborar com geógrafos e economistas, com sociólogos, etnólogos, psicólogos, teóricos da arte, lingüistas e historiadores da literatura, historiadores da ciência e da técnica e estatísticos. Era necessário estudar a história do homem sob os mais diversos pontos de vista, mas, segundo o pensamento de Bloch, antes de tudo sob o ponto de vista econômico e social, com o fim de obter uma síntese ampla.

Os redatores da *Annales* viam uma história que não fazia parte das "belas letras" (*belles lettres*) mas podia por direito chamar-se ciência (*science*)[79]. Já durante a concepção da revista eles externaram a intenção de lutar "contra" as delimitações e o fechamento que separam, deturpam, isolam a história, isolando períodos particulares e disciplinas históricas especiais[80]. A análise é a criatura querida de Bloch e Febvre, a tribuna de onde suas vozes foram ouvidas de modo particularmente nítido. Apoiando na historiografia tudo que havia de novo e que correspondesse às suas concepções sobre o ofício de historiador, os redatores da *Annales* criticavam acentuadamente a tradicional "historiografia historicizante" pela ausência de idéias frescas, pela rotina no enfoque do material. Historiador escrupuloso, inimigo do esquematismo e da sociologização nua, Bloch insistia em que a Ciência Histórica lançasse problemas atuais. "Quanto mais os problemas dominarem sobre os fatos tanto mais as nossas investigações se aproximarão daquilo que é o objetivo do historiador nas ciências sociais"[81].

A concepção segundo a qual o historiador, mesmo estudando o passado distante, está estreitamente vinculado à atualidade, foi a causa de Bloch jamais ter ficado à margem da vida social. Ele foi um simpatizante ativo da frente popular em 1936-1938, insistindo, nessa época e mais tarde, na necessidade de uma reforma da educação superior na França. As cartas de Bloch dessa época testemunham a tentativa dele e de Febvre de estabelecer colaboração científica com historia-

79. L. Febvre, *Combats pour l'histoire*, Paris, 1953, p. 20.
80. *Annales d'histoire économique et sociale*, n. 1, 1929, pp. 1-2.
81. *Annales d'histoire sociale*, 1940-1941, p. 161.

76   A SÍNTESE HISTÓRICA E A ESCOLA DOS ANAIS

dores de outros países; aos dois era estranha a tendência a fechar-se no pequeno mundo da historiografia nacional. Republicano, não estranho às idéias do socialismo, Bloch condenou decididamente a política de não-intervenção na guerra civil da Espanha e esteve invariavelmente em posições antifascistas.

No outono de 1939 a atividade investigatória e pedagógica de Bloch foi interrompida. Começou a guerra. Já em agosto ele estava novamente mobilizado no exército. Com ele esse "mais velho capitão do exército francês", como ele se denominava, sofre a derrota de 1940 e a evacuação de Dunkerque para as Ilhas Britânicas. Bloch externou sua relação com esses acontecimentos trágicos no livro *Uma Estranha Derrota*[82]. Sem se limitar à crítica aos dirigentes militares da França ("o comando dos velhos"), que não compreenderam a diferença entre a Segunda Guerra Mundial e a Primeira e demonstraram a incapacidade de organizar a reação à intervenção hitlerista, Bloch procura nesse livro as fontes mais profundas da falência da Terceira República e faz um "exame da consciência do francês". Ele estigmatiza o egoísmo de classe da burguesia francesa e do representante dos seus interesses – o governo dos *munichois** –, que se negou a definir honestamente os objetivos da guerra.

As causas da tragédia, da qual ele se tornou testemunha e participante, Bloch analisou predominantemente nos aspectos intelectual e psicológico. Foi com dor que escreveu: "Pertenço a uma geração de consciência suja... que os nossos filhos nos perdoem o sangue nas nossas mãos!" Na futura França, quando ela renascer, a gerontocracia deverá ser substituída por uma república de jovens. Mas para essa nova geração é indispensável tirar todas as lições do passado e evitar os erros dos pais. Hoje (em 1940), escreve Bloch, "os franceses se encontram numa situação detestável: o destino da pátria deixou de depender deles mesmos e eles têm de nutrir esperanças nos êxitos militares dos seus aliados. Mas Bloch acredita que o renascimento da França está apenas sendo adiado. Esse renascimento é inconcebível sem o auto-sacrifício, a autêntica independência nacional só pode ser conquistada pelos próprios franceses.

Os pensamentos de Bloch sobre a necessidade de uma reforma radical da instrução pública, na qual ele via uma das condições da renovação do clima moral na França, tornaram-se surpreendentemente cotidianos um quarto de século depois, quando o país foi sacudido por potentes manifestações da juventude estudantil. Sangue do sangue da elite acadêmica, Bloch indiscutivelmente não pertencia àqueles "mandarins" universitários contra os quais dirigiram a sua ira os revoltosos da Sorbonne em 1968. Basta lembrar uma de suas fórmulas

---

82. M. Bloch, *L'étrange défaite. Témoignige écrit en 1940*, Paris, 1946.
* Partidários do acordo de Munique de 1939. (N. do T.)

UMA NOVA CONCEPÇÃO DE HISTÓRIA SOCIAL: MARC BLOCH

preferidas: "não há nada pior para um pedagogo do que ensinar com a palavra e não com o ato".

A Apologia da História ou o Ofício do Historiador, livro em que Bloch trabalhou em 1941-1942, traz a marca daquele momento crítico da história da França e do mundo. Segundo ele mesmo reconhece, o livro surgiu como um "antídoto" no qual, "entre terríveis sofrimentos e inquietações, pessoais e sociais", ele procurava "encontrar um pouco de paz de espírito". Dirigindo-se a Febvre, ele observou: "Durante muito tempo nós lutamos para que a história fosse mais ampla e humana. Agora, quando eu escrevo isto, nossa causa comum está sujeita a muitos perigos. Não por culpa nossa. Nós estamos provisoriamente vencidos por um destino injusto. Mesmo assim, estou certo de que chegará o dia em que a nossa colaboração poderá restaurar-se integralmente como no passado, de forma aberta e, como no passado, livre"[83].

Entretanto *A Apologia da História* não é uma tentativa de esconder-se num ano difícil das desgraças que desabaram sobre o historiador e o seu país. Em seu livro Bloch viu o meio de luta pelas idéias que defendeu ao longo de toda a vida. O problema da justificabilidade da história é um problema de toda a civilização moderna, ameaçada de morte como resultado da eclosão da barbárie hitlerista e da falta de preparação das democracias ocidentais para detê-la a tempo.

Duas questões se colocam diante do historiador. Uma, por uma criança, pelo próprio filho: "Papai, me explique; para que serve a história?" A outra pelo oficial francês no dia em que os alemães entraram em Paris: "Seria o caso de pensar que a história nos enganou?". Bloch não conseguiu concluir o livro mas mesmo assim deu a resposta a essas perguntas. O cientista respondeu não só com seu último manuscrito mas também com a própria vida.

A Apologia da História, que tem como alternativa característica o título *O Ofício do Historiador* (infelizmente não foi concluída e traz os vestígios de manuscrito[84]), foi criada por um cientista que tinha a nítida consciência de que a ciência da história, que estuda os processos profundos da vida econômica, social e espiritual, necessita de um novo dispositivo conceitual e de uma metodologia de análise qualitativamente nova das fontes. À luz dos avanços na compreensão do ofício do historiador, que ocorreram na primeira metade do nosso século, exigem-se novos modos mais diversos e complexos e até mais refi-

---

83. M. Bloch, *Apologie pour l'histoire*, ou *Métier d'historien*, Paris, 1961, p. VII.

84. *A Apologia da História* foi publicado por Febvre. Foi ele que preferiu esse título (Bloch tendia mais para o título *O Ofício do Historiador*. Veja-se sua carta a Etienne Bloch de 23 de setembro de 1942, E. Bloch, *Marc Bloch: Father, Patriot, and Teacher*, p. 16). M. Mastrogregori, "Le manuscrit interrompu: Métier d'historien de Marc Bloch", *Annales. E. S. C.*, 44, n. 1, 1989, pp. 147-159.

78 A SÍNTESE HISTÓRICA E A ESCOLA DOS ANAIS

nados de estudo do material. No vértice do ângulo colocou-se o problema da generalização, da síntese dos resultados particulares obtidos por ramos particulares e estreitamente especializados do conhecimento da sociedade e do homem. Nesse enfoque tanto Bloch quanto Febvre inspiraram os trabalhos de Henri Berr e de sua *Revista de Síntese Histórica* (*Revue de Synthèse Historique*).

Segundo convicção de Bloch, chegou o momento de substituir a *Introdução* de Langrois e Segnobos, que reflete os princípios de uma historiografia erudita orientada para a "crítica histórica dos textos", por uma exposição essencialmente nova dos fundamentos da Ciência Histórica e formular uma concepção mais atual e profunda da história. Porque "envelhecida, vegetando na forma embrionária da narrativa, por tempo sobrecarregada de fantasias, por mais tempo ainda presa aos acontecimentos mais imediatamente acessíveis, enquanto ocupação analítica séria a história ainda é completamente jovem. Hoje ela se esforça por penetrar mais fundo que os fatos situados na superfície; tendo no passado feito justiça às tentações da lenda ou da retórica, ela quer renunciar a um veneno hoje particularmente perigoso: à rotina da sabedoria e do empirismo em forma de bom senso. Em alguns problemas importantes do seu método ela por enquanto ainda começa apenas a sondar"[85]. Trata-se de uma afirmação muito significativa no máximo grau! Os positivistas de fins do século XIX e primeira metade do século XX viam na história uma ciência exata capaz de descobrir leis; já Bloch afirma que as profundezas científicas da história ainda nem foram sondadas.

Ao constatar o obsoletismo da historiografia tradicional e proclamar o rompimento com o enfoque ingênuo e irrefletido dos objetivos da investigação histórica, Bloch, ao mesmo tempo, não está de maneira nenhuma tendendo a aderir àqueles cientistas do Ocidente que caíram no extremo oposto – o extremo do irracionalismo e do subjetivismo ou de um modo geral negavam a possibilidade do conhecimento humano; ele não aderiu àqueles que, seguindo Wilhelm Diltey, proclamavam que o único modo de apreensão do passado é a "compreensão simpatizante" ou o "imaginário", obtido como resultado de uma "compenetração" mental, de uma "penetração" psicológica no "espírito da época"; para ele, eram perfeitamente estranhas as afirmações segundo as quais todas as construções dos historiadores são absolutamente relativas e arbitrárias, uma vez que refletem não tanto a realidade passada quanto o estado do pensamento do historiador atual. "Toda história é história atual" (B. Croce). "A história escrita é um ato de fé" (Charles Beard). "Cada um é historiador para si mesmo" (Cajus Bekker). A essas conclusões nada consoladoras chegaram os mais importantes representantes da historiografia do período de sua crise

85. M. Bloch, *Apologie pour l'histoire...*, p. XIV.

UMA NOVA CONCEPÇÃO DE HISTÓRIA SOCIAL: MARC BLOCH   79

aguda, quando se chocaram os problemas reais e as complexidades do conhecimento histórico.

Bloch estava distante de semelhante pânico metodológico. Comparemos o curso das suas reflexões com essas conclusões pessimistas e verificaremos com que tranqüila certeza o historiador francês vê a possibilidade do conhecimento histórico. Para ele, a crítica da historiografia nacional não significa recusa da realidade histórica e sim uma penetração mais profunda no passado e a ampliação da perspectiva em que ele é estudado. A história é cognoscível, mas para descobrir o desenvolvimento, assimilar as peculiaridades de cada um de seus períodos e superar a unilateralidade da concepção que se tenha dela é necessário aperfeiçoar a metodologia científica, tornar mais sutis e eficazes os instrumentos com cujo auxílio esse conhecimento é concebível.

Necessita-se até de algo mais – de uma mudança das próprias diretrizes intelectuais dos historiadores. O conflito entre a nova e a velha tendência na historiografia, que se refletiu em *A Apologia da História*, é o conflito entre dois estilos de pensamento: do pensamento do factógrafo que copia o documento, o texto histórico, que procura descrever os acontecimentos sem se aprofundar no mecanismo oculto que os gerou, e o pensamento sintético, problemático, sociológico. "Pensar por problemas!" é o lema de Bloch e Febvre. Posteriormente esse conflito ganhará o aspecto da fórmula: história-problema *l'histoire-problème* e "história-narração" *l'histoire récit*. Mas até aqui a posição racional e realista do fundador da revista *Annales* foi substituída por uma diretriz, no fundo niilista, em relação à história entendida como narração dos atos humanos.

É aos problemas que acabamos de mencionar que Marc Bloch dedica seu último livro, infelizmente inconcluído.

Algum tempo depois da derrota Bloch ainda conseguia desenvolver seu trabalho de professor. Fazia conferências na Universidade de Estrasburgo, transferida para Clermond-Ferrand e depois para Montpelier. Entretanto, para ele era impossível trabalhar na França ocupada como historiador e professor. Recebeu um convite para se transferir para a Argélia ou para os Estados Unidos e assim se livrar das perseguições que o ameaçavam como representante de uma "raça não-ariana", tanto por parte dos nazistas como de seus serviçais de Vichy ("Eu sou judeu", escreveu Bloch "mas não vejo nisso motivo nem para orgulho nem para vergonha, e só defendo a minha origem em um caso: diante do anti-semita")[86]. Sua biblioteca em Paris havia sido destruída pelos alemães. Do seu retorno à Sorbonne não se podia sequer falar. Ele foi forçado a renunciar à redação da *Annales*, que durante a ocupação saía irregularmente como coletâneas redigidas por

86. M. Bloch, *L'étrange défite*, p. 23.

80 A SÍNTESE HISTÓRICA E A ESCOLA DOS ANAIS

Febvre (*Mélanges d'Histoire Sociale*), entretanto ele continuava a publicar sob o pseudônimo de M. Fujer[87].

A idéia da emigração logo foi rejeitada por Bloch. Ele escolheu outro caminho que, segundo sua convicção, era o único possível no momento de humilhação nacional da pátria. O vínculo com a vida, com a atualidade, sempre permaneceu o traço mais característico desse especialista em história da distante Idade Média. Não o interesse de um destemido historiador desinteressado; Bloch, que viveu a tragédia da França como sua tragédia pessoal, não podia deixar de intervir no curso dos acontecimentos nem de ter neles participação imediata e mais ativa. A natureza de combatente, que antes se manifestara nele numa atividade fervorosa voltada para a transformação da Ciência Histórica, agora procurava outra saída mais adequada para o momento excepcional da história. Bloch escreveu no seu diário as palavras de Michelet: "Eu acredito no futuro porque eu mesmo o crio"[88].

Ao observar a frieza do capitão Bloch durante o bombardeio, um jovem oficial lhe disse: "Há militares profissionais que nunca serão guerreiros e há civis que são guerreiros por natureza; o senhor é um guerreiro". Bloch não fez objeção a semelhante avaliação. "A despeito do preconceito corrente", escreveu ele "o hábito das pesquisas científicas de maneira nenhuma é tão desfavorável para se fazer uma aposta com o destino". Bloch o desafiou.

Já em Clermond-Ferrand e Montpelier ele estabelece contatos com os primeiros grupos de combatentes pela liberdade e ingressa nas fileiras da Resistência. A partir de 1943 ele se entrega plenamente à luta contra os ocupantes nazistas e é um dos dirigentes do movimento clandestino dos patriotas em sua pátria, Lyon, como membro do Diretório Regional da Resistência. Arpajon, Chevreuse, Narbonne, Blanchard – sob esses nomes de guerra atuava corajosamente um homem entrado em anos e fisicamente não muito sadio, pai de seis filhos, que se tornara combatente do exército clandestino de libertação. Os companheiros de luta não conheciam a sua profissão civil, mas ficavam maravilhados com a bravura, o jeito metódico e a organização desse homem móvel, não alto, cujos olhos brilhavam maliciosamente atrás dos grandes óculos. E nem nesse período Bloch abandonou a pena. Em uma exposição em sua memória, realizada na Escola de Altos Estudos de Ciências Sociais em Paris (maio de 1979), entre outros documentos, foram apresentados escritos do Bloch-combatente da Resistência: um

---

87. Quanto à continuidade da publicação da *Annales* sob o regime de ocupação, surgiram divergências entre Bloch e Febvre; este insistia na manutenção da edição até mesmo às custas de inevitáveis compromissos, particularmente da exclusão de Bloch do número de redatores; já Bloch condenava essa posição mas acabou sendo forçado a ceder a Febvre.

88. C. Fink, *Marc Bloch*, n. 162, p. 292.

UMA NOVA CONCEPÇÃO DE HISTÓRIA SOCIAL: MARC BLOCH   81

poema satírico, que ridicularizava um general fracassado, o panfleto *Doutor Gebbels Analisa a Psicologia do Povo Alemão*. Em março de 1944 a Gestapo prendeu Bloch. Ele resistiu bravamente às terríveis torturas, sem revelar nomes nem encontros[89]. No dia 16 de junho ele foi fuzilado perto de Lyon junto com um grupo de patriotas. Suas últimas palavras foram: "Viva a França!".

O testamento de Marc Bloch, datado de 18 de março de 1941, termina assim: "Morro como vivi, um bom francês". Ele pediu que se escrevesse no seu túmulo: *Dilexit veritatem* ("Ele amava a verdade")[90].

Não nos foi dado conhecer as causas imediatas que levaram Marc Bloch a fazer o seu testamento – a situação geral da França ocupada em 1941 dispunha bastante para isso. A data que ele colocou coincide aproximadamente com o período do início da escrita de *A Apologia da História*. Temos diante de nós dois testamentos de Bloch: um pessoal e outro científico.

Ao concluir o esboço sobre os fundadores da Nova História, gostaria de voltar à comparação dos métodos investigatórios de Lucien Febvre e Marc Bloch. Unidos pela ênfase na renovação do conhecimento histórico e da luta contra as correntes que lhes eram estranhas na historiografia e eles criticavam pela rotina, contrapondo acentuadamente a elas a sua concepção da profissão do historiador, esses cientistas eram ao mesmo tempo muito diferentes. Em seus trabalhos materializaram-se dois enfoques diferentes do estudo e da compreensão da história. Por isso era também diferente o grau de influência de Bloch e Febvre sobre o desenvolvimento ulterior da Escola dos Anais. A esses dois enfoques correspondem duas diferentes interpretações do conceito de cultura.

A relação de uma individualidade notável com a história é o tema fundamental nos trabalhos de Febvre. De seu ponto de vista, a cultura é um processo criador do qual participam poetas, escritores, pensadores, religiosos, reformadores, em cujas obras o processo civilizatório encontra sua expressão mais plena e explícita. Ao evoluir, a civilização se projeta em um novo estágio qualitativo. É claro que Febvre foi suficientemente relativista para compreender que é incorreto compa-

---

89. O jornal fascista *Völkischer Beobachter* escreveu que Bloch era "o cabeça de um bando de assassinos" financiados por Londres e Moscou, e salientou: "esse fato é uma prova irrefutável de que a idéia do nacional-socialismo de que 'o elemento judeu' se propôs com o objetivo de destruir outras nações da Europa". *Apud* C. Fink, *Marc Bloch*, p. 316.

90. O texto do testamento de Marc Bloch, em que ele expressa essa tese, diz: "Ao longo de toda a minha vida eu procurei a plena honradez da expressão e do espírito. Sob nenhum pretexto conciliei com a mentira, que é o pior tipo de lepra da alma". *Apud* L. Febvre, *Marc Bloch, Architects and Craftsmen in History*, p. 84.

82 A SÍNTESE HISTÓRICA E A ESCOLA DOS ANAIS

rar as civilizações por suas qualidades". Ao mesmo tempo, porém, ao contrapor a mentalidade "alógica" ou "protológica" dos homens que antecederam a Renascença à época das mentalidades racionalista e lógica dos homens da Idade Moderna ele, parece-me, não estava totalmente livre da concepção do processo civilizatório como ascensão progressiva de formas inferiores a formas superiores.

Partindo da análise da consciência da elite criadora e com base nela Febvre julgou a mentalidade da sociedade tomada em conjunto. Enquanto isso, Bloch estava ciente das diferenças de mentalidades das diversas camadas e grupos sociais. Paralelamente às diretrizes mentais, de que, de uma forma ou de outra, partilham todos os membros de uma sociedade em um dado período, e do "ferramentário espiritual" inerente a essa época, ele ressaltava as peculiaridades importantes da consciência dos camponeses e dos habitantes dos burgos, dos aristocratas mundanos e do clero, dos intelectuais, dos comerciantes. Bloch vinculava o estudo da vida espiritual da maneira mais estreita à investigação das estruturas sociais das quais essas mentalidades eram componente inalienável.

Ao contrário do enfoque "civilizacional" de Febvre, o enfoque sociológico de Bloch dita a necessidade da análise dos diferentes fenômenos pertencentes a uma época, em seus vínculos mútuos e condicionamentos. Adepto enérgico de um comparativismo racional, que permitisse revelar tanto o particular quanto o geral, Bloch é estranho a quaisquer juízos de valor. Por isso ele não fetichiza o conceito de "evolução". Numa nota ao texto de *A Apologia da História*, editado depois da morte trágica do seu amigo, Febvre escreveu, não sem certa surpresa: "se não me engano, em todo o livro não se pronunciou uma única vez a palavra 'evolução' "[91]. Ele se enganou: a palavra "evolução" pode ser encontrada não raro nesse livro assim como em outros trabalhos de Bloch. Entretanto me parece que o fato de Febvre ter percebido semelhante lacuna no manuscrito de *A Apologia da História* é bastante sintomático para a compreensão do seu próprio método de pensamento.

Os dois cientistas concebiam a evolução de modo diferente. Como já foi observado, para Febvre ela representava uma espécie de autodesenvolvimento da cultura ou da civilização (em língua francesa, diferentemente da russa e da alemã, essas duas palavras são propriamente sinônimas). Para Bloch, a evolução não passa de uma abstração científica à qual ele não tendia a dar importância axiológica. Porque Bloch interpreta o conceito de cultura antes em um sentido antropológico ou etnológico – é uma imagem da vida e do pensamento dos homens de uma dada comunidade social. Um componente inseparável do sistema

---

91. L. Febvre, "Em que estado se encontrava o manuscrito de *O Ofício do Historiador*, M. Bloch, *Apologia da História ou O Ofício do Historiador*, Moscou, 1986, p. 118.

UMA NOVA CONCEPÇÃO DE HISTÓRIA SOCIAL: MARC BLOCH   83

social. Assim compreendida, a cultura não se restringe a uma soma de criações individuais de grandes homens, porque os costumes, os hábitos, as crendices, os hábitos da consciência, os modos de concepção do mundo, o quadro do mundo fixado em todas as criações do homem e antes de tudo na língua – tudo isso traduz a vida espiritual dos homens e deve ser estudado como a sua apreensão assim como para elucidar o modo de funcionamento de uma sociedade.

Portanto, se ambos os cientistas para quem a Ciência Histórica deve ser a ciência das mudanças, a ciência do homem, para Bloch, o homem enquanto objeto de investigação é o homem em sociedade, para Febvre o homem na civilização[92].

O enfoque sociológico ou histórico-antropológico e o enfoque civilizacional, "de elite", não se excluem mutuamente, são pura e simplesmente diferentes. A atividade humana é tão rica e inesgotável que requer diferentes interpretações[93], e quanto mais enfoques a Ciência Histórica aplica tanto mais multifacetado se faz o quadro da história.

Por qual dos caminhos traçados por Febvre seguiu a Nova História? A pergunta nem de longe é ociosa. Uma resposta em forma ampla só pode ser dada no final da nossa pesquisa do desenvolvimento da História dos Anais. Mas me parece que alguma coisa já deve ser dita agora.

Antes de tudo é sintomático que Fernand Braudel, sucessor de Febvre em seus postos de chefe da redação da *Annales* e de diretor da Sexta Seção da Escola de Altos Estudos, ao render homenagem aos dois fundadores da Nova Escola destaca simultaneamente com clareza e persistência Lucien Febvre como inspirador dessa corrente. Isso se deve apenas às circunstâncias da biografia de vida e criação de Braudel, ao fato de que ele esteve pessoalmente ligado a Febvre, foi por este promovido a trabalhar em história do mesmo século XVI, que tanto atraía os interesses científicos do seu amigo mais velho e orientador? Acho que a causa é mais profunda. A Braudel era estranha a metodologia de Bloch, assim como de muitos daqueles historiadores que chegaram à ciência no período do pós-guerra e que em muito e no principal partilhavam precisamente das concepções de Bloch. Também no papel de chefe da escola histórica francesa, papel que ele recebeu como herança de Febvre, Braudel, que escrevia sobre a "civilização material" da época do capitalismo, dificilmente estimularia o tipo de história praticado por Marc Bloch.

Por outro lado, a interpretação da história das mentalidades pelos historiadores atuais é feita predominantemente na chave em que Bloch a entendia. De fato, Febvre sonhava com a criação de uma história das emoções: história da alegria, do riso, do medo, da crueldade, da com-

---

92. G. Mairet, *Le discours et l'historique*, pp. 109 ss.
93. M. M. Bakhtin, "Dois Modos de Estudar a História da Cultura", *Questões de Filosofia*, 1986, 12, pp. 104-115.

84 A SÍNTESE HISTÓRICA E A ESCOLA DOS ANAIS

paixão, do amor, da relação com a morte etc. A essencialidade de semelhantes investigações não infunde quaisquer dúvidas e hoje elas são amplamente realizadas. Entretanto a formulação do objetivo dos formuladores das mentalidades proposta por Febvre parece discutível. As emoções humanas são historicamente mutáveis, e ainda assim dificilmente existiria ou pode existir uma história de qualquer das emoções que se baste por si mesma. Elas são, salientemos, aspectos inalienáveis da vida social e só podem ser compreendidas corretamente nas entranhas dessa vida, no seu contexto geral, na qualidade de componente do sistema social.

A investigação histórico-cultural de hoje não vê seu objetivo na elaboração de uma história autônoma das mentalidades mas na apreensão do caráter e da função das mentalidades no movimento conjunto da vida histórica. Todos os aspectos das mentalidades que os historiadores podem descobrir – em colaboração com lingüistas, demógrafos, psicólogos, historiadores da literatura e da arte, folcloristas e etnólogos ou com o auxílio dos seus métodos, permanecendo, não obstante, no solo da Ciência Histórica – constituem em cada época dada uma certa totalidade, um quadro complexo e contraditório do mundo, e é para a reconstrução de diferentes quadros do mundo, em diferentes civilizações e em períodos diversos da história, que se orientam os esforços dos historiadores atuais. Esse enfoque tem início em Marc Bloch, na concepção sociológica da história do homem.

É claro que a Nova História de hoje se distanciou muito de Bloch, em cuja época o estudo das mentalidades apenas se esboçava. Mas o princípio central de Bloch-historiador – a "história total" – continua sendo princípio pelo qual se guiam muitos dos mais notáveis representantes dessa corrente. Entretanto historiadores como Alphonse Dupront, Fhilippe Ariés, Jean Delumeau e Michel Foucalt (filósofo e historiador), cujos trabalhos (a despeito de todas as diferenças entre si) estão voltados predominantemente para o estudo da vida afetiva dos homens do passado, tendem mais para a "linha de Febvre" do que para a "linha de Bloch".

Na literatura especializada externou-se o juízo segundo o qual seria mais correto falar não de uma Escolas dos Anais mas de duas – da escola de Marc Bloch e da escola de Lucien Febvre[94]. Essa afirmação suscita dúvidas: coisas demais uniam os dois cientistas, que consagraram suas vidas à renovação da Ciência Histórica. Mas também seria incorreto subestimar as diferenças substanciais nas diretrizes de princípio e nos métodos de Febvre e de Bloch, assim como no próprio estilo de pensamento desses dois historiadores maiores do século XX.

---

94. G. Mairet, *op. cit.*, p. 96. Sobre as diferenças de metodologia entre Febvre e Bloch, cf. M. Cedronio, "'Annales' attraverso le pagine delle 'Annales'", *Storiografia francese di ïeri e di oggi*, Napoli, 1977.

Parte II

Os Destinos da Herança de Febvre e Bloch

1. "Geoistória" e Materialismo Econômico: Fernand Braudel

Eu pretendia intitular o capítulo seguinte: "Por que no livro *A Nova História* não há uma seção sobre Fernand Braudel?". Mas, como desconfio, a explicação dessa ausência eloqüente do grande historiador francês, reconhecido sucessor de Febvre, dirigente (a partir de 1957) da revista *Annales* e da Sexta Seção da Escola Prática de Altos Estudos acaba redundando em uma seção independente.

Contudo pode-se dar em algumas frases essa explicação prévia.

Lembro que o problema a que eu dedico o meu estudo não é a Escola dos Anais como tal – esse não é um tema ao alcance de um historiador solitário – porém um problema mais limitado: o estudo da experiência da Nova História no campo da história da cultura e das mentalidades, predominantemente nos estudos medievais, e a elucidação daí decorrente das possibilidades de conquista da síntese em história. Essa corrente, fundada por Marc Bloch e Lucien Febvre, não teve continuidade nos trabalhos de Braudel. Ele preferiu outra problemática, suas vias e métodos de estudo da história – a "geo-história", o estruturalismo, a investigação histórico-econômica. Os passos de Braudel foram seguidos por uma parte dos historiadores do grupo dos Anais. Eles lançaram a sua metodologia e os seus enfoques da concepção da profissão de historiador.

O trabalho científico e organizacional de Braudel marcou toda uma etapa do desenvolvimento da Ciência Histórica francesa. E embora Braudel estivesse longe do estudo da história da cultura, ele imprimiu uma marca tão forte na historiografia ocidental de hoje que, sob a

88   A SÍNTESE HISTÓRICA E A ESCOLA DOS ANAIS

pena de alguns de seus destacados, representantes o problema das mentalidades passou a aparecer sob luz um pouco diferente.

O livro *O Mediterrâneo e o Mundo Mediterrânico na Época de Filipe II* – trabalho com que Fernand Braudel assegurou um lugar de destaque na historiografia do pós-guerra – foi escrito parcialmente antes do início da Segunda Guerra Mundial, mas principalmente durante a guerra. Caindo prisioneiro alemão depois da derrota da França, cientista relativamente jovem (Braudel nasceu em 1902) e privado, no campo de concentração alemão, dos materiais que havia coligido, ele escreveu de memória o seu livro, enviando-o em cadernos particulares para Febvre. Esse volume, defendido na Sorbonne como tese de doutorado em 1947, apareceu na imprensa dois anos depois. Em 1966 foi publicada a segunda edição, ampliada para dois volumes e parcialmente reelaborada[1].

Segundo reconhecimento do próprio Braudel, o livro foi pensado inicialmente nos anos trinta como uma investigação perfeitamente tradicional da política de Filipe II no Mediterrâneo, mas depois, após determinadas reflexões e não sem a influência de Febvre, seu plano mudou substancialmente. O que apareceu em primeiro plano não foi o rei de Espanha e sua política, foram os países e povos do Mediterrâneo, sua vida, seus vínculos e antes de tudo a civilização econômica e material.

Pode-se traçar um determinado paralelo entre a intenção de Braudel e a intenção de alguns dos historiadores que ele respeitava particularmente: Henri Pirenne. (Aliás as circunstâncias em que trabalhava Braudel durante a Segunda Guerra Mundial eram as mesmas nas quais Henri Pirenne escreveu a sua *História da Europa* durante a Primeira Guerra Mundial, também em um campo alemão para prisioneiros militares.)

À semelhança de como Pirenne estudou a influência, no comércio e nas cidades européias, da expansão árabe no Mediterrâneo, que no início da Idade Média interrompeu as antigas relações comerciais entre o Ocidente e o Oriente, Braudel se volta para o estudo da história do Mediterrâneo no século XVI, quando a sua unidade econômica e religiosa-cultural foi violada pelas conquistas turcas.

O autor é um trabalhador incansável, um pesquisador de arquivos e materiais, que trabalhou em arquivos e documentos de muitos países e cidades. O livro se baseia em um vasto círculo de fontes não publicadas, que Braudel estudou e introduziu pela primeira vez em circulação científica.

Entretanto, em que pese toda a sua fundamentação científica, o livro não está isento de poesia. Estilista excelente, Braudel cria uma

---

1. F. Braudel, *La Méditerranée et le monde méditerranéen à l'époque de Philipp II*, 2e éd., Paris, 1949, 2 vols., 1966.

"GEOISTÓRIA" E MATERIALISMO ECONÔMICO: FERNAND BRAUDEL   89

espécie de poema que canta o eterno Mediterrâneo. O prefácio à primeira edição começa com uma declaração de amor ao Mediterrâneo, que, sob a pena do autor, se personifica, ganhando "caráter", "feição", "biografia" e "destino".

Mas qual é o problema estudado por Braudel? A ascensão e a decadência da região mediterrânea durante o longo "século XVI" estudadas, segundo expressão do autor, "numa totalidade complexa".

Essa "totalidade" é estudada em três planos e, respectivamente, em três vastas seções da monografia. Segundo o plano de Braudel, cada nível da realidade histórica tem seus próprios ritmos e seu tempo, sua duração específica, e Braudel organiza o enorme material factual que coligiu partindo dos ritmos temporais característicos de um dado nível.

A primeira parte é "O Papel do Meio", do ambiente geográfico do homem que interage com a natureza. Nessa parte ele desenvolve uma análise das condições físicas de vida: descortina-se diante do leitor o riquíssimo panorama de paisagens multifacetadas do Mediterrâneo, montanhas, platôs, planícies onde as populações locais se ocupam da agricultura e da pecuária, o mar, as ilhas, a linha costeira; zonas climáticas, estações do ano. Depois dessa introdução geográfica bastante detalhada, vem a descrição das vias marítimas e terrestres, as navegações, as situações das cidades. Nesse nível o curso da história é quase imperceptível, as mudanças são extremamente lentas e escapam à visão humana. É antes uma história das repetições permanentes, dos ciclos que retornam e se renovam eternamente, é uma "história sem tempo", uma história de "estruturas" estáveis, quase-imóveis. O meio natural, desenhado multilateralmente na primeira parte da investigação, não permanece apenas um fundo sobre o qual será mostrada posteriormente a vida dos homens da região mediterrânea; a "estrutura" geográfico-natural age por si mesma no livro de Braudel como uma espécie de personagem histórico.

Na segunda parte do livro, denominada "Destinos Coletivos e Tendências Gerais", o campo de visão de Braudel é ocupado pelas "estruturas sociais", isto é, pela sociedade e a economia. O Mediterrâneo no século XVI: composição numérica, densidade, deslocamento e movimento da população, sistemas de comunicação e circulação de correspondência, agricultura, artesanato, comércio, circulação monetária, preços (não esqueçamos que o século XVI na Europa foi marcado pela "revolução dos preços" como resultado do afluxo de uma enorme quantidade de metais preciosos do Novo Mundo); segue-se uma caracterização dos impérios mediterrâneos, do espanhol e do turco, dos seus recursos humanos e materiais, das civilizações e da interação entre as civilizações, a sua expansão, as formas de guerra, incluindo-se a pirataria.

Nesse nível, o tempo transcorre de forma perceptível ainda que lenta, uma vez que a "estrutura", que se caracteriza "pelo tempo da longa duração" (*la longue durée*) aqui se combina, "entra em diálogo"

90   A SÍNTESE HISTÓRICA E A ESCOLA DOS ANAIS

com a "conjuntura", com um tempo rápido, curto (*le temps court*)[2]. Essas conjunturas mudam durante o "longo" século XVI, que abrange, em essência, dois séculos – começando pela segunda metade do século XV e terminando na primeira metade do século XVII.

Não é difícil notar nessa parte as desproporções na interpretação de diferentes aspectos daquilo que Braudel chama de "história social". Propriamente falando, a história social é estudada sumariamente; por exemplo, sobre o campesinato, que constitui a maioria esmagadora da população da região, pouco se diz e ainda assim em apenas algumas páginas. As formas de condução da guerra, talvez, ocupam o autor em medida maior do que a caracterização da civilização. O aspecto econômico-material da vida predomina na exposição dessa parte da monografia. Mas na análise da economia a importância predominante é dada ao comércio e ao consumo e não à produção; a economia urbana domina nitidamente sobre a rural. Aqui, mais uma vez, lembramos involuntariamente de Henri Pirenne.

A terceira parte – "Acontecimentos, Política e Povo" – como que nos devolve à compreensão tradicional da história, à história "segundo a medida do homem individual". A história dos acontecimentos desenha apenas comoções superficiais, o que é, segundo palavras de Braudel, a "epiderme da história"[3]. A história das oscilações rápidas, inesperadas e nervosas, a espuma gerada pelo movimento potente e por vezes surdo de grandes maciços centrais. Trata-se de centelhas que eclodem vivamente e rapidamente se apagam, de "vaga-lumes cintilantes". Segundo sua avaliação, a história política é um "perigoso tipo de história", que nos leva ao equívoco em relação aos autênticos processos históricos que escapam aos historiadores crédulos.

Portanto, a história está seccionada em diferentes planos, de acordo com os próprios ritmos temporais inerentes a cada um dos planos. Braudel se apressa em ressalvar: a história é única, e a separação de diferentes níveis é apenas um meio de organização e apresentação do material[4], entretanto a aplicação da idéia de multiplicidade dos ritmos temporais, segundo convicção dele, leva à criação de um tipo especial de história – a "história total". Segundo esse estudioso, "história total" abrange todos os aspectos da realidade histórica, dos naturais aos culturais. Mas uma vez que os diferentes aspectos da vida dos homens se subordinam ao fluxo diverso de tempo, devem ser estudados em três diferentes "registros", em três níveis que traduzem três diferentes concepções de tempo – o tempo geográfico-natural, o tempo social e o tempo individual. A história total é uma "canção de múltiplas cama-

---

2. F. Braudel, *The Mediterranean and the Mediterranean World in the Age of Philipp II*, vol. II, New York, Evnston, San Francisco, London, 1973, p. 757. [...].

3. *Idem*, p. 901.

4. *Idem*, vol. I. 1972, p. 21.

"GEOISTÓRIA" E MATERIALISMO ECONÔMICO: FERNAND BRAUDEL   91

das", e na realidade existem não três mas dúzias de ritmos temporais[5]. Na qualidade dos três referidos "registros" ele destaca apenas os tipos principais e fundamentais de temporalidade.

Os vínculos entre os níveis sugeridos por Braudel são complexos e, segundo ele, não unívocos. Ainda assim são de certo modo subordinados. Como se correlacionam entre si o nível dos acontecimentos da vida histórica, nível em que atuam os homens, os indivíduos, e os níveis estruturais da ecologia e da economia? Na perspectiva de análise dessas potentes estruturas, que possuem enormes durações e transformam a história em uma espécie de maciço imóvel, torna-se extremamente modesto o papel que Braudel atribui ao acontecimento individual. Isso, segundo palavras dele, são apenas destroços de um naufrágio que o oceano da história arrasta, uma brilhante superfície efêmera. E ao seu modo isso é perfeitamente móvel. O estudioso descobre as tendências determinantes da história não no "nível humano" mas nas profundezas das estruturas superindividuais geográfico-naturais e econômico-materiais. No fundo dessas estruturas, que desdobram com uma lentidão épica, os homens parecem perder-se; sua atividade é predeterminada por macroprocessos.

Mas nesse caso o que resta da liberdade humana? O que significava liberdade na Espanha do século XVI? Que grau de liberdade possuíam Filipe II ou Dom de Áustria? – pergunta-se Braudel e responde: "Qualquer uma dessas liberdades me lembra uma ilhota, quase uma prisão"[6]. Dessa maneira, não se estaria negando qualquer liberdade de ativismo individual na história? O homem de ação é aquele que tomou consciência das suas limitações e escolheu uma das possibilidades que restaram, diz Braudel, é aquele que é capaz de tirar proveito do inevitável. Todas as tentativas de marchar contra a corrente predominante, contra o sentido profundo da história estão antecipadamente condenadas ao fracasso. A história dos indivíduos com os seus ritmos nervosos é efêmera. "Por isso, quando eu penso no indivíduo" continua Braudel "eu sempre o vejo prisioneiro da liberdade na qual ele não está em condições de agir". No fim das contas, em história vence invariavelmente a duração. A liberdade do indivíduo é limitada, o papel do acaso é insignificante. "Por seu temperamento o eu é 'estruturalista', os acontecimentos e até as conjunturas breves pouco me atra-

---

5. *Idem*, vol. II, p. 1238. Em outra obra, Braudel observa que o tempo social se divide em "milhares de riachos velozes e lentos, que não têm quase nenhuma relação com os ritmos cotidianos da crônica ou da história tradicional". F. Braudel, *On History*, Chicago, 1980, p. 12.

6. F. Braudel, *The Mediterranean and the Mediterranean World*, vol. II, p. 1243. Acerca da influência da concepção braudeliana de "estrutura" sobre a historiografia alemã ocidental e a crítica a ele, cf. R. Sieder, "Ws heibt Sozialgeschichte? Brüche und Kontinuitäten in der Aneignung des "Sozialen"", *Österreichische Zeïtschrift für Geschichtswissenschaften*. I. Jg., H. 1, 1990, S. 35 ff.

92   A SÍNTESE HISTÓRICA E A ESCOLA DOS ANAIS

em...": com essa confissão ele conclui o seu livro[7]. Não seria correto concluir que Braudel se sente atraído por uma história sem homens? Quando lemos essas linhas lembramo-nos involuntariamente das famosas palavras "A liberdade é a necessidade conscientizada". Distante do marxismo, Braudel estudou *O Capital* e outros trabalhos de Marx e reiteradamente os citou com simpatia. Entretanto, da famosa tese de Marx, segundo a qual o homem é ao mesmo tempo autor e ator do drama que se representa na história[8], ele, parece, extraiu somente a última metade: segundo Braudel, o homem não é mais que um ator que desempenha um papel a ele atribuído por um cenário que ele não compôs. Vêm à mente as reflexões sobre a história de Liev Tolstói, que contrapunha o sábio quietista Kutúzov a Napoleão, que se julga criador da história mas em realidade parece uma criança que puxa o cordão na carruagem imaginando que está guiando o seu movimento. Entretanto as extravagâncias histórico-filosóficas estão antes no lugar em *Guerra e Paz* do que numa pesquisa acadêmica especial. Confesso, o determinismo econômico-geográfico de Braudel, líder da Nova História e seguidor de Febvre, me leva à perplexidade.

Aliás não há fundamentos para surpresa. Próximo do fim da vida (ele morreu em 1985), Braudel uma vez explicou a sua tendência a dar importância predominantemente a apenas aspectos da história que estão distantes dos acontecimentos e do indivíduo com o seu tempo breve. Conforme Braudel, a causa radica na sua própria experiência de vida. Segundo confessou, sua visão da história foi definida de uma vez por todas durante sua permanência como prisioneiro alemão: essa concepção de história era "a única reação vital possível àquele tempo trágico". Era necessário refutar todos os acontecimentos que se processavam ao redor.

> Abaixo o acontecimento, sobretudo o penoso! – escreve Braudel. – Eu precisava acreditar que a história, que os destinos da humanidade se realizam em um nível consideravelmente mais profundo [...] A uma distância inimaginável tanto de nós quanto das nossas desgraças cotidianas fazia-se a história, realizando o seu giro vagaroso, tão vagaroso quanto aquela vida antiga do Mediterrâneo, cuja imutabilidade e uma espécie de

---

7. F. Braudel, *The Mediterranean...*, vol. II, p. 1244. Ao citar as palavras de Treitschke "Os homens criam a história", Braudel objeta: "Não, a história também modela os homens e lhes forma o destino; é uma história anônima, que opera em profundidade e o mais das vezes em silêncio..." F. Braudel, "Position de l'histoire en 1950", *Ecrits sur l'histoire*, Paris, 1969, p. 21 (Trad. bras., *Escritos sobre a História*, Perspectiva, São Paulo, 1978). Parece que seria possível concordar com essa afirmação e duvido que hoje alguém venha a contestar o culto dos heróis ou "semideuses" (segundo expressão de Braudel), que moldam livremente a história, no entanto a insistência com que Braudel nega a liberdade humana e salienta coerentemente a impotência do indivíduo diante do destino individual e coletivo suscita reflexões.

8. Marx e Engels, *Obras*, t. 4, p. 138.

"GEOISTÓRIA" E MATERIALISMO ECONÔMICO: FERNAND BRAUDEL   93

imobilismo majestoso eu percebia com tanta freqüência. Pois foi assim que eu cheguei às investigações conscientes da linguagem histórica mais profunda...[9].

É dramática a história de acontecimentos, que descreve os atos dos homens, ao passo que a história das estruturas, dos ritmos lentos, vagarosos, das imensas durações temporais costuma estar isenta de rupturas bruscas e catástrofes. Braudel prefere recusar-se a estudar a história dos homens com o seu tempo breve; esse é "um tempo segundo a medida do indivíduo, o tempo do dia-a-dia, o tempo das nossas ilusões e interpretações, o tempo do cronista e do jornalista". "A história social tem medo do acontecimento e não é sem fundamentos, porque o tempo breve é a mais caprichosa e enganosa de toda as formas de tempo"[10]. A renúncia ao tempo dos acontecimentos em proveito de uma "história imóvel" ou "quase-imóvel" – eis o método de Braudel, historiador e homem, para fugir, para livrar-se das agruras da vida... A crer nele, é essa a base psicológica da sua "geohistória" e da teoria do "tempo longo".

Entretanto as dúvidas e objeções que surgem quando se lê *O Mediterrâneo* não são suscitadas apenas por um determinismo inflexível, rígido e todo-abrangente, uma espécie de "reducionismo geográfico".

Quarenta e poucos anos atrás *O Mediterrâneo* fez a fama de Braudel como inovador notável, que enriquecera substancialmente e renovara a Ciência Histórica. Ele foi apoiado calorosamente pelos mestres da historiografia francesa Lucien Febvre e Ernest Labrousse, que não pouparam o livro e o autor de elevadíssimos elogios. Febvre chamou esse livro de modelo de investigação histórica de novo tipo. "Quebraram-se as tradições mais antigas e mais respeitáveis: a ordem cronológica foi substituída por uma ordem dinâmica e genética" escreveu Febvre "essa revolução na concepção de história é uma revolução na nossa vida prática, a 'mutação histórica' de importância cardinal... é um enorme progresso, uma renovação salvadora. Estou certo de que se trata de um anunciador de novos tempos"[11]. Segundo afirmou a comissão examinadora da Sorbonne, que deu a Braudel o grau de doutor em ciências, sua obra é um trabalho que fará época na historiografia mundial.

Em *O Mediterrâneo* realmente descobriram-se novos enfoques da história. O fato de que no centro dos interesses de Braudel não

9. F. Braudel, "Um Testemunho da História", *Anuário Francês*, 1982. Moscou, 1984, pp. 178-179.

10. F. Braudel, *Écrits sur l'histoire*, pp. 45-46.

11. L. Febvre, "Un Livre qui grandit', *Revue historique*, t. 203, 1950, pp. 215, 222, 223. Cf. E. Labrousse, "En guise de toast à Fernand Braudel: Aux vignt-cinq ans de la Méditerranée!", *Mélanges en l'honneur de Fernand Braudel. Histoire économique du monde méditerranéen 1450-1650*, Toulouse, 1973, pp. 7-17.

94 A SÍNTESE HISTÓRICA E A ESCOLA DOS ANAIS

estavam o Estado, com as suas instituições políticas e jurídicas, nem os homens notáveis da época e nem a história nacional, mas uma imensa região, o espaço humano e ecológico – tema inusual de pesquisa – produziu uma enorme impressão nos historiadores. A "geohistória" e o estudo da "civilização material" com ênfase especial nas cidades e na circulação de mercadorias firmou-se solidamente na Ciência Histórica francesa.

Foi precisamente Braudel quem colocou, com excepcional insistência, a questão de importância capital da investigação das camadas da realidade histórica que cedem com dificuldade à ação do tempo, a questão das estruturas estáveis que tendem ao imobilismo. Já falamos da importância extraordinária do problema da correlação da dinâmica e da estática em história e da unilateralidade do enfoque de sua investigação, que fixa a atenção predominante ou exclusivamente apenas nas mudanças. As forças da tradição, das mudanças lentas, latentes, percebidas apenas na aplicação de um âmbito temporal muito grande, as forças "homeostáticas" que criam a possibilidade da repetição, da permanência no lugar, do imobilismo ou do quase-imobilismo – essas forças históricas são tão reais quanto as forças do desenvolvimento; é perigoso subestimar umas e outras. A história é a ciência das mudanças mas também do funcionamento, inclusive do funcionamento em base anterior.

Nessa colocação do problema reside indiscutivelmente o grande mérito de Braudel, a sua contribuição para o desenvolvimento do pensamento histórico. Muitos historiadores foram atraídos por essa problemática. Basta lembrar a teoria da "história imóvel" dos séculos XIV-XVII, desenvolvida por Emmanuel Ladurie – vamos examiná-la adiante.

Os elogios e o êxtase dirigidos a *O Mediterrâneo* na historiografia francesa foram tão unânimes que o livro logo se tornou um clássico. Aliás era assim que o próprio Braudel o considerava. Ele repete essa avaliação no prefácio à segunda edição: alguns amigos o dissuadiram inclusive de mudar alguma coisa no texto que se tornara clássico. Ele confessou que seu trabalho havia gerado uma massa de seguidores e continuadores. Segundo palavra de Braudel, *O Mediterrâneo* recebeu "cumprimentos demais e críticas de menos"...

Pensando bem, dificilmente ele estaria com plena razão. Crítica houve e nada secundária. Toda uma série de resenhadores, ao destacar a importância da introdução do princípio da pluralidade das durações temporais na investigação histórica, ressaltaram ao mesmo tempo que elas não estavam em condições de apreender a maneira como está organizada a hierarquia dos diferentes tempos e quais as relações entre as "estruturas" subordinadas ao "tempo da longa duração" e as "conjunturas" em que age o tempo relativamente mais breve. Nesse sentido surgia um tema: a "história total", estudada por Braudel, não se desintegraria em um conglomerado de fenômenos e processos dis-

"GEOISTÓRIA" E MATERIALISMO ECONÔMICO: FERNAND BRAUDEL   95

persos que formam um todo vinculado não logicamente, mas em um mosaico policrômico? Onde está a ligação interior entre os três níveis – o geográfico, o social e o dos acontecimentos? Segundo as palavras dos críticos, por enquanto esse vínculo continuava não convincente e as passagens de um nível a outro não claras[12].

Essas questões, dúvidas e incompreensões atingem a própria essência do problema. Porque se os níveis de exame do meio geonatural, da economia, da estrutura social, da civilização material, do regime estatal e das instituições, dos acontecimentos políticos e das mentalidades estão isolados e não revelam vínculos entre si, então o que resta da "história total" proclamada por Braudel, e em que se apóia a unidade do panorama do mundo mediterrâneo por ele desenhado na época de Filipe II? Neste caso, não teria razão o historiador americano Hexter, que fez uma crítica radical dessa obra, afirmando que nela faltava unidade da problemática?[13]

Além disso, Hexter afirma que a própria distribuição dos fenômenos históricos por Braudel em fenômenos "estruturais", "conjunturais" e "de acontecimentos" com durações temporais específicas e correspondentes a cada categoria (ou, como se exprime Hexter, "ondas longas", "médias" e "curtas") é bastante discutível, pois os fenômenos naturais podem distinguir-se pela curta duração (por exemplo, a erupção do Vesúvio ou o terremoto de Lisboa) e as instituições políticas podem fazer parte da categoria de "tempo de duração muito longa" (por exemplo, a monarquia). Ademais, a divisão dos fenômenos históricos em políticos, sociais ou religiosos é por vezes arbitrária. Que fenômeno representavam as mesmas monarquias do Mediterrâneo na época estudada por Braudel – político, religioso ou social?[14]

Eu suponho que essa objeção seja substancial. A construção do livro sobre o Mediterrâneo parece artificial, e o desmembramento do tempo histórico em níveis, arbitrário. Os níveis particulares de reali-

---

12. As citações tiradas de uma resenha estão reunidas no artigo: J. H. Hexter, "Fernand Braudel and the Monde Braudellien", *The Journal of Modern History*, vol. 44, 1972, pp. 531-532.

13. Hexter supõe que *O Mediterrâneo* foi escrito de tal forma que não é obrigatório que se estude atenta e coerentemente o livro do começo ao fim; o leitor pode correr os olhos por essa ou aquela seção com o fito de conhecer o conteúdo de alguns pequenos estudos particulares, nos quais se decompõe a obra de Braudel. As listas às vezes intermináveis (de denominações geográficas e nomes próprios, objetos etc.) refletem a inesgotável alegria do autor, que pela primeira vez descobrira nos arquivos esses materiais e expõe com prazer as suas riquezas de arquivo. Mas os detalhes são injetados em favor de si mesmos, sem que o pensamento avance. J. H. Hexter, *op. cit.*, p. 522 ss., 528. Cf. H. R. Trevor-Roper, "Fernand Braudel, the Annales, and the Mediterranean", *The Journal of Modern History*, vol. 44, 1972, p. 476.

14. J. H. Hexter, *op. cit.*, p. 533.

96   A SÍNTESE HISTÓRICA E A ESCOLA DOS ANAIS

dade destacados por Braudel são desconexos entre si e o suposto caráter de semelhante vínculo não está indicado nem teoricamente. "A história total", se não a entendermos como um número possivelmente maior de fatos dispersos mas como síntese, fica sendo uma boa intenção e não absolutamente se realiza.

No entanto o que acaba de ser dito não significa, de maneira nenhuma, que no fundamento da grandiosa edificação erigida por Braudel não seja possível descobrir nenhum princípio geral. Tal princípio está sempre sedimentado de uma forma ou de outra em uma investigação histórica, e seria absurdo suspeitar de ausência de teoria em um cientista da dimensão de Braudel; essa teoria existe e está formulada com a devida precisão. Ainda mais porque alguns anos depois da publicação de *O Mediterrâneo* Braudel publicou o artigo teórico "A História e as Ciências Sociais: O Tempo da Longa Duração"[15]. Um longo caminho separa C. Langlois e C. Segnobois de Marc Bloch, diz ele, mas a roda não parou depois de Bloch[16]. Nesse artigo, que veio à luz em 1958, isto é – ressaltemos essa coincidência – simultaneamente à *Antropologia Estrutural* de Lévi-Strauss, Braudel tenta fundamentar a própria concepção de ciência da história e do lugar que esta ocupa ou deve ocupar na série das outras ciências do homem. A análise das categorias de tempo, e entre elas em primeiro lugar *la longue durée* ajudaria, segundo ele, a elaborar uma linguagem comum para a história e as ciências sociais (a economia, a sociologia, a psicologia, a demografia, a etnologia, a antropologia e a geografia humana...)[17].

Para 1558, assim como para 1958, é importante que o historiador defina uma hierarquia de forças, correntes e movimentos e estabeleça a forma de sua constelação. Para isso é necessário estudar os diferentes ritmos temporais e ligá-los aos respectivos níveis de realidade histórica. A passagem da história narrativa, que concentra sua atenção no acontecimento que se realiza em um "tempo breve", para a história profunda, para a história das estruturas econômicas e sociais, exige que se passe para o tempo longo o tempo dos ciclos econômicos nos períodos de ascensões e descensos demográficos.

---

15. F. Braudel, "Histoire et sciences sociales. La longue durée", *Annales. E. S. C.*, 1958, n. 4 (-*Braudel F.* Écrits sur l'histoire, pp. 41-83).

16. F. Braudel, *Écrits sur l'histoire*, p. 55.

17. A idéia da multiplicidade de ritmos temporais, inerente a diferentes camadas da realidade social, foi emitida e fundamentada pelo filósofo e sociólogo francês Georges Gurvitch (Gueorg Danílovitch). Cf. G. Gurvitch, *Déterminismes sociaux et Liberté humaine*, Paris, 1955; *idem, La multiplicité des temps sociaux*, Paris, 1958; *idem. The Spectrum of Social Time*, Dordrecht, 1964. Seguindo Marcel Mauss, Gurvitch via o objeto da sociologia no estudo dos "fenômenos sociais integrais", que devem ser estudados em todos os "níveis profundos". A esses níveis correspondem diferentes temporalidades. Cf. F. Braudel, *Écrits sur l'histoire*, p. 78 ss., 119 ss.

"GEOISTÓRIA" E MATERIALISMO ECONÔMICO: FERNAND BRAUDEL   97

Para o historiador, a "estrutura" é um *constructo*, escreve Braudel, mas ao mesmo tempo e antes de tudo ela é uma realidade vinculada ao tempo da longa duração. As estruturas dão forma à vida humana, dificultando a sua "dispersão", elas estabelecem os limites dessa vida além dos quais não podem ir o homem e a sua experiência. Isso se refere também às constantes geonaturais e biológicas; ao longo dos séculos o homem permanece prisioneiro do clima, dos ciclos anuais, do mundo vegetal e das colheitas, dos efetivos pecuários, do tipo de agricultura e das condições de produção. "Mas também determinadas formas de mentalidade" observa Braudel com base nos trabalhos de Lucien Febvre, do filólogo Ernest-Robert Curtius e do historiador da arte Pierre Francastel "também podem formar as prisões do tempo da longa duração"[18].

Braudel parte da idéia (aqui eu retorno ao seu *O Mediterrâneo*) de que as condições naturais e geográficas, concomitantemente com os dados econômico-materiais, determinam integral e multilateralmente a atividade dos homens. Daí a tese do tolhimento, da não-liberdade dos indivíduos e dos grupos sociais, que são forçados a escolher sendas estreitas entre os maciços imóveis da história predeterminada. Daí o desprezo de princípio pelo acontecimento: este transcorre no "tempo breve" e por isso não poderia exercer influência sobre as poderosas correntes centrais do processo histórico, sobre o funcionamento das estruturas substanciais. Se os fatos que se realizam no "tempo breve" da história dos acontecimentos não passam de "poeira" (Braudel emprega reiteradamente essa expressão "poussière d'événements, poussière, d'actes, poussière de faits divers"), "poeira" que mal toca o autêntico solo da história, então a iniciativa humana, que está apenas neles, nos acontecimentos concretos e de rápido fluir, pode manifestar-se, minimiza-se a tal ponto que ele supõe ter o historiador o direito de desprezá-la.

De estranha maneira o mestre da Nova História mantém opiniões de um positivismo muito caduco, segundo o qual o fato histórico é uma espécie de "átomo", uma partícula isolada e independente das demais. Entretanto, entre esses "fatos" nos séculos XVI e XVII houve sublevações, a Reforma, guerras, "fatos" extremamente complexos, mas o que fazer com eles partindo da posição de Braudel?[19] Pelo visto ele não tende, em linhas gerais, a delimitar o conceito de "acontecimento" do conceito de "fato histórico", ou seja, os fenômenos da história da construção criada pelo historiador. É de reconhecer que essa concepção bastante unilateral, superficial e, repito, há muito caduca de fato, lançada depois de todas as discussões metodológicas que se

18. F. Braudel, *Écrits sur l'histoire*, p. 51.
19. S. Kinser, "Annaliste Paradigm? The Geohistorical Structuralism of Fernand Braudel", *The American Historical Review*, vol. 86, n. 1, 1981, pp. 94 ss.

98   A SÍNTESE HISTÓRICA E A ESCOLA DOS ANAIS

desenvolveram ao longo da primeira metade do século XX[20], surpreende e leva ao impasse...

É verdade que à luz do desenvolvimento subseqüente da escola de Braudel se esclarece que nem todos os "fatos" são levados ao ostracismo. Desprezam-se apenas os fatos diversa e individualmente coloridos. Se eles são homogêneos, repetem-se e cabem na "série", e por isso podem ser submetidos ao cálculo e a outras operações, se forem "aceitos" pela calculadora e pelo computador eles serão promovidos à categoria de "fatos científicos" e passíveis de investigação. Esse tipo de "fatos seriados", que estão sujeitos à ação de *la longue durée*, são apenas caminhos para o coração dos "novos historiadores" da estirpe de Braudel: Pierre Chaunu ou François Furet... A meu ver, aqui se revela o segredo da repugnância de Braudel e seus seguidores ao fato-acontecimento que se realiza no "tempo breve": é a repugnância pelo individual na história.

A delimitação de modalidades diferentes do tempo histórico pode servir como instrumento útil no desmembramento do material. Mas é útil apenas como meio secundário e – o principal – sob a condição de que não se transforme em parâmetro do curso real e objetivo do processo histórico. Entretanto, ao estudar-se *O Mediterrâneo* (e o famoso artigo sobre a história, as ciências sociais e *la longue durée*) cria-se por vezes a impressão de que as "estruturas e conjunturas", com as formas de duração que lhes são inerentes, ganham substancialidade e existem independentemente da cabeça do historiador que as construiu. (Apesar de que Braudel assegurava que "O Tempo e o Espaço são apenas meios".)

O emprego ilícito dos modelos e "tipos ideais", que passam do laboratório do cientista para as páginas da sua narração, viola o tecido vivo da história humana. O estruturalismo, que foi herdado da lingüística e da etnologia, onde ele foi aplicado a formas lingüísticas e simbólicas, aos fenômenos não conscientizados do comportamento coletivo, é transferido por Braudel para investigação histórica e transformado em instrumento universal de explicação. Mas essa transferência não está isenta de perigo. Leva a um determinismo rígido que tudo abrange e, como vemos, nega a liberdade humana, sem deixar espaço para a escolha e a criação.

Conforme o determinismo de Braudel, aquelas camadas da realidade que menos mudam – as condições histórico-geográficas – ao mesmo tempo determinam num maior grau a vida humana. Delas dependem a economia e a estrutura social. Quanto mais curtos são os ritmos, aos quais está subordinado esse ou aquele nível da realidade,

---

20. Cf. A. Ya. Guriêvitch, "O que é Fato Histórico?", *Estudo de Fontes. Problemas Teóricos e Metodológicos*, Moscou, 1969, pp. 50-88; V. S. Bibler, "O Fato Histórico como Fragmento da Realidade" (Observações Lógicas), *Idem*, pp. 89-101.

"GEOISTÓRIA" E MATERIALISMO ECONÔMICO: FERNAND BRAUDEL   99

tanto menor é a medida em que esse nível exerce sua ação sobre o processo histórico. Para Braudel, à hierarquia das durações temporais corresponde a hierarquia dos vínculos de causa e efeito na história.

Mas esse tipo de determinismo professado pelo "geo-historiador" Braudel não convence, e é muito estranho que, pelo visto, tenha passado despercebido a Febvre, que em seu tempo criticou decisiva e justamente Friedrich Ratzel por algo semelhante e de maneira nenhuma estava propenso a reduzir a atividade criadora de Luthero e outros homens notáveis da Reforma e do Renascimento ao papel passivo de possibilistas. Lembremos com que coerência Bloch realizou em suas pesquisas a idéia da interação da iniciativa humana com as condições objetivas, do seu "entrecruzamento" sempre individual-singular, o único a tornar possível o surgimento do novo, e então verificaremos o quanto Braudel estava distante dos seus antecessores.

E, não obstante, eu suponho que, em parte, os predecessores, apesar de tudo, já haviam traçado o caminho seguido por Braudel. Febvre falava muito da aproximação entre a história e outras ciências do homem. É verdade que ele tinha em vista a polidisciplinariedade útil e até indispensável para a história e nunca a diluição do ofício de historiador em outras disciplinas. Mesmo assim uma determinada tendência para a expansão da história já estava à vista. Braudel estava imbuído da ênfase dessa aliança da história com as ciências sociais, na qual ela desempenharia o papel de líder. Mas sempre se tem de "pagar" voluntária ou involuntariamente por esse papel. Para que a história se transforme na principal ciência social, precisa passar por uma reconstrução interna e livrar-se daqueles traços que a isolam da sociologia e da economia política, isto é, da investigação do fato, do acontecimento singular, individual. Bloch e Febvre batalhavam contra a história factográfica sem problemas, mas dificilmente tinham a intenção de acabar em linhas gerais com a história dos acontecimentos. O sucessor de Febvre no posto de líder da Escola dos Anais promoveu a negação do acontecimento a princípio. Tanto ele quanto os seus seguidores se manifestaram categoricamente contra a "história-narração".

Ao empreender semelhante reconstrução dos princípios e métodos da investigação histórica, Braudel e seus seguidores "não perceberam" como da história passou a evaporar o mais essencial sobre o que Febvre e Bloch haviam escrito de modo tão convincente e persistente – o seu conteúdo vivo, humano. Aos olhos do autor de *O Mediterrâneo* o homem é uma abstração, pois não é mais que um "cruzamento de tempo e espaço", das condições e dos parâmetros das suas ações. Ele é obnubilado diante do determinismo inflexível do ambiente natural[21]. As medidas de peso, as tonelagens dos navios, os valores

21. S. Kinser, *op. cit.*, pp. 67-68.

100   A SÍNTESE HISTÓRICA E A ESCOLA DOS ANAIS

das mercadorias, as velocidades, as distâncias e fatores materiais afins
– não seriam estes os personagens principais e ativos desse novo tipo
de história social elaborado por Braudel?

Por isso Braudel ignora de modo perfeitamente lógico e coerente
o que foi introduzido na profissão de historiador por seus antecessores
– a história das mentalidades.

De fato, a título de quê elucidar os modos de visão de mundo, as
peculiaridades do "instrumental espiritual" e a especificidade da vida
emocional dos homens de uma época se é possível desprezar perfeitamente a sua influência sobre o curso da história enquanto "grandeza
infinitamente pequena"? Aceitando a idéia de que os acontecimentos
humanos transcorrem em um "tempo curto", incapaz de deixar sua
marca nas "estruturas", teríamos o direito de desprezar também a história das mentalidades.

E eis o resultado. O homem como que desaparece, mas as "estruturas", as "conjunturas", as "durações" e os espaços geográficos se
personificam[22]. Todos esses conceitos são "grandes personagens" e
em torno deles, insiste Braudel, deve reconstruir-se a Ciência Histórica,
os historiadores devem mudar o estilo do seu pensamento, formular
uma nova concepção do social e "repensar" a história total"[23].

No contexto de semelhante metodologia, de que maneira se explicam os fenômenos da vida espiritual? Como já sabemos, o tema de
Braudel é o século XVI. Como explicar, por exemplo, o fato de que o
pico mais alto do florescimento da cultura do Renascimento se verifica na Itália no período de sua decadência econômica durante a gestão
de Lourenço Médici? As flores maduras da civilização, observa
Braudel, costumam crescer sob céus escuros que anunciam desgraça.
A explicação que ele dá é a seguinte: nas condições de suspensão da
atividade econômica na Itália e na Espanha do século XV e início do
século XVI, os empresários que possuíam grandes somas em dinheiro
e não conseguiam colocá-las em circulação mercantil podiam se permitir gastá-las em arte e no mecenato[24]. Eu gostaria de estar equivocado, mas no livro não encontrei nenhuma outra explicação do florescimento cultural na época do Renascimento...

Na recusa ao estudo das mentalidades está a explicação daquilo
que foi dito no início deste capítulo: por que o autor do livro referente
à contribuição dos "annalenses" na formação da Nova História omite,
à primeira vista de modo paradoxal, o nome de Fernand Braudel? A
resposta é simples: porque Fernand Braudel, que durante um longo
período como que corporificou a Escola dos Anais, omitiu em suas
investigações a principal conquista dessa Escola. Passou ao largo dela,

22. J. H. Hexter, *op. cit.*, pp. 518-519.
23. F. Braudel, *Écrits sur l'histoire*, p. 54.
24. F. Braudel, *The Mediterranean*, vol. II, p. 899.

"GEOISTÓRIA" E MATERIALISMO ECONÔMICO: FERNAND BRAUDEL   101

sem mesmo testar a sua "solidez", sem perguntar em que medida é fecunda a corrente de investigação traçada por Febvre e Bloch. Estou convencido de que muitos dos ataques críticos à Escola dos Anais, por vezes justos, baseiam-se em uma espécie de mal-entendido, numa experiência incorreta. Como já foi dito, julgam o todo pela parte, misturando equivocadamente diferentes tendências em uma única corrente científica. Braudel, a despeito de toda a sua imensa autoridade científica, não foi a encarnação da essência da Escola dos Anais, caso consideremos que sua essência foi a metodologia de Marc Bloch e Lucien Febvre (por mais diferentes que fossem os dois fundadores da *Annales*).

Se a corrente que teve Bloch como sua fonte pode ser caracterizada como um novo tipo de história social, que inclui organicamente a investigação do comportamento e das mentalidades dos homens, então a "geohistória" de Fernand Braudel é uma combinação do materialismo econômico com o determinismo geográfico. Sob nova denominação se apresenta um conteúdo não lá tão original – a negação do ativismo humano e da iniciativa, a ignorância do papel da consciência dos indivíduos e dos grupos no processo histórico.

Quarenta anos depois do seu aparecimento, *O Mediterrâneo*, como é perfeitamente natural, já não se lê com os mesmos olhos daquela época. Hoje nós temos outra experiência, e na perspectiva por ele criada muita coisa se avalia de maneira nova. Entretanto, é difícil fugir à suposição de que, no clima de elogio geral a Braudel e aos seus trabalhos, criado na historiografia francesa (e não só nela), a crítica séria às suas construções era bastante dificultada, se é que em geral não era impossível. Será que o dirigente da Sexta Seção e redator-chefe da *Annales* não gozava da "infalibilidade papal", dogma em que se apoiavam de bom grado inúmeros de seus representantes? Sob o véu desse dogma, que punha nas nuvens a escola francesa de história, eles desenvolviam as suas teorias. Silenciava-se o conflito entre o mestre e aqueles "jovens" que não seguiram os seus passos; tudo indica que se tratava de uma tema "tabu"[25].

Os traços do materialismo econômico, que ignora a cultura da mentalidade, manifestaram-se em igual medida em outra obra de Braudel: *A Civilização Material e o Capitalismo (Séculos XV-XVIII)*[26]. Ao considerar o conceito de "história social" obscuro e impreciso, a

---

25. A única menção surda que conheço na imprensa sobre esse conflito são, literalmente, algumas palavras de Le Goff. Cf. J. Le Goff, "L'appétit de l'histoire", *Essays d'egohistoire*, Paris, 1987, p. 238.

26. F. Braudel, *Civilisation materielle et capitalisme* (Xvᵉ-XVIIIᵉ siècle), Paris, 1967. Cf. J. C. Perrot, "Le présent et la durée dans l'oeuvre de Fernand Braudel", *Annales E. S. C.*, 36e. année, n. 1, 1981.

102 A SÍNTESE HISTÓRICA E A ESCOLA DOS ANAIS

este ele prefere outro – o conceito de "economia social" (*socio-éco-nomies*)[27]. O comércio, a navegação, as comunicações, a cidade, a circulação monetária, os alimentos, o consumo, os preços, a moradia, a moda e outros aspectos da vida cotidiana – eis os personagens centrais desse trabalho capital que, como o anterior, baseia-se no estudo de colossais riquezas de arquivos. Esse livro também pode, sem dúvida, ser utilizado como valioso guia onde abundam informações concretas.

Braudel começa a sua pesquisa colocando uma questão muito importante: existiria algum limite que restringe toda a vida dos homens, um "teto" difícil de atingir e mais difícil ainda superar?[28] Entretanto, ele procura esse "limite entre o possível e o impossível" exclusivamente na esfera econômico-material, deixando sem análise todo o campo dos pensamentos e emoções humanas, da psicologia e dos valores (embora fizesse aos mesmos referências vagas)[29]. Noutros termos, ao colocar o problema da liberdade do homem (por acaso ela não existe, particularmente para tentar superar o "impossível" e torná-lo "possível"?), Braudel resolve a questão fora do âmbito dessa liberdade.

Uma coisa curiosa: Braudel estuda documentos como a correspondência entre comerciantes, livros de caixa, relatórios de cônsules –, fontes em que outros investigadores encontram, a par de cifras e outras informações puramente comerciais, não poucas indicações da mentalidade dos seus autores – ele, porém, ignora tais indicações como secundárias, elas não lhe chamam a atenção, não suscitam interesse.

Mas a questão não está apenas no fato de que o pesquisador concentra a sua atenção apenas nos aspectos materiais da civilização. No fim das contas todo historiador tem o direito de escolher o escorço que lhe interessa. A questão, repito, é saber o que abstrai o principal representante da Nova Escola, que tem a pretensão de incorporar de bom grado e sofregamente novos problemas e métodos. Também aqui acho admissível e ilustrativo estabelecer algumas comparações.

Eu me permito duas comparações.

Primeira: O livro *A Civilização Material e o Capitalismo* foi concluído mais ou menos nos mesmos anos em que se tornou patrimônio

---

27. Cf. T. Stoianovich, "Social History: Perspective of the Annales Paradigm", *Review*, I, 3/4, 1978, p. 21.

28. F. Braudel, *Civilização Material, Economia e Capitalismo. Séculos XV-XVIII*, t. 1. "A Estrutura do Cotidiano. O Possível e o Impossível", Moscou, 1986, p. 37. Veja-se a respeito o livro: M. N. Sokolova, *A Teoria Histórica de Fernand Braudel*. Anuário Francês, 1972, Moscou, 1974; da mesma autora: *A Historiografia Francesa Atual*. Moscou, 1979; V. M. Dálin, *História da França dos Séculos XIX-XX*. M., 1981; Yu. N. Afanássiev, *Braudel e sua Visão da História*; F. Braudel, *Civilização Material, Economia e Capitalismo*, t. 1, pp. 5-28.

29. Braudel, *Civilização Material, Economia e Capitalismo*, t. 1, p. 359.

"GEOISTÓRIA" E MATERIALISMO ECONÔMICO: FERNAND BRAUDEL 103

da ciência o trabalho de outro autor, que também escolheu como tema da investigação a civilização ocidental nos séculos XVI-XVIII. Refiro-me ao livro do sociólogo e historiador alemão Norberto Elias *O Processo Civilizador*[30]. Elias e Braudel pertencem à mesma geração. O livro de Elias foi publicado pela primeira vez em 1936, mas teve ampla repercussão apenas quarenta anos depois, quando foi reeditado e imediatamente traduzido para várias línguas.

No centro da atenção de Elias está a "aculturação" do europeu, a elaboração gradual, por ele, daqueles hábitos civilizados, maneiras e normas de comportamento que se tornaram característicos dele na Idade Moderna. Esse longo processo de reconstrução da personalidade humana, de sua "autocontenção" e "domesticação" é o que Elias chama de "processo civilizatório".

À semelhança de Braudel, o sociólogo alemão estuda a acumulação de novos hábitos no processo de mudança da vida social, material e política. Mas enquanto Braudel dá toda a atenção à esfera dos objetos, Elias procura decifrar as mudanças mentais e psicossociais profundas que estão por trás do surgimento de novos objetos, da mudança das maneiras externas e hábitos no comportamento do dia-a-dia.

Um dos aspectos do comportamento civilizatório estudados por Elias são as maneiras adotadas à mesa pelos europeus de fins da Idade Média e começo da Idade Moderna. Detenhamo-nos brevemente nos modos de sua análise – esse exemplo nos mostrará a metodologia de Elias e ao mesmo tempo, pelo contraste, exporá de modo mais relevante os métodos do próprio Braudel.

Na Europa daquele período ganha difusão o gênero dos sermões para a juventude: como a pessoa deve se comportar à mesa na companhia de outras pessoas? De um homem nobre espera-se um comportamento decente. Ao sentar-se à mesa ele não deve arrotar, cuspir e assoar-se, limpar a boca com a mão ou com a aba da túnica; não pode vomitar sem se afastar da mesa; é indecente pôr um pedaço de carne mordido no prato destinado ao uso comum; não se podem espalhar os ossos roídos; a borda da taça que um comensal passa a outro deve ser limpa depois que ele bebeu dela etc. Pelo visto, essas maneiras, hoje evidentes, naquela época nem de longe pegavam fácil nem mesmo no meio nobre.

Segundo Elias, a causa da censura do mau comportamento durante uma refeição conjunta não estava em razões de higiene – elas vieram muito mais tarde e como que "antedatadas". A causa estava enraizada nas relações e convenções sociais: as maneiras grosseiras ofendiam os vizinhos, particularmente aqueles comensais mais nobres. Pouco a pouco as novas maneiras corteses, elaboradas nos palá-

30. N. Elias, *Über den Prozess der Civilization*. Bd. 1-2. Frankfurt / M., 1981-1982.

104   A SÍNTESE HISTÓRICA E A ESCOLA DOS ANAIS

cios dos príncipes e reis, foram deixando de ser patrimônio exclusivo dos nobres e se difundiram no meio burguês*. Essas maneiras distinguiam as pessoas educadas da gente simples, antes de tudo dos camponeses, que, por isso, os autores dos tratados sobre as maneiras à mesa chamavam de "animais".

Entretanto, o que se esconde por trás de dois modos tão diferentes de comportamento à mesa e de sua mudança? Elias mostra que a "fronteira invisível, que separa um ser humano de outro", na Idade Média não passava pelo lugar em que nós costumamos percebê-la na Idade Moderna. Os indivíduos naquela época não estavam separados por aquela "barreira do pudor" que depois foi erguida entre eles. Por isso, comer da mesma tigela ou panela, beber da mesma taça eram coisas naturais, assim como usar apenas faca e colher, mas não garfo. Este último (aliás, Braudel o demonstra de forma documentada) é um hóspede bastante tardio na Europa ocidental. Nesse sentido Elias lembra o pequeno conflito que se deu em Veneza nos anos sessenta a setenta do século XII. Uma princesa bizantina, representante de uma civilização mais desenvolvida, foi recebida com hostilidade em uma cidade situada à beira de uma laguna, uma vez que havia usado um garfo ao qual a aristocracia local não estava iniciada e via-se algo incongruente e acintosamente pecaminoso. O cronista, a quem devemos esse relato, acrescenta: o castigo do Senhor não se fez demorar e o corpo da pecadora foi afetado por putrefação[31].

A tese segundo a qual no referido período o indivíduo não estava tão nitidamente isolado dos outros encontra sua fundamentação subseqüente no sistema de moradias. Ao longo de séculos não surgira a necessidade de dividir o recinto interno em quartos separados: o homem não experimentava a necessidade de isolamento. Por isso dormiam todos amontoados, toda a família junta. As crianças eram testemunhas da vida sexual dos adultos e isso não chocava ninguém. Mais tarde o espaço interno da casa começa a ser dividido em quartos, porém abertos e não isolados. Os visitantes de velhos palácios e solares podem verificar isso até hoje: ali, em regra, os aposentos eram passagens que se comunicavam com a série de outros cômodos, e em nenhum destes havia qualquer isolamento. É claro que a causa não estava na "incapacidade" dos arquitetos ou construtores mas em outra coisa: na própria auto-sensação do indivíduo, que permanecia constantemente às vistas e não experimentava com isso quaisquer incômodos morais.

Muito mais tarde aparecem os aposentos fechados e isolados, os quartos onde dormem os casais e não a família inteira, incluindo-se aí

---

* Isto é, dos habitantes dos burgos. (N. do T.)

31. Cf. G. Jaritz, *Zeischen ugenblick und Ewigkeit. Einführung in die Alltagsgeschichte des Mitlelalters*, Wien – Köln, S. 177.

os criados e os parasitas. É então que as pessoas deixam de dormir nuas como antes e adquirem camisões de dormir. E é também então que a nobreza se mune de guardanapos e lenços de assoar. O indivíduo começa a experimentar mais fortemente a necessidade de isolamento, de privacidade, com o fim de isolar dos outros a si e ao seu corpo. A "fuga" do indivíduo para a vida privada encontrou reflexo também na pintura: se os pintores medievais pintavam o homem na rua, diante da sua casa, agora aparecem cenas do interior da casa.

O processo civilizatório desenvolveu-se lenta e irregularmente. Mais rápido na cidade do que no campo. No quadro de Bruegel, *Casamento Camponês*, os homens e as mulheres dançam animadamente. E ali mesmo um homem, mal afastado para uma parede da casa, faz uma pequena necessidade. Isso não choca nem ofende ninguém, está na ordem das coisas. O tempo passará e semelhantes manifestações se tornarão inadmissíveis.

Não vou multiplicar os exemplos. O pensamento de Elias, que expus com extrema brevidade e por necessidade um tanto esquematicamente, é compreensível. Em sua concepção, o processo civilizatório é antes de tudo um processo de formação de um novo tipo de indivíduo, "atomizado", isolado, ensimesmado. As velhas e tradicionais formas de "coletivismo" se mostram insuportáveis e caducam. Pelo menos em um meio social determinado, que se amplia paulatinamente.

Elias ressalta: suas observações não testemunham o "crescimento da cultura do dia-a-dia" e "a erradicação da selvageria" ou do "primitivismo", pois esses juízos de valor, ditados pela atualidade, não nos ajudarão a avaliar o conteúdo psicossocial e o sentido interior das mudanças ocorridas. Elias descobriu importantes aspectos da transformação da personalidade humana, que se realizam no contexto de profundas mudanças sociais e políticas por que passou a sociedade européia na passagem da Idade Média para a Idade Moderna.

É verdade que essas transformações custaram um alto preço psicológico, uma vez que, ao isolar-se, o indivíduo passou do comportamento extrovertido ao comportamento introvertido. Basta comparar um cavaleiro emocionalmente incontido, com suas inesperadas e características explosões de fúria ou alegria, facilmente substituíveis por lágrimas, com o cortesão forçado a conter constantemente as suas emoções e regular cada um dos seus atos para deixar claro do que se trata. Estabelecem-se um controle mais rigoroso e um autocontrole da vida emocional, e a disciplina interior, que se fizera necessária, serve de fonte de contradições psicológicas e estresses nervosos. Mas esse aspecto da questão foge ao círculo de problemas agora examinado.

Para concluir essa breve digressão, salientemos o principal e decisivo: por trás das coisas, Elias encontra os homens e por trás das maneiras externas um conteúdo psicológico. Esse método permite revelar a mentalidade dos homens, os estímulos subconscientes do seu comportamento social e, conseqüentemente, dá um sentido mais profundo à análise da civilização material.

Agora, voltemos ao livro de Braudel. Nele há um "Mont Blanche" de material factual. Ele reuniu dados interessantes sobre a alimentação e as maneiras à mesa, sobre todos os aspectos da vida, sobre a moradia e o ambiente. Vez por outra Braudel escreve literalmente sobre os mesmos temas que Elias. No entanto – que me desculpe a sombra do grande historiador – esse material não foi devidamente analisado nem explicado. Ficamos na superfície do fenômeno, no nível dos preços, das vias mercantis, das empresas comerciais, dos planos das cidades, dos mapas geográficos, dos utensílios domésticos. No entanto o modo como o mundo dos objetos está vinculado ao mundo do espírito dos homens e como eles agem é uma questão que não está colocada.

Segunda comparação: Braudel é famoso por sua teoria de *la longue durée*. Desde a publicação de *O Mediterrâneo* e do famoso artigo "A História e as Ciências Sociais", qualquer fenômeno histórico que tenha grande duração temporal é inevitavelmente qualificado, de propósito ou não, como *la longue durée*... Mas, ao que parece, ninguém prestou atenção ao fato de que, quase simultaneamente, outro cientista também formulou a teoria do "grande tempo". Seu autor foi Mikhail Bakhtin, cujas idéias mais de uma vez mencionamos em face da análise dos trabalhos dos "novos historiadores" franceses. Como deixar de comparar o "grande tempo" segundo Braudel e o "grande tempo" segundo Bakhtin?

Mas, por outro lado, como compará-los?

Braudel vê no "grande tempo" a duração, a permanência no estado de imobilismo ou quase-imobilismo dos imensos maciços geonaturais e em parte socioeconômicos. É uma estática ou quase-estática do processo histórico, uma vez que durante sua vida o homem não consegue perceber as mudanças que ocorrem nas "estruturas". Sobre o "grande tempo" das estruturas rolam as ondas do tempo visível das "conjunturas", por assim dizer, do tempo da "média duração" e sobre este, por sua vez, ocorrem paroxismos curtos do tempo "nervoso" dos acontecimentos da história política. O "grande tempo" de Braudel é, antes, uma extratemporalidade, um estado de relativo repouso. Em certo sentido, é um "tempo vazio". Ele carece de dialética interior e orientação; essa tensão pode ser criada propriamente "na junção" da "longa duração" com um tempo mais dinâmico. Mas, como vimos, essa dialética de Braudel não está revelada.

Por isso eu tenho algumas dúvidas no que tange à força heurística construtiva do conceito *la longue durée*.

E o que é o "grande tempo" para Bakhtin?

Ele fala do "grande tempo" na história da cultura, do tempo em que se desenvolve entre as culturas um diálogo de grande conteúdo.

"GEOISTÓRIA" E MATERIALISMO ECONÔMICO: FERNAND BRAUDEL   107

Cada fenômeno importante da cultura vive não só no presente momento de seu surgimento; ele é herdado e assimilado por outra cultura, percebido pelos homens das épocas subseqüentes e recebe deles a sua avaliação. A grande criação do passado é lida de maneira nova e reformulada, é interpretada a seu modo no contexto de outra cultura. Nele se revelam as profundezas do sentido até então desconhecidas, pois ele é inesgotável. Assim ele ganha uma nova vida. Essa sua capacidade de renascer, modificando-se ao mesmo tempo, ganhando um novo sentido e enriquecendo-se com um novo conteúdo não se deve apenas à genialidade do autor que o criou mas, antes de tudo, à própria natureza da transmissão dos valores culturais[32].

O diálogo entre as culturas é possível, evidentemente, desde que um interpretador de hoje seja, em certa medida, capaz de compreender, em primeiro lugar, o sentido primordial de uma obra particular ou de toda uma cultura, isto é, o sentido que essa cultura tinha "para si" em seu próprio tempo; em segundo lugar, o sentido dessa criação e de toda essa cultura, o qual ela recebeu em um tempo subseqüente, na percepção dos seus herdeiros que inevitavelmente a recodificaram e a seu modo a assimilam; em terceiro lugar, o sentido que esse fenômeno de um passado distante adquire "para nós" e para a nossa atualidade. Aí não estará contido o sentido profundo da história da cultura como eco de uma época em outra? Não estará na concepção bakhtiniana de "grande tempo" o objetivo da história das mentalidades?

São essas possibilidades que a idéia do "tempo de longa duração" em Braudel não revelam. Porque *la longue durée* se caracteriza pela inércia, ao passo que o "grande tempo bakhtiniano" é o tempo das mudanças criadoras, do incessante trabalho da cultura voltado para a assimilação e a reformulação tanto do conteúdo herdado quanto do próprio.

As comparações que acabo de fazer só têm um sentido para mim. Elas mostram o quanto o dispositivo conceitual de Braudel não foi elaborado para colocar os problemas essenciais e atuais da história da cultura e das mentalidades e o quanto esse historiador está longe deles em suas construções.

Para concluir, algumas palavras bem breves sobre o Braudel distanciado da direção da revista *Annales*, pois a corrente Nova História, que fizera alarde de si mesma e de seus princípios, rompeu terminantemente com a própria concepção que ele tinha de história. "Os discípulos não seguiram os meus conselhos..." declarou Braudel amargurado em 1985. "Entre mim e os meus seguidores há uma grande ruptura"[33]. Braudel sonha com uma revista inteiramente nova.

---

32. M. M. Bakhtin, *Estética da Criação Verbal*, Moscou, 1979, pp. 331 e ss., 369.
33. *Apud* F. Dosse, *L'histoire em miettes*, p. 157.

108 A SÍNTESE HISTÓRICA E A ESCOLA DOS ANAIS

Entretanto, depois de romper com vários dos principais representantes da "terceira geração" da Escola dos Anais, Braudel funda um novo centro científico – a "Casa das Ciências sobre o Homem", cujo líder ele permaneceu até a sua morte em 1985.

Em termos de criação, esse último período da atividade do cientista foi marcado pelo trabalho em uma obra de muitos volumes que tinha a denominação geral de *L'identité de la France*[34]. *L'identité* é a identidade, a auto-identidade, o caráter original. Fiel à sua propensão de personificar os conceitos históricos e geohistóricos (o Mediterrâneo, por exemplo), Braudel quer descobrir a identidade da França. Mas o que isso significa nesse caso?

A geografia, ou melhor, o determinismo geográfico, a demografia, as vias de comunicação, o comércio, a produção e a urbanização da cidade continuam sendo os temas dominantes. É como se o autor convidasse o leitor a acompanhá-lo em uma espécie de viagem pela França, país que, na visão dele, se caracteriza simultaneamente pela diversidade e pela unidade. Abundância de material factual, coligido principalmente para demonstrar os ciclos multisseculares na história da França. Gráficos, mapas, ilustrações. A diferença entre essa obra global e os trabalhos anteriores de Braudel consiste em que, nessa, ele faz um panorama dos aspectos da história da França que o interessam, já sem se limitar aos séculos XVI-XVIII mas avançando ao longo de toda a sua história e até do período pré-histórico (porém com uma insistência especial, é claro, na Idade Média tardia e na Idade Moderna), razão pela qual se apóia não tanto nas próprias pesquisas quanto numa vasta literatura.

Em essência, pela metodologia, enfoque e problemática, temos diante de nós o mesmo Braudel. Não são tanto os homens quanto os objetos que lhe absorvem a atenção. "Os homens não fazem a história, a história é quem os faz..."[35] Com esta tese, a meu ver sumamente ambígua, conclui-se a sua última obra[36]. A identidade do Braudel-historiador, a fidelidade aos princípios filosóficos proclamados de uma vez por todas, não deixa dúvida...

---

34. F. Braudel, *L'identité dela France. Espace et histoire*, Paris, 1986; *Les Hommes et les Choses*, 1-2. Paris, 1986. Esse trabalho foi concebido em quatro partes, mas Braudel não teve tempo de escrever as partes terceira e quarta. ("O Estado, a Cultura, a Sociedade" e a "França além dos Limites da França").

35. F. Braudel, *L'identité de la France. Les Hommes et les Choses*, vol. 2, p. 401.

36. Nesse sentido não é desinteressante comparar as concepções do surgimento do capitalismo lançadas por Max Weber e Braudel. Como se sabe, Weber dava enorme importância à ética protestante, ao "espírito do capitalismo", ou seja, à mentalidade *avant la lettre*, como componente inalienável do desenvolvimento. Braudel não seguiu por esse caminho, permanecendo inteiramente no âmbito da história econômica. Cf. Ph. Steiner, "Capitalisme et modernité: l'impasse sur Max Weber?", *Lire Braudel*, Paris, 1988, pp. 133-156.

"GEOISTÓRIA" E MATERIALISMO ECONÔMICO: FERNAND BRAUDEL   109

"Para o Deus-Pai um ano não se conta; um século é semelhante a um único instante, eu me interesso por uma história quase imóvel (*l'histoire quasi immobile*), pela história que se repete, que transcorre sob o véu de uma história superficial das flutuações e dos acontecimentos". Essas palavras são uma espécie de testamento de Braudel; elas foram pronunciadas pouco tempo antes da sua morte e abrem a coletânea de artigos *Ler Braudel*[37]. A coletânea é integrada por trabalhos dedicados à biografia de Braudel, à análise de seus trabalhos e das concepções e conceitos por ele lançados.

É possível que, em certo sentido, para Deus não conte o tempo curto da vida humana, e a comparação com a eternidade desvaloriza o tempo de qualquer duração. Contudo, mesmo assim eu suponho que, aos olhos do próprio Criador, ele se desvaloriza só em um determinado sentido, mas não integralmente. Em linhas gerais, Braudel não se interessa pelo curto tempo humano, assim como não se interessa pela história dos acontecimentos das mudanças; no centro da sua atenção está *l'histoire répétitive*. Não vou brincar com o tema de que ele se assemelha a Deus e em seu desprezo pelo tempo até deseja superá-Lo. Entretanto, eu ouso afirmar que Braudel não se ocupa tampouco daquilo de que nos ocupamos nós, historiadores, que pela velhice nos habituamos a chamar de história: o acontecimento, o tempo das grandes mudanças, o ativismo humano, a iniciativa, em suma, o conteúdo humano da história.

Confesso: ao reler este capítulo fiquei um tanto confuso: ele não será demasiadamente crítico? Para o representante maior e mais autorizado da Nova História não encontrei muitas palavras de aprovação e expressão de solidariedade às suas idéias. Além do mais, ao avaliar Braudel eu entro em divergência com a "opinião pública" há muito estabelecida, com a maioria esmagadora dos historiadores que falaram sobre ele. Em um artigo sobre Braudel e a sua obra, eu li que se houvesse um Prêmio Nobel de História não haveria dúvida de que precisamente ele o teria merecido. Propriamente falando, sugeria-se que se desse a ele o Prêmio Nobel de Economia. Nos Estados Unidos existe o Centro Fernand Braudel para o estudo da economia, dos sistemas históricos e das civilizações, que publica a sua revista (*Review*).

Foi precisamente no período de intensa atividade científica e organizatória de Braudel que se intensificou a influência da Escola dos Anais sobre a história mundial. Um dos números da *Review* foi especialmente dedicado a esse tema[38].

37. *Lire Braudel*, p. 1.
38. "The Impact of the Annales School on the Social Sciences", *Review*, vol. 1, n. 3/4, 1978.

110 A SÍNTESE HISTÓRICA E A ESCOLA DOS ANAIS

Vejamos alguns epítetos conferidos a esse mestre da escola histórica francesa: "príncipe da história", "o primeiro dos historiadores", "o homem que recriou a história" e inclusive "o homem que mudou o curso da história"; sobre as suas concepções na ciência: "a epopéia do rei Braudel", "o Braudel inovador". Entre aqueles que fizeram essas declarações estão muitos dos principais historiadores da França[39]. É claro que não se deve esquecer que Braudel levantou a autoridade da escola francesa de história, reforçou a posição da *Annales* em termos materiais e institucionais, manteve e lançou uma plêiade de historiadores que hoje trabalham ativamente.

E, mesmo assim, por uma sadia reflexão, eu resolvi não corrigir o texto e mantê-lo pouco atraente. No fim das contas, o que eu escrevi não pretende ser nenhuma análise multilateral da obra de Braudel, nem um exame detalhado de *O Mediterrâneo*, sua obra mais capital e original. Estou infinitamente longe de pôr em dúvida a contribuição do notável cientista para o desenvolvimento que uma corrente tão nova e importante de pesquisa como é a geohistória ou a geografia histórica[40]. O estudo que ele faz da história inicial do capitalismo já foi objeto de um exame vasto em nossa literatura[41].

No entanto torno a salientar que o meu tema é a Nova História e o problema da síntese em história; a relação da história social com a história da vida espiritual, da cultura, das mentalidades; o estudo do comportamento do indivíduo e das massas, dos grupos humanos – estudo cujas perspectivas foram traçadas por Marc Bloch e Lucien Febvre. O exame desse problema me levou a um resultado bastante inesperado para mim mesmo, isto é: agindo inalteravelmente como continuador e "legítimo herdeiro" de Febvre e Bloch, fiel às suas idéias e ao programa destes para a renovação do conhecimento histórico, a transformação da história em "ciência do homem", Braudel, de fato e independentemente de ter-se ou não dado plena conta disso, fez uma revisão radical da metodologia de Febvre e Bloch em seu ponto principal, central.

Braudel ignora a história das mentalidades e passa ao largo a história da cultura. Isso se pode entender por si mesmo: a especialidade dele era outra. Entretanto, mantendo-se apenas ou predominantemente como historiador-economista – "geohistoriador", cantor da civilização material, ele não pode pretender estudar a "história total" ou "global". Porque se esse conceito tem um conteúdo real e um potencial

39. Citado de F. Dosse, *op. cit.*, p. 152.
40. Cf. M. Aymard e F. (Fernand) Braudel, *La Nouvelle Histoire, Sous la dir, de J. Le Goff, R. Chartier, J. Revel*, pp. 83-86; J.-P. Raison, "Géographie historique", *Idem*, pp. 183-194; "Espace et histoire. Hommage à Fernand Braudel", *Annales. E. S. C.*, 41e année, n. 6, 1986. Cf. X. De Planhol, *Géographie historique de la France*. Paris, 1988.
41. Cf. Yu. N. Afanássiev, "Fernand Braudel e sua Visão da História", F. Braudel, *Civilização Material, Economia e Capitalismo*, t. 1.

"GEOISTÓRIA" E MATERIALISMO ECONÔMICO: FERNAND BRAUDEL   111

heurístico, o historiador que o utilizar dificilmente terá o direito de abstrair-se do estudo das mentalidades.

"Lucien Febvre dizia: 'a história é o homem'. Quanto a mim", declarou Braudel em 1984, "eu diria: 'A história é o homem e tudo o mais' "[42]. Tudo é história: a terra, o clima e os deslocamentos geológicos. Poderia parecer que tudo está correto, mas quando o "tudo o mais" recalca o homem e é uma prova da sua impotência, porque traça rigidamente o limite entre o "possível" e o "impossível", então a tese de Braudel revela a sua ambigüidade. Temo que suas palavras "O que eu faço é contra a liberdade humana"[43] possam ser tomadas como epígrafe de sua obra. Não seria sintomático que a *Annales* atual, segundo ele mesmo reconheceu, tornou-se "estranha" ao seu ex-redator-chefe de muitos anos no fim da vida dele?[44]

A apreciação do papel do homem na história por Braudel – cantor das "estruturas" duradouras, quase imóveis, que permanecem no "tempo da longa duração" é tão baixa que no seu campo de visão, o que é perfeitamente lógico, as mentalidades não entram. Assim se supera todo o complexo de problemas centrais e decisivos do conhecimento histórico, que de uma forma ou de outra ocupam os historiadores desde os tempos de Bloch e de Febvre: de que modo ocorrem as mudanças históricas? qual é o possível peso ideal da iniciativa humana? qual é a correlação do quadro do mundo na consciência dos homens e seu comportamento social? é concebível a síntese em história, e, em caso afirmativo, o que é para ela a "pedra de toque"?

A meu ver, a "experiência negativa" que se pode extrair tomando conhecimento da metodologia de Braudel, confirma a conclusão de que as tentativas de ignorar a referida problemática redundam em fracasso. Apesar do êxito verdadeiramente sem precedentes, que em seu tempo teve *O Mediterrâneo*, eu sou forçado a constatar: a novidade do tema, a amplitude da abrangência do material, a abundância, a riqueza dos arquivo e a maestria literária do autor, que suscitaram esses entusiasmos, não resistem à prova do "grande tempo", não são capazes de redimir a "miséria da filosofia". As falhas metodológicas, em parte observadas pela crítica (particularmente a americana) são evidentes demais. O trabalho de Braudel é representativo apenas de uma das correntes da Nova História na França, não pode servir de modelo pelo qual se deva avaliar essa escola em seu conjunto.

42. *Apud* F. Dosse, *op. cit.*, p. 157. "Para mim" escreveu Braudel "a história só pode ser compreendida em *n* mensurações, como "história pluridimensional". F. Braudel, *Écrits sur l'histoire*, p. 191.

43. Citado de F. Dosse, *op. cit.*, pp. 114, 155.

44. F. Braudel, "Entretien", *L'Histoire*, septembre 1982.

Como foi dito no prefácio à coletânea *Ler Braudel*, não há motivo para transformar os seus trabalhos em algo absoluto ou numa espécie de sacrário, em texto não sujeito à discussão[45]. E eu quis me valer do direito de discutir e discordar.

---

45. *Lire Braudel*, p. V. Um dos autores da coletânea (F. Fourquet) se faz a pergunta: "Braudel é um grande cientista, um pensador?" E responde: "Não, ele é um grande artista, um visionário". F. Fourquet, "Un nouvel espace-temps", *Lire Braudel*, p. 92. [...]: p. Braudel "Les origines intellectuelles de Fernand Braudel", *Annales. E. S. C.*, 47e année, n. 1, 1992, pp. 243-244.

2. O Diálogo com Georges Duby

Não consegui estabelecer um diálogo com Georges Duby, mestre reconhecido nos estudos medievais franceses e membro das Academias francesas. Tudo que eu posso fazer é comentar o diálogo entre Duby e o filósofo Gui Lardreau, publicado em 1980. Acho que para elucidar os princípios metodológicos dos enfoques do notável historiador não seria desinteressante seguir precisamente por esse caminho, é claro que tendo em vista, além disso, não só os pronunciamentos dele sobre o "ofício de historiador" mas, em primeiro lugar, as suas investigações e a correlação entre teoria e prática.

Antes de tudo, porém, algumas palavras sobre a personagem deste capítulo. Georges Duby nasceu em Paris em 1919. Durante um longo tempo foi professor das universidades de Besanson e Aix-en-Provence, e, mais tarde, em 1970, voltou a Paris como professor do Collège de France. Duby é redator das revistas *Le Moyen Age* e *Etudes rurales*; além disso, foi incumbido de um sério trabalho na televisão francesa.

Duby é um seguidor de Febvre e Bloch. Segundo confessa, foi a leitura de *Os Reis Taumaturgos*, *A Sociedade Feudal* e *A Religião de Rabelais*[1] que fez dele o que ele é.

---

1. G. Duby, "Le plaisir de l'historien" *Essays d'ego-histoire... réunis et présentés* par. P. Nora, Paris, 1987, p. 133. Essa coletânea de pronunciamentos de historiadores sobre si mesmos e seus trabalhos foi pensada por Pierre Nora como demonstração dos laços entre a história que eles estudam, e a história que acontece com eles.

114 A SÍNTESE HISTÓRICA E A ESCOLA DOS ANAIS

Para caracterizar o lugar de Duby na Nova História, talvez não seja demasiado observar que ele, segundo suas próprias palavras, "prezando sua independência", declinou o convite de Braudel para trabalhar na Escola de Altos Estudos e fazer parte da redação da *Annales*. Isso não impede que ele, ao traçar as etapas fundamentais de sua vida depois de anos estudando e lecionando em Aix-en-Provence, destaque uma específica etapa "braudeliana"[2]. Como salienta, ele permanece à parte da "pequena guerra" que ocorre entre os historiadores da capital e não adere a nenhum dos campos[3]. Porque está convencido de que a Nova História é uma história "boa", "de boa qualidade", não monopolizada na França por qualquer grupo isolado ou qualquer instituição, ela existe em toda parte. O tempo da afirmação das posições dessa escola chegou ao fim e, segundo a opinião de Duby, "não existe mais Bastilha que precise ser tomada de assalto".

No centro da atenção de Duby está a história da França medieval, predominantemente os séculos XI-XII. Tendo começado como historiador do regime agrário, das relações socioeconômicas e senhoriais[4], Duby, já autor de artigos sobre o estudo da escola das mentalidades, concentrou posteriormente sua atenção na história da família, do parentesco, do casamento e das representações e valores a eles vinculados, e também na história da cavalaria[5]. Tomando como herói de um dos seus últimos livros o famoso cavaleiro Guillaume de Maréchal, Duby reconstrói em torno dele o mundo da cavalaria, incluindo o sistema de valores e rituais a ele inerente, a arte da guerra e dos torneios; a análise do código de comportamento, das categorias de generosidade e fidelidade vassala lhe permite ir além dos limites da tradicional biografia individual[6].

Mas o diapasão de interesses investigatórios de Duby não se limita a isso. Em grau não inferior ele trata do desenvolvimento artístico da Idade Média, das formas de arte, tomadas, entretanto, não em si mesmas e sim no contexto mais amplo da ideologia e da mentalidade, ocupando-se também da correlação entre as estruturas sociais e espirituais, da interação do mundo do imaginário com o mundo real[7].

2. *Idem*, pp. 130 e ss.
3. G. Duby, G. Lardreau, *Dialogues*, Paris, 1980, p. 40.
4. G. Duby, *La Société aux Xie et XIIe sièces dans la région mâconnaise*, Paris, 1953; *idem. L'Economie rurale et la vie des campagnes dans l'Occident mèdiéval* (France, Angleterre, Empire, IXe-XVe siècles). Essai de synthèse et perspectives de recherches. t. I-II. Paris, 1962; *idem. Des sociétés mèdiévales*. Paris, 1971; *idem. Guerriers et paysans, VIIe-XIIe siècle*, Paris, 1973; *Histoire de la France rurale*, sous la dir. de G. Duby et A. Wallon. Tt. 1-4. Paris, 1975-1976; *Histoire de la France urbaine*, sous la dir. de G. Duby. Tt. 1-5, Paris, 1980-1985.
5. *Famille et parenté dans l'Occident médiéval*, Prés. par G. Duby et J. Le Goff, Rome, 1977; G. Duby, *Le Chevalier, la Femme et le Prêtre*, Paris, 1981.
6. G. Duby, *Guillaume le Maréchal, ou lemeilleur chevalier du monde*, Paris, 1984.
7. G. Duby, *Adolescence de la Chrétienté occidentale, 980-1140*, Genée, 1966;

O DIÁLOGO COM GEORGES DUBY

Como salientou reiteradamente Duby, a sociedade não vive tanto de acordo com as condições objetivas quanto com a imagem ou a visão de mundo que ela criou para si. Nesse sentido pode-se observar que dificilmente seria necessário contrapor uma à outra; porque a imagem de mundo absorve tanto os traços da fantasia e o "distanciamento da realidade" quanto os fragmentos desta última, refundindo tudo de acordo com a sua estrutura interior[8].

Depois de Lucien Febvre e Robert Mandrou, Duby foi um dos primeiros a discutir os problemas da história das mentalidades, fundamentando a necessidade de estudá-los pelo enfoque total da história e pelas buscas de uma síntese histórica mais abrangente[9]. A interação da história da civilização material e da estrutura social, por um lado, com a história das representações coletivas e da cultura, por outro, é onde se vê o objetivo central e a tarefa da Ciência Histórica.

Na literatura já se levantou a hipótese de que a orientação voltada para a história das mentalidades está vinculada ao destronamento das ilusões relativas às possibilidades de "quantificação" em história, de uma ampla introdução nos métodos qualitativos e da modelagem[10]. Quanto a Duby, assim como a outros medievalistas franceses, entre eles nunca surgiu essa ilusão. Na avaliação do papel dos computadores na investigação da história, a Nova História dividiu-se com bastante evidência em duas tendências. A primeira tendência é cheia de entusiasmo em relação aos cálculos e à modelagem matemática e constrói sua metodologia com base em princípios do enfoque quantitativo

---

idem. *L'Europe des cathédrales, 1140-1280*, Genève, 1966; *idem. Fondements d'um nouvel humanisme, 1280-1440*, Genève, 1967, G. Duby, *Le Temps des cathédrales. L'art et la société 980-1420*. Paris, 1976; *idem, Le dimanche de Bouvines. 27 Juillet 1214*. Paris, 1973; *idem. L'na mil*. Paris, 1974; *idem. Saint Bernard. L'art cistercien*. Paris, 1976; *idem*. Les trois ordres ou l'imaginaire du féodalisme. Paris, 1978. Cf. G. Duby, *R.* Mandrou, *Histoire de la civilisacion française. Moyen âge, XVIᵉ siecle*, Paris, 1958; *Les Procès de Jeanne d'Arc*, prés. par G. et A. Duby. Paris, 1973; *Histoire de la vie privée*, sous la dir. de Ph. Ariès et de G. Duby, Paris 1985.

8. Cf. R. Chartier, *Cultural History Between Practices and Representations*, Cambridge, 1988, p. 44 f.

9. G. Duby, "La Féodalité? Une mentalitè mèdiévale", *Annales. E. S. C.*, 13e année, 1958, pp. 765-771; *idem*. "L'Histoire des mentalités", "L'Histoire et ses méthodes", Sous la dir. de Ch. Samaran *Encyclopèdie de la Pléiade*, Paris, 1961, pp. 937-966; *idem*. "L'Histoire vivnte", *L'Arc*, 18, 1962, p. 65-72; *idem*. "Problèmes et méthodes em histoire culturelle", "Objet et méthode d'histoire de la culture", Actes du Colloque Franco-Hongrois de Tihany, sous la dir. de J. Le Goff et B. Kopeczi, Paris 1982; *idem*. "Le mental dans le fonctionnement des sciences humaines", *L'Arc*, 72, 1978, pp. 90-92.

Sobre o lugar da história das mentalidades no contexto das obras de Duby, cf.:[...]: J.-Chr. Bourquin, "Georges Duby et l'Histoire des mentalités; une vue d'ensemble", *Mentalities. Mentalités An Interdisciplinary Journal*, vol. 4, n. 2, 1987, pp. 1-9; vol. 5, n. 1, 1988, pp. 14-29.

10. J. Marx, "Les Mentalités: Um au-delà de l'histoire", *Mentalities, Mentalités*, vol. 2, n. 1, 1984, p. 2.

116 A SÍNTESE HISTÓRICA E A ESCOLA DOS ANAIS

de fontes amplas e seriadas, negando a significação dos fatos individuais, ao passo que a outra tendência tem a nítida consciência das restritas possibilidades que tal enfoque abre e dos perigos a ele vinculados (a recusa ao individual e ao *sui generis* em história, a transformação dos meios de conhecimento científico numa concentração entre o pesquisador e o objeto da pesquisa). A primeira corrente é representada por historiadores como Pierre Chaunu e Françoise Furet, a segunda, por Georges Duby e Jacques Le Goff. É indiscutível, a despeito de tudo o mais, o condicionamento das diretrizes dos historiadores pró ou contra a quantificação por seus interesses profissionais: os "modernistas", que estudam a história dos séculos XVI-XVIII, dispõem de amplas fontes homogêneas que se prestam ao cálculo, ao passo que os medievalistas não dispõem de semelhantes materiais.

Ampliando constantemente o ciclo das suas pesquisas, Duby permanece predominantemente no mesmo período da história da França, do século XI ao princípio do século XIII. Além disso, ele ressalta persistentemente a necessidade de que o historiador mantenha do modo mais rigoroso possível o âmbito cronológico, verifique a sucessão dos acontecimentos, pois as explicações que não levam em conta o fluxo do tempo histórico podem perfeitamente ser errôneas. O sentido dessa menção, à primeira vista banal, torna-se mais compreensível se lembrarmos com que persistência alguns outros representantes da Nova História (eu diria de outra ala) negam qualquer importância da cronologia e em geral do fluxo linear do tempo em história. Interpretando dogmaticamente a contraposição entre a "história de acontecimentos" e a "história-problema", François Furet, que dá toda a preferência à última, afirma que o próprio historiador cria o objeto da sua investigação e por isso ele se declara decididamente contra os "preconceitos vinculados à cronologia e à periodização"[11]. A ignorância do parâmetro do tempo está relacionada ao desprezo pelo acontecimento e à idéia de que o próprio historiador "cria", "inventa" as suas fontes, numa palavra, a uma concepção de ciência da história maximamente distanciada do seu objeto – o homem em sociedade.

A afirmação de que o próprio historiador cria o objeto da pesquisa e constrói, "inventa", a fonte histórica é encontrada não raro entre diferentes "novos historiadores", de Furet a Chartier. Eu suponho que essa idéia requer definição. A delimitação, talvez até a contraposição do "monumento histórico" (*monument*) e da "fonte histórica" (*document*) significa, se estou entendendo corretamente, o seguinte: o remanescente do passado, o monumento (escrito ou material) por si só permanece "mudo", ele não comunica ou comunica muito pouco ao

---

11. F. Furet, "Em marge des Annales: histoire et sciences sociales", *Le Débat*, n. 17, 1981, pp. 112-126; *idem*, De l'histoirerécit à l'histoir-problème, *Diogène*, n. 89, 1975, pp. 113-131.

O DIÁLOGO COM GEORGES DUBY

historiador, é uma espécie de "coisa em si". Ele só se torna fonte histórica, "coisa para nós" quando o historiador o destaca da série de outros "monumentos" mudos, remanescentes inertes do passado, quando ele lhe faz determinadas perguntas e assim o inclui na estrutura do seu diálogo com os homens do passado. Nesse sentido o historiador realmente cria a fonte para a sua pesquisa.

Aqui as preocupações de Duby com a fidelidade à cronologia e com a estreita articulação das fontes com o curso dos acontecimentos são perfeitamente fundamentadas e necessárias. A fonte, a sua forma, a linguagem em que ela "fala", são historicamente condicionadas e dependem do lugar por elas ocupado na série temporal, do contexto histórico e cultural concreto. Não é difícil perceber que a preocupação de Duby com a cronologia precisa é ditada, em primeiro lugar, pela consciência da necessidade de examinar o fenômeno nesse contexto.

Entretanto, alguns partidários da "história-problema" desprezam notoriamente esses aspectos. Envolvidos com a teoria do "tempo da duração muito longa", eles não tendem a dar importância substancial ao tempo "curto", do acontecimento, ou seja, ao tempo humano. Ao preparar os seus "dados" para elaboração em computadores, ao organizá-los em grandes "séries", eles concentram a atenção predominante ou até exclusiva no típico, no que se repete e se presta a uma tendência geral ou a uma lei, e desprezam o específico dos fatos e fenômenos únicos e singulares. Esse enfoque unificador da fonte leva efetivamente a que a fonte, estudada pelo historiador-quantificador, seja criada por ele mesmo, adaptando-se integralmente às necessidades do seu objetivo investigatório.

Isso é sumamente perigoso. Porque, como resultado de todas as transformações que levam a que se extraia do monumento preparado apenas o material a ser empregado para os fins do historiador, em sua investigação introduz-se uma arbitrariedade: o historiador já não leva em conta nem a integridade nem a lógica interior da fonte, e a encara como "matéria-prima" da qual ele estaria no direito de criar tudo o que lhe aprouver. Nesse sentido, a tese de que o pesquisador "constrói" ou "inventa" a sua fonte contraria os princípios da investigação histórica. Porque essa história "inventada" pelo historiador é por ele construída de acordo com as normas que ele estabeleceu e pode vir a não se correlacionar devidamente com a realidade histórica. A "história-problema" é magnífica, ou seja, é uma história que se examina problematicamente, mas não é um problema que "esmaga com o próprio peso" a história e a constrói arbitrariamente, sem tentar descobrir a sua lógica interior.

Pode o historiador perder de vista a diferença substancial entre sua disciplina (como qualquer humanista) e as ciências naturais, diferença essa que consiste em que, em muitos casos, os químicos, os biólogos ou físicos usam os materiais dos seus experimentos de ma-

118 A SÍNTESE HISTÓRICA E A ESCOLA DOS ANAIS

neira a que sejam destruídos ao término desses experimentos? Mas o historiador não opera com cobaias ou agentes químicos: seu "material experimental" são os enunciados (no mais amplo sentido semiótico) dos homens, os seus pensamentos simplificados em certos textos, e esses pensamentos e enunciados não podem ser substituídos por outros, são singulares (a despeito de todos os elementos de repetição ou tipicidade neles presentes) e, conseqüentemente, não podem ser considerados nem utilizados como simples "matéria-prima" para a experiência. Por acaso o autovalor do fato histórico não permanece um postulado inabalável do nosso ofício mesmo depois de todas as discussões sobre a complexa natureza dos fatos da história humana?

Nessa interpretação "maximalista", o conceito de "história-problema" parece ter ido muito longe da sua formulação por Febvre e Bloch e do enfoque sadio admissível do trabalho do historiador.

Duby não partilha de modo algum dessa concepção da "história-problema". A revelação da ordem cronológica lança luz sobre as relações de causa e efeito. Ao tentar reconstruir o sistema de relações entre fenômenos de ordem diferente, o historiador deve saber se tais fenômenos pertencem a um plano temporal. Acho que sob essa colocação do problema, perde parcialmente o sentido a teoria braudeliana da pluralidade de tempos – do "tempo da longa duração", do "tempo das conjunturas", do "tempo dos acontecimentos".

Duby ocupa uma posição particular na historiografia francesa contemporânea. E não só por que, segundo reconhecimento geral, é um dos maiores medievalistas dos nossos dias; não só em conseqüência da sua excepcional produtividade (enumerar todas as suas obras é uma tarefa difícil: ele escreveu mais de vinte monografias, ainda sem falar das inúmeras traduções, e um número imenso de artigos, críticas e resenhas literárias); não só em virtude de que ele procura conservar o seu "não-engajamento", a sua independência em relação a todas as escolas e correntes da Ciência Histórica, e de quando em quando acha necessário reiterar essa sua "declaração de independência", mas também porque Duby difere de outros "novos historiadores" por sua relação com o marxismo (neste momento não tenho em vista cientistas que, à semelhança de Pierre Vilar ou Gui Bois, são marxistas convictos).

Na crítica soviética dominou durante decênios a tendência a "apanhar" os historiadores "burgueses" ocidentais na sua incompreensão e não-aceitação do marxismo. Eu chamaria a atenção justamente para o fenômeno oposto. No primeiro período do pós-guerra, os jovens historiadores franceses – então com vinte e trinta anos – que iniciavam suas carreiras passaram, quase todos, sem exceção, pela escola de Marx. Duby em particular. Como ele confessa, travou conhecimento com o marxismo ainda antes, na segunda metade dos anos trinta, e ele, sem ver na teoria de Marx um dogma intocável, considera-a um "meio

O DIÁLOGO COM GEORGES DUBY 119

de análise dotado de uma excepcional eficácia heurística"[12]. O que deixa seus colegas franceses marxistas impressionados é a maneira como ele assimilou o sistema marxista de conceitos e a própria terminologia e, o que é ainda mais importante, os enfoques do estudo e da explicação do processo histórico![13] Duby realmente assimilou muito de Marx, mantendo ao mesmo tempo um distanciamento crítico em relação a alguns aspectos da sua teoria.

Duby observa que, segundo sua opinião, o marxismo ocupa no pensamento da escola histórica francesa um lugar muito maior do que se costuma reconhecer; a despeito das declarações desses ou daqueles historiadores sobre a "superação" e a "inexistência" do marxismo, em realidade a ele remontam direta ou indiretamente muitos estímulos também na obra de Marc Bloch e Lucien Febvre, e ainda mais dos seus seguidores. Já citamos as palavras de Duby segundo as quais foi precisamente graças à influência de Marx que a geração de historiadores do pós-guerra teve tanta facilidade de aceitar uma grande parte da metodologia de Marc Bloch. Desse modo, aquela aproximação muito limitada e vacilante com o marxismo, que em Bloch se deu de modo consideravelmente "espontâneo", sem uma assimilação sistemática e profunda das idéias de Marx, entre os jovens historiadores de fins dos anos quarenta e dos anos cinqüenta já se deu de forma consciente. Não seria o caso de supor que no "código genético" da Escola dos Anais estiveram "inscritos" não só Durkheim, François Simiam e Mauss, mas também Marx?

Em todo caso, aqueles cujos trabalhos e concepções são examinados neste livro não se tornaram marxistas. Duby observa: "Se eu fosse uns quinze anos mais jovem ou trabalhasse não em Paris ou em Aix mas em Praga, a influência do marxismo sobre o meu trabalho seria bem diferente"[14]. Marx integra seu horizonte intelectual e seu arsenal metodológico ao lado de outros pensadores e cientistas do século XX e do XXI. É claro que Marx não foi para os historiadores franceses a fonte única e principal de inspiração, e eles se mantiveram indiferentes ou críticos em relação várias teses marxistas.

Ao mesmo tempo, Duby acha necessário definir um pouco e modificar determinadas teses do materialismo histórico, "mudar a correlação dos elementos" para que o modelo corresponda à especificidade da época estudada. Ele prefere o conceito "modo de produção senhorial" ao "feudal". Essa correção terminológica é ditada pela razão de que, no feudalismo, não existiu tanto o primado da economia sobre a política quanto o domínio da política sobre a economia. Na vida social o decisivo não era a propriedade sobre a terra e outros meios de produ-

---

12. G. Duby, G. Lardreau, *Dialogues*, p. 118.
13. *La Nouvelle Histoire*, sous la dir. de J. Le Goff, R. Chartier, J. Revel, p. 380.
14. G. Duby, G. Lardreau, *Dialogues*, p. 194.

120 A SÍNTESE HISTÓRICA E A ESCOLA DOS ANAIS

ção mas o poder do senhor sobre os homens; em função de possuir esse poder jurídico, político e militar, o chefe do senhorio podia organizar a exploração dos camponeses. As mudanças na distribuição e na estrutura do poder desempenharam um papel mais importante e decisivo no desenvolvimento da sociedade dos séculos X-XI do que a economia[15].

O autor do livro *O Problema da Gênese do Feudalismo na Europa Ocidental* concordará facilmente com a opinião de Duby, segundo a qual é necessário levar plenamente em conta as peculiaridades do conteúdo do conceito de "propriedade" na Idade Média e jamais transferir para aquele período o conceito de propriedade vigente no século XIX. Eu me inclino a interpretar essas afirmações de Duby no sentido de que, em linhas gerais, na época medieval dificilmente existiriam separadamente economia e política, propriedade e poder: eles formavam uma unidade não diferenciada. E Duby, é claro, tem profunda razão quando diz que justamente em função da análise da produção, da propriedade e das relações de compra, venda e consumo o estudo das mentalidades ganha importância especial.

Duby considera impossível explicar as mudanças no regime agrário e nas formas de colonização apenas pelo desenvolvimento das forças produtivas. Assim, por exemplo, o desbravamento de vastos maciços florestais foram bloqueados no século XII pela necessidade de a nobreza organizar grandes caças para os seus vassalos e pela necessidade de os monges cistercienses esconderem no deserto os seus eremitérios. Eu só não estou plenamente convencido de que essas necessidades precisam ser qualificadas como "ideologia", conceito que, a meu ver, Duby emprega de modo demasiadamente extensivo[16].

Ele não tende a ver no Estado medieval apenas um aparelho de coação a serviço da classe dominante; a seu ver, ainda é preciso levar em conta que a monarquia desempenhava papel de árbitro no conflito entre os senhores e os explorados, criando em torno de si, além disso, seu próprio grupo social no qual podia apoiar-se. Quanto à Igreja, ela também estava como que acima da sociedade.

Duby protesta terminantemente contra a promoção de qualquer fator único da história à qualidade de "última instituição"; esta não existe. Não se pode falar de uma determinação unívoca rígida. É preciso renunciar à idéia simplificada da contraposição das camadas determinantes da base (infra) às camadas superficiais da superestrutura (supra). De fato, temos diante de nós uma globalidade e nesta podemos destacar as correlações, os vínculos, as correspondências mútuas "verticais" e "horizontais". Para exprimir a idéia da unidade indisso-

15. G. Duby, *L'Economie rurale et la vie des campagnes dans l'Occident médiéval*, t. 2, p. 384.; *idem, Guerriers et paysans...*, p. 289; G. Duby, G. Lardreau, *Dialogues*, pp. 119-121, 126.
16. G. Duby, *La Société aux XIᵉ et XIIᵉ siècles*.

O DIÁLOGO COM GEORGES DUBY 121

lúvel das realidades materiais com as realidades não materiais no âmbito de uma determinada sociedade, Duby encontra em Marx "uma metáfora adequada e útil" – a "formação social"[17]. Entretanto não é difícil verificar que, na interpretação de Duby, a formação social dificilmente mantém o mesmo sentido que ela ganhou em Marx como forma de produção social, como formação econômico-social.

Vejamos agora o diálogo entre Duby e Lardreau. Ele é, indubitavelmente interessante mas, a meu ver, requer um determinado comentário que nos ajudará a definir a metodologia de Duby.

"O que eu escrevo é *a minha* história – declara Duby –, e eu não tenho a intenção de esconder a subjetividade dos meus próprios enunciados". E continua: "Eu não tenho um gosto especial por teorias: meu assunto é trabalhar [...] Estou convencido de que devemos partir do concreto [...] Interessam-me os homens que viveram no século XII e deixaram certos vestígios"[18]. Esses "vestígios" – dados das fontes – são organizados pelo historiador, que estabelece os vínculos entre eles. Pois é aí, no estabelecimento dos vínculos entre dados disparatados das fontes, diz Duby, que entra em vigor o "imaginário"* do historiador.

O interlocutor objeta, mas acontece que os "vestígios" deixados pelo passado adquirem importância para a história somente sob a condição de que o historiador inclua-os no círculo das suas reflexões. Tudo indica que Lardreau tem em vista a circunstância de que a imaginação do historiador é ativa em todas as fases do seu trabalho, desde o início. Antes de encontrar esses ou aqueles "vestígios" devemos necessariamente procurá-los com clareza de objetivo. Já tratamos mais de uma vez do conceito de história-problema e vimos que enorme importância, que importância verdadeiramente chave lhe dão os representantes da Nova História, começando por Bloch e Febvre.

E eis que se verifica de repente que a "imaginação" do historiador só é acionada na fase em que ele pensa o material já coligido e lhe dá ordem... E de que maneira o historiador o coligiu, ou melhor, o escolheu, o selecionou? Por acaso ele não se guiou por alguma idéia, por algum problema ainda no início da coleta de "vestígios"? Por acaso em sua "imaginação" não existia um determinado modelo – ainda que excepcionalmente prévio – da realidade que ele restabelece, um "tipo ideal" que ele verifica, define, modifica ou, em caso de necessidade,

17. G. Duby, G. Lardreau, *Dialogues*, pp. 140, 156.
18. *Idem*, p. 96.
* Guriêvitch emprega a palavra imaginação (*voobrajênie*) entre aspas, mas, tem em vista o imaginário, *l'imaginaire*. Noutras passagens emprega *voobrajênie* e ao lado *l'imaginaire* entre parênteses. Por essa razão resolvemos unificar e empregar apenas o termo imaginário. (N. do T.)

122 A SÍNTESE HISTÓRICA E A ESCOLA DOS ANAIS

abandona inteiramente, substituindo-o por outro tipo ideal que corresponde mais de perto à realidade histórica?

Sim, é claro, concorda Duby, ele não está querendo dizer com isso que trabalha isoladamente. Cada geração de historiadores faz a sua escolha, e nesse sentido a escolha de Duby não é livre. Ele é solidário com os historiadores contemporâneos e, em primeiro lugar, com aqueles que considera os seus mestres – Lucien Febvre, que ele não teve a felicidade de conhecer, e Marc Bloch, com quem nunca se encontrou mas em quem se apóia de modo particularmente de bom grado.

Nessa nota começa o diálogo Duby-Lardreau, dedicado à obra de Duby e à apreciação que este faz dos fenômenos fundamentais do atual pensamento histórico. Esse diálogo é antigo, ocorreu no momento em que os historiadores franceses e a opinião pública comemoravam os sessenta anos de Duby. Hoje Duby já tem mais de setenta, contudo continua em movimento, em desenvolvimento. E eu talvez não me detivesse em sua declaração acima citada se não me viessem à mente as palavras de outro notável medievalista atual, Jacques Le Goff: "Eu não tenho cabeça de filósofo e, como a maioria dos historiadores franceses, fui educado no desprezo pela filosofia da história". É verdade que Le Goff no mesmo instante reconhece e acha necessário escrever a história conscientemente e que seu niilismo filosófico não se estende às reflexões sobre os problemas e os métodos do conhecimento histórico[19].

De fato, não devemos perder de vista as diferenças entre Le Goff e Duby nesse sentido. Enquanto o primeiro foi um dos iniciadores das edições *Faire de l'histoire* e *La Nouvelle Histoire*, nas quais generaliza a experiência da Nova História e em seus trabalhos coloca com uma constância invejável e sem precedentes novos problemas do conhecimento histórico, Duby não se permite com tanta freqüência ir além dos limites da história concreta da França medieval. Ele não tem um "gosto especial pela teoria" e temos de concordar com essas suas palavras.

Tentemos introduzir clareza: ninguém exige do historiador que seja um Hegel, Marx, Spengler ou Toynbee e formule certas leis gerais da história ou desenhe o seu desenvolvimento sob a forma de um todo conexo e visível em toda a sua extensão. Isso não significa que se justifique o desprezo dos historiadores franceses pela filosofia da história e pela História; no fim das contas, respeitáveis colegas, vocês têm o direito de não se dedicar à filosofia, mas por que desprezá-la tão terminantemente? Ela também satisfaz a certas necessidades intelectuais e, aliás, usa os frutos dos trabalhos de nós, historiadores (pelo menos no ideal; na prática não é tão freqüente, pois muitos filósofos,

---

19. J. Le Goff, "L'appétit de l'istoire", *Essays d'egohistoire*, p. 233.

O DIÁLOGO COM GEORGES DUBY

por sua vez, também desprezam a história e os seus fatos, que a torto e a direito atrapalham as suas construções gerais e harmoniosas...).

Entretanto existe um vasto campo de metodologia própria especial da história; esse campo não é integrado, absolutamente, só por premissas teóricas e postulados mais gerais mas também por sistemas de conceitos e métodos de investigação que afetam de modo mais direto o ofício do historiador. Tenho em vista o que R. Merton chamou de "teorias de nível médio" que, por um lado, se apóiam em princípios filosóficos gerais e, por outro, foram elaboradas precisamente para um dado ramo do conhecimento e levam em conta a sua especificidade.

No que diz respeito à história e, mais precisamente, à temática da Nova História, suponho que deva tratar-se de princípios tais como, por exemplo, "histoire-problème" e "histoire totale", de conceitos discutíveis como "mentalités" ou "quadro do mundo", correlação entre dinâmica e estática no processo histórico ou pluralidade de ritmos temporais em história, correlação da cultura de elite ("erudita") e da religiosidade com a cultura "não-oficial" ("popular"), formação e disseminação dos modelos culturais ou o problema da "pluriestratificação" da consciência humana, e de uma série de outros. Esses problemas decorrem diretamente da lógica da nossa profissão, surgiram por terem os historiadores esbarrado em determinadas dificuldades e impasses cuja saída se verificou impossível com o auxílio da obsoleta metodologia positivista. Trata-se dos problemas metodológicos da Ciência Histórica, que não podem ser desprezados.

Entretanto não vamos fechar os olhos para o verdadeiro estado de coisas. Nem de longe os historiadores chegavam a colocar com autonomia esses e outros problemas. Já vimos que grande influência exerceu sobre Febvre e Bloch a metodologia dos sociólogos e psicólogos, dos geólogos e etnólogos, dos economistas e lingüistas. Sabemos ainda que as gerações subseqüentes da Escola dos Anais não evitaram a influência do estruturalismo e da antropologia cultural; que, precisamente, quando se trata de metodologia científica concreta, o autor mais freqüentemente citado em seus trabalhos é o folclorista e filólogo russo Vladímir Propp, e com que interesse essas gerações estudam os trabalhos de Mikhail Bakhtin. Hoje a interação da história com a antropologia cultural vem adquirindo, segundo me parece, uma importância decisiva. A multidisciplinaridade está na ordem do dia, e os historiadores que deixaram as pretensões passadas e não justificadas com o fim de encabeçar todas as ciências sociais precisam estudar cada vez mais.

Ao mesmo tempo, seria injusto esquecer as teorias filosóficas e sociológicas mais gerais, às quais os colegas franceses seriam hoje indiferentes. Eles não estariam transferindo involuntariamente as suas simpatias e antipatias de hoje para o tempo da sua própria formação intelectual?

124 A SÍNTESE HISTÓRICA E A ESCOLA DOS ANAIS

A essência da questão consiste em que os historiadores, evidentemente, sempre dispõem de premissas teóricas pelas quais se guiam, só uns têm consciência delas enquanto outros as utilizam sem refletir sobre elas e assim se expõem ao perigo de serem inconseqüentes. O uso não-consciente de uma metodologia leva à imprecisão na colocação dos problemas e na interpretação dos resultados obtidos. Sem dar a devida importância à teoria e supondo que a intuição e a imaginação são perfeitamente suficientes para dominar o material e reconstruir um determinado fenômeno da realidade de um passado distante, o cientista, ao explicar os fenômenos históricos, tem de contentar-se com conjecturas ou alguns esquemas simplificados.

Isso não se refere a Duby. Para compreender a sua metodologia é necessário entrar fundo na leitura dos seus estudos, pois é neles que ela ganha personificação real.

No início do século XI, dois bispos da França, Adalbéron de Laon e Gérard de Cambrai, desenvolviam a teoria sobre uma monarquia que se apoiava na unidade de três *ordines* (classes, castas): os "que oram" (*oratores*), os "combatentes" (*bellatores, pugnatores*) e os "trabalhadores", "aradores" (*laboratores, aratores*). Duby empreende uma análise aprofundada e abrangente dessa teoria, ligando-a a uma "ideologia trifuncional" (a la Georges Dumézil) comum aos povos indo-europeus. Confesso que tenho certa precaução diante da construção hipotética de Dumézil e, em todo caso, não encontro uma semelhança tão surpreendente entre a idéia "indo-européia" do monarca-portador da ordem, da força física e da personificação da abundância e da fertilidade, por um lado; e a teoria da ordem trifuncional da sociedade formulada pelos bispos da época dos capétiens, por outro, teoria segundo a qual os portadores das funções de protetores das almas, de defensores da sociedade e dos trabalhadores eram as *ordines* e não o monarca, que encabeçava essa unidade. Aliás, a meu ver a "ideologia indo-européia" pertence à categoria das representações coletivas dessa espécie, as quais não foram formuladas imediatamente e *explicite** por seus portadores mas pertenciam ao "inconsciente coletivo". Entretanto o próprio Duby se manifesta terminantemente contra o conceito de "inconsciente coletivo"[20]. Aqui há uma imprecisão.

A meu ver, essa imprecisão decorre da interpretação da "ideologia trifuncional" de Dumézil aplicada à Europa do século XI. É claro que, ao revelar a tríplice "ideologia" indo-européia em diferentes culturas da antigüidade, da Índia a Roma, Dumézil não subentende por ela uma ideologia na acepção habitual do conceito como construção teórica consciente destinada a servir aos interesses de um determina-

---

* Em francês, no original russo. (N. do T.)
20. G. Duby, G. Lardreau, *Dialogues*, p. 102.

O DIÁLOGO COM GEORGES DUBY 125

do grupo social ou poder estatal; para Dumézil, essa "ideologia" indo-européia era um complexo de mitos, rituais, lendas épicas, crendices religiosas e mágicas, e cada uma das três funções se materializava nas figuras dos deuses, dos monarcas, nas instituições e estruturas sociais. Por isso, se a teoria trifuncional medieval européia estava realmente vinculada a essa "ideologia indo-européia", então, antes de se tornar ideologia naquele sentido direto que Duby parece subentender, ela devia ser objeto de interpretação mitopoética. Duby não revela esse estágio precedente; pelo visto ele não deve mesmo ser localizado nos monumentos que se conservaram. Entretanto permanece aberta a questão: será que esse esquema triádico (formulado pelos bispos da Igreja do século XI, sem dúvida por motivo mais preciso e com objetivos especiais) não exprimia um traço geral da mentalidade da população da Europa na baixa Idade Média? Tudo indica que Duby não exclui que o esquema trifuncional estava presente na consciência dos contemporâneos de Aldabéron e Gérard. Mas se a questão era assim, então a teoria das três ordens estudada por Duby não era uma criação arbitrária dos bispos mas uma elaboração do esquema que remontava a uma fase mais arcaica da consciência social, quando este esquema servia de base ao mito e ao ritual.

Portanto, seria a "ideologia" que está diante de nós, ou melhor, seria só a "ideologia" ou alguma outra formação complexa e heterogênea, que incorporou tanto o saber teológico e político da cúpula do clero quanto os elementos das representações arcaicas, das crendices e mitos? Não se trata apenas do conteúdo das obras de Gérard e Adalbéron, mas antes de tudo da percepção de semelhantes idéias naquela época; o esquema da estrutura trifuncional da sociedade não corresponderia às diretrizes mentais de todas as suas camadas, não poderia encontrar essa teoria das correspondências determinadas no pensamento sobre a unidade orgânica do todo articulado, a qual é inerente à consciência mitológica?

Minha dúvida, conseqüentemente, consiste em saber se Duby não "ideologiza" de modo excessivamente categórico e incondicional a versão européia ocidental do mito indo-europeu, não teria ele se precipitado um pouco com a interpretação, nos termos do novo pensamento sociopolítico europeu, do fenômeno específico da vida espiritual da baixa Idade Média, cujas raízes remontam, possivelmente, a uma época profundamente arcaica?

É provável que a "ideologia trifuncional", estudada – em relação à Idade Média européia – ultimamente por uma série de historiadores, mas de modo particularmente atento e completo precisamente por Duby, deva ser examinada em um contexto mais amplo. A idéia da possibilidade de incorporar organicamente uma parte ao todo, cada categoria social isolada à sociedade como unidade indissolúvel, como uma espécie de "corpo" cujos membros, todos, se completam mutua-

126 A SÍNTESE HISTÓRICA E A ESCOLA DOS ANAIS

mente e se apóiam uns aos outros e são vitalmente necessários para o todo, essa idéia, indiscutivelmente explorada pelo clero, dificilmente seria patrimônio e criação apenas de "teóricos da Idade Média"; o mais provável é que ela tenha sido desenvolvida por toda parte, em todos os rincões da consciência coletiva.

Se concordarmos com isso, é possível que algumas afirmações do livro de Duby relativas ao vínculo do esquema trifuncional com a "revolução feudal" (veja-se abaixo) e com as necessidades da classe dominante de segurar no freio os trabalhadores devam ser formuladas de modo mais cauteloso e hipotético. Se esse vínculo realmente existia, dificilmente seria tão direto e imediato.

Entretanto, para Duby, o problema de modo algum se esgota na busca das raízes distantes da teoria trifuncional. Ele procura revelar o contexto social, político e ideológico concreto em que se formaram e se disseminaram as teorias de Aldabéron e Gérard.

Duby demonstra que a imagem da sociedade, desenhada em forma de esquema trifuncional, por um lado traduzia a visão da realidade social pelos representantes da elite eclesiástica e por outro, foi por eles utilizada com determinados objetivos sociopolíticos e ideológicos. O "imaginário" (*l'imaginaire*) se entrelaça com o real e participa do funcionamento do regime social – é essa a idéia central de Duby. Além disso, no século XIII esse esquema ideal encontra a sua materialização nas instituições estatais – no Estado das três classes.

Segundo Duby, paralelamente a outros objetivos (a luta contra as heresias que negavam a ordem social existente; o movimento pelo estabelecimento do "mundo de Deus"; a polêmica com os monarcas-reformadores cluniacenses), as obras dos bispos franceses visavam a infundir no povo, isto é, nos camponeses em primeiro lugar, a consciência da necessidade de obedecer aos senhores. Uma vez que a casa de Deus é única e todas as ordens devem apoiar-se mutuamente (os lavradores têm a função de alimentar com o seu trabalho toda a população, os guerreiros-cavaleiros a de defendê-la e os monges e o clero a de rezar por todos, preocupando-se com a salvação das suas almas), então a "divisão" da sociedade e os antagonismos no seu interior são absolutamente insuportáveis. Essa doutrina, diz o pesquisador, foi uma resposta ao agravamento da luta social do campesinato na primeira metade do século XI.

Duby vincula o agravamento das contradições internas com a "revolução feudal" que, segundo ele, ocorreu justo naquele período. Mudam o modo de produção e o caráter de poder e com eles segue-se a intensificação do trabalho agrícola. Se antes o papel considerável da produção cabia aos escravos, então, depois do ano mil, o fardo da manutenção material da sociedade recai sobre os "camponeses", sobre a população rural como um todo. Ao mesmo tempo, ganha forma a cavalaria e intensifica-se a ruptura social entre os camponeses, por um

O DIÁLOGO COM GEORGES DUBY

lado, e os guerreiros-cavaleiros e o clero, por outro. Esse processo atinge a maturidade no período entre 1020 e 1030. As mudanças que ele provocou nas relações sociais e o aumento das heresias que ameaçam a ordem estabelecida foram, para Duby, as causas da posição "conservadora" dos bispos Aldabéron e Gérard, posição que encontrou sua expressão ideológica na teoria trifuncional.

Deixemos de lado a hipótese da "revolução feudal" no limiar dos séculos X e XI. É igualmente hipotética a tese da crescente ameaça do levante camponês. Entretanto o mais duvidoso é outro assunto: que a teoria trifuncional dos bispos daquela época pudesse visar ao abrandamento das contradições sociais.

Se tais motivos soassem no sermão dirigido a amplas camadas de fiéis, eu poderia levá-los a sério. Mas até no sermão do século XIII, período em que as contradições sociais de quando em quando realmente atingiam uma grande tensão, predominam não as conclamações a uma conciliação universal mas antes as invectivas contra os senhores nobres e ricos e os citadinos que oprimem os pobres. No início do século XI ainda não existia uma ameaça tão aguda de rebelião camponesa, e se, nos séculos XII-XIV, o povo, segundo palavra de Duby, infundia medo, não se demonstra plenamente que o mesmo acontecia na primeira metade do século XI.

O principal consiste em que as obras de Adalbéron de Laon e Gérard de Cambrai não estavam de maneira nenhuma endereçadas ao vulgo, aos camponeses e em geral à gente sem ilustração; quem entre eles poderia conhecer o poema que enaltecia o rei Robert ou *Os Feitos dos Bispos de Cambrai*? Essas obras não foram só escritas em latim (os sermões, a hagiografia, as *visiones*, a *exempla* também foram escritas durante muito tempo em latim, mas na medida da necessidade eram expostas aos paroquianos no dialeto local compreendido por todos) como também se destinavam ao círculo estreito dos seletos. O próprio gênero desses escritos excluía para o vulgo a possibilidade de conhecer o seu conteúdo.

O livro de Duby *As Três Ordens da Sociedade ou o Mundo Imaginário do Feudalismo*[*21] é uma investigação histórica de grande valor. É um clássico dos estudos medievais modernos. Ele revela com uma profundidade e uma plenitude excepcionais as idéias, representações e ilusões da sociedade sobre si mesma. Como salienta Duby, o mundo imaginário (*l'imaginaire*) não reflete tanto a realidade objetiva quanto a recria. A estrutura da sociedade francesa do início do século XI não correspondia aos esquemas ideais dos bispos, era mais complexa e mais confusa. Com isso podemos concordar. Mas ao mesmo

21. G. Duby, *Les trois ordres ou l'imaginaire du féodalisme*, Paris, 1978.
* Conhecido entre nós como *As Três Ordens ou o Imaginário do Feudalismo*, Lisboa, Editorial Estampa, 1982. (N. do T.)

128 A SÍNTESE HISTÓRICA E A ESCOLA DOS ANAIS

tempo eu suponho que a teoria da articulação trifuncional da sociedade traduz bem uma espécie de modelo sociológico do feudalismo. Porque essa sociedade, composicionalmente mais complexa do que a representaram Gérard e Adalbéron, em realidade se construía com base na articulação das funções sociais. De sorte que não se trata apenas de ilusão mas também de uma apreensão bastante profunda, pelos teólogos, da natureza da sociedade à qual eles pertenciam.

Observemos, a propósito, que o referido esquema trifuncional não foi formulado pela primeira vez no início do século XI e nem na França; nós o encontramos (e Duby observa isto) só no final do século XI e em uma situação bem diferente – na Inglaterra dos tempos do rei Alfred. Conseqüentemente, a questão não se reduz à reforma monacal ou ao movimento pelo "mundo de Deus", ou à disseminação das heresias. Na Inglaterra daqueles tempos tudo era diferente, e a preocupação principal dos monges e seu círculo era salvar o país da incursão dos conquistadores escandinavos.

Eu suponho que os autores medievais que refletiam sobre a estrutura social de sua época, por mais fantásticas e mitológicas que fossem as vestes com que por vezes a envolviam, em princípio eram capazes de refletir alguns traços característicos reais dessa estrutura. Sempre que encontro em textos medievais idéias sobre a estrutura da sociedade e as relações mútuas entre diferentes classes, castas e segmentos, seja texto incluído pelo rei Alfred (ou alguém do seu meio) na tradução de um tratado de Boécio ou obras dos referidos bispos, ou sermões franceses do século XIII (Jacques de Vitri e outros) ou, por fim, sermões do franciscano alemão Bertold de Regensburg, sempre encontro o mesmo motivo fundamental: a sociedade é funcionalmente articulada, os grupos e indivíduos que a compõem prestam os seus serviços, cumprem a sua missão, e todos eles devem contribuir para o bem do todo social. Isso não é apenas *l'imaginaire du féodalisme*, é o traço característico central da ideologia feudal. É bem sabido de que grande reconhecimento gozava nos círculos eruditos (isto é, religiosos) a teoria organológico-funcional da sociedade, cujas fontes devem ser buscadas no pensamento filosófico antigo[22].

---

22. T. Struve, *Die Entwicklung der organologischen Staatsauffassung im Mittelalter*, Stuttgart, 1978; O. G. Oexle, "Die funktionale Dreiteilung der 'Gesellschaft' bei Adalberon von Laon: Deutungsschemata der sozialen Wirklichkeit im früheren Mittelalter", *Frühmittelalterliche Studien*, 12, 1978, s. 1-54; *idem, Tria genera hominum. Zur Geschichte eines Deutungsschemas der sozialen Wirklichkeit in Antike und Mittelalter*, Festschrift für Josef Fleckenstein zu seinem 65. Geburtstag. Hrsg. Von L. Fenske. W. Rösener und Th. Zotz. Sigmaringen, 1984, s. 494 ss.; *idem*, Deutungsschemata der sozialen Wirklichkeit im frühen und hohen Mittelalter. Ein Beitrag zur Geschichte des Wissens. Mentalitäten im Mittelalter. Methodische und inhaltliche Probleme. Hrsg. Von Fr. Graus (Vorträge und Forschungen, Bb. XXXV). Sigmaringen, 1987, S. 65-117; P. E. Dutton, *Illustre civitatis et populi exemplum*: Plato's Timaevs and

O DIÁLOGO COM GEORGES DUBY

O conceito de serviço, como o de hierarquia a ele imediatamente vinculado, é a idéia social central dessa sociedade, que atravessa todas as relações: das relações do fiel com o Senhor às relações do súdito com o senhor, da estrutura da Igreja à vida matrimonial. A idéia de servir unia aspectos sociais e religiosos a aspectos mentais, emocionais, e por isso se estendia inclusive ao amor do trovador à dama. A noção de prevalência do todo sobre as partes também era um componente inalienável da mentalidade feudal. Cada indivíduo e cada classe social existem não por si mesmos e não para si mesmos – só são concebíveis como componentes do macrocosmo social.

Mas seria difícil chamar esses conceitos-chave do feudalismo de "ideologia" no emprego comum do termo. Caberia delimitar com mais precisão o conceito de "ideologia" e "mentalidade"; sua mistura está repleta de confusão e substituição do objeto da investigação. Os conceitos de mentalidade feudal aqui mencionados só em parte foram elaborados conscientemente pelos pensadores daquela época; é mais provável que tenham surgido na sociedade como um determinado tipo de relação com o mundo, que correspondia às demandas sociais e às diretrizes da consciência de então. E não foi outro senão Georges Duby quem o demonstrou magnificamente, descobrindo como dominante do regime feudal o conceito de serviço. Salientando que o feudalismo é um modo de produção, um sistema de relações de dependência, uma rede de instituições jurídicas e uma específica organização militar da classe dominante, depois de estudar profunda e amplamente tudo isso Duby externou a idéia: "O feudalismo é o tipo medieval de mentalidade", uma *disposition d'esprit*[23]. E ele, é claro, tem plena razão.

A mentalidade feudal, que penetrava todos os aspectos das relações sociais, dos produtivos aos familiares e dos jurídicos aos artísticos, determinava a individualidade histórica da sociedade medieval européia. Em realidade, a organização da economia baseada na propriedade rural, com grandes proprietários de terras donos do poder local e com camponeses dependentes, existia em sociedades de diferentes tipos e diferentes épocas; o regime militar dos cavaleiros com armas pesadas também não é uma *differentia specifica** do Ocidente medieval. Entretanto a grande propriedade da terra do Oriente ou da Roma imperial, com os "agricultores imperiais" ou o colonato, não se transformou em feudal, e assim o guerreiro a cavalo ainda não se tornara um cavaleiro. O singular na história era a natureza específica da

the Transmission from Calcidius to the End of the Twelft Century of a Tripartite Scheme of Society, *Mediaeval Studies*, 45, 1983, pp. 79-119; J. Le Goff, "Les trois fonctions indo-européennes, l'historien et l'Europe féodale", *Annales. É. S. C.*, 34e année, n. 6, 1979.

23. G. Duby, "La féodalite? Une mentalité médiévale", *Annales. É. S. C.*, 13e année, 1958, pp. 765-771 (-G. Dubby, *Hommes et structures du Moyen-âge*. Paris, 1973, pp. 103-111).

* Em latim, no original russo. (N. do T.)

130   A SÍNTESE HISTÓRICA E A ESCOLA DOS ANAIS

ética, do sistema de valores e mentalidade vinculado ao princípio do servir que não transformava o miserável em escravo ou servo e deixava lugar para o desenvolvimento do indivíduo. Se o feudalismo não pode, é claro, ser reduzido a uma mentalidade (e Duby está longe de semelhante tendência), ao mesmo tempo não pode ser entendido sem que se levem em plena conta as peculiaridades das mentalidades dos europeus ocidentais medievais.

Esse tipo de enfoque da questão – a concentração da atenção nas mentalidades em que se focalizam as principais "linhas de força" que atravessam a sociedade – parece fecundo. Que me perdoe o prezado Duby, mas a idéia de que os ideólogos da classe dominante elaboraram conscientemente a teoria por meio da qual tencionavam abrandar as contradições internas e privar os camponeses do fundamento religioso-moral para a sua luta contra os senhores, deixa escapar um excesso de sociologismo. Dificilmente seriam demonstráveis também os vínculos entre o esquema trifuncional dos bispos franceses e o movimento eclesiástico pela afirmação do "mundo de Deus", pela polêmica com os cluniacenses e a luta contra a heresia – eles permanecem no nível das conjecturas, das hipóteses[24].

Vários representantes da Nova História não evitam os perigos de "retificação"* excessiva dos vínculos entre a vida material e as mentalidades. Não seria por que os cientistas que se guiam pelo princípio da história "global" ou "total" não dispõem de uma teoria muito elaborada da explicação dos fenômenos históricos que lhes permita abranger o social e o mental, a cultura e o modo de produção (não temo empregar esse conceito na análise dos trabalhos de Duby, uma vez que ele mesmo o emprega, ainda que prefira falar não de "modo feudal" mas "senhorial de produção")? Noutros termos, as dificuldades cognitivas são geradas antes de tudo nas tentativas de atingir a síntese em história. Mas lembremos a já referida declaração de Duby: "O que eu escrevo é a *minha* história". Um pouco adiante, ao voltar ao mesmo pensamento, ele afirma: "De fato, eu estou convencido do subjetivismo inevitável da investigação histórica, pelo menos da minha". "Eu não invento [...] Aliás, invento mas procuro fundamentar os meus inventos nas bases mais sólidas possíveis e construir as provas mais precisas possíveis a partir de dados verificados de maneira rigorosamente crítica"[25]. Ten-

24. Cf. K. Schreiner, Von der Schwierigkeit, "Mittelalterliche Mentalitäten kenntlich und verständlich zu machen. Bemerkungen zu Dubys 'Zeit der Kathdrale' um 'Drei Ordnungen' für deutschsprachige Leser", Archiv für Kulturgeschichte. 68. Bd., H. 1, 1986, pp. 226-228.
* Leia-se "tornar retos". (N. do T.)
25. G. Duby, G. Lardreau, *Dialogues*, p. 44.

O DIÁLOGO COM GEORGES DUBY

tando confirmar essa idéia de subjetivismo, Duby se apóia no fato de não estar mais próximo da verdade do que os historiadores do século XI e XII cujos trabalhos ele estuda. Cada um tem sua própria interpretação e todos eles têm os mesmos direitos. Ele concorda plenamente com a idéia de Febvre segundo a qual as diferentes épocas criaram a sua concepção específica de passado, a sua Roma e a sua Atenas, sua Idade Média e sua Renascença.

O relativismo histórico não é uma coisa nova e em determinadas proporções é muito útil, eu até diria de uma utilidade desembriagadora, pois protege contra êxtases progressistas. A idéia de que antes de nós os homens teriam entendido mal o sentido da história e nós, situados no seu apogeu, somos todos capazes de o ver com mais clareza, mais correção e mais profundidade é evidentemente falsa e uma ilusão presunçosa e nociva. Não valeria à pena distinguir dois aspectos do problema do subjetivismo do conhecimento histórico? Um aspecto é aquele de que fala Febvre. A visão da história como componente do quadro do mundo muda com o curso da história e com a mudança de perspectiva, e cada época oferece sua própria avaliação do passado histórico. Há, entretanto, um outro aspecto – o ofício do historiador.

Também nesse sentido eu ouso fazer uma pergunta ao professor Duby: o fato de que os meios científicos da investigação histórica se aperfeiçoam, de que os métodos de trabalho dos historiadores se aprimoram e hoje eles são capazes de se propor novos problemas que antes não surgiam, não abriria possibilidades de uma penetração mais profunda no conteúdo da história? Não estaria havendo diante de nossos olhos uma poderosa ampliação do campo da investigação histórica? Tenho diante dos meus olhos os três volumes da edição que tem como um dos autores Georges Duby – *Faire de l'histoire* – cada volume tem o seu subtítulo: *Novos Problemas, Novos Enfoques, Novos Objetos*[26]. Tudo isso junto se chama Nova História.

Pois bem, eu pergunto: o historiador da segunda metade do século XX não estaria vendo alguma coisa não simplesmente de maneira nova mas pela primeira vez? Seria verdade o fato de que as suas interpretações, pela profundidade da penetração no material e pela sua força explicativa, em princípio não se distinguiria em nada daquelas interpretações dadas por Raul Glaber ou Orderico Vital? Seja como for, existe progresso dos recursos técnicos, não é?

Ao mesmo tempo, como entender a declaração: "O que eu escrevo é a *minha* história"? Ora, o historiador não escreve um poema, um romance e nem pinta um quadro. A visão dos fenômenos históricos que ele propõe é, naturalmente, *sua* visão, mas será que é só dele? Sua interpretação dos fatos e fenômenos se prestaria a uma verificação, é

---

26. *Faire de l'histoire*, sous la dir. de J. Le Goff et P. T. Nora, t. 1, *Nouveaux problèmes*; t. 2, *Nouvelles approches*; t. 3, *Nouveaux objets*, Paris, 1974.

132 A SÍNTESE HISTÓRICA E A ESCOLA DOS ANAIS

convincente seu sistema de explicação? Essas perguntas vêem de modo inevitável e lícito à mente de qualquer historiador (e não só do historiador) que lê e estuda um artigo ou uma monografia dele. O que eu escrevo não é simplesmente a minha visão subjetiva da história, é uma das variantes da visão moderna de história, que se baseia no nível de conhecimentos e métodos já atingido. E se eu cumpro todas as exigências que hoje se apresentam ao trabalho histórico, posso esperar que os novos resultados por mim obtidos na investigação serão inseridos na circulação científica e adotados pelos meus colegas.

O sonho de Febvre, segundo o qual a figura habitual do historiador encerrado na solidão de seu gabinete viria a ser substituído por uma brigada de pesquisadores que trabalhassem conjuntamente um projeto comum, não se realizou. Não é necessário que alguém se encerre em uma torre de marfim e que determinadas formas racionais de cooperação entre cientistas-humanistas sejam perfeitamente possíveis, mas o trabalho criador se realiza e, cabe supor, irá ser efetuado predominantemente por "solitários". Como observou um cientista, quem botou "um ovinho de ouro e não um ovo simples foi a galinha Ryaba e não um potente instituto científico". Entretanto, identificar precisamente quem botou o ovo de ouro é privilégio de uma coletividade, de uma comunidade científica, dos leitores. Trabalhando em seu "banco de carpintaria", o membro da oficina dos historiadores se guia mentalmente por critérios elaborados por seu meio. Nesse sentido, a história que eu elaboro não é só minha, ela é também nossa e comum.

Aliás, não estou disposto a concordar com uma recente afirmação de Duby, para quem hoje a Escola dos Anais não mais existiria, existiriam apenas instituições que contribuem para a divulgação de idéias, métodos e para a renovação da investigação histórica em todo o mundo[27]. A Escola dos Anais pertence àquela classe ampla de fenômenos para os quais é bastante difícil uma definição precisa mas que, apesar disso, existem e prosperam; entre outras coisas, não é tão difícil distinguir uma obra saída dessa escola de outras obras. O critério de diferenciação foi sugerido pelo próprio Duby: não há uma Nova História e "novos" historiadores, mas existem historiadores bons e ruins, no sentido de que a Nova História não pára de elaborar métodos de crítica histórica relacionados aos seus novos objetivos[28]. É uma definição magnífica! Mas mesmo assim, como parece, não esgota plenamente a questão e não é precisa.

Na minha opinião, os historiadores pertencentes a essa corrente estão, de uma forma ou de outra, voltados para a síntese histórica. Essa orientação é consciente e programática em alguns casos, em outros se faz antes "às apalpadelas", mas mesmo assim ela está sempre

27. G. Duby, *Le plaisir de l'historien*, p. 132.
28. G. Duby, G. Lardreau, *Dialogues*, p. 54.

O DIÁLOGO COM GEORGES DUBY

presence. Pois é aqui que, a meu ver, radica o traço distintivo da Nova História.

Como parece, Duby (e alguns outros historiadores) tende a separar a Escola dos Anais e a Nova História[29]. É possível que na ótica de Paris essas sutilezas tenham a sua razão. Mas, confesso, de longe esse tipo de delimitação não parece pleno de um sentido profundo. Por isso para mim a Escola dos Anais existe. E, a julgar por tudo, ela existe a despeito do desamor pela palavra "escola" nutrido também pela atual redação da *Annales*, que mais uma vez tem a intenção de rever as relações entre a história que ela materializa e as ciências sociais[30].

Mas continuemos a conhecer o diálogo Duby-Lardreau.

Diante da discussão do problema da memória histórica, Gui Lardreau pergunta a Duby: "O senhor estudou muito os camponeses no período inicial da Idade Média; no entanto parece perfeitamente claro que nunca se poderá saber o que se passava na cabeça de um camponês daquela época". Duby responde: A memória histórica é seletiva, e nessa seleção muita coisa é eliminada. No que tange à Idade Média só os pontos culminantes, os pontos extremos do edifício social permanecem visíveis nos monumentos. Quanto à vida dos camponeses da Europa dos séculos XI e XII, consegue-se saber muito pouco. É por isso que sobre a situação da mulher, o casamento, as relações de parentesco ou a sexualidade daquele período só se pode interrogar propriamente a alta aristocracia[31].

De fato, os principais trabalhos de Duby (depois dos seus estudos agrários nos anos cinqüenta-sessenta) são dedicados à história da cavalaria e dos aristocratas. Não o ocupam os problemas da história de outras camadas da sociedade, e particularmente da plebe. Surge uma pergunta inevitável: a causa reside verdadeiramente na inexistência de fontes? Ou não há interesses por esses problemas e por isso inexiste também a vontade de elaborar uma nova metodologia de investigação das fontes que as faça "falar"?

É bem sabido que enquanto não se coloca uma nova pergunta as fontes históricas calam. Cria-se a ilusão de que tal problema não se elabora precisamente por falta de materiais. Entretanto basta que se formule com precisão um novo problema e que se tome consciência da sua importância para que se descubra que a situação não é tão irremediável. De igual maneira, ocorre com a mentalidade, a cultura, a imagem do mundo, que existe nas cabeças do vulgo medieval. Parece-

29 F. Dosse, *L'histoire em miettes*.
30 "Histoire et sciences sociales. Um tournant critique?", *Annales. E. S. C.*, n. 2, 1988, pp. 291-293.
31 G. Duby, G. Lardreau, *Dialogues*, p. 70.

134 A SÍNTESE HISTÓRICA E A ESCOLA DOS ANAIS

ria que as perspectivas são as mais desesperadoras. Mas basta "limpar", renovar o dispositivo conceitual para que se esclareça: existem fontes e até muitas. Basta apenas que se pense como abordá-las e, principalmente, chegar a um acordo sobre o que precisamente vamos pesquisar. Como avaliar maciços de monumentos históricos como as hagiografias? Nelas há uma infinidade das mais diferentes indicações relativas quer às crenças e ao comportamento do vulgo, tanto dos pagãos quanto dos cristãos, quer às informações sobre a vida cotidiana que, segundo afirmação de Duby, seria completamente ignorada pelo monumento histórico daquela época, quer, é claro, a uma infinidade de informações sobre a política da Igreja em relação ao povo.

Como fazer com os penitenciais ("livros de penitência") nos quais podemos encontrar dados importantes sobre as crenças e superstições dos homens que vão se confessar, sobre a sua vida matrimonial e sexual, sobre os seus costumes; os questionários dos autores dos penitenciais às vezes se distinguem por um escrúpulo que permite formar uma noção sobre os aspectos da vida dos fiéis, antes de tudo dos cristãos, que suscitavam maior preocupação do clero.

E as *visiones*, os registros de histórias de pessoas que teriam visitado o outro mundo mas voltaram à vida com a finalidade de informar os circundantes sobre os tormentos que aguardavam os pecadores e as alegrias que mereciam os justos? Entre os visionários não havia poucos camponeses e outros homens do vulgo. Nessas narrações sobre o outro mundo contam-se aspectos inesperados do Cristianismo em sua recepção popular, particularmente as originais representações sobre o espaço e o tempo, a alma e o julgamento de além-túmulo, representações que não raro divergem amplamente das doutrinas teológicas.

E os sermões voltados para o povo ou as vulgarizações da doutrina teológica nas quais se educavam os monges e clérigos, isto é, os homens oriundos do mesmo povo? No sermão, a despeito de toda a repetição da sua lição de moral, há um riquíssimo material que desenha os aspectos mais diversos da vida dos fiéis; ao dirigir-se ao rebanho, os monges e padres procuravam uma linguagem comum com ele, utilizando um sistema de imagens e representações que era próprio do seu público.

E as fórmulas de bênçãos e maldições da Igreja católica, que se empregavam constantemente na vida cotidiana, reunindo caprichosamente em si a doutrina cristã com a magia pré-cristã; porventura essas fórmulas não fixavam em si um tipo especial de mentalidade muito distante da ortodoxia?

Por último, os *exempla*, os "exemplos didáticos" que passaram a ser intensamente registrados no século XIII e representam, em seu conjunto, toda uma enciclopédia da vida popular em todas as suas manifestações sem exceção; isso é uma fonte de importância primor-

O DIÁLOGO COM GEORGES DUBY 135

dial! Além disso, nos *exempla* transparecem aspectos da religiosidade popular que não encontramos em outros gêneros da literatura da época.

Mencionei apenas aquelas categorias de obras da literatura medieval nas quais transparecem determinados aspectos da mentalidade dos homens não pertencentes à cúpula aristocrática da pirâmide feudal. As referidas categorias de fontes são hoje intensamente trabalhadas por vários especialistas que delas extraem um interessante material cuja interpretação permite, em parte, penetrar nas camadas culturais de "sedimentação profunda".

É claro que o professor Duby tem razão em objetar: todos esses monumentos saíram da pena do clero, dos monges, e exprimem antes de tudo a sua intenção, foram escritos de suas posições. O povo é silencioso. Os historiadores que elaboram a história da sociedade feudal não estão em condições de atingir a consciência "popular"[32]. Sobre esta podemos saber alguma coisa exclusivamente através de mediadores e nem sempre graças a eles, mas antes apesar deles. – Isto é correto! Mas o que daí se segue? A meu ver, só o fato de que é necessário refletir da maneira mais atenta sobre a especificidade das referidas categorias de monumentos (e talvez até de outras) e elaborar metodologias para a sua investigação levando em conta tal especificidade.

É verdade, todos esses monumentos são religiosos. Mas pertencem àqueles gêneros e categorias da literatura que estavam voltados não só para os instruídos mas também (ainda que indiretamente, através de um mediador – monge, confessor, pregador, vigário) para o rebanho. E uma vez que estavam voltados para este, entre o auditório do vulgo e o compositor de dado texto não podia deixar de estabelecer-se uma espécie de "relação inversa". O autor devia visar à consciência dos ouvintes e assim estava até certo ponto aberto à percepção dos impulsos que deles vinham. Por isso, o estudo dessas fontes poderia nos fornecer informações não só do meio monástico e eclesiástico mas também sobre os paroquianos, sobre os crentes a quem se dirigiam os clérigos. Ainda sem falar de que a mentalidade dos monges simples e dos párocos – mediadores fundamentais nas relações entre os simples fiéis e a elite do clero – nem sempre e nem em todos os sentidos diferia intensamente da mentalidade do povo, do qual eles eram na maior parte oriundos.

Eu ainda gostaria de chamar a atenção para mais um traço essencial das enumeradas categorias de fontes: quase todas elas são de massa, seriadas. As observações e conclusões que podem ser feitas com base na sua análise não seriam casuais nem fragmentárias. Segundo minha profunda convicção, estudando essa espécie de monumentos os historiadores poderiam descobrir uma camada nova da vida e da

32. *Idem*, p. 137.

136 A SÍNTESE HISTÓRICA E A ESCOLA DOS ANAIS

mentalidade medieval que até hoje quase não foi estudada. Neste caso, conseguir-se-ia comparar as observações de Emmanuel Ladurie, baseadas no estudo dos protocolos dos interrogatórios inquisitoriais dos habitantes da aldeia de Montaillou nos Pirineus, contagiada pela heresia dos cátaros, com um amplo círculo de materiais que se referem a um período mais primitivo e abrangem territorialmente não só a região da França mas também toda ou parte considerável da Europa central e ocidental e marcaram a mentalidade dos não-hereges – dos marginais da sociedade, mas católicos ortodoxos, sua vida cotidiana.

A relação de fontes nas quais se pode procurar a informação sobre a plebe poderia ser ampliada sem trabalho. Porventura, nos registros do direito consuetudinário do tipo das *leges barbarorum* não há menções aos rituais e procedimentos consuetudinários, às relações dos homens no interior de microgrupos? Porventura os monumentos do Norte escandinavo, infelizmente ignorados pelos medievalistas franceses, não contêm um material inusitadamente rico, interessantíssimo, que caracteriza a vida e as relações sociais, a família e a posição da mulher, as crenças e costumes, os modelos de comportamento e os sistemas de valores? Esses dados, é claro, em muitos aspectos são exóticos para os "annalenses" que se concentram predominantemente na história da França, mas a par com um específico colorido escandinavo eles nos desenham a vida como esta era em geral na Idade Média, revelando aquele seu substrato que, possivelmente, "não transparece" mais em lugar nenhum com tamanha clareza e plenitude. As sagas, a poesia da *Edda* e dos *Skald**, registros inusitadamente detalhados do antigo direito escandinavo, em sua base ainda consuetudinário, e os monumentos da arqueologia oferecem a possibilidade *sui generis* de ver a sociedade não só "de cima" mas também "de baixo" no nível dos senhores rurais, dos camponeses e navegadores. E os *Weisthümer* alemães da Idade Média tardia, por acaso eles não ofereciam esse tipo de informação?

A tentativa de reconstrução e "ressuscitamento" (expressão de Michelet) desse mundo submerso de crenças, valores, costumes e modelos de comportamento de toda uma cultura recalcada pelo Cristianismo e pelo feudalismo nos confins da história e esquecida ali é uma tarefa atraente, que provavelmente brinda os historiadores com observações não pouco inesperadas e frescas. Duby destaca a força dos silêncios e das lacunas em história. Quer dizer então que os historiadores devem conciliar-se com o reconhecimento dessas lacunas verdadeiramente monstruosas e se contentar com o que nos desejaram deixar os cronistas medievais e outros autores de monumentos daqueles tempos? Mas, neste caso, o historiador atual não estaria na situação de comparsa de uma conspiração do silêncio montada mil anos

---

* Poetas-cantores da Escandinávia antiga (N. do T.).

O DIÁLOGO COM GEORGES DUBY

atrás? Será que neste caso ele não está "chutando" contra "seu próprio gol"? Tenho a convicção de que não se deve capitular diante da tática implícita dos autores medievais, que não fez merecedora de sua atenção a cultura das amplas camadas da população – é necessário procurar as possibilidades de penetrar na mentalidade, no mundo espiritual desses "ignorantes".

É claro que o professor Duby conhece amplamente tudo isso. Desse modo, foi estabelecido que existem monumentos da história de outras camadas da população além da alta aristocracia. Repito, mencionei apenas aquelas categorias de fontes que, a meu ver, poderiam trazer não poucas informações aos historiadores sobre o quadro do mundo e a mentalidade da plebe da baixa Idade Média[33].

Conseqüentemente, não se trata da ausência de fontes nem da memória "de galo" daqueles autores medievais que nos deixaram seus testemunhos.

Podem objetar que, de uma forma ou de outra, todas essas categorias de fontes contêm apenas testemunhos indiretos da mentalidade de pessoas sem instrução. É claro! Mas o que daí se segue? Pelo visto apenas uma coisa: fazem-se necessários métodos especiais de investigação, enfoques não-banais do material. É necessário buscar meios através dos quais esses monumentos revelem os seus segredos perante os historiadores.

Entretanto Duby rejeita o problema "cultura erudita/cultura popular" como falso e irreal. Os argumentos que ele apresenta são os seguintes: em primeiro lugar, na colocação desse problema manifesta-se a influência da escola polonesa de historiadores, que está ligada por vínculos estreitos à Nova História francesa e procura mediante a referida dicotomia demonstrar a existência de raízes nacionais de uma cultura nacional polonesa não-emudecida; em segundo lugar, o problema da contraposição entre cultura "erudita" e "popular" é ditado, segundo Duby, por esquemas marxistas simplificados; em terceiro lugar, aqui se manifesta a herança romântica que remonta a Michelet; por último, nas sociedades industriais modernas aumentam as buscas nostálgicas de "raízes" que se procuram no folclore, nas "tradições e artes populares"[34].

Não me inclino a discutir em que medida o interesse pelo problema da cultura popular e sua correlação com a cultura oficial, com a cultura erudita, é realmente ditado pelas referidas causas. Limito-me apenas a mencionar que até inimigos da história das mentalidades como François Furet operam com a referência à "nostalgia" do passado nas condições de um crescimento econômico que separa o povo

---

33. Cf., *La culture populaire au moyen age*, sous la dir. de P. Boglioni, Québec, 1979.

34. G. Duby, G. Lardreau, *Dialogues*, pp. 78-79.

138 A SÍNTESE HISTÓRICA E A ESCOLA DOS ANAIS

das suas raízes[35]. No fim das contas, assim se pode questionar de maneira geral todas as ocupações com a história. Quanto aos "esquemas marxistas simplificados", em meu país o problema da cultura popular foi colocado com a maior acuidade por Mikhail Bakhtin que, parece, ainda não foi "pego" por ninguém como partidário de tais esquemas.

Duby diz: não está claro o que é "povo". Ele parte da certeza de que o "povo" não tinha capacidade de produzir "cultura" sem dispor para isso de recursos intelectuais e materiais. Além disso, ele ressalta que compreende a "cultura" "de maneira muito simples, em sentido não-antropológico", e que a cultura surgiu apenas nas proximidades da fonte de poder, em torno dos soberanos. Depois ela conseguiu encontrar eco nos andares inferiores do edifício social; assim ocorreu a vulgarização dos modelos aristocráticos e sua assimilação por outras camadas da sociedade[36]. Embora Duby reconheça que os modelos culturais podem ter-se disseminado não só "de cima para baixo" mas também "horizontalmente" e até, em certo sentido, "de baixo para cima", sua opinião é a de que nesse plano não acontece nada no campo; ela não existe no horizonte das suas investigações de história da cultura.

O que se pode dizer sobre isso? Confesso que fico um tanto impotente sem saber o que dizer... Não porque a argumentação de Duby tenha me convencido o mínimo, mas porque o caráter de tal argumentação dificulta a discussão do problema na sua essência.

Deixemos de lado a questão da arte sacra e da arquitetura; aqui é mais ou menos claro que a arte espiritualista, que fala pela linguagem dos símbolos, é ditada, inspirada por teólogos e intelectuais. Ela agia sobre a consciência do povo, não poderia deixar de agir, mas o povo tomava parte dela predominantemente como espectador ou força de trabalho e não como criador de um sistema de imagens que penetra as esculturas e os templos. (Pode-se concordar com a observação de Duby segundo a qual a arte românica foi mais "aristocrática" e simbólica do que a arte gótica que a substituiu, e que por força dessas peculiarida-

35. É curioso comparar essas objeções de Duby ao estudo da cultura popular com as objeções de F. Furet ao estudo da história das mentalidades em seu conjunto. Furet, que não esconde as sérias divergências metodológicas no seio dos "annalenses", afirma, em particular, que o interesse pelo estudo das mentalidades teria sido suscitado, antes de tudo, por uma "nostalgia" do homem da sociedade ocidental de hoje, por seus lamentos secretos pela perda do velho mundo patriarcal; o passado é concebido pelos historiadores das mentalidades sob a forma de "avesso" do presente; eles procuram nas épocas passadas o conhecido, ocultado pela ilusão do estranho. F. Furet, "En marge des Annales. Histoire et sciences sociale", Le Débat, n. 17, 1981, pp. 124 e ss.

36. G. Duby, "La vulgarisation des modèles culturels dans la société fèodale", G. Duby, Hommes et structures du Moyen Âge, Paris, 1973, pp. 299-308. Cf.: G. Duby, Le Temps des cathédrales. L'art et la société 890-1420, Paris, 1976, p. 239; G. Duby, G. Lardreau, Dialogues, pp. 79-80.

O DIÁLOGO COM GEORGES DUBY

des estava mais distante do povo; a arte românica, diz ele, era "monacal". Já o gótico estava estritamente ligado à cidade.)

Mas até nesse caso as pequenas formas da arte religiosa mereceriam um exame especial, uma vez que nelas encontravam expressão os motivos mais diversos, entre eles os folclóricos. Em seu famoso livro *A Época das Catedrais*, Duby menciona três principais focos do desenvolvimento da cultura, que se substituem sucessivamente umas às outras: no período entre 980 e 1130 era o mosteiro; no período entre 1130 e 1280, a catedral; no período entre 1280 e 1420 era o palácio do rei, do príncipe. Para o desenvolvimento das artes plásticas isso é verdade, foi assim que aconteceu, mas caberia evitar a disseminação de semelhante esquema a todas as modalidades de cultura.

Cultura... O que nós subentendemos por cultura?

Por que em 1980 o professor Duby se esquiva tão terminantemente do conceito de "cultura" no sentido antropológico? (Ademais, em outras seções dos mesmos *Diálogos* ele assegura que acompanha com grande interesse os trabalhos antropológicos, por exemplo, dos africanistas, na medida em que eles abordam os sistemas de parentesco[37]; sabe-se que o enfoque antropológico não é, de maneira nenhuma, estranho ao autor de *Guerreiros e Camponeses*, quando ele se refere aos problemas da especificidade da economia da baixa Idade Média e particularmente das formas de troca sem dinheiro[38].) Todos os esforços no sentido de superar a tradicional e notoriamente caduca concepção de cultura exclusivamente como sistema de conquistas superiores se revelam estéreis diante da declaração de Duby, segundo a qual ele concebe a cultura "no sentido mais simples"... De onde vem essa desarmadora "simplicidade"?

Por que, repito, o professor Duby não deseja levar em conta a concepção antropológica de cultura justo naquele caso em que é simplesmente impossível passar sem ela? Porque de maneira nenhuma a "cultura popular" (como outros historiadores que usam esse conceito, eu estou ciente de toda a sua imprecisão e da multiplicidade de sentidos, mas disto falarei depois) pode ser abarcada pelo velho sistema de conceitos; ela pode ser captada e interpretada unicamente no contexto de uma história antropologicamente orientada.

Deixemos de lado as coisas mencionadas por Duby, que motivariam alguém dentre os historiadores que ele não nomeia a colocar o problema da cultura popular. Porque a questão não está em saber por que motivos, externos em relação à cultura, muitas pessoas sérias de repente passaram a estudar a cultura popular. A questão se baseia em

37. G. Duby, G. Lardreau, *Dialogues*, p. 180.
38. G. Duby, *Guerriers et Paysans, VIIᵉ-XII siècles. Premier essor de l'économie européenne*, Paris, 1973, pp. 60-86; G. Duby, "Histoire anthropologique", *Annales. É. S. C.*, 29ᵉ année, 1974, pp. 1366-1367.

140 A SÍNTESE HISTÓRICA E A ESCOLA DOS ANAIS

algo inteiramente diferente. Esse problema é científico, é real ou falso? Como verificamos, fontes para o seu estudo existem, ainda que sejam indiretas.

Repito: cada um está no direito de escolher o escorço em que pretende estudar a sociedade e a cultura de uma determinada época. No centro dos interesses de Georges Duby está a cavalaria francesa do século XI a início do século XIII, e predominantemente a sua cúpula aristocrática. Magnífico! Aqui há o que estudar e disto os trabalhos de Duby são uma demonstração brilhante.

Neste caso podem tornar a me perguntar: "Por que essa critiquice? Não se julgam os vencedores". Mas eu estou infinitamente longe de julgar quem quer que seja dos meus colegas, ainda mais um historiador da dimensão de Duby. Entretanto, com todo o devido respeito eu me atrevo a afirmar que, em primeiro lugar, a história das mentalidades tem em vista a disposição de espírito não só da elite aristocrática mas também as diretrizes da consciência e do comportamento social das amplas camadas da população; em segundo lugar, o desprezo pelos monumentos da mesma época estudada pelo mestre da historiografia francesa, das obras do "segundo escalão" da literatura religiosa média latina, que não brilham por originalidade literária e nem se destinam à elite eclesiástica e mundana mas a todos e a cada um, tanto a iletrados quanto a letrados – essa ignorância pode levar a um julgamento injusto do campo de visão do historiador, particularmente na esfera da explicação dos fenômenos estudados.

Nós, naturalmente, tendemos a procurar explicação para os fenômenos históricos na esfera da realidade que estudamos. Mas será que esse procedimento sempre dá resultados plenamente satisfatórios? Vejamos um exemplo. Já mencionamos a idéia de Duby sobre o surgimento e a disseminação de modelos culturais na sociedade medieval. Ele insiste em que os modelos de comportamento e os valores culturais se formam predominantemente na cúpula da sociedade e, aí consolidados, difundem-se posteriormente, vulgarizando-se, em outras partes da pirâmide feudal. A idéia é tão evidente quanto velha; ela foi emitida reiteradamente por muitos historiadores e sociólogos. E não tenho a intenção de contestá-la. Entretanto, sem a contestar no conjunto, eu gostaria de completá-la com algumas definições e corretivos.

Quando trabalhamos com a história da sociedade medieval, é natural que os modelos culturais básicos venham a ser, em regra, os modelos de comportamento religioso, e exprimam as diretrizes relacionadas com as verdades cristãs. A personificação do modelo ideal do homem é o santo. Mas os historiadores sabem bem que o culto dos santos formou-se em muitos casos contrariando a Igreja, que muitos dirigentes temiam a profanação da religião. A adoração desse ou daquele santo, que surgia espontaneamente, exprimia antes uma neces-

O DIÁLOGO COM GEORGES DUBY 141

sidade dos fiéis de ter o seu próprio protetor íntimo e sobrenatural do que a profundidade do sentimento religìoso. Foi estabelecido há muito tempo que as hagiografias surgiam por vezes também como resultado de uma espécie de "colaboração" do autor devoto com a tradição oral popular. Esse modelo cultural se formava não tanto – é possível até que nem tanto – nos "topos" da sociedade quanto em um meio social e intelectual bem diferente.

Isso é pouco. Como mostrou A. Vauchez, quando foram introduzidos os processos inquisitoriais de canonização, levados a cabo pela cúria papal, uma parte considerável dos santos locais não foi canonizada pela falta de "provas" suficientes da sua santidade. Então esses santos não aprovados oficialmente foram assim excluídos da vida religiosa do povo? De maneira nenhuma! Continuaram a ser reverenciados nos seus lugares e o clero, para não perder os contatos com o rebanho, teve de levá-los em conta[39]. As bases impunham os modelos culturais às cúpulas.

´Falaremos em seguida do "nascimento do purgatório". Por isso aqui eu serei extremamente breve. É minha convicção de que a idéia do purgatório formou-se não só como resultado do pensamento escolástico dos teólogos. Estes acabaram lhe dando forma conceitual acabada e legalizaram a existência do purgatório no "mapa" do outro mundo; em meados do século XIII o papa instituiu o dogma do purgatório. Mas como imagem vaga, que traduz a sede insaciável dos religiosos de manter a esperança na salvação, ainda que depois de experimentar temporariamente os tormentos do inferno, o purgatório pode ser encontrado nas "visões" do outro mundo já na baixa Idade Média. O modelo de mundo de princípio diferente não é reconstruído de maneira nenhuma nas "cúpulas"; ele foi indiscutivelmente formado pelos temores e os anseios dos "simplórios". Mais tarde, só em fins do século XII e início do XIII, sob pressão dessa potente necessidade sociorreligiosa, o novo modelo cultural recebe enformação e sanção dos teólogos.

A força e a influência da Igreja católica devia-se imensamente ao fato de que ela auscultava de quando em quando os impulsos que vinham de baixo e, a seu modo, satisfazia os vagos anseios do povo.

Eu poderia citar ainda outro exemplo em que um certo modelo religioso-cultural, formado na base e condenado e reprimido pela Igreja, mais tarde, em uma nova situação histórica, foi por ela aceito e utilizado contra aquelas camadas da sociedade que nunca o haviam lançado. Tenho em vista a imagem da bruxa.

Como se sabe, durante um longo período a fé nas bruxas e na sua capacidade de transformar-se e voar à noite, em que elas participavam

---

39. A. Vauchez, *La sainteté em Occident aux derniers siècles du Moyen Age d'après les procès de canonisation et les documents hagiographiques*, Paris, 1981.

142   A SÍNTESE HISTÓRICA E A ESCOLA DOS ANAIS

de sabás e possuíam força sobrenatural capaz de prejudicar os homens e os seus bens, pois bem, a Igreja considerava essa fé como contrária a Deus e a perseguia. Entretanto a situação mudou radicalmente na segunda metade da Idade Média, quando a Igreja reconheceu a capacidade das bruxas de fazer aliança com o diabo. O modelo cultural, que existia no seio do povo, foi imitado pela Igreja. Começaram as perseguições às bruxas. No período de transição da Idade Média à Idade Moderna, de fins do século XV até meados do século XVII, a caça às bruxas assumiu proporções monstruosas[40]. Objetivamente ela levou ao abalo e à destruição dos fundamentos da tradicional cultura popular, em primeiro lugar da cultura camponesa[41].

Aqui eu não discuto esses fenômenos históricos de forma minuciosa e em toda a sua complexidade. Eu gostaria apenas de mencionar que os modelos religioso-culturais da Idade Média se formaram não só nas cúpulas, difundindo-se posteriormente para o seio da sociedade, mas em determinados casos podiam medrar em um meio inteiramente diverso. É claro que, para ganhar enformação conceitual e se tornar "modelo" no pleno sentido da palavra, eles deviam passar por uma elaboração ou uma assimilação dos intelectuais, dos homens de saber. Mesmo assim, vendo a questão dos modelos culturais da Idade Média, cabe ter em vista essa simbiose complexa e contraditória de diferentes tendências e correntes, a interação de diferentes camadas socioculturais[42].

Mas para avaliar corretamente esses aspectos da formação e disseminação de modelos e protótipos culturais de comportamento é necessário tratar com toda a atenção a cultura popular e a religiosidade.

Como se vê, em realidade o campesinato não foi de maneira nenhuma esquecido nos monumentos medievais. Se os analisássemos atentamente poderíamos ler muita coisa curiosa a respeito dele. É claro que se fazem necessários "reagentes" específicos para que nos textos apareçam os contornos da figura da plebe, e é preciso fixar muito atentamente o ouvido aos discursos dos pregadores para ouvir as vozes da multidão à qual eles se dirigem. Mas a tarefa requer esforços necessários para a sua solução.

"Tudo o que merece interesse ocorre na obscuridade. A verdadeira história dos homens é absolutamente desconhecida." Essas palavras de Carlo Guinsburg foram usadas como epígrafe em seu livro sobre o desconhecido filósofo-moleiro Domenico Scandeli, portador da cultura popular da segunda metade do século XVI. Não teria chegado o momento de desfazer essa escuridão na medida do possível?

---

40. C. Ginzburg, *Storia notturna. Uma decifrazione del sabba*, Torino, 1989.

41. A. Ya. Guriêvitch, *O Mundo Medieval: A Cultura da Maioria Silenciosa*, M., 1990, pp. 308 e ss.

42. P. Burke, "Popular Culture Reconsidered", *Storia della Storiografia*, 1990, 17, p. 41 ff.

O DIÁLOGO COM GEORGES DUBY

Contrariando a sentença de Duby e de outros cientistas[43], eu continuo a manter a convicção de que o problema da cultura popular, a despeito de toda a imprecisão e da discutibilidade do conceito de "povo", é o problema real e sumamente atual da Ciência Histórica de hoje. Essa é a mesma opinião de vários historiadores da França, Itália, Inglaterra, Estados Unidos, Polônia, Rússia. Através de suas pesquisas, esses cientistas demonstraram que não estamos diante de um fantasma mas de um fenômeno histórico essencial.

Mas a primeira questão que se colocou diante de nós consiste no seguinte: que conteúdo colocamos no conceito de "cultura"? Isso é decisivo. É precisamente daqui que surge a problemática da antropologia histórica cultural. É preciso pensar atentamente um dispositivo conceitual, "purificar" incansavelmente os métodos de investigação e, acrescento, discutir com mais afinco e interesse os trabalhos dos seus colegas que tentaram aplicar tais métodos.

Não me coloquei o objetivo de fazer um exame abrangente da obra de Georges Duby. Semelhante tarefa é excepcionalmente complexa e o seu cumprimento exigiria uma monografia especial e não apenas um capítulo de livro. O círculo de interesse de Duby é muito vasto, e sua trajetória científica, que do seu ponto de vista subjetivo parece uma cadeia de acasos[44], apresenta-se ao historiador de fora sob a forma de uma ampliação sucessiva da visão histórica; da história da economia à história das relações sociais, à história da cultura, do sistema de valores, das mentalidades e da imaginação artística, à apreensão da integridade sociocultural.

Aí não ocorre uma simples mudança de temas da investigação mas o aprofundamento nesse ou naquele objeto: a sociedade é vista de diferentes pontos de observação, e a visão do historiador penetra cada vez mais fundo na estrutura dessa sociedade. Faz parte das intenções de Duby abarcar conjuntamente as relações sociais e econômicas e os fenômenos da vida espiritual "coordenados" com tais relações. Por exemplo, no livro *São Bernardo*. Na arte cisterciense[45] ele estuda os vínculos entre a espiritualidade e a ética dos monges e a sua prática

43. As objeções de Jacques Le Goff a Pierre Bourdieu, que põe em dúvida o conceito de "cultura popular" e a legitimidade do seu estudo. (P. Bourdieu, *La distinction: Critique sociale du jugement*, Paris, 1979, p. 459), Cf. J. Le Goff, "The Learned and Popular Dimensions of Journeys in the Otherworld in the Middle Ages", *Understanding Popular Culture. Europe from the Middle Ages to the Nineteenth Century*, ed. by S. L. Kaplan. Berlin, New York, Amsterdam, pp. 20-22. Na concepção de Le Goff, a cultura popular não é uma "contracultura", que reflete em forma inversa os traços da cultura dominante, mas antes uma forma específica que une "consumo" e "produção" de cultura.

44. G. Duby, *Le plaisir de l'historien*, p. 95.

45. G. Duby, *Saint Bernard. L'art cistercien*, Paris, 1976.

144 A SÍNTESE HISTÓRICA E A ESCOLA DOS ANAIS

econômica, procurando ao mesmo tempo incluir nessa análise também as peculiaridades da arte e da arquitetura da ordem de Bernardo de Clairvaux. Essa mesma ênfase da síntese penetra a monografia sintetizante *O Tempo das Catedrais*[46]. No estudo sobre a família, o casamento e a situação da mulher na França ao longo dos séculos XI-XII, essas formas radicais de relações humanas entram em contato com as relações de propriedade, com o direito à herança, com os sistemas social, religioso e político. Duby faz uma ressalva: ele limitou suas observações aos nobres – reis, príncipes, cavaleiros, e é perfeitamente possível que entre os habitantes das aldeias e das cidades os hábitos e os rituais do casamento não fossem inteiramente como "nas cúpulas"; mas o que fazer, observa Duby, em outras camadas da sociedade reinam trevas profundas. No fim das contas, o estudo do casamento e da família dá a Duby a possibilidade de examinar a questão de como funcionava a sociedade feudal, pois nas relações familiares-matrimoniais perpetuavam-se as estruturas que as determinavam. No casamento construíram-se os sistemas de parentesco de toda uma sociedade. "O casamento era a pedra-de-toque do edifício social", e por isso o historiador não está em condição de compreender a natureza do feudalismo se não conhecer aquelas normas de acordo com as quais o cavaleiro contraía matrimônio[47].

Duby estuda as mudanças que o casamento sofreu em seu amplo condicionamento a fatores multidiversos, sem destacar quaisquer momentos decisivos. No clima da "revolução feudal" do século IX ao início do século XI o casamento desempenhou o papel de importantíssimo meio de formação das uniões senhoriais. Duby prefere o conceito de correlação ao conceito de causalidade. Mas, ao mesmo tempo, em sua monografia não é difícil encontrar a idéia nem de longe nova sobre a dependência das concepções (no caso dado, das representações sobre o casamento e a família) em relação aos avanços no sistema econômico da sociedade (o crescimento das cidades e da produção, o desbravamento de novas terras, a ampliação dos lucros dos senhorios etc). Os dois modelos de casamento, o religioso e o mundano (aristocrático), em suas relações mutantes vêm a ser epifenômenos de profundos processos socioeconômicos[48].

46. G. Duby, *Le Temps des catedrales*, Paris, 1976. O crítico alemão ocidental ressalta que esse livro não contém o que promete: o encontro e o cruzamento da arte com a sociedade se dão no nível associativo e antes por meio da "empatia" que, de forma argumentativa, e o estilo belo de exposição substitui por vezes os testemunhos históricos. K. Schreiner, Von der Schwierigkeit, mittelterliche. *Mentalitäten kenntlich und verständlich zumachen*, S. 219-220.

47. G. Duby, *Le Chevalier, la Femme et le Prêtre*, Paris, 1981, pp. 23-25, 227. Cf. "Amour, mariage, aprenté", *Annales. E. S. C.*, 36e année, n. 6, 1981.

48. Veja-se a resenha de Yu. L. Biezmiértni ao livro de Duby, *Etnografia Soviética*, 1983, n. 2, pp. 161-164.

O DIÁLOGO COM GEORGES DUBY

Como vimos, Duby não pára de se preocupar com a questão de como vincular a história das mentalidades ao resto da história[49]. Contudo, não é tão fácil estabelecer esse tipo de vínculo. Duby faz decidida objeção à tendência de muitos historiadores a atribuir aos homens de outras épocas suas próprias representações sobre a vida emocional. Em particular, ele começa o seu artigo programático sobre a história das mentalidades criticando a interpretação de Chr. Pfister sobre o casamento do rei Robert, o Piedoso, com uma parenta. Esse tipo de casamento era proibido pela Igreja, e ainda assim o rei agiu contrariamente o veto canônico. Pfister atribui o seu comportamento a um "amor apaixonado". Duby refuta essa explicação como ingênua e arbitrária, uma vez que o amor no século XI não tinha nada em comum com o amor atual, e os casamentos, particularmente de personalidades reais, eram antes de tudo um problema de dinastia e por isso assunto dos parentes, que não se preocupavam com os sentimentos das pessoas que contraíam matrimônio[50].

À primeira vista essa crítica parece convincente e perfeitamente possível que Duby esteja mais próximo da verdade que Pfister. Entretanto, parece-me que na argumentação de Duby há um ponto frágil: não fica claro em que bases ele nega aos homens do século XI a capacidade de cometer atos sob a influência do amor. Não dispomos de informação suficiente para afirmações tão categóricas. Mas a questão nem está aí. Trata-se da metodologia de estudo das mentalidades. A hipótese de que nos tempos antigos existia um certo padrão de comportamento universalmente obrigatório é bastante arbitrária. Ela exclui a dispersão nas diretrizes vitais dos homens, que podiam inclusive se desviar da norma. A. Boureau também discorda de Duby neste caso, supõe que haja nele uma certa presunção geral de evolucionismo no estudo da consciência. Só gradualmente surge a livre opção individual que aparentemente não existia no início[51].

Quando se estudam os trabalhos dedicados à história das mentalidades, sente-se claramente a necessidade de passar do estudo desses ou daqueles aspectos da visão de mundo e do comportamento dos homens para uma visão coerentemente antropológica da história, visão essa que teria se disseminado não só na parte superior e visível do *iceberg* mas também nos seus principais maciços ocultos à observação direta. É exatamente assim que se sente a necessidade de continua-

---

49. Cf. G. Duby, *Des sociétés médiévales. Leçon inaugurale au Collège de France prononcée le 4 décembre 1970*, Paris, 1971, p. 45; *idem*, "Le mental et le fonctionement des sciences humaines", *L'Arc*, 72, 1979, pp. 90-92.

50. Chr. Pfister, *Etudes sur le regne de Robert le Pieux*, Paris, 1885; G. Duby, *Histoire des mentalités. L'Histoire et ses méthodes*, Paris, 1961, pp. 938-939.

51. A. Boureau, "Propositions pour une histoire restreinte des mentalités", *Annales. E. S. C.*, 44e année, n. 6, 1989, pp. 1494-1495.

146 A SÍNTESE HISTÓRICA E A ESCOLA DOS ANAIS

ção e aprofundamento da discussão metodológica acerca das possibilidades e dos limites da síntese histórica.

O que eu tenho em vista? Segundo o ponto de vista de Duby, um dos objetivos mais importantes das atuais ciências sobre o homem consiste em revelar "no âmbito de uma totalidade indissolúvel" as interações das condições econômicas, por um lado, e do complexo de prescrições morais do sistema de valores das representações ideais e modelos de comportamento, por outro. Sem o estudo das diretrizes mentais é impossível estudar a história das sociedades[52].

Tudo pareceria correto. Entretanto me parece insuficiente e não bem pensado até o fim. Duby se inclui entre os discípulos de Marc Bloch e Lucien Febvre. Entretanto eu suponho que Bloch concebia o papel e o significado, a função das mentalidades de um modo um tanto diferente. A atividade prática dos homens se desenrola em um nível diferente do da mentalidade. A interação ocorre entre as mais diferentes forças que determinam os feitos humanos, no entanto a mentalidade não é um dos muitos fatores do processo histórico. Sujeita a toda sorte de ações e pressões por parte desses fatores e modificando-se como resultado dessa pressão, a mentalidade forma ao mesmo tempo a atmosfera, o "éter" em que essas forças e fatores agem. Todos os fenômenos sociais, da economia, da estrutura da sociedade e das crenças e crises políticas, diz Bloch, "confluem na consciência humana"[53].

Eis a "pedra de toque" da investigação histórica! Logo, não deve tratar-se simplesmente das influências mútuas e das interações ("a economia influencia a consciência mas a consciência, por sua vez, influencia a economia" etc.) nem só das "correlações" (o regime político e a estrutura social "estão correlacionados" com a arte e a religião) – quem vai discutir isto? –, mas de que maneira todos os fatores históricos assinalados são focados e se refratam na consciência dos homens, tornando-se estímulos do seu comportamento social e modelando-o de um modo específico para dada época e cultura. Essa refração, como demonstram os trabalhos do próprio Duby, vem a ser sumamente complexa, por vezes "deformadora", transformadora da realidade objetiva; nesse sentido a consciência social é "falsa", mas o historiador procura uma verdade situada acima da história – ele investiga o conteúdo real das mentes humanas e encontra nelas um quadro historicamente condicionado do mundo.

O quadro do mundo não se esgota nesses ou naqueles aspectos ou fragmentos da mentalidade; em princípio, ele abrange sem exceção todos os aspectos da percepção humana do mundo. Para mim o sentido e o objetivo do enfoque histórico-antropológico consistem em es-

---

52. G. Duby, "Histoire sociale et idéologies des sociétés". *Faire de l'histoire*, I. Nouveaux problèmes, pp. 148-149.

53. M. Bloch, *Apologie pour l'histoire*, p. 79.

O DIÁLOGO COM GEORGES DUBY   147

tudar os quadros do mundo, que mudam na história e deixam sua marca indelével na consciência, determinando todas as formas de comportamento social dos homens.

É precisamente aí, suponho eu, que são possíveis as buscas da síntese que tanto falta à Ciência Histórica. Em todo caso, é necessário refletir atenta e profundamente sobre os problemas metodológicos gerados pela prática investigatória dos historiadores.

Segundo me parece, os vínculos e correlações entre fenômenos de diferente ordem por ora são antes postulados que demonstrados (estou ciente de que em história, e particularmente na história das mentalidades, a palavra "demonstração" soa um tanto ambígua; é claro que não se trata de demonstrações matematicamente claras e não-contraditórias, e mesmo assim também nós, historiadores, precisamos distinguir entre hipóteses e teoremas). Se nos limitamos unicamente a suposições baseadas na nossa imaginação não vamos avançar muito no sentido da síntese em história.

Minhas considerações podem perfeitamente ser discutíveis e equivocadas, mas foram geradas pela leitura do notável historiador francês[54].

54. No tempo transcorrido após a conclusão deste livro saíram as memórias de Duby, *A História Continua* (*L'Histoire continue*, Paris, 1991). Mesmo depois de estudar o seu livro, nada modifiquei neste capítulo. As memórias de Duby são muito interessantes, nelas se observa toda a sua trajetória criadora, a começar pelos anos quarenta, e todas as teses fundamentais dos *Diálogos* com Lardreau continuam inalteradas e duvido que tenham sofrido acréscimo substancial.

3. Emmanuel Le Roy Ladurie: "A História Imóvel"

"Não há nenhuma dúvida de que ao longo dos dois últimos decênios Emmanuel Le Roy Ladurie vem sendo um dos historiadores mais originais, dinâmicos e ricos em imaginação em todo o mundo" – escreveu em fins dos anos setenta Lawrence Stone e então mesmo ele se corrigiu: "Talvez o mais original". Ladurie, continua Stone, "tem a capacidade singular de dominar a atenção de um maciço auditório, mantendo a atenção e a admiração dos seus colegas de profissão".

"Le Roy Ladurie é o representante mais famoso da terceira geração de "annalenses" [...] Seus trabalhos de 'história estudada de baixo para cima' são um protótipo insuperável." É essa a apreciação de outro historiador americano.

"Muitos anos atrás Le Roy Ladurie chamou a si mesmo de 'historiador agrário' [...] Mas que historiador agrário é esse? Ele é antes um antropólogo cultural e um demógrafo que trabalha com a história do passado, pois investiga uma massa de dados sobre as relações sociais e a cultura, submetendo-os a uma análise intensiva e infinitamente inventiva".

"É fácil falar de 'história total' mas não é muito difícil elaborar [...] Poder-se-ia dizer que, em geral, ela seria inalcançável ao pesquisador de fontes não fossem o professor Emmanuel Le Roy Ladurie e seus livros", escreveu um historiador inglês a respeito de *Os Camponeses de Languedoc*.

Sobre *Montaillou*: "É a melhor investigação antropológico-cultural da sociedade camponesa jamais criada por um historiador" (A.

150 A SÍNTESE HISTÓRICA E A ESCOLA DOS ANAIS

Burguiére); "Esse livro abrangente representa um triunfo da arte do historiador" (Arthur Sclesinger Meyer); "É o melhor tipo de investigação histórica [...] uma galeria chausseriana de homens medievais vivos" (Hugh Trevor-Roper); "Uma obra-prima da história etnográfica [...] uma demonstração sensacional de pensamentos, sentimentos e ocupações dos homens comuns do passado" (*Times Literary Supplement*).

Escolhi a esmo algumas opiniões sobre a obra de Emmanuel Ladurie. Os trabalhos do sexagenário professor do Collège de France (ele nasceu em 1929) continuam a atrair a atenção fixa dos especialistas e, mais do que as obras de quaisquer outros autores, contribuem ao mesmo tempo para a ampliação e o fortalecimento do interesse vivo do público leitor pela história do passado distante. O sucesso de *Montaillou* foi surpreendente e sem precedentes, livros semelhantes pela tiragem maciça sobre estudos medievais ainda não foram publicados na França.

Como explicar esse sucesso?

"O segredo do sucesso consiste em que o livro representa em todos os detalhes o comportamento sexual escandaloso e onívoro de um padre-herege local no início do século XVI", afirma um dos resenhadores americanos. Eu acho que ele tem e não tem razão. Tem razão na medida em que esse tipo de tema atrai naturalmente a atenção dos leitores, e o autor de *Montaillou*, ao que tudo indica, não é surdo a semelhantes expectativas. Entretanto é muito mais importante salientar a inverdade de razão do resenhador, pois *Montaillou* – uma séria investigação histórica – nos dá algo incomparavelmente maior. "Dos empoeirados protocolos dos interrogatórios" observa outro crítico "Le Roy Ladurie conseguiu extrair a história viva dos homens simples e abriu diante de nós a possibilidade de ver um mundo considerado esquecido para sempre".

Eu acho que a questão está precisamente aí. A Ladurie, mais do que a qualquer outro dos historiadores do grupo da *Annales* ora em atividade, encaixam-se as palavras de Marc Bloch, segundo as quais o historiador é semelhante a um antropófago lendário: onde há cheiro de carne humana ele sabe que o espera uma presa. Ladurie procura e encontra os homens na história do passado distante, predominantemente no sul da França, em Languedoc, na segunda metade da Idade Média e início da Idade Moderna. Ressalte-se que não são "grandes homens", nem senhores nobres, destacados religiosos, pensadores ou poetas. No centro dos seus interesses estão os "homens sem arquivos", os camponeses e artesãos, o vulgo iletrado, que não estavam em condição de deixar testemunhos próprios sobre si e sua vida. Mas o historiador encontra um meio de fazer falar essa "maioria silenciosa" da sociedade daqueles tempos.

O método aplicado por Ladurie ao estudo do comportamento e do conteúdo da consciência dos camponeses da Idade Média é, em es-

EMMANUEL LE ROY LADURIE: "A HISTÓRIA IMÓVEL"

sência, o método do etnólogo, mas "apenas" com a diferença de que o medievalista convive com os homens estudados de forma não-direta, mas fazendo às fontes as perguntas que o etnólogo que trabalha em condições de campo tem de fazer aos homens que são objeto do seu estudo. Por isso Ladurie chama seu método de "etnoistórico".

Ladurie pertence ao número de pesquisadores que têm nítida consciência da necessidade de estudar a religiosidade e a cultura popular. Esses historiadores refutaram a presunção da velha historiografia, segundo a qual se pode julgar a vida espiritual da sociedade, particularmente a medieval, com base no conhecimento das concepções e das crenças da elite. Ao contrário disto, a nova corrente da Ciência Histórica parte da idéia da multiplicidade de tradições culturais e das diferenças entre a religiosidade e a cultura nos letrados e iletrados, do clero e dos mundanos, dos nobres e da plebe, dos camponeses e citadinos. Os historiadores pertencentes à nova corrente estão cientes de toda a importância do estudo do comportamento das concepções das mais amplas camadas da sociedade.

As raras brechas na vida espiritual do povo da Idade Média, as quais, apesar da extrema avareza das fontes, às vezes se consegue abrir, provam que, paralelamente ao quadro oficial do mundo aprovado pela Igreja, existia outro quadro "alternativo" do mundo. Essa "outra" cultura se baseava em um sistema próprio de visão do mundo e no seu próprio sistema de valores.

O maior mérito na decodificação dos "hieróglifos" da cultura popular e da religiosidade na Idade Média e início da Idade Moderna pertence, sem dúvida, a Emmanuel Ladurie. O historiador dá a nós, homens de fins do século XX, a possibilidade de entrar numa espécie de diálogo com os homens que viveram há mais de meio milênio. Esses homens trabalhavam, levavam vida familiar, amavam os seus filhos, morriam, hostilizavam-se e pecavam exatamente como nós. E mesmo assim, se julgarmos pelas suas crenças e hábitos da consciência, se tentarmos captar o seu quadro do mundo e reconstruir o seu sistema de comportamento, eles não serão como nós.

E é precisamente essa combinação contraditória de semelhança e diferença, de proximidade e distância, do compreensível e do enigmático, se quiserem, do banal e do paradoxal, que torna o conhecimento com a cultura distante tão sedutor e atraente para o homem de hoje. O fato de Emmanuel Ladurie ter conseguido revelar com grande arte e penetração o mundo dos camponeses em um povoado dos Pirineus no início do século XIV tornou licitamente um *best-seller* sua séria investigação científica, transformando o próprio autor numa espécie de "sismógrafo" da Ciência História francesa (segundo a expressão de um dos críticos), tal o ponto ele expressa com plenitude e precisão as tendências fundamentais e a problemática científica dessa ciência.

152   A SÍNTESE HISTÓRICA E A ESCOLA DOS ANAIS

Montaillou: Povoado Occitânico de 1294 a 1324[1] nem de longe é a primeira grande pesquisa de Le Roy Ladurie, mas é, sem dúvida, a monografia mais conhecida, que fez a sua fama, na qual a vida dos camponeses medievais está representada de forma mais ampla e detalhada, numa distância mais próxima do que em outros estudos. É dela que deveria começar a análise da obra desse notabilíssimo representante da terceira geração dos "novos historiadores", membro do colegiado redator da revista *Annales*, professor do Collège de France e diretor da Biblioteca Nacional de Paris.

...A heresia dos cátaros de Albigeois, reprimida no sul da França na primeira metade do século XIII, não desapareceu inteiramente, a despeito de tudo. Ela encontrou seu último abrigo e inclusive renasceu em regiões montanhesas menos acessíveis, particularmente nas regiões fronteiriças entre a França e a Espanha. Para investigá-la e erradicá-la, em 1318 foram enviados ao condado de Foix um dos inquisidores encabeçados por Jacques Fournier, bispo de Pamiers, futuro papa Benedito XII (seu pontificado durou de 1336 a 1342). Ao longo de vários anos, que vão até 1324, os inquisidores realizaram no povoado de Montaillou quase seiscentos interrogatórios minuciosos de aproximadamente centenas de habitantes e hereges locais. Entre eles havia vários nobres, padres, escrivãos, mas a maioria esmagadora dos processados foi constituída do vulgo – camponeses, artesãos, bodegueiros das povoações de Montaillou e Sabartes. Cerca de metade era constituída por mulheres.

Uma parte dos réus era mantida em prisão e outros se encontravam em prisão domiciliar. As torturas só se aplicavam em casos extremos. O principal modo de pressão era a excomunhão da Igreja ou a manutenção dos prisioneiros algemados a pão e água. Durante os prolongados interrogatórios, cujos registros chegam às vezes a ocupar dez páginas *in folio*, o bispo Fournier procurava elucidar a disposição de espírito dos camponeses e camponesas, dando-lhes a possibilidade de se exprimirem ao máximo, com a finalidade de formar uma noção definitiva e clara de seus equívocos heréticos e maniqueístas. Mas durante os interrogatórios eclodiam por si só temas que diziam respeito a diferentes aspectos da sua visão de mundo e da sua vida. Os registros dos secretários da Inquisição contêm material singularmente rico, que permite ao leitor moderno, munido do questionário do etnólogo, reconstruir muitos traços do quadro do mundo dos camponeses de uma época que não deixou deles quaisquer outras declarações diretas.

Essa não foi a primeira vez que os protocolos da Inquisição atraíram a atenção dos historiadores. Ainda no século XIX esses protocolos foram estudados parcialmente e deles se extraíram informações sobre as seitas heréticas e as suas doutrinas. Precisamente sob esse

---

1. E. Le Roy Ladurie, *Montaillou, village occitan de 1294 à 1324*, Paris, 1975.

ângulo de visão V. Döllinger e outros especialistas em história da religião e da Igreja examinaram os registros dos interrogatórios dos cátaros de Albigeois[2]. Mas talvez seja precisamente a composição e o sentido das perguntas feitas pelo historiador às fontes que mais revela as peculiaridades de sua metodologia. A doutrina dos hereges, é claro, merece toda e qualquer atenção. No entanto, essa doutrina, como qualquer outra, não pairava no ar mas penetrou na consciência de um determinado grupo de homens, influenciando-os no seu comportamento, e ao mesmo tempo recebeu deles determinados impulsos, transformando-se invisivelmente e equiparando-se ao nível da sua consciência e das suas necessidades talvez não conscientizadas.

É por isso que as doutrinas dos hereges precisam ser estudadas em um contexto mais amplo, que inclua a sua visão de mundo. São esses novos problemas que Emmanuel Ladurie se coloca. Ele salienta: seu tema não é o estudo da heresia dos cátaros mas a mentalidade dos camponeses. Como seriam as preocupações diárias da gente simples de fins do século XIII e início do século XIV, a sua economia, o ambiente natural e social, sua vida familiar e sexual, sua relação com os filhos, os seus sentimentos e pensamentos? O que representavam a relação dos camponeses com o mundo e com seus semelhantes, as suas crenças religiosas, os mitos e a idéia sobre a alma, a morte, a salvação e o outro mundo? Como eles vivenciavam o tempo e o espaço. Será que percebiam de algum modo a história? Pode-se saber alguma coisa sobre a sua autoconsciência e o comportamento social por ela ditado? A colocação dessas novas questões exigia um novo enfoque do problema das fontes e dos métodos de sua investigação.

É claro que a índole do monumento histórico, dos protocolos da Inquisição é tal que no fundamental permite conhecer as concepções dos homens não inteiramente típicos da Idade Média – os hereges, que, insatisfeitos com a doutrina oficial da Igreja, fizeram conscientemente a sua escolha. Os registros do bispo Fournier falam bem menos das concepções e das crenças dos católicos fiéis à doutrina e já por isso o quadro que se desenha quando as estudamos não pode ser unilateral. Os protocolos da Inquisição são uma fonte muito original para o esclarecimento da vida espiritual dos homens, cujos depoimentos serviram de base a tais protocolos. Embora não se aplicassem torturas nos interrogatórios, nas páginas dos registros de Jacques Fournier refletem-se as cinco fogueiras que foram acendidas ao término da investigação. As vítimas dos interrogatórios podiam facilmente imaginar como terminariam as suas conversas com o bispo. Embora poucos tenham sido condenados à morte, houve uma abundância de sentenças acompanhadas de diferentes períodos de prisão, até de prisão per-

---

2. V. Döllinger, *Beiträge zur Sektengeschichte des Mittelalters*, Bd. 2, München, 1890.

154 A SÍNTESE HISTÓRICA E A ESCOLA DOS ANAIS

pétua, de confisco de bens e privação de direitos, que se traduziam no uso da estrela amarela nas roupas dos hereges, assim como da obrigação de fazer peregrinação como penitência.

Dificilmente seria possível aceitar todos os pronunciamentos desses homens sem fazer emendas substanciais ao seu pavor diante do juiz, ao seu desejo de aparecer diante dele sem culpa, ou com menos participação na heresia do que desconfiava o inquisidor. Para avaliar corretamente as confissões fixadas nos registros de Jacques Fournier, é necessário ter a clara noção da situação em que elas foram feitas e do estado de espírito dos interrogados, dos objetivos que tais confissões perseguiam. Não é difícil verificar que algumas das pessoas apresentadas pela Inquisição tentam esquivar-se, evitar a confissão de sua culpa ou atribuí-la a outro. Uma série de pessoas, que inicialmente fizeram essas ou aquelas confissões, nas etapas subseqüentes dos interrogatórios renegaram-nas, circunstância que, infelizmente, Ladurie nem sempre leva devidamente em conta. Tentemos imaginar o clima do interrogatório: diante do alto inquisidor, munido de poder e armado de toda a sabedoria, estão em sua maioria camponeses analfabetos, arrancados de sua vida habitual. Era fácil assustar-se, desnortear-se e, naturalmente, apelar para a mentira com o fito de salvar-se. Não se pode acreditar inteiramente em pessoas colocadas diante de um inquisidor. Acho que a questão da veracidade ou da tendenciosidade dos depoimentos dos hereges interrogados mereceria muito maior atenção do que aquela que lhe foi concedida no livro. Aí pelo visto se exigia mais cautela.

Além disso, é preciso também ter em vista as complexidades da tradução. Os depoimentos eram prestados pelos habitantes locais em dialeto occitânico (de raro em raro em gascão) e registrados em latim. Será que os escrivães compreendiam com absoluta precisão aqueles que respondiam as suas perguntas e transmitiam plenamente o sentido das suas declarações? Dificilmente: em todo caso isso não está claro. Mas isso não é tudo. Em seguida, lendo em voz alta os depoimentos para os acusados ou suspeitos, os colaboradores do bispo Fournier tinham de produzir uma tradução oral inversa (do latim para o dialeto do suposto herege), nessa fase podiam surgir – não podiam deixar de surgir – novas dificuldades de compreensão, mudança de sentido e deturpações diretas. Infelizmente Ladurie não examina detalhadamente esse aspecto da questão[3].

As referidas circunstâncias tornaram *Montaillou* vulnerável à crítica. De fato, como mostrou Leonard Boyle, diretor da Biblioteca do Vaticano, em sua resposta sumamente crítica dedicada predominante-

---

3. Chama atenção para esse aspecto da questão, o resenhador do livro de Natali Zemon N. Davis. N. Z. Davis, "Les conteurs de Montaillou", *Annales É. S. C.*, 34e année, n. 1, 1979, pp. 168-169.

EMMANUEL LE ROY LADURIE: "A HISTÓRIA IMÓVEL" 155

mente ao modo de tratamento da fonte, Ladurie tratou a análise dos registradores de Fournier de um modo um tanto "consumista"[4]. Entre outras coisas, ele não levou em conta a circunstância de que não se conservou todo o material dos inquéritos mas um dos dois volumes, e por isso algumas afirmações do pesquisador não podem ser suficientemente fundamentadas. Porque as pessoas, de quem uma parte dos depoimentos consta na edição existente dos protocolos, poderiam dar outros depoimentos ou renunciar ao que disseram antes. Segundo Boyle, Le Roy Ladurie não percebeu que em alguns pontos dos protocolos os escrivães empregaram torneios e expressões genuínas da Igreja que não deveriam empregar como pronunciamento dos próprios interrogados. Várias de suas respostas são padronizadas, o que, por sua vez, não pode deixar de suscitar reflexões.

Le Roy Ladurie, escreve Boyle, não vê as pessoas cujos depoimentos estuda como individualidades vivas, mas antes como "marionetes" utilizadas para elaboração de um cenário preparado antecipadamente pelo questionário do historiador. Daí resulta que nem todos os fatos recebem um esclarecimento correto. Como demonstra Boyle, às vezes Ladurie faz uma tradução ou interpretação incorreta da fonte. Assim, sua afirmação de que os habitantes de *Montaillou* "viviam na ilha do tempo", sem conhecer o passado e sem fazer idéia do futuro, baseia-se numa compreensão equivocada do pronunciamento de um dos hereges interrogados; em realidade, ele disse que depois da morte não há vida e reconhecia apenas o paraíso terrestre. (Eu objetaria ao crítico que mesmo que neste caso tenha sido cometido um erro, a idéia de que o vulgo da Idade Média vivia na "ilha do tempo" não está absolutamente desprovida de fundamentos e não transmite mal o traço específico do vivenciamento do tempo naquela época.)

Boyle considera que o "erro maior" de Ladurie é a sua afirmação de que, em *Montaillou*, os camponeses misturavam em um todo Nossa Senhora com a Mãe-Terra pagã. Esse erro decorreu da leitura incorreta do texto do interrogatório, no qual se diz que o maniqueísta padre Pierre Clergue enterrou sua mãe próximo ao altar; segundo afirma o padre Boyle, Ladurie leu incorretamente esse texto imaginando que a morta havia sido enterrada "debaixo" do altar da Virgem Santa. Daí concluiu pela existência do culto ctoniano da fertilidade.

O padre Boyle "pega" Ladurie também em outras imprecisões, erros e leituras forçadas do texto. Por isso, a afirmação do autor de *Montaillou*: "Cada investigação histórica deve começar pela crítica das fontes" paira um pouco no ar. Como conclui Boyle, Ladurie não revela o devido enfoque crítico dos registros do inquisidor. É uma grande lástima, uma vez que se insinua involuntariamente a suspeita

---

4. L. E. Boyle, "Montaillou revisited: mentalité and methodology", *Pathways to Medieval Peasants*, Ed. By J. A. Raftis, Toronto, 1981, pp. 119-140.

de que em algumas outras passagens do livro pode encontrar-se uma tradução imprecisa ou uma interpretação forçada do monumento.

Como vemos, *Montaillou* não encontrou apenas elogios altissonantes mas também uma crítica bastante mordaz. Mesmo assim esse livro é legitimamente considerado uma das obras-primas que saíram do ateliê dos "annalenses". Para compreender o seu valor científico, vejamos, finalmente, o conteúdo do livro.

Ele se divide em duas partes. A primeira é intitulada "Ecologia de *Montaillou*: A Casa e o Pastor". Nessa parte estão caracterizadas a agricultura – a célula fundamental da vida social, familiar, religiosa, cultural e dos bens –, a "casa" (*ostal*), os bens indivisíveis da família magicamente protegidos pelo destino, pela "estrela". A riqueza da família se traduz nas dimensões da terra que ela possui, do número de cabeças de gado, antes de tudo ovelhas, e menos que tudo na posse de dinheiro; este aí era pouco e desempenhava um papel essencial na troca. A vida no pasto e a vida na casa são dois pólos da existência da maioria dos homens de Montaillou e são elas que determinam os traços fundamentais da mentalidade dos habitantes locais.

Quanto às relações da população local com o mundo exterior e as autoridades, embora Montaillou estivesse teoricamente subordinada aos senhores feudais – ao rei de França, ao conde de Foix, ao castelão e, em termos eclesiásticos, ao bispo de Pamiers, na prática esses governantes desempenhavam papel principal na vida dos camponeses. Nos períodos "normais" Montaillou era uma microssociedade, entre cujos membros a principal divisão social não era entre a nobreza, que aqui quase não é mostrada, e a coletividade camponesa, mas entre os leigos e o clero. A influência decisiva nessa microsociedade cabia a algumas famílias mais poderosas, que atraíam para si os partidários, competiam e se hostilizavam. Em Montaillou, diz Ladurie, pode-se observar uma luta pela influência e pelo poder entre grupos particulares, clãs rurais, que usam a proteção, a amizade, o casamento, mas é impossível descobrir uma luta de classe de oprimidos contra exploradores. Aí as relações de poder estavam como que "abaixo do nível das estruturas feudais e de propriedade. O pesquisador não tende a ver aí qualquer exclusão da regra geral. Segundo sua convicção, a análise da micro-sociedade de Montaillou permite compreender a estrutura da sociedade em seu todo. Montaillou, é claro, é apenas uma gota d'água no oceano, mas graças ao "microscópio" que foram os protocolos de Jacques Fournier é possível enxergar os "corpos primários". Esta é uma observação de enorme significação.

A parte segunda e principal do livro – "Arqueologia de Montaillou: Do Gesto ao Mito" – contém uma análise da visão de mundo, dos prin-

EMMANUEL LE ROY LADURIE: "A HISTÓRIA IMÓVEL"   157

cipais valores culturais, dos hábitos da vida e das premissas éticas do comportamento social dos habitantes locais.

A maioria esmagadora desses habitantes é analfabeta; vivem em condições de dominação da cultura oral. Por isso a doutrina da Igreja é por eles assimilada de modo superficial e, principalmente, de modo original. Suas concepções de tempo são vagas e salta à vista o contraste entre os detalhes precisos, colocados nos protocolos dos inquisidores, e as indicações adivinhatórias do tempo desse ou daquele acontecimento nos relatos dos camponeses interrogados; é o contraste entre duas tradições culturais, a da Igreja, erudita por um lado, e a camponesa, folclórica, por outro. A história está ausente quase por completo na cultura de Montaillou. Esses homens ouviram falar da criação do mundo, do pecado original dos seus ancestrais, e esperam o Juízo Final. Desse modo, estão traçados os limites máximos da história como a concebia o homem medieval. Se o problema gira em torno dos acontecimentos históricos, estes costumam ser atribuídos ao tempo posterior a 1290 ou até a 1300. A "ilhota do tempo" em que vivem os camponeses é banhada pelas lendas, mitos e fábulas.

Os habitantes de Montaillou se distinguem por uma elevada emocionalidade, choram amiúde e facilmente. Catam piolhos uns nos outros, mas se lavam raramente e de má vontade, dando mais importância não à higiene do corpo mas ao ritual da limpeza da boca e das mãos. Comem e bebem numa vasilha comum, dormem várias pessoas na mesma cama. Nesse povoado aparentemente distante da civilização urbana não reina o rigor dos hábitos nem a moral ascética pregada pela Igreja. Ao contrário, é uma sociedade sexualmente tolerante. Entre as pessoas, que prestaram seus depoimentos ou sobre as quais há depoimentos, existem adúlteros, prostitutas, homossexuais, estupradores, sem falar ainda de inúmeros bastardos. Uma das camponesas de Montaillou confessou que tinha relações com o padre, e os dois não viam nisso nenhum pecado. Mas desde o momento em que essas relações deixaram de lhe trazer prazer ela passou a pensar que eram pecaminosas[5]. Segundo a convicção dos camponeses, o prazer em si não acarreta o pecado e aquilo que é agradável ao homem que pratica relações sexuais não pode deixar de agradar a Deus.

A família mais poderosa de Montaillou – o clã dos Clergue – se tornou famosa não só por sua riqueza, por suas relações e influência, mas ainda pelas inúmeras intrigas amorosas em que estiveram envolvidos os seus representantes. Destacou-se particularmente no campo amoroso o já referido padre Pierre Clergue, cátaro secreto. Era uma espécie de Dom Juan rural de batina, que desprezava os mandamentos cristãos e o celibato eclesiástico e não se detinha diante de nada para

---

5. E. Le Roy Ladurie, *Montaillou*, p. 151. Cf. N. Z. Davis, *Les conteurs de Montaillou*, pp. 66 e ss.

158   A SÍNTESE HISTÓRICA E A ESCOLA DOS ANAIS

acabar com seus inimigos, lançando contra eles acusações diante da Inquisição através das suas inúmeras amantes. Algumas das moças que ele seduzia ele casava posteriormente, sem, contudo, romper as relações amorosas com elas. Cabe observar que todo mundo sabia da sua depravação sexual mas ninguém o condenava. Além do mais, o marido de uma das amantes de Pierre Clergue declarou à sua mulher que não era contra as relações dela com o padre contanto que ela tivesse cuidado com outros homens[6].

Ao que parece, a moral dos camponeses no início do século XIV era um tanto mais livre do que no período posterior à Contra-Reforma: dez por cento dos paroquianos viviam abertamente "no pecado", sendo que o mau exemplo era dado pelo próprio padre. O amor era um conceito empregado na maioria dos casos para as relações fora do casamento. Nisto os camponeses de Montaillou eram solidários com os trovadores provençais. O casamento não era uma união na qual se pudesse cultivar o amor. Porque a condição da mulher no casamento era dura, o marido batia nas mulheres, as mulheres temiam os maridos. Entretanto, havia casos em que a mulher dirigia a economia e gozava do apoio e do respeito de seus filhos.

Apesar da doutrina dos cátaros, que negava a procriação, a maioria dos camponeses de Montaillou tinha muitos filhos. Ao contrário das afirmações de alguns autores, segundo quem o amor pelos filhos era um sentimento que surgiu em período relativamente recente (Emmanuel Ladurie tem em vista antes de tudo Philipp Ariés), os camponeses e camponesas de Montaillou experimentavam uma afeição natural e calorosa pelos seus filhos e ficavam aflitos quando eles morriam. Desse modo, não existiu uma ruptura entre a nossa relação com os filhos e a relação da população de Montaillou com eles[7].

Quanto à velhice, ela começava depois dos cinqüenta anos. Havia menos homens idosos do que mulheres e eles não eram cercados de respeito. As doenças eram a causa da morte prematura de muitos, mas os protocolos da Inquisição não permitem fazer um quadro geral da média de vida. Por outro lado, eles revelam outro aspecto da relação com a morte, característico dos cátaros. Alguns deles se privavam conscientemente da vida com greve de fome, certos de que esse tipo de morte (*endura*) garantia a salvação da alma. Os protocolos traçam conflitos dramáticos ocorridos nesse solo entre as mães, que eram incapazes de suportar a visão dos seus filhos morrendo de fome, e os pais mais firmes na heresia, que proibiam dar comida e bebida a eles.

Em linhas gerais, o mundo espiritual da população desse povoado dos Pirineus está representado nas confissões dos camponeses e cam-

6. E. Le Roy Ladurie, p. 158.
7. *Idem*, p. 212.

ponesas de forma multilateral e muito concreta. Entre eles está disseminada a fé no destino e existe uma representação do mundo que pode ser expressa pela fórmula "microcosmo/macrocosmo". Por outro lado, Ladurie encontra apenas algumas indicações de magia: ele tende a explicar sua ausência pelo predomínio, entre os cátaros, da idéia da existência do outro mundo sobre as preocupações terrestres. Entretanto, essa explicação não me parece muito convincente, pois naquela época o medo dos castigos de além-túmulo e as esperanças de salvação não eram menos próprios também dos católicos fiéis à doutrina, o que de maneira nenhuma lhes impedia de apelar para o auxílio da magia. Vem à mente uma outra explicação mais simples do silêncio dos protocolos de Jacques Fournier sobre a magia: será que os interrogados não quiseram evitar novas contrariedades? Porque a Igreja desaprovava muito a magia camponesa.

A fé em Deus está ritualizada e toca pouco o sentimento dos fiéis. Os padres faziam sermões e rezavam a missa, mas uma parte deles era secretamente cátara. Além do mais, a atividade dos padres no local "contaminado" pela heresia era dificultada. Nem todas as teses da religião eram aceitas como fé. Havia pessoas que afirmavam que Deus tinha nascido da mesma forma que todas as pessoas, que Maria engravidara de José e negavam a crucificação de Cristo, Sua ressurreição e ascensão. Difundia-se a certeza de que os animais possuem alma e a alma humana é constituída de sangue e desaparece depois da morte, embora alguns supusessem que ela fosse de pão. A crítica dos hereges ao catolicismo misturava-se com as representações folclóricas de origem pré-cristã e não-cristã. O "tradicional naturalismo camponês" refutava a idéia da criação sobrenatural e da interferência divina. Nem para os cátaros nem no folclore a natureza e a matéria podiam ser criações de um Deus bom. O trigo, a vegetação, as flores, o clima, diziam os hereges, tudo isso vem do diabo e não tem relação com Deus. Satanás coexiste na eternidade com Deus, ensinavam os dualistas "radicais", porque foi criado por Ele e por sua vez gerou o mal e o mundo, como afirmavam os hereges de concepções mais moderadas. Entretanto os cátaros consideravam sua doutrina verdadeiramente cristã, considerando o catolicismo oficial como "doutrina dos fariseus".

A população de Montaillou sentia um nojo profundo, verdadeiramente evangélico, da "riqueza". Esse nojo era partilhado por cátaros e católicos. Eles viam na riqueza a fonte do pecado, particularmente nas riquezas da Igreja. Mas os pobres também não eram populares, com a única exceção se fossem pobres voluntários, ou seja, pobres por convicção, que haviam renegado as riquezas terrestres.

As preocupações com o mundo de além-túmulo ocupavam imperiosamente a consciência desses homens e enchiam seus corações de inquietação. Como concebiam a existência depois da morte? As almas possuem corpo, pernas, braços, cabeças, sentem frio e às noites en-

160 A SÍNTESE HISTÓRICA E A ESCOLA DOS ANAIS

tram nas casas e levam consigo feixes de lenha com a finalidade de acender a lareira e aquecer-se. Os mortos não comem mas bebem vinho, e às vezes durante a noite bebem um barril inteiro. Mostram interesse pelos destinos dos que ficaram vivos. As almas dos mortos estão constantemente em movimento, passam de um lugar a outro. Segundo convicção de uma parte dos habitantes locais, elas habitam algum lugar nas proximidades do povoado. Fazem peregrinações a longas distâncias, parando nas Igrejas. Essas peregrinações em penitência preparam a alma para uma nova morte, para a sua passagem ao "lugar da paz" que se encontra em algum ponto da terra. Ao atingirem esse lugar, as almas dos mortos rompem o contato com o mundo dos vivos. O purgatório não é mencionado. Nas visões dos camponeses predomina a paz e não o inferno. O paraíso é representado sob a forma de uma casa enorme, semelhante à *ostal* camponesa. As fantasias dos habitantes de Montaillou desenham antes fantasmas e mortos que almas na concepção cristã. Mas além da alma o homem ainda tem o espírito, que pode deixar o corpo durante o sono.

Cria-se a impressão de que aí inexistia uma noção única do mundo de além-túmulo e da alma do morto, de que os camponeses imaginavam de diferentes maneiras a existência depois da morte. O importante é que a sua imaginação estava ativamente envolvida nesses enredos. Como salienta Nataly Davis, elas refletiam e discutiam sobre a vida, a morte e as "últimas coisas"[8].

Portanto, os materiais utilizados por Emmanuel Ladurie lhe permitiram, como ele diz, penetrar numa camada mais profunda que a capa expressiva porém superficial das relações feudais e senhoriais, com cuja descrição, na ausência de outras possíveis, tiveram de contentar-se por tão longo tempo os historiadores das sociedades agrárias dos períodos iniciais.

Montaillou é um modelo de investigação local. A análise "microscópica" realizada por Ladurie lhe deu a possibilidade de trazer para a superfície as estruturas sociais e mentais profundas que, a despeito de todas as peculiaridades específicas que lhes são próprias, eram características do campesinato medieval[9].

É claro, o quadro da vida e da visão de mundo dos habitantes de Montaillou, retratado nos protocolos da Inquisição, se nos apresenta inevitavelmente em um plano um tanto original: no plano do pecado e da heresia. As perguntas do bispo Fournier pressupõem justamente essa interpretação da realidade. Como resultado, a vida cotidiana tinha de receber uma interpretação um tanto tendenciosa. Mesmo as-

8. N. Z. Davis, *Les conteurs de Montaillou*, p. 65.
9. Cf. J. Peters, "Das Angebot des "Annales" und das Belspiel Le Roy Ladurie. Nachdenkenswertes über französische Sozialgeschichtsforschung", *Jahrbuch für Wirtschaftsgeschichte*, 1989, 1, S. 139-159.

EMMANUEL LE ROY LADURIE: "A HISTÓRIA IMÓVEL" 161

sim, o historiador conseguiu descobrir a camada oculta da cultura medieval – as concepções, as crenças e os modelos de comportamento dos camponeses, e nisso está o seu grande mérito.

Como já foi observado, *Montaillou* nem de longe é a primeira pesquisa de Emmanuel Ladurie. Sua primeira dissertação, *Os Camponeses de Languedoc*, publicada em 1966[10], logo o promoveu a um dos principais representantes da Nova História. O objeto de estudo é o campesinato de uma província do sul da França no período situado entre o século XIV e o primeiro terço do século XVIII. No centro da atenção do cientista estão as estruturas econômicas, demográficas, social e psicossociais e as suas mudanças latentes. Latentes, pois o que o ocupa em primeiro lugar é a "história inconsciente" (*histoire inconsciente*), ou seja, a história dos homens que não tomaram consciência de sua própria história e a criaram no nível do inconsciente é uma "ecodemografia" do mundo tradicional que ficou no passado.

Emmanuel Ladurie procura realizar os postulados da "história total" e unificar a investigação histórica com a demografia histórica e a geografia, o estudo da economia e das relações sociais com a análise das mentalidades, sem se desviar ao mesmo tempo da análise dos grandes acontecimentos daquele período como a Reforma, as guerras huguenotes, as sublevações camponesas. Todas as tendências e fenômenos por ele estudados são abrangidos pelo conceito de "grande círculo agrário".

É pouco provável que haja dúvida de que os métodos aplicados por Ladurie e os conceitos por ele empregados foram inspirados grandemente pelos trabalhos de Fernand Braudel. O "grande círculo agrário" lembra o "tempo da longa duração", assim como o "tempo das conjunturas". Para estudar esse ciclo são necessárias maciças fontes que se prestem à contagem. Languedoc se distingue do norte da França pela riqueza de material documentário, e a base da investigação de Ladurie foram os inventários fiscais que continham uma avaliação da posse da terra, e as relações dos ingressos de dízimos da Igreja; paralelamente foram estudadas as atas dos tabelionatos, os registros que refletiam o número da população e outros materiais estatísticos, embora todas as fontes dessa natureza, aplicadas ao período estudado (particularmente às suas fases iniciais), se distingam pela incompletude, pelo aspecto fragmentário e pela imprecisão. Tudo isso dá ao historiador a possibilidade de estudar os processos econômicos e demográficos. De modo correspondente, no centro de sua atenção estão os preços, os salários e a renda da terra.

10. E. Le Roy Ladurie, *Les paysans de Languedoc*, t. 1-2. Paris, 1966. Veja-se a resenha minuciosa de A. D. Liubínskaia e V. N. Málov, *Idade Média*, fasc. 34, Moscou, 1971, pp. 317-322.

162 A SÍNTESE HISTÓRICA E A ESCOLA DOS ANAIS

As contradições entre o crescimento da população e os recursos materiais disponíveis, constatadas pelo pesquisador, levam a uma série de crises vividas por Languedoc, crises para cuja compreensão o autor recorre à teoria do crescimento populacional de Malthus. Segundo convicção de Ladurie, essa teoria se aplica a Languedoc nos séculos XVI e XVII, mas não à época em que foi formulada (1798). Malthus foi um "teórico penetrante em relação às sociedades tradicionais, mas profetizava o passado"[11].

Entretanto, a investigação econômica planejada por Ladurie começou a se transformar gradualmente, segundo ele reconhece, em algo mais complexo – no estudo dos homens vivos, dos camponeses no seu contexto social.

Tendo começado pela formação dos hectares e das unidades de cadastro – escreve ele –, terminei podendo observar a atividade, a luta e os pensamentos dos próprios homens.

Porque a história econômica é baseada em cálculo, por mais que seja precisa e definitiva, por si só não podia me satisfazer plenamente. Ora, ela fornece apenas uma base tosca, ainda que necessária.

Eu me convenci de que os obstáculos malthusianos no caminho do desenvolvimento (da economia e da população) não eram apenas de composição material. Percebi a existência de um imenso obstáculo sob a forma de diretrizes mentais e comecei a suspeitar da existência de fronteiras invisíveis de ordem espiritual mais dificilmente superáveis. Pouco a pouco fui aprendendo a descobrir esses obstáculos na crônica das desesperadas insurreições camponesas e na história sangrenta da religiosidade camponesa.

Usando de todos os meios de análise à minha disposição, decidi-me por empreender o estudo da história total nos limites restritos de uma sociedade humana[12].

Portanto, a lógica da própria pesquisa levou a que Ladurie passasse dos aspectos demográficos e econômicos da vida do campesinato à conscientização da necessidade de elaborar uma "história total" que, paralelamente aos aspectos da civilização, não abrangesse simplesmente "também" a vida espiritual mas tornasse compreensíveis e vivas as estruturas socioeconômicas, contanto que incluísse as mentalidades no sistema de explicação do todo social.

A influência acima referida de Braudel verificou-se limitada; já no início da sua vida criativa Emmanuel Ladurie sentiu a necessidade de ir adiante – grandemente – por outro caminho, superando a alienação em face do conteúdo humano da história, alienação própria de Braudel. Segundo Ladurie, dois avanços importantíssimos na mentalidade da população de Languedoc, que ocorreram no século XVI, foram, em primeiro lugar, o aprofundamento da ruptura cultural entre as pessoas ilustradas, que dominavam a *langue d'oil*, e a plebe, que continuava falando a *langue d'oc**; em segundo lugar, a Reforma, que

11. E. Le Roy Ladurie, *Les Paysans de Languedoc*, Paris, 1969, p. 370.
12. *Idem*, p. 10.
* As duas passagens estão em francês no original russo. (N. do T.)

EMMANUEL LE ROY LADURIE: "A HISTÓRIA IMÓVEL"   163

contrapôs os huguenotes aos papistas. A maioria dos camponeses permaneceu católica, mas em seu meio penetraram as idéias da Reforma, impregnando esse meio de um novo conteúdo.

Ao analisar a mentalidade popular, Ladurie presta uma atenção especial às explosões de fanatismo e brutalidade, às fobias coletivas e ao fanatismo. Esses fenômenos se caracterizam pela irracionalidade do comportamento de massa, por vezes condicionado a causas perfeitamente objetivas – à pobreza, à fome, aos tributos, às guerras, ao agravamento das contradições sociais. Assim, os "indicadores econômicos abstratos, referentes às desproporções do desenvolvimento, da propriedade da terra e dos salários, ganham um sentido concreto ao encontrar sua materialização nas grandes rebeliões populares"[13].

Uma das ondas de indignação popular e de ensandecido ódio social sobre o pano de fundo dos movimentos camponeses e urbanos no período da Reforma e das guerras religiosas na França foi o chamado "carnaval de Romans". Esse episódio talvez não seja tão importante no contexto da "grande" história da França do século XVI, entretanto é sumamente ilustrativo. Aí, no âmbito da história local, descobrem-se tendências secretas e modelos de comportamento, revelam-se vínculos íntimos entre a vida material, a vida social e a vida espiritual.

Nos anos setenta, Ladurie volta a esse episódio para lhe dedicar uma monografia especial[14]. Nos acontecimentos ocorridos na cidade de Romans (no Isère, afluente do Rhône, província de Dauphiné) que tiveram lugar no início de 1580, num curto espaço de tempo entrelaçaram-se e se fundiram em um todo a luta social e a festa popular: tendo começado na forma de uma tradicional solenidade de comemoração do inverno, o carnaval transbordou num massacre sangrento, durante a qual o patriciado urbano tentou livrar-se dos seus adversários – a oposição plebéia.

O pesquisador teve de fazer um difícil trabalho para extrair os grãos de verdades de um relato tendencioso sobre esse acontecimento, deixado por um juiz da cidade, que organizou a repressão contra os líderes populares. Entretanto, Ladurie conseguiu recriar o quadro impressionante do ensandecido conflito, que teve em seu fundamento as profundas contradições sociais, religiosas, econômicas e políticas mas se vestiu com os trajes do carnaval popular.

Precisamente em Romans as fobias coletivas e irracionais, geralmente características daquela época, atingiram o seu apogeu. Citadinos ricos, comerciantes, magistrados da cidade e nobres imaginaram que a gente simples que dançava e se divertia não estava querendo apenas acabar com seu domínio e apossar-se de suas riquezas mas

13. *Idem*, p. 161.
14. E. Le Roy Ladurie, *Le Carnaval de Romans. De la Chandeleur au mercredi des Cendres 1579-1580*, Paris, 1979.

164 A SÍNTESE HISTÓRICA E A ESCOLA DOS ANAIS

nutria ainda aspirações canibais – tema que eclode reiteradamente nas fontes francesas da Idade Média tardia. Os partidários e mercenários dos senhores atacaram os participantes do carnaval e mataram o chefe de um grupo. Utilizando-se de uma multidão de elementos desclassificados, eles perpetraram uma carnificina selvagem nas ruas da cidade, após o que investiram contra os camponeses das redondezas que pretendiam juntar-se àqueles e se preparavam para ir à cidade participar do carnaval.

O vínculo entre a festa popular e a luta social não é um fenômeno exclusivo da história da França do século XVI. Fenômenos semelhantes ocorreram reiteradamente[15]. Mas Ladurie conseguiu demonstrar esse vínculo com um relevo e uma evidência especiais. Segundo sua opinião, nos acontecimentos ocorridos em Romans revelaram-se não as aspirações escatológicas também muito fortes em outras manifestações populares da época da Idade Média e da Reforma, mas determinadas tradições folclóricas com sua simbólica característica. Em particular, ele chama a atenção para o fato de que as partes em luta agiram sob diferentes "totens" – da ovelha, do coelho, do capão, do urso e do asno dos artesãos contra o galo, a águia e a perdiz dos nobres. A interpretação dessa simbólica é, não obstante, um tanto forçada, e as buscas dos estímulos subconscientes produzem a impressão de certa arbitrariedade. Abrir caminho entre essa "floresta de símbolos" não é tão fácil.

> O sangrento carnaval de Romans, que transbordou em toda uma série de demonstrações simbólicas (até o enforcamento do chefe dos revoltosos de cabeça para baixo, o que, segundo Ladurie, devia significar o restabelecimento da ordem "normal" das coisas, invertida pelos revoltosos) foi uma espécie de psicodrama ou de balé-tragédia cujos atores representaram e dançaram sua insurreição em vez de discutir e proclamar manifestos; ele tomou a forma de obra de arte, dando vazão imediata ao subconsciente. Tendo em vista que aí esteve ausente um fundo ideológico intermediário filtrador e obnubilador, existe a possibilidade de enxergar nessa indignação e em sua repressão (e no entrelaçamento dos pavores mútuos) um determinado conteúdo não-formulado que, nos casos de sublevações mais comuns e menos expressivas, permanece camuflado[16].

No carnaval de Romans revelaram-se de forma concentrada todas as contradições próprias daquela época, assim como as peculiaridades da percepção humana do mundo e do comportamento por ela condicionado.

Desse modo, nas insurreições da segunda metade do século XVI, condicionadas pela profunda crise socioeconômica e demográfica, sente-se também o seu conteúdo psicossocial. Nelas veio à tona o

---

15. Cf. Y.-M. Bercé, *Fête et revolte*, Paris, 1976.
16. E. Le Roy Ladurie, *Les Paysans de Languedoc*, pp. 228-229.

EMMANUEL LE ROY LADURIE: "A HISTÓRIA IMÓVEL"   165

imenso potencial de emoções. Encontramos semelhantes tendências em outras manifestações do povo na França do mesmo período (cf., em particular, os trabalhos de Nataly Z. Davis[17]).

A tendência à inversão, a pôr de pernas para o ar a ordem e as sólidas relações "normais", que é característica do carnaval e se revelou com força particular em Romans, encontra certa correspondência nas "missas negras" que alguns padres celebravam de cabeça para baixo ou lendo o texto sagrado de trás para diante. Essa mesma tendência se desenvolve posteriormente nas crenças em bruxas que se disseminaram no meio camponês de Languedoc. As lendas sobre os sabás e o culto a Satanás eram muito populares e viviam de mãos dadas com as convicções supersticiosas, segundo as quais as bruxas eram capazes de causar danos às pessoas e ao gado.

Em todos os fenômenos semelhantes – nas fobias irracionais e mitos revivescentes – Emmanuel Ladurie vê uma espécie de regresso da consciência popular ao estado selvagem (*pensée sauvage*)[18]. A eles se incorporaram profecias e histerias de massa de toda espécie, assim como a sede crescida de milagres. Mas ele não tende a ver nesses fatos apenas o "reflexo" na "superestrutura" psicológica (no livro sobre o campesinato Languedoc emprega esse conceito) dos processos que se realizaram na esfera econômica, pois os aspectos materiais do grande ciclo agrário eram realmente inseparáveis dos seus aspectos propriamente culturais.

Nas condições da estagnação tecnológica formam-se estereótipos conservadores da consciência que, por sua vez, exerciam uma ação inibidora sobre a técnica e a vida agrária. Aqui, diz Ladurie, a investigação não pode permanecer nos limites de uma concepção estreita de "cultura" e deve penetrar na esfera da *psyché* inconsciente. As formas de comportamento e emoção que se revelaram nas rebeliões populares, nas fobias e fantasias, que dominavam os homens e se exprimiam na linguagem específica dos símbolos, os pavores amplamente disseminados, vinculados aos rituais de magia que provocariam a impotência (o historiador dedicou uma pesquisa especial a essa "magia de castração")[19] – todos esses fenômenos são inexplicáveis racionalmente; eles são a invasão de impulsos cíclicos profundos.

Aqui o historiador apela para o acervo conceitual do freudismo. Ele procura a decifração do inconsciente no comportamento dos indivíduos e das massas na esfera dos instintos sexuais reprimidos pelo huguenotismo. Segundo suas palavras, a sociedade tradicional mate-

---

17. N. Z. Davis, *Society and Culture in Early Modern France. Eight Essays*, Stanford, 1965.

18. *Idem*, p. 247.

19. E. Le Roy Ladurie, *L'aiguillette*, E. Le Roy Ladurie, *Le territoire de l'historien*, t. 2. Paris, 1978, pp. 136-149.

166 A SÍNTESE HISTÓRICA E A ESCOLA DOS ANAIS

rialmente pauperizada e sexualmente reprimida, na medida em que se tratava das massas populares, como parece, caracterizava-se, no final do período estudado, por uma dupla série de frustrações e fenômenos patológicos que se condicionavam mutuamente e influenciavam uns aos outros"[20].

Deixemos de lado esse tipo de conjecturas, a meu ver pouco convincentes, que representam uma transferência ilícita de fenômenos psicológicos observáveis na Idade Moderna para uma época inteiramente diferente; o estudo dos estresses sexuais da burguesia vienense de fins do século XIX e princípios do século XX dificilmente ajudaria a compreender os problemas demográficos e as preocupações dos camponeses de Languedoc do século XVI. Em suas buscas da originalidade do psiquismo e do comportamento dos homens de um passado distante, Ladurie tende a uma intensa acentuação dos traços de uma emocionalidade elevada e inclusive de uma patologia psíquica. Aquelas peculiaridades da percepção contrastante do mundo que Huizinga encontrou predominantemente nas cúpulas da sociedade no "declínio da Idade Média" Ladurie estende a todo o seu seio. Essa mesma tendência pode ser encontrada nas pesquisas recentes de Jean Delumeau sobre as fobias coletivas na Europa do século XIV-XVIII[21]. Aqui parece oportuno lembrar o perigo de uma excessiva estilização monotópica de uma realidade histórica polifacetada – estilização que está muito em moda atualmente.

Ao mesmo tempo, porém, não se pode deixar de citar a conclusão de Ladurie segundo a qual a economia daquela época estava consideravelmente estagnada em função da ausência de formas de consciência, de cultura, de moral, de política, de educação, de sede de transformação e sucesso que estimulariam a iniciativa técnica e o desenvolvimento do espírito empreendedor e tornariam possível o crescimento econômico[22]. Na investigação sobre os camponeses de Languedoc, o historiador procura insistentemente a interação, a unidade dos aspectos material e mental da vida dos homens. O problema da síntese histórica é o nervo principal da sua investigação.

Os resultados da pesquisa dos materiais da história de Languedoc ao longo de mais de quatro séculos foram posteriormente incluídos por Emmanuel Ladurie no quadro geral da França. Quais são os seus traços principais? Eles foram expressos de modo sumamente conciso na fórmula: "história imóvel" (*l'histoire immobile*). Assim ele deno-

---

20. E. Le Roy Ladurie, *Les Paysans de Languedoc*, pp. 358-359.

21. J. Delumeau, *La Peur en Occident (XIVe-XVIIIe siècles). Une cité assigégée*, Paris, 1978; *idem. Le péché et la peur. La culpabilisation en Occident (XIIIe-XVIIIe siècles)*, Paris, 1983.

22. E. Le Roy Ladurie, *Les Paysans de Languedoc*, p. 360.

EMMANUEL LE ROY LADURIE: "A HISTÓRIA IMÓVEL" 167

minou sua aula inaugural (isto é, em essência programática) no Collège de France, proferida em novembro de 1973[23].

Eis, de forma breve, as suas idéias centrais.

Depois de uma ascensão considerável, que ocorreu ao longo dos séculos XI-XIII, no período entre 1300 e 1700 não se observou progresso da técnica agrícola e nem aumento do nível das colheitas. Durante todo esse período permaneceu quase inalterada a composição numérica da população da França, que sofria sistematicamente de epidemias devastadoras e, no melhor dos casos, conseguia ser capaz de restabelecer o nível anterior. A comunicação com diferentes países, as conquistas como as marchas do Oriente para a Europa, assim como da Europa para o Novo Mundo, levaram à criação de um ecossistema mundial, unido por doenças contagiosas[24]. Assim, a despeito de todos os crescimentos e quedas temporárias, que por vezes faziam oscilar fortemente o "pêndulo" (a França tinha dezessete milhões de habitantes em 1320, nove milhões em 1440, outra vez dezessete milhões em 1550 e 1715), no país se estabelece uma espécie de equilíbrio ecológico e demográfico incomum, sob cujas condições doze ou treze milhões de camponeses viviam e se reproduziam.

Outro fator eficaz que assegurava a estagnação demográfica era a guerra. Sem ser devastadora na época feudal que antecedeu a criação dos grandes Estados europeus (por exemplo, na famosa batalha de Bouvines morreram sete homens), a guerra adquiriu posteriormente um caráter inteiramente diverso. Em vez das desavenças locais e relativamente breves entre determinados senhores, vieram os conflitos longos e devastadores: a Guerra dos Cem Anos, a Guerra dos Trinta Anos. A guerra era terrível não tanto pelo número de mortos nos campos de batalha quanto pelas epidemias levadas pelas tropas de uma parte do país para outra. Assim, das epidemias do período das guerras huguenotes de 1627 a 1628 morreram mais de um milhão de pessoas. Ao mesmo tempo, as guerras que travavam constantemente as monarquias absolutas da Europa esvaziavam a localidade rural e arruinavam a economia no campo. Em algumas regiões o campesinato simplesmente desapareceu.

Conseqüentemente, a guerra e a política, que geravam a fome e a destruição, mantinham, de maneira trágica, a la Malthus, esse duradouro "equilíbrio demográfico".

Ao longo de todo o período em discussão a maioria esmagadora da população, com exceção apenas da fina "película" da elite, permanecia no estado de uma "relativa estabilidade cultural": eles falavam

---

23. E. Le Roy Ladurie, *L'histoire immobile*, Collège de France, Leçon inaugurale, Paris, 1973.

24. E. Le Roy Ladurie, Un concept: L'unification microbienne du monde, E. Le Roy Ladurie, Le territoire de l'historien, t. 2, pp. 37-97.

168 A SÍNTESE HISTÓRICA E A ESCOLA DOS ANAIS

nos dialetos locais, permaneciam fiéis ao catolicismo que se baseava parcialmente no folclore. A Reforma, que foi acompanhada da disseminação da edição de livros e da alfabetização, acarretou a destruição dessa estabilidade. As tentativas de "modernização", particularmente de abolição do culto dos santos e de Nossa Senhora, levaram toda a nação a comoções e no fim das contas ao retorno ao catolicismo depois da abolição do édito de Nantes.

Nesse mesmo sentido, Emmanuel Ladurie lembra o caráter conservador das insurreições camponesas, cujos ideais estavam invariavelmente no passado.

Quanto às inovações que ocorreram naquele período, por exemplo a teoria de Newton, a filosofia de Descartes, a máquina a vapor de Papin, não atingiram as massas.

Portanto, a "história imóvel" de Emmanuel Ladurie mostrou, fora de qualquer dúvida, como mudou de modo lento e quase imperceptível a vida no campo. Além disso, ele concentrou a atenção em fenômenos de importância excepcional, ou seja, na estagnação da vida rural, que salta particularmente à vista quando contrastada com a história incomparavelmente mais dinâmica das cidades. Mas ele mesmo mostrou outra coisa: a alternância de crescimentos e quedas demográficas ocorridos entre os séculos XIV e XVII.

Parece-me que mesmo que se permaneça no âmbito do material estudado por Ladurie, este dá aos quatro séculos do campesinato francês uma definição um tanto imprecisa, eu diria demasiadamente paradoxal. Ora, sua idéia consiste em que a história do campesinato na referida época não se enquadra no esquema do desenvolvimento progressivo. Desenvolvimento houve, porém, não sob a forma de ascensão contínua e linear, que correspondesse às concepções habituais dos historiadores mas, antes, sob a forma de permanentes oscilações em torno de um certo eixo, oscilações que não raro atingem uma vasta amplitude. Isto em primeiro lugar. Em segundo lugar, a conclusão sobre a história imóvel, a meu ver, deve-se consideravelmente ao fato de que o pesquisador estreitou o campo das suas observações, concentrando toda a atenção nos aspectos demográfico e biológico da história. Eles são indiscutivelmente muito importantes, e o mérito do cientista consiste em ter chamado para eles uma atenção especial. Durante um tempo demasiadamente longo, esses aspectos foram desprezados ou subestimados, e por vezes ignoravam-se até fatos gritantes. Entretanto é lícito perguntar: será que no mesmo período não houve mudanças substanciais nas relações sociais no campo, mudanças sobre as quais Ladurie por algum motivo silencia quase inteiramente? Quando se forma a *censive** francesa? Quando o camponês passou a ver seu

---

* Há duas definições diferentes para esse termo. O *Dicionário Francês-Português Português-Francês* de S. Burtin-Vinholes o define como "renda anual que se pagava ao

EMMANUEL LE ROY LADURIE: "A HISTÓRIA IMÓVEL"

principal explorador não apenas no senhor, como acontecia na época de Jaquerie[25], mas também no coletor de impostos, e no citadino rico, no agiota, no comerciante, no soldado-saqueador?[26] Todas essas e muitas outras mudanças não ocorreram em fins da Idade Média e início da Idade Moderna? Conseqüentemente, processos de transformação social de importância considerável ocorreram também no campo.

Ao longo de quatro séculos a vida agrícola não esteve parada tampouco em termos culturais. Apareceram escolas rurais, aumentou o número de alfabetizados; no campo apareceu uma literatura dirigida aos seus habitantes, as mesmas brochuras baratas da "Biblioteca azul".

Minhas perguntas parecem um tanto estranhas, pois Ladurie conhece magnificamente todos os fenômenos que acabei de mencionar. Cria-se a impressão de que ele estilizou de modo intencionalmente forte o quadro real do campo, destacando nele apenas os traços da estagnação, perfeitamente reais mas não os únicos pelos quais ela se caracterizava. É pouco provável que essa história seja inteiramente imóvel. Apesar de tudo, essa profunda "camada geológica" experimentou a sua história. Outra coisa são as medidas de "progresso", que aqui se revelam inadequadas. Em outra passagem[27] o historiador reconhece que ao longo do século XVI e início do século XVII o ecossistema rural, ao permanecer estável, experimentou uma lenta expansão.

Será que a colocação do problema da "história imóvel" não traz a marca da influência da teoria de Braudel sobre o "tempo da duração muito longa", cujos campos de ação são, em primeiro lugar, a natureza, as esferas biológica e demográfica?

Em alguns de seus trabalhos Emmanuel Ladurie se manifesta terminantemente a favor da história estrutural que opera com o auxílio de computadores, apóia-se no cálculo e nos dados maciços e seriados, em cálculos matemáticos abstratos. Segundo palavras dele, essa história "mata para viver, ela como que condena à morte a história de acontecimentos e a biografia fragmentária"[28].

Não há dúvida, os recursos técnicos modernos dão a possibilidade de colocar certos problemas novos e resolver as tarefas que antes não estavam ao alcance dos historiadores munidos apenas do ábaco medieval. Ao mesmo tempo, porém, parece-me que os historiadores de hoje, pertencentes à corrente dos coerentes "adeptos dos computadores", esquecem a especificidade da história como um tipo de inves-

---

senhor do feudo"; o *Petit Larousse* o define como "terra sujeita ao censo anual no regime feudal". (N. do T.)

25. Época da rebelião camponesa na França em 1358.

26. Cf. A. D Liublínskaia, "Em Torno da Questão da Psicologia Social do Campesinato Francês dos Séculos XVI-XVIII", *Questões de História*, n. 10, 1981; *História do Campesinato na Europa. A Época do Feudalismo*, T. 3. M., 1986, pp. 492 e ss.

27. *Histoire économique et sociale de la France*, Paris, 1977.

28. Citado do livro: H. Couthau-Begarie, *Le phenomene "Nouvelle Histoire"*, p. 159.

170 A SÍNTESE HISTÓRICA E A ESCOLA DOS ANAIS

tigação e fornecimento de material, no qual a narratividade e o interesse pelo individual não podem, em princípio, ser eliminados sem prejuízo para o conhecimento. Enquanto isso, os cientistas que tendem à modelagem computacional do passado são notoriamente propensos a excluir da história o individual, o casual, o "arbitrário" e o insólito. Os programas por eles preparados e inseridos nos computadores cortam o caminho à apreensão desse tipo de "anomalias". Por isso a esfera da competência do cálculo dos dados seriados não pode deixar de ser muito limitada na Ciência Histórica. Não esqueçamos que a "história quantitativa", na medida em que é eficaz, aplica-se em linhas gerais apenas a tempos relativamente recentes, ricos, que se prestam ao cálculo pelos materiais.

Aliás, Ladurie, que proclamou a "revolução quantitativa em história", mesmo assim acabou não indo longe demais por esse caminho da moda. A intuição do historiador o salvou de transformar-se em "quantificador". Ele preferiu outras vias de pesquisa.

Em uma de suas últimas monografias, *O Dinheiro, o Amor e a Morte na Occitânia*[29], Ladurie, partindo da análise estrutural da narrativa occitânica de meados do século XVIII, do abade Jean-Baptiste Castor Fabvre, encontra nela a chave para a compreensão das mentalidades do campesinato. Ele coteja o texto de Fabvre com outros textos similares na literatura occitânica, criados entre 1575 e 1790. Em todos os textos está presente o tema da competição amorosa, o qual se entrelaça com temas do tesouro e do acordo do herói com a Morte personificada (o diabo?), que ajuda o herói a apossar-se de dinheiro, abrindo assim para ele o caminho do casamento. O pesquisador examina essas obras em confrontação com os protocolos dos juristas da Provence e Languedoc e esclarece que, em certo sentido, as obras de arte por ele estudadas não passam de "contratos versificados de escrivães". Mas Ladurie não está nem um pouco inclinado a interpretar essas obras, que cresceram na base da cultura popular e "exalam o cheiro sadio do esterco do povoado" como "reflexo" superficialmente realista da realidade social; elas são um modelo normativo de comportamento, cujo código o historiador decodifica coerentemente com base na metodologia estrutural e nos trabalhos de Propp.

De maneira estranha, na obra de Emmanuel Ladurie o empenho à revelação mais profunda possível da originalidade da época estudada e particularmente das estruturas da consciência e do comportamento dos homens combina-se de quando em quando com o paroxismo de uma notória modernização. Já ressaltamos a sua tendência a destacar os traços psicopatológicos da consciência dos homens do século XVI e lhes dar uma explicação freudiana. Que o prezado colega não me

---

29. E. Le Roy Ladurie, *L'argent, l'amour et la mort en pays d'oc*, Paris, 1980.

EMMANUEL LE ROY LADURIE: "A HISTÓRIA IMÓVEL" 171

tome por puritano, mas o lado sexual da vida dos camponeses e camponesas de Montaillou parece demasiadamente ressaltado em primeiro plano – isso não estaria favorecendo o leitor atual?

Nesse mesmo sentido, não escondo que me preocupam um pouco os insistentes paralelos que Ladurie procura estabelecer entre os acontecimentos de um passado distante e a atualidade. Ele compara os líderes da Liga Católica, que lutavam contra os protestantes, com os mulá fundamentalistas muçulmanos do Irã encabeçado por Khomeini, compara o extermínio do campesinato em determinadas províncias da França no período das guerras huguenotes com o extermínio do campesinato abastado do processo de coletivização da União Soviética, comparando os colcozes com os *dômes* da época carolíngea. As manifestações contra os impostos na França do século XVI lembram ao historiador o movimento dos *poujadistas** depois da Segunda Guerra Mundial etc. Mesmo que semelhantes fenômenos tenham algo em comum, ainda assim nessas comparações eles acabam sendo retirados do contexto histórico. Dificilmente tais comparações aprofundariam a compreensão da história.

É possível que essa tendência se deva à politização da consciência de Emmanuel Ladurie. O ingresso do incipiente historiador, filho de um ex-ministro do governo de Vichi, no Partido Comunista Francês e depois o seu brusco rompimento com ele depois do desmascaramento de Stálin no XX Congresso do PCUS e dos acontecimentos de 1956 na Hungria – tudo isso precisa ser levado em conta quando se lêem algumas passagens das suas obras. É absolutamente incorreto julgar Emmanuel Ladurie como historiador partindo dos fatos da sua biografia política. Trata-se de um dos maiores, mais influentes, talentosos e produtivos representantes da terceira geração da Nova História na França. Entretanto, também não seria inteiramente correto ignorar por completo as peculiaridades da sua trajetória de vida, descrita parcialmente por ele no livro de memórias *Paris-Montpellier*[30].

Não me propus o objetivo de fazer um exame sistematicamente completo das obras de Emmanuel Ladurie. Parece-me suficiente demonstrar as peculiaridades dos seus enfoques metodológicos, que em alguns de seus trabalhos se revelaram centrais pela importância, tanto em monografias quanto em artigos especiais de caráter programático. O princípio da "história total" é o princípio central na obra desse historiador. Se não estou enganado, em alguma passagem ele se declarou seguidor de Fernand Braudel. Não me inclino a levar a sério essa afir-

---

* Derivado de poujadisme ou união em defesa dos comerciantes e artesãos franceses, fundado em 1954 por Pierre Poujade. (N. do T.)

30. E. Le Roy Ladurie, *Paris-Montpellier P.C. – P. S. U.* 1945-1963. Paris, 1982.

172 A SÍNTESE HISTÓRICA E A ESCOLA DOS ANAIS

mação. Como observa com absoluta justeza o próprio Ladurie, Braudel "foi a verdadeira inspiração de minha juventude", ou seja, o historiador da economia e dos aspectos materiais da civilização[31]. Desde o início Emmanuel Ladurie seguiu outro caminho, o caminho do historiador para quem a história dos objetos só é interessante na medida em que nela se manifesta a mentalidade humana.

---

31. E. Le Roy Ladurie, *Parmi les historiens*, Paris, 1983, p. 427.

4. Mentalidade, Sistema de Valores, Imaginário. A Antropologia Histórica de Jacques Le Goff

Posso me permitir iniciar este capítulo com uma lembrança de natureza pessoal? Em meados dos anos sessenta eu trabalhava em um texto dedicado à caracterização da cultura medieval européia ocidental. A intenção inicial tinha um objetivo limitado: eu precisava escrever uma seção em um trabalho coletivo denominado *História da Cultura Mundial* (trabalho que acabou não se consumando). Eu não era historiador da cultura nem por formação universitária nem por tendências pessoais. Acabara de concluir o livro *Os Problemas da Gênese do Feudalismo na Europa Ocidental*, no qual tentei ver o conteúdo humano dos processos e instituições sociais na baixa Idade Média; não me abandonava a idéia da necessidade de vincular a história da cultura medieval à história social e conscientizá-las numa unidade substancial.

No auge do trabalho, quando as questões fundamentais já pareciam esboçadas, li o livro de Jacques Le Goff *A Civilização do Ocidente Medieval*[1] que aparecera antes. Eu já conhecia anteriormente o nome desse cientista; seus trabalhos pequenos porém ricos de idéias e material sobre os comerciantes, os banqueiros medievais e os intelectuais[2] já haviam conquistado para ele uma ampla fama.

---

1. J. Le Goff, *La civilisation de l'Occident médiéval*, Paris, 1964. [...]. M., 1992.

2. J. Le Goff, *Marchands et banquiers du Moyen Age*, Paris, 1956; *Les intellectuels au Moyen Age*, Paris, 1957; *idem*, *Le Moyen Age*, Paris, 1962.

174 A SÍNTESE HISTÓRICA E A ESCOLA DOS ANAIS

O novo livro de Le Goff produziu uma imensa impressão em mim e nos meus colegas. É o livro de um historiador que havia aplicado a um *corpus* de fontes que há muito pareceria estudado, um questionário radicalmente renovado, e obtido novas respostas. Com o resultado desenhava-se uma imagem em muitos aspectos nova e inusual da Idade Média – aquilo que posteriormente o próprio Le Goff denominou "outra Idade Média"[3].

Depois de um esboço geral da história da Europa medieval, Le Goff apresenta uma caracterização plástica e original dos aspectos fundamentais da mentalidade dos homens medievais. No centro de sua atenção estão questões pouco estudadas (no início dos anos sessenta) como a percepção do espaço e do tempo no período entre os séculos X e XIII, a avaliação, pelos homens daquela época, da estrutura social, do indivíduo, do grupo e da sociedade, das diretrizes em relação à produção e à técnica, da imagem da mulher e da criança, das contradições sociais, das heresias, do desejo das camadas marginais, por último, do amplo aspecto dos sentimentos e das orientações espirituais.

O livro de Le Goff foi recebido como uma obra inovadora, que abre novas perspectivas de estudo da cultura medieval. Nele já se encontra uma seleção original dos monumentos históricos: é nítido que Le Goff não se empenha em concentrar toda a sua atenção apenas na cultura da elite letrada, em todo o conhecido "arco" de nomes de teólogos, pensadores e poetas. A concepção de cultura, tomada por base do livro, é antropológica e não tradicional, e foi justamente esse enfoque que fez de *A Civilização do Ocidente Medieval* um fator essencial da historiografia atual. Surpreende a força de penetração do autor no sentido dos fenômenos por ele estudados: neles ele encontra quase inalteradamente aspectos inexplorados, coloca-os em vínculos inesperados, e obtém resultados originais.

Não podiam deixar de vir à mente as palavras de Febvre, segundo as quais o trabalho do historiador consiste antes de tudo na colocação dos problemas. Ao colocar esses novos problemas Le Goff procurava novas perspectivas de estudo da vida espiritual e material dos homens medievais. Aí foi traçado o projeto científico realizado por ele mesmo e posteriormente por seus discípulos e seguidores.

Hoje, mais de meio quartel de século passado, Le Goff ressalta que em *A Civilização do Ocidente Medieval* ele ainda não havia elaborado os modelos de explicação dos fenômenos e mudanças históricos[4]. De fato, o método aplicado nesse livro é o método predominantemente fenomenológico. A atenção insuficiente dedicada à explicação encontrou, ao que me parece, expressão na estrutura do livro: em sua

---

3. J. Le Goff, *Pour un autre Moyen Age: temps, travail et culture en Occident médiéval*, Paris, 1977.
4. *Essays d'ego-histoire*, p. 176.

MENTALIDADE, SISTEMA DE VALORES, IMAGINÁRIO. A ANTROPOLOGIA... 175

primeira parte ("A Evolução Histórica") apresenta-se um esboço conciso da história da Europa medieval, a segunda e principal parte ("A Civilização Medieval") dedica-se a caracterizar os sistemas de comportamento, de vida cotidiana, de psicologia dos homens daquela época. As duas partes estão um tanto separadas uma da outra. Acho que se Le Goff tivesse empreendido uma exposição da história da Europa medieval depois de haver desenhado a sua vida e a sua cultura, essa mesma descrição da história teria perdido uma fração considerável de tradicionalidade; ele teria de procurar a explicação dos acontecimentos nas estruturas sociais e mentais. Noutros termos, não se trata de transposições composicionais puramente redatoriais ou externas, mas de dar unidade de sentido ao livro em ambas as partes.

Depois de encontrar nos trabalhos do notável colega a problemática semelhante, eu me firmei na idéia da justeza do caminho escolhido. A identidade do enfoque antropológico da história da Idade Média européia ocidental ditava métodos de investigação semelhantes ou afinados entre si, o que não me impede de vez, por outra, entrar em polêmica com Le Goff sobre essas ou aquelas questões metodológicas.

Jacques Le Goff (nascido em 1924) é membro do colegiado de redatores da revista *Annales* e vem dirigindo (desde 1962) um grupo de estudo de antropologia histórica do Ocidente Medieval na Escola de Altos Estudos em Ciências Sociais e de 1972 a 1977 foi presidente da escola, seu terceiro diretor depois de Lucien Febvre e Fernand Braudel.

Segundo as próprias palavras de Jacques Le Goff, a educação que ele recebeu na infância desempenhou posteriormente o seu papel na definição do ciclo dos seus interesses como historiador. O anticlericalismo do pai e a religiosidade da mãe determinaram sua atitude negativa em face da religião e um interesse maior pelo estudo dos sentimentos religiosos do que pela teologia como tal. Le Goff confessa que na mocidade experimentou o efeito das idéias de Marx, que o libertou do positivismo. Essa influência é reconhecida de diferentes maneiras por muitos outros representantes da Nova História na França que pertencem à geração que chegou à ciência depois da Segunda Guerra Mundial. Entretanto, como observa Le Goff, não lhe agrada a dicotomia simplificadora "base/superestrutura". Simpatizante dos socialistas, ele não se envolveu estritamente em política mas ao mesmo tempo ressalta: "Eu quero ser cidadão para ser um bom historiador e ser um homem do meu tempo para ser mais completamente um homem absorvido pelo passado"[5].

Le Goff destaca a influência que recebeu de vários cientistas franceses – Marc Bloch, Lucien Febvre, Fernand Braudel, Georges Du-

5. *Essays d'ego-histoire*, p. 227.

176 A SÍNTESE HISTÓRICA E A ESCOLA DOS ANAIS

mézil, dos antropólogos, começando por Marcel Mauss e terminando em Claude Lévi-Straus. A julgar pelos trabalhos de Le Goff, antes de tudo por seu empenho em atingir a síntese do social e do mental no enfoque geral da "história total", ele me parece um continuador de Marc Bloch.

Não faz muito, a editora Gallimard, que publicou uma grande parte da produção dos "annalenses", publicou a coletânea (ensaios de Ego-História) *Essais d'ego-histoire* dirigida por Pierre Nora. Sete historiadores franceses de diferentes especialidades e concepções contam as suas trajetórias na ciência a fim de elucidar – para os leitores e, talvez, para si mesmos – o vínculo entre a história por eles estudada e a sua própria história. Examinando a trajetória criativa por eles percorrida, Le Goff encontrou uma definição precisa de sua posição vital, chamando seu ensaio de "Apetite pela História".

E, de fato, os apetites de Le Goff são grandes e diversificados; no círculo de seus interesses estão os problemas da ética medieval e do comportamento, sendo que, paralelamente ao estudo dos textos escritos, ele dá grande importância à investigação das palavras, dos rituais e dos gestos, assim como da correlação da arte visual com a arte verbalizada; a mudança no sistema de valores; as concepções do tempo e do espaço e seu desenvolvimento do século XII ao XIV em função dos avanços gerais nas estruturas sociais e, de modo correspondente, nas mentalidades; a cultura popular e sua interação com a cultura oficial, religiosa, a transformação dos mitos e dos motivos folclóricos resultante dessa interação; o sermão e o seu componente – o *exemplum* – e, respectivamente, a cultura da palavra falada, cujo florescimento se dá no século XIII; a atividade e o *status* social dos intelectuais medievais; o comerciante e o agiota como tipo social e psicológico e o tratamento que recebem da Igreja e da sociedade; o mundo do imaginário dos homens da Idade Média, a transformação das realidades sociais em éticas e em outros monumentos literários; a relação dos homens daquela época com a morte e a recompensa no outro mundo e, em face dessa problemática, as mudanças nas concepções sobre o outro mundo que, segundo ele, em um clima de profundas transformações sociais e mentais levaram à elaboração da idéia do purgatório, o que abriu para os religiosos novas perspectivas de salvação e assim exerceu uma poderosa influência sobre o clima psicossocial como um todo; a estratificação, como era concebida na Idade Média; os sonhos dos homens medievais gerados por sua psicologia coletiva; a memória e a história, a mentalidade histórica; por fim, a biografia do monarca francês do século XIII – personificação dos estereótipos dominantes naquela época – como expressão de novas diretrizes em relação ao indivíduo (atualmente Le Goff está escrevendo a biografia de São Luís)[6].

---

6. Conheço o conteúdo do trabalho de Le Goff apenas por uma breve exposição do

É grande a relação de problemas que Le Goff vem estudando, e temo ter omitido alguma coisa. O dinamismo das buscas e do pensamento investigatório desse magnífico medievalista francês é efetivamente sem precedentes e inesgotável. Mas, para caracterizar o método de Le Goff, duvido que seja necessário examinar o conteúdo de todos os seus trabalhos, e vou concentrar minha atenção em apenas alguns deles. Aqui é preciso ressalvar que aos problemas da percepção do outro mundo pelos homens medievais e do "nascimento" do purgatório foi dedicado outro capítulo do meu livro e nele, entre outras coisas, estão expostas as concepções de Le Goff.

Uma questão cardinal, em que Jacques Le Goff vem trabalhando sem cessar, é o problema das mentalidades medievais. Ele nem sempre mantém a mesma terminologia e em alguns casos prefere falar de "imaginário" (*l'imaginaire*), "de sensibilidade", "simbolismo", "sistema de valores" e inclusive de "ideologia", mas acaba falando constantemente do mesmo objeto – o quadro do mundo e os seus componentes.

O mesmo fazem outros autores que escrevem sobre mentalidades, definem-as de modo não unívoco: "categorias gerais das representações", "imaginário", "visão de mundo", "camadas profundas e arcaicas do psiquismo", "não-conscientizado", "aspecto cotidiano da consciência", "diretrizes", "comportamento"...

Portanto, o conceito de *mentalités* se distingue por uma indefinição. É uma espécie de sedimento que permanece depois da análise histórica, e provavelmente por isso desprezavam-se as mentalidades. Entretanto, pergunta Le Goff, é possível compreender as Cruzadas sem estudar um determinado tipo de mentalidade religiosa? Ou: o que é o "feudalismo"? Um sistema de instituições, um modo de produção, um regime social, um tipo de organização militar? É claro. Mas como mostrou Georges Duby, é necessário continuar a análise e aprofundar-se na compreensão da natureza do serviço feudal. E então se verá que o "feudalismo" é uma mentalidade medieval. No século XVI medram as relações capitalistas, e para compreender esse processo é necessário levar em conta a "ética protestante", a nova forma de concepção, o novo sistema de valores e os novos modelos de comportamento que contribuíram para o desenvolvimento da prática burguesa da acumulação e ao mesmo tempo de um novo tipo de personalidade humana (Max Weber).

---

mesmo em um artigo: J. Le Goff, "The Whys and Ways of Writing a Biography: The Case of Saint Louis", *Exemplaria. A Journal of Theory in Medieval and Renaissance Studies*, vol. I, n. 1, 1989, pp. 207-225; [...] J. Le Goff, "After Annales: the Life as History", *The Times Literary Supplement*, april 14-20, 1989, pp. 394-405; "Que Demande-t-on à l'Histoire. Entretien avec Jacques Le Goff", *L'Ane*, n. 38, 1989, pp. 26-30.

178 A SÍNTESE HISTÓRICA E A ESCOLA DOS ANAIS

A história das mentalidades, diz Le Goff, dirige a atenção exclusiva para o não-conscientizado, o cotidiano, os automatismos do comportamento, os aspectos extrapessoais da consciência individual, para aquilo que foi comum a César e ao último soldado das suas legiões, a São Luís e ao camponês que trabalhava nas quintas dele, a Colombo e aos marinheiros de suas caravelas. Sob este tipo de enfoque o historiador tem de trabalhar pelos métodos da "arqueologia", escarafunchar até chegar aos sentidos e significados ocultos. Aqui se dá atenção especial ao estudo das forças inerciais em história, das tradições, dos hábitos da consciência, pois as "'mentalidades' mudam mais lentamente que tudo. A história das mentalidades é a história dos retardamentos em história"[7]. Mas se Le Goff tem em vista os hábitos extrapessoais da consciência, ao mesmo tempo ele previne terminantemente: a história das mentalidades, estando vinculada aos gestos, ao comportamento, às diretrizes, mesmo assim difere inteiramente do behaviorismo, que reduz o comportamento a um sistema de automatismos que não se correlacionam com os sistemas da consciência. O principal consiste em que Le Goff ressalta o vínculo entre as mentalidades e as estruturas sociais, vínculo complexo mas também estreito. Aqui é perigoso cair na esterilização e falar de uma mentalidade única do homem dessa ou daquela época; em um mesmo tempo e inclusive em uma consciência coexistem diferentes mentalidades. Desse modo, tem-se de supor a existência tanto de um certo fundo mental quanto das mentalidades de diferentes grupos e classes da sociedade.

Sendo uma "história dos retardamentos em história", a história das mentalidades é ao mesmo tempo a história das transformações. Quando entre os séculos XI-XIII começaram a erigir-se as cidades no Ocidente, a formação da nova sociedade foi acompanhada do surgimento de um novo tipo de mentalidade, que alimentava o gosto pelos meios de vida e pela segurança orientada para a troca, a economia, as novas formas de sociabilidade e solidariedade.

O conceito de *mentalités* se distingue pela indefinição mas, segundo opinião de Le Goff, essa indefinição é fecunda, é necessária para a fase de assimilação do novo campo de investigações pelos historiadores. Eu acrescentaria a isto que uma certa erosão do conceito está pelo visto condicionada à própria natureza do fenômeno: a mentalidade é onipresente, ela penetra toda a vida humana, estando presente em

---

7. J. Le Goff, "Les mentalités. Une histoire ambigue", *Faire de l'histoire*, 3, p. 82. A meu ver, a crítica de Carlo Ginsburg às palavras que eu cito de Le Goff sobre os aspectos gerais presentes nas mentalidades de César e seu soldado, São Luís e seu camponês, Colombo e seu marinheiro (C. Ginzburg, *The Cheese and the Worms*, p. XXIII) é duvidosamente justa, pois Le Goff não demonstra qualquer tendência a ignorar ou subestimar a estrutura social e a diferenciação social. Essa censura poderia ser dirigida a Lucien Febvre, que refletia sobre o "homem abstrato do século XVI".

MENTALIDADE, SISTEMA DE VALORES, IMAGINÁRIO. A ANTROPOLOGIA... 179

todos os níveis de consciência do comportamento dos homens e por isso é tão difícil de ser definida, colocada em quaisquer molduras.

De quando em quando Le Goff publica artigos dedicados a questões gerais de metodologia, cuja discussão poderia contribuir para a introdução de novos enfoques ao estudo da história. Ele é organizador e redator de duas grandes edições nas quais estão explicitados os princípios da Nova História – *Faire de l'histoire* e *La Nouvelle Histoire*. Um conjunto de questões de metodologia é discutido por ele na coletânea *História e Memória*, que inclui todos os artigos publicados inicialmente na *Enciclopédia Einaudi*.

Entretanto ele não vê como seu objetivo principal discutir como se deveria estudar a história mas como lançar novos problemas, buscar as fontes cuja análise permita que se faça destas uma leitura mais profunda e nova, e elaborar métodos originais de sua investigação. A teoria e a metodologia de Jacques Le Goff estão invariavelmente mergulhadas no material. "Eu não tenho uma cabeça de filósofo", confessa Le Goff "e, à semelhança da maioria dos historiadores franceses, fui educado no desprezo pela filosofia da história". Ele é contra misturar a história dos historiadores com "h" minúsculo e a História dos filósofos com a inicial "H". Entretanto ele considera indispensável refletir sobre a Ciência Histórica e ocupar-se da história conscientemente, pensando seus problemas e métodos. Não se trata da metodologia pela metodologia mas do pensamento sobre a história que ocorre e que nós estudamos[8]. Ele avança corajosamente, sondando novos territórios para a história. Nisso está a sua força. E por isso é compreensível que todo trabalho novo de Le Goff, seja livro ou artigo, suscita grande interesse.

Como já foi mencionado, uma das grandezas variáveis centrais em história da cultura, interpretadas por Le Goff, é o problema do tempo. Para a historiografia tradicional o tempo não passa de um parâmetro do curso dos acontecimentos; são datas e quadros cronológicos e sincrônicos. Em relação ao conteúdo do processo histórico, o tempo continua sendo uma forma que sempre se preenche com um novo conteúdo mas que é neutra, como que indiferente a ele e sem vínculo substancial com ele.

Na teoria de Braudel o "tempo da longa duração", assim como "o tempo das conjunturas" e o "tempo curto" dos acontecimentos ganham um novo significado; o tempo está estritamente vinculado ao conteúdo do processo histórico, mais precisamente aos seus diferentes níveis, uma vez que as mudanças no nível das estruturas sociais ou no nível dos acontecimentos passam por diferentes ritmos. Como dizia o sociólogo francês Georges Gurvich, cujas idéias exerceram uma indiscutí-

8. *Essays d'ego-histoire*, p. 23

180 A SÍNTESE HISTÓRICA E A ESCOLA DOS ANAIS

vel influência sobre a formação da concepção de seu amigo-oponente Braudel, o pesquisador – sociólogo ou historiador – opera com todo um "espectro de tempos sociais", e sem a compreensão das complexidades temporais de qualquer estrutura social é impossível o conhecimento correto dessa mesma estrutura.

Ainda assim, para Braudel o tempo é, propriamente, um instrumento utilizado pelo historiador que estuda todas essas mudanças. O historiador imprime as respectivas formas temporais em um material concreto e constata a irregularidade, a "simultaneidade não-sincrônica" dessas formas.

Em todos esses casos trata-se, por assim dizer, do "tempo objetivo", do tempo observado pelo historiador.

Mas acontece que o tempo é antes de tudo uma categoria subjetiva, é um atributo da consciência humana. Como ele é percebido pelo indivíduo, pelo grupo, pela sociedade em seu conjunto? A percepção do tempo foi sempre tal qual é hoje? Basta que se coloquem estas questões para que fique claro quantos problemas estão aí implícitos. A conscientização subjetiva do tempo, o seu vivenciamento em diferentes civilizações, em diferentes épocas da história de uma mesma civilização, a sua percepção por diferentes camadas sociais, grupos e indivíduos – tudo isso abre novas e riquíssimas possibilidades para o estudo da consciência humana e da sua originalidade nesse ou naquele período[9].

Os primeiros enfoques do problema da percepção do tempo em história, particularmente de sua mensuração, remontam ainda a fins do século XIX e início do século XX. Entretanto, foi Marc Bloch que, pela primeira vez, colocou nitidamente o problema do tempo como componente da história da cultura. Em *A Sociedade Feudal* ele mostra as peculiaridades da percepção do tempo na Idade Média e chega a uma conclusão: dominava a "indiferença em relação ao tempo", que não se sabia medir com precisão e nem se apreciava demais.

Hoje as apreciações de Bloch não parecem plenamente convincentes. Os homens medievais não apreciavam o tempo, se compararmos sua atitude em relação a ele com a posição dos homens da época do capitalismo, quando surge a expressão "tempo é dinheiro". De fato, na Idade Média ele era determinado em termos aproximados e pensado em cortes relativamente grandes (o minuto ou segundo eram abstrações escolásticas e não medidas de tempo). Não se contrapunha de modo nítido e coerente o tempo do trabalho ao tempo do ócio, e além do mais ele era limitado – proibia-se trabalhar não só aos domingos mas nos dias dos inúmeros santos, isto é, mais ou menos um terço dos dias do ano.

9. J. Le Goff, *Histoire et mémoire*, Paris, 1986, p. 25.

MENTALIDADE, SISTEMA DE VALORES, IMAGINÁRIO. A ANTROPOLOGIA... 181

Ao mesmo tempo, porém, os homens medievais também apreciavam o tempo, uma vez que era necessário utilizá-lo para a salvação da alma: os padres e pregadores não recomendavam adiar as ações voltadas para a obtenção desse objetivo (as rezas, a confissão, o arrependimento, os dons expiatórios dos santos, as peregrinações etc.), e o arrependimento no leito da morte era considerado menos eficaz e recebia uma apreciação inferior à do arrependimento antecipado. Por vezes conseguia-se apreciar o tempo também nos assuntos puramente terrestres, nos quais o retardamento era prenhe de prejuízos ou contrariedades, por exemplo, no tempo da colheita, durante a safra, quando se tinha de trabalhar intensamente e por período longo, ou nas transações comerciais.

Eram inevitavelmente relativas todas as apreciações da questão: dava-se ou não valor ao tempo na Idade Média, havia indiferença em relação a ele ou preocupação com o seu curso. Se quisermos compreender as diretrizes então dominantes em relação ao tempo, precisamos incluir essa questão no respectivo contexto social. Isso Bloch ainda não conseguiu fazer. O mérito pela colocação nova e mais profunda do problema do tempo como problema sociocultural pertence antes de tudo a Jacques Le Goff.

O tempo na concepção de Le Goff é um indício externo ou um parâmetro do desenvolvimento histórico. Simultaneamente, porém, não é para ele pura e simplesmente um dos muitos componentes da cultura. Em suas obras o tempo é um instrumento de dominação social, um poderoso instrumento de controle sobre a sociedade, a vida e a consciência dos seus membros. Fiel ao correto enfoque de Bloch – desnudar os vínculos interiores entre o sistema social e a vida espiritual, entre as estruturas materiais e mentais –, Le Goff encontra esse tipo de vínculo nas diretrizes em relação ao tempo. As mudanças nessas diretrizes são parte integrante do desenvolvimento econômico-social geral, que teve lugar na segunda metade da Idade Média, do processo de secularização da atividade humana em todas as suas formas.

Como ocorreram essas mudanças?

No curso de uma longa época, ao tempo dos ciclos naturais e agrários sobrepunha-se o tempo litúrgico da Igreja. Tanto o tempo agrário quanto o tempo eclesiástico tinham entre si o fato comum de que, em essência, eram cíclicos: todo ano repetem-se as mesmas estações naturais e econômicas, comemoram-se as mesmas festas coincidentes com determinadas estações. O aspecto linear do tempo, próprio do Cristianismo, aprumado em um vetor que leva do passado ao futuro (da criação do mundo ao fim do mundo) e se organiza em torno de um centro – o nascimento, a pregação e o tormento de Cristo na cruz – passava a segundo plano na consciência habitual e na prática da Igreja.

Essa aproximação do tempo agrário com o tempo litúrgico punha o primeiro sob controle do segundo. A Igreja ritmava o tempo; tinha

182 A SÍNTESE HISTÓRICA E A ESCOLA DOS ANAIS

em suas mãos os meios para contá-lo. Mas a Igreja controlava também o tempo dos fiéis. Determinava o tempo do jejum e das orações, o tempo do trabalho e o tempo do lazer, o tempo útil e o tempo festivo. Fazendo coincidir em parte as festas religiosas com as festas populares, "folclóricas", o clero procurava regular todo o fluxo da vida do indivíduo e da coletividade, comunicando-lhe um ritmo original. A Igreja proibia trabalhar nos dias de festa; ao introduzir o jejum, ela colocou a alimentação em determinados âmbitos; ela limitava também a vida sexual dos fiéis, determinando os dias em que o ato sexual estava proibido inclusive para o casal, e punia os desentendidos.

Observemos, a propósito, que a concepção difundida entre os medievalistas marxistas sobre a exploração impiedosa e imoderada dos camponeses pelos feudais contraria não só o fato de que as dimensões da exploração feudal, segundo observação certeira de Marx, eram limitadas pela "capacidade dos estômagos" dos feudais (isto é, pelas suas demandas econômico-naturais e sociopolíticas que, no conjunto, eram bastante grandes mas não ditadas pela corrida atrás do lucro); essa concepção contraria também as posições da Igreja, uma vez que esta, por razões de sua própria doutrina, limitava rigidamente o tempo de trabalho.

Nas *exempla*[10] medievais, que eram dirigidas às massas e paroquianos e serviam à causa de sua educação moral-religiosa, fala-se dos terríveis castigos que desabavam sobre a cabeça dos indivíduos que não observavam as proibições vinculadas ao tempo sagrado. O homem trabalha no campo aos domingos e no dia de algum santo, e sobre a sua colheita cai do céu um raio que transforma em cinzas o trigo e o gado. O santo, enfurecido com o desrespeito em relação a ele, traduzido no fato de não se ter observado o ócio no seu dia, manda ao culpado uma doença terrível. O pregador fala com indignação sobre os homens que ficam tão cansados ao longo dos dias de trabalho que não tocam em suas mulheres, adormecendo mal caem na cama, mas correm atrás delas "como galos" aos domingos. Esses relatos todos e outros semelhantes não são desprovidos de interesse, mas o principal objetivo que perseguem é colocar a massa do povo em determinados limites, dirigindo ampla e permanentemente seu comportamento cotidiano.

Não é difícil perceber que a Igreja realmente mantinha o tempo sob seu controle e com isso controlava a consciência e a vida dos fiéis. O controle sobre o tempo é uma das formas de controle social essenciais e nem de longe estudadas plenamente. É curioso que a condenação dessas ou daquelas profissões que provocavam a suspeita da Igreja também podia ser motivada pelo fato de que as pessoas que pratica-

---

10. Cl. Bremond, Le Goff, J. Cl. Schmitt, L' "Exemplum" (Typologie des Sources du Moyen Age occidental, fasc. 40), Turnhout, 1982.

MENTALIDADE, SISTEMA DE VALORES, IMAGINÁRIO. A ANTROPOLOGIA... 183

vam essas profissões atentavam contra o tempo, que era apanágio de Deus. Isso se manifestava com precisão especial em relação aos agiotas. Emprestar dinheiro sob juros era proibido nessa época como um dos pecados mais graves. O inferno estava indiscutivelmente pronto para o agiota, ensinavam os pregadores e moralistas.

Por quê?

Porque, entre outras coisas, diziam eles, qualquer outro pecado precisa de repouso e não se comete incessantemente. O assassino não atenta sem cessar contra a vida dos outros; o adúltero descansa algum dia; o ladrão não rouba sem trégua; ninguém está em condição de cair constantemente no crime do perjúrio. Mas o pecado do agiota se distingue pela constância. Nos dias úteis e de festa, assim como naquelas horas em que o agiota vela ou dorme, seu dinheiro, que emprestou sob juros, continua a trabalhar incessante e incansavelmente por ele e a lhe trazer lucro; e mesmo no momento em que o agiota ouve este sermão que lhe prova a culpa, diz o pregador, os juros continuam crescendo. Seus "bois", isto é, o dinheiro, "semeiam incansavelmente". Por conseguinte, o agiota comercia com o tempo que não lhe pertence. Noutros termos, ele atenta contra dons de Deus – contra o dia e a noite. Por isso ele deve ser privado da eternidade, ou seja, da salvação no outro mundo, e lançado na escuridão da noite eterna, isto é, no inferno[11].

Observemos: segundo essa concepção, o tempo não pertence ao homem mas ao próprio Deus. É apanágio Dele, e o atentado do agiota contra o tempo é um pecado contra o Criador. O tempo está sob o controle da Igreja e por isso é uma propriedade de Deus.

Como se vê, a tese do controle da Igreja sobre o tempo dos fiéis não são palavras vazias e nem uma metáfora sociológica, mas a expressão de uma realidade social objetiva. Esse controle sobre o tempo foi um recurso muito eficaz de ação sobre as mentes e o comportamento de toda a massa da população. Se levarmos em conta que a Igreja não controlava apenas o tempo mas um valor incomparavelmente maior – a eternidade –, regulando a conquista do paraíso pelos escolhidos e condenando os demais aos tormentos do inferno, e que esse controle assumia formas perfeitamente perceptíveis (a confissão, o arrependimento, a remissão dos pecados, as indulgências, as missas de réquiem e as rezas), o quadro se torna ainda mais evidente e impressionante.

O toque do sino é o símbolo do controle da Igreja sobre o tempo.

Mas as mentalidades, ainda que mudem muito lentamente, apesar de tudo, mudam. Na sociedade cresce o peso específico de novos elementos sociais, antes de tudo do burgo. Nem de longe essas palavras

---

11. J. Le Goff, *La Bourse et la Vie*, Paris, 1986.

184 A SÍNTESE HISTÓRICA E A ESCOLA DOS ANAIS

foram sempre capazes de formular com autonomia e exprimir necessidades e concepções. O historiador tem de procurar uma espécie de subterfúgio para penetrar na consciência de tais elementos. Mesmo assim esses caminhos indiretos existem. Em particular e nesse sentido o sermão é interessante. Tendo surgido no século XIII, as ordens de mendigos franciscanos e dominicanos transferiram o centro de gravidade de sua missão para as cidades. Mas para dominar a atenção dos ouvintes e agir com êxito sobre sua consciência, o pregador precisava levar em conta suas esperanças, seus interesses, suas orientações espirituais, assim como seu nível de compreensão. A análise do sermão dá a possibilidade de escutar também a voz da multidão à qual ele se destina. Aqui se pode perceber uma "relação inversa" – uma espécie de "pressão" do auditório sobre o pregador.

Como ocorriam as mudanças em relação ao tempo? Eu percebo um fato que até tempos recentes estranhamente não chamava a devida atenção dos estudiosos; entretanto, ele é bastante ilustrativo para mim.

Dos anos cinqüenta ao início dos anos setenta do século XIII, o famoso pregador alemão Bertold de Regensburg desenvolvia em um sermão para os citadinos no sul da Alemanha a doutrina dos cinco dons concedidos ao homem por Deus. Transformando a famosa parábola sobre os talentos, Bertold revela, de forma original e plenamente a seu modo o seu conteúdo, "aprofundando a leitura", em um texto do Evangelho, de idéias próximas aos seus ouvintes. Que "talentos" ("libras") são esses? Paralelamente à pessoa (*persône*), à "vocação" ou "função" ("serviço", *amt*) e aos bens, à riqueza (*guot*), e também ao "amor ao próximo" (aliás, já consideravelmente minado pelo egoísmo dos proprietários), o pregador ensina que a tese "amar ao próximo como a si mesmo" significa apenas que cabe desejar a ele o reino do céu (mas não há por que dividir a roupa com o pobre segundo o Evangelho), Bertold enumera o tempo (*zit*) entre os dons do Senhor. O tempo é uma qualidade tão inalienável do indivíduo quanto a personalidade, a profissão e a propriedade. É preciso valorizar o tempo, porque na hora final cada um deverá prestar contas pelos dons recebidos ao seu proprietário – Deus. Então, será o caso de prestar contas: em que foi gasto o tempo?

Portanto, o tempo continua sendo propriedade do Criador. Entretanto, a ênfase no sermão de Bertold de Regensburg já se transfere nitidamente para o ativismo do homem. No contexto de sua interpretação da parábola do Evangelho, o tempo não é concebido só como o tempo da salvação; ele não deve ser gasto apenas com rezas e arrependimentos. Colocado ao lado dos bens e da profissão, o tempo é preenchido por um conteúdo mundano – esta é a condição indispensável do serviço social e da atividade laboriosa. Contudo, uma vez colocado lado a lado com a personalidade do fiel, o tempo se verifica um atributo inalienável. O homem não está apenas cara a cara com Deus, que vive na eternidade; ele vive e age no tempo e aprende a valorizá-lo e a gastá-lo de forma racional[12].

Aumenta a importância do tempo na pregação de Bertold de Regensburg. A meu ver, é particularmente muito significativo o fato de que essa nova concepção do tempo não é formulada em tratado escolástico, onde ela permaneceria um apanágio intelectual apenas de pessoas ilustradas, mas é expressa em sermão dirigido a todos e a cada um. Como se informa, as pregações de Bertold eram ouvidas com sofreguidão por massas humanas, conseqüentemente, suas idéias penetravam na consciência de muitos. Entretanto é admissível supor ainda mais: as idéias de Bertold eram uma formulação do que já existia como que espraiado na atmosfera da cidade medieval. Eu gostaria de salientar esse fato, pois, como me parece, ele insere um elo intermediário complementar na cadeia de reflexões de Le Goff.

Ocorre uma reapreciação dos valores, o tempo adquire um novo significado, sendo que esses dois aspectos – a salvação da alma e o sucesso terrestre – não se contradizem e se nivelam mutuamente.

Le Goff supõe que o conflito causado pelo controle sobre o tempo ocorreu entre a Igreja e a classe de comerciantes. Não me inclino a pensar que ele havia sido mais complexo e que se tenham lançado diferentes pontos de vista no seio do próprio clero. Em particular, em sua pregação o franciscano Bertold não contrapõe a concepção teológica de tempo à urbana, antes tenta conciliá-las. Em certo sentido, Bertold atua como mediador entre a classe dos monges e as camadas urbanas entre as quais ele prega. Tentando dominar a atenção dos ouvintes e influenciar suas consciências, os pregadores nivelam – consciente ou inconscientemente – suas doutrinas às necessidades dos comerciantes e dos artesãos.

Mas eis que no limite entre os séculos XIII e XIV aparecem nas torres das catedrais e nas câmaras municipais os primeiros relógios mecânicos da Europa. Eles batem apenas as horas, desconhecendo as pequenas subdivisões do tempo, mas batem as horas independentemente dessa ou daquela pessoa; o sineiro é dispensável, coloca-se sob questão também a força social que está por trás dele. Por que naquela época surgiram os relógios das torres? Não se trata de progresso técnico. O invento, do qual existe de fato uma premente necessidade social, será levado a efeito; o mesmo invento, que é socialmente "inútil", isto é, de cujo emprego as classes ou camadas governantes não necessitam, será rejeitado (lembremos o estudo de Marc Bloch sobre o relógio de água, inventado ainda na Antigüidade mas só utilizado no início da época feudal).

---

12. A. Ya. Guriêvitch, "A 'Sociologia' e a 'Antropologia' no Sermão de Bertold de Regensburg", *A Literatura e a Arte na Cena da Cultura*, Moscou, 1988, pp. 86-97.

Os relógios mecânicos aparecem nas torres das cidades no período histórico em que a população urbana – comerciantes, artesãos e empresários passaram a ter, mais do que antes, a necessidade de definição do tempo, das horas de trabalho e de descanso, quando, conseqüentemente, o tempo se tornou um valor social. Repito: essa necessidade não podia ser formulada com precisão mas era sentida, e o badalar dos relógios na torre da câmara municipal já não simbolizava o domínio da Igreja sobre o curso do tempo mas as pretensões dos "novos homens" a pôr o tempo sob seu controle. Os relógios de torre que enfeitavam a cidade traduziam, é claro, pretensões dos burgos ao mero prestígio, mas a essência da questão consistia justamente na luta entre dois grupos sociais: a Igreja e o burgo pelo controle do tempo.

O monopólio da Igreja sobre o tempo foi questionado também sob outras formas. Quando os quiliastas-milenaristas medievais "apressaram" o fim do mundo, profetizando que o Segundo Advento se aproximava, eles também negavam a seu modo o controle da Igreja sobre o tempo. Só Deus sabe, ensinava a Igreja, quando "chegará o momento" em que terminará a história humana. Já os quiliastas sabiam do final mais breve. Naturalmente tais afirmações eram vistas como heresias pela Igreja.

No fundo dos movimentos extáticos-quiliastas, que conclamavam ao arrependimento imediato e à renúncia às riquezas e a todos os vínculos terrestres, a instalação de relógios mecânicos nas torres das cidades aparece como um processo menos dramático. Entretanto, a passagem para a contagem mecânica do tempo preparou um avanço novo e sumamente substancial de sua concepção: ela demonstrava, pela primeira vez e de forma evidente, que o tempo não depende do homem, que em termos antropomorfos e internos ele não é indiferente ao seu conteúdo.

Em realidade, ao longo de toda a sua história precedente os homens sentiam sua relação interior com o tempo; viam nele uma certa força secreta, sobre a qual era possível agir em determinadas condições, dominá-la, fazê-la voltar-se para os homens com a sua face boa. O tempo poderia ser previsto. Ele se dividia em tempo sagrado e tempo mundano, profano; como vimos, a essas duas modalidades estavam vinculadas formas determinadas e obrigatórias de comportamento. O tempo, assim como o espaço, era medido a três por dois pelo movimento ou pelos atos do homem. O homem possuía seu próprio "cronótopo", uma espécie de "*continuum* espaço-temporal" que, em certo sentido, determinava a essência da sua personalidade[13]. Na epopéia e no romance de cavalaria medieval, o tempo, saturado de acontecimentos, de atos humanos, como que não existe; é um "tempo vazio".

---

13. A. Ya. Guriêvitch, *O Mundo Medieval: A Cultura da Maioria Silenciosa*, Moscou, 1990, pp. 62 e ss.

Os relógios movidos a tração mecânica simbolizavam o início do processo de alienação do tempo em relação ao homem. Verificava-se que o tempo era eticamente neutro, dividia-se em cortes de idênticas dimensões e desprovidos de qualidade. Nas sociedades em que se sentia em menor medida o fluxo do tempo, nas sociedades com um ritmo relativamente baixo de mudanças, o presente predominava: ele como que abrangia o passado e o futuro. Agora o tempo se estendia numa reta que conduzia do passado ao futuro, mas o presente que os unia se transformava em um ponto que deslizava ao longo dessa reta. Tendo dominado o segredo de uma mudança mais precisa do tempo, o homem começava simultaneamente a perder seu controle sobre ele.

Essas mudanças não eram claras para os homens de fins da Idade Média, e o controle da Igreja sobre o tempo não foi eliminado com o aparecimento dos relógios de torre. Mas a nova tendência já se havia esboçado e os comerciantes fizeram como que sua "requisição" de tempo. Em seu *Tratado sobre a Família*, Leon Battista Alberti salienta que, paralelamente ao corpo e à alma (ao citar esse enunciado, Le Goff comete um erro lamentável e em vez de "alma" menciona "propriedade"[14]), o maior valor para o homem é o tempo. Aqui podemos descobrir novas diretrizes em relação ao tempo: aprenderam a lhe dar um alto apreço. É verdade que, como em muitos outros textos medievais e renascentistas, neste caso pode-se distinguir em Alberti uma apropriação dos antigos. Em realidade, nas cartas a Lucílio Sêneca se manifesta literalmente neste sentido e quase com as mesmas palavras[15]. A citação oculta em Alberti é perfeitamente verossímil. Acontece, porém, que nós escolhemos as citações segundo o nosso próprio gosto, de sorte que cabe supor que ao humanista italiano era consonante a reflexão do moralista romano antigo sobre o tempo.

Concomitantemente com o domínio do tempo, os comerciantes de fins da Idade Média assimilavam também o espaço, e essa assimilação se manifestava tanto em sua atividade prática quanto na nova interpretação do espaço na pintura do Renascimento. A nova relação com o tempo e o espaço acarreta o surgimento do retrato, que substitui a representação abstrato-simbólica do homem por outra concretamente individual.

Não estou disposto a endossar incondicionalmente a idéia de Le Goff segundo a qual, no clima de fortalecimento das posições sociais e econômicas da classe comerciante e dos homens de dinheiro, a Igreja lhes fez determinadas concessões em questões religiosas, em particular abrindo diante deles novas perspectivas de salvação da alma, ou seja, não excluía a possibilidade de que as almas de outros agiotas,

---

14. J. Le Goff, *Pour un autre Moyen Age*, p. 78; idem, *La civilisation de l'Occident médiéval*, p. 452.

15. A. Sêneca, *Cartas Sentimentais a Lucílio*, Moscou, 1977, p. 5.

188 A SÍNTESE HISTÓRICA E A ESCOLA DOS ANAIS

depois de mortos, não fossem para o inferno mas para o purgatório, do qual posteriormente se abriria o caminho para o paraíso[16]. Acho que a coisa não era tão simples.

Antes de mais nada, é necessário levar em conta que a condenação da profissão de agiota não era provocada só por causas doutrinárias. A Igreja não podia deixar de dar ouvido à voz do povo; no século XIII cresceu sobre ela a pressão das camadas urbanas, e se os agiotas precisavam ganhar alguma brecha que lhes deixasse a esperança de salvação, ao mesmo tempo esbarravam na hostilidade ostensiva dos artesãos e pequenos comerciantes, explorados pelos homens do dinheiro. Nas *exempla*, como me parece, poder-se-iam encontrar provas dessa hostilidade.

Em uma das *exempla* o pregador promete aos presentes na igreja perdoar os pecados de diversas profissões. Em seguida ele dirige o mesmo apelo aos representantes de outros ofícios, e todos recebem a absolvição dos pecados. Por fim chega a vez dos agiotas; contudo, embora a maioria deles esteja na igreja, nenhum se atreve a levatar-se, todos se escondem e em seguida saem correndo debaixo das gargalhadas dos presentes. A opinião pública revelava notória má vontade com os agiotas, e os padres e pregadores, por razões doutrinárias, traduziam ao mesmo tempo esse estado de espírito.

Com igual evidência vê-se o estado de espírito dos citadinos em relação aos agiotas em outra *exempla*. Aqui se fala de uma ocorrência milagrosa em uma cidade: durante o casamento de um agiota, no momento em que o cortejo entrava no templo de Deus, desabou na cabeça do noivo uma bolsinha de pedra que enfeitava o pescoço do agiota na cena do Juízo Final, representada no portal ocidental do templo. Não há dúvida de que esse tipo de narrativa reflete o ódio da população urbana pelos homens do dinheiro[17].

A idéia de Le Goff, segundo a qual a Igreja abrandava gradualmente as punições no outro mundo do pecado da agiotagem, não me parece demonstrada com bastante suficiência. Porque tanto no século XIII como nos séculos XIV e XV, nas grandes cidades da Itália, uma espécie de cidadelas da agiotagem, os pregadores faziam desabar terribilíssimas maldições sobre as cabeças dos financistas que enriqueciam com juros de empréstimos em dinheiro. O arcebispo de Flo-

16. J. Le Goff, *La Bourse et la Vie*. A interpretação que Le Goff faz dos respectivos textos, particularmente do *Diálogo dos Milagres* de Cesar Heisterbacensis, diverge também da interpretação de A. Berstein. Eu me baseio em um manuscrito não publicado desse medievalista americano, que ele pôs gentilmente ao meu conhecimento durante a minha estada nos EUA e foi dedicado à "história do inferno".

17. A. Ya. Guriêvitch, *A Cultura e a Sociedade da Europa Medieval vista pelos Contemporâneos*. (Exempla do século XIII). M., 1989, pp. 204 e ss.

MENTALIDADE, SISTEMA DE VALORES, IMAGINÁRIO. A ANTROPOLOGIA... 189

rença, Antonino ou Bernardino de Siena, não se detinham diante de prometer aos agiotas o fogo do inferno. Nas pregações de Bernardino, que deviam literalmente aterrorizar os seus ouvintes, contra o agiota não arrependido levantam-se estrelas e planetas, todo o universo, porque ele violava a ordem das coisas estabelecidas por Deus.

Pelo visto o desenvolvimento da atividade financeira levava não só e até nem tanto a compromissos entre realidades materiais e construções ideológicas quanto ao agravamento das contradições. A Igreja não estava pronta para adotar uma nova ética que correspondesse em maior medida às necessidades dos homens do dinheiro. E esse conflito gerava agudas colisões psicológicas. Os ricos, que ao longo de toda a vida de negócios não se detiveram diante da exploração impiedosa de todos a quem conseguiam depenar, no limiar da morte ou na sua previsão tinham de renunciar às suas riquezas auferidas ilegalmente, de devolver o dinheiro às pessoas a quem haviam roubado, de sacrificá-lo aos pobres e órfãos, de deixar os recursos para missas de réquiem e rezas[18].

Está longe de ser explicada a feição psicossocial dos homens medievais que entraram em conflito com a doutrina da Igreja e ao mesmo tempo com o estado de ânimo da maioria da população.

Nas obras de Le Goff sobre o "tempo da Igreja e o tempo dos comerciantes" o mais importante e interessante em termos metodológicos consiste, a meu ver, no fato de que ali o tempo aparece como um aspecto da consciência social e, de forma correspondente, como um problema da história da cultura. Mas, torno a repetir, a cultura não é interpretada na chave tradicional e sim antropológica, é claro. Tal enfoque dá a esse autor a possibilidade de mover-se livremente dos textos teológicos aos códigos urbanos e estatutos dos artesãos e das composições dos moralistas aos tratados sobre a confissão.

Não segui a linha de exposição do conteúdo dos artigos de Le Goff[19] e preferi uma forma mais livre de discussão do problema por ele colocado, completando a argumentação dele e em alguma coisa discordando dela. As obras desse notável medievalista estimulam invariavelmente o pensamento e por vezes suscitam discussão.

Em quase três decênios, desde o momento da publicação dos artigos de Le Goff sobre o tempo da Igreja e o tempo dos comerciantes foi realizado um considerável, trabalho investigatório, e, com base no material das mais diferentes fontes os medievalistas (e não só medieva-

---

18. A. Gurevic, "Il mercante", *L'uomo medievale. A cura di J. Le Goff*, Roma, 1987.

19. J. Le Goff, "Au Moyen Age: Temps de l'Église et temps du marchand", *Annales, E. S. C.*, 1960, pp. 417-433; *idem.* "Le temps du travail dans la 'crise' du XIVᵉ siècle: du temps médiéval au temps moderne", *Le Moyen Age*, 69, 1963, pp. 597-613 (J. Le Goff, *Pour um autre Moyen Age*, pp. 46-79).

190 A SÍNTESE HISTÓRICA E A ESCOLA DOS ANAIS

listas), estudaram as diretrizes dos homens do passado distante em relação ao tempo. Entretanto, as obras de Le Goff não perderam sua importância. Não por serem pioneiras e abrirem caminho, a causa é outra.

Em regra, os historiadores que estudam a relação com o tempo se limitam a examinar uma questão: como os homens de outra cultura e de outra época interpretaram e vivenciaram o tempo? A questão é importante e merece toda atenção. Ela não é estudada só por historiadores mas também por filólogos e teóricos da arte, pois nos monumentos da literatura e da arte imprimem-se inevitavelmente concepções sobre o tempo e os modos de sua conscientização[20].

Mas, torno a repetir, o enfoque de Le Goff é outro. Ele não estuda simplesmente a relação dos homens medievais com o tempo e as suas mudanças. Seu objetivo, se eu o compreendo corretamente, consiste antes de tudo em investigar os vínculos e interações entre o social e o mental. Por isso em outros trabalhos, por exemplo, em artigos dedicados à avaliação que os moralistas medievais fazem de diferentes ocupações produtivas e ofícios ("Profissões Permitidas e Não-Permitidas no Ocidente Medieval")[21], Le Goff procura as mesmas influências recíprocas e interdependências entre diferentes camadas e níveis do todo social. Noutros termos, ele tenta realizar na prática o estudo da "história total".

Le Goff demonstra a relação contraditória entre o trabalho camponês e artesão na sociedade do período da baixa Idade Média. Nesse sentido ficou para ele uma herança vária – antiga, germânica, cristã – com sistemas de valores muito heterogêneos. Mas as dificuldades conjugadas ao estudo da ética do trabalho não se esgotam no contraditório e nas discrepâncias. Começando pelo século V e indo até ao "Renascimento Carolíngio", as fontes costumam silenciar em torno do trabalho do campesinato, e, propriamente, só a ascensão econômica entre os séculos IX e XII põe fim a esse "complô do silêncio"[22].

Le Goff aplica um princípio semelhante de análise também ao esquema trifuncional de articulação da sociedade medieval, elaborado pelos escritores eclesiásticos – em *oratores*, *bellatores* e *labota-*

20. Entre os estudiosos soviéticos cabe mencionar I. E. Danílova (interpretação do tempo na pintura da época de transição da Idade Média para a Renascença) I. E. Davídova, *Da Idade Média ao Renascimento*, Moscou, 1976.

21. J. Le Goff, "Métiers licites et métiers illicites dans i'Occident médiéval", *Etudes historiques. Annales de l'Ecole des Hautes Etudes de Gand*, 5, pp. 41-57; *idem*. "Métier et profession d'après les manuels de confesseurs de Moyen Age", *Miscellanea Mediaevalia*, Bd. 3. Beiträge zum Berufsbewusstsein des mittelalterlichen Menschen. Berlin, 1964, S. 44-60. (J. Le Goff, *Pour un autre Moyen Age*, pp. 91-107, 162-180).

22. L. Le Goff, "Travail, techniques et artisans dans les systèmes de valeur du haut Moyen Age (V^e-Xe siècle)", *Artigianato e Tecnica nella società dell'alto Medioevo occidentale*. Settimare di studio del Centro italiano di studi sull'alto medioevo XVIII, Spoleto, 1971, pp. 239-266; *idem*. "Les paysans et le monde rural dans la littérature du

MENTALIDADE, SISTEMA DE VALORES, IMAGINÁRIO. A ANTROPOLOGIA... 191

tores. Vincula a ascensão econômica entre os séculos IX e XII ao crescimento da ideologia monárquica[23]. Nem todas essas afirmações são igualmente convincentes, algumas têm antes caráter hipotético.

Em particular, como eu já disse anteriormente, não me parece demonstrado o pensamento de Le Goff (e de Duby)[24], segundo o qual no referido esquema "sociológico" trifuncional dos teólogos manifestou-se a "ideologia indo-européia" descrita e analisada em muitas obras de Georges Dumézil[25]. Não obstante, a existência dessa "ideologia" (o próprio termo me parece muito convencional, uma vez que Dumézil tem em vista os modelos latentes e não formulados *expressis verbis*) continua sendo antes uma hipótese brilhante. Quanto aos materiais europeus medievais, citados nesse sentido por Le Goff, Duby e outros medievalistas, cabe observar: parece-me haver uma distância em todos os sentidos entre a teoria segundo a qual o monarca possui a) função de soberano sagrado que encarna o direito e os conhecimentos, b) função guerreira, que traduz a força brutal, e c) função de fecundação e manutenção da abundância, e a teoria dos bispos franceses do primeiro terceto do século XI sobre a unidade da sociedade dirigida pelo rei, constituída por "aqueles que rezam", "aqueles que combatem" e "aqueles que trabalham". As causas do surgimento dessa "ideologia indo-européia" nos documentos eclesiásticos do século XI continuam enigmáticos.

Quanto ao enfoque geral que Le Goff dá aos problemas da "história total", ele me parece sumamente fecundo.

Esse enfoque é fecundo também naqueles casos em que o investigador levanta o problema da interação da cultura "científica" ou "oficial" com a cultura "popular" ou "folclórica". O estudo da cultura popular e da religiosidade da Idade Média e da Idade Moderna foi tema de vários historiadores, que discutem também aspectos teóricos gerais e histórico-concretos do problema. Mas não se deve perder de vista que Le Goff foi um dos primeiros, senão o primeiro a levantar essa questão na historiografia ocidental nos anos sessenta e início dos anos setenta. Le Goff traçou determinadas vias de sua investigação.

---

haut Moyen Age", *Agricoltura e il mondo rurale nell'alto medioevo*. Settimane... XIII, Spoleto, 1966, pp. 723-741 (J. Le Goff, *Pour un autre Moyen Age*, pp. 108-130, 131-144); P. Mane, "Calendriers et techniques agricoles (France-Italie, XIIᵉ-XIIIᵉ siècles)", Préface de J. Le Goff, Paris, 1983, pp. I-VII.

23. J. Le Goff, "Note sur société tripartie, idéologie monarchique et renouveau économique dans la chrétienté du Ixe au XIIe siècle", *L'Europe aux IXᵉ-XIIᵉ siècles*. Warszawa, 1968, s. 63-72 (J. Le Goff, *Pour un autre Moyen* Age, pp. 80-90).

24. G. Duby, *Les trois ordres ou l'imaginaire du féodalisme*.

25. J. Le Goff, "Les trois fonctions indo-européennes, l'historien et l'Europe féodale", *Annales. E.S.C.*, 34e année, n. 6, 1979, pp. 1187-1215.

192 A SÍNTESE HISTÓRICA E A ESCOLA DOS ANAIS

Examinou as tradições folclóricas em sua correlação com a cultura clerical do início da Idade Média, os exemplos de penetração dos motivos folclóricos e mitológicos nos textos da Igreja (ou talvez seja melhor falar de domínio de determinados temas folclóricos por autores eclesiásticos); nas lendas populares ele encontrou reflexo das aspirações sociais da nobreza[26].

Nos trabalhos de Le Goff, o problema da "cultura popular" está antes colocado e estudado de forma aprofundada e abrangente. Esse historiador generaliza generosamente idéias originais e levanta corajosamente novos problemas, mas, parece-me, nem sempre os leva a uma elaboração até atingir a plenitude e o acabamento desejados; não raro deixa para os outros questões que levantou e ele mesmo passa a outra temática. Le Goff é um "desbravador", que experimenta aspectos da história não sondados antes dele.

O estudo do diálogo-conflito entre a tradição cultural "erudita" (oficial) e a tradição cultural (popular) ou "folclórica", iniciada por Le Goff, teve continuidade e foi desenvolvido nos trabalhos de vários de seus seguidores, antes de tudo por Jean Claude Smitt, o mais talentoso deles. Smitt aprofundou em muito a colocação do problema da cultura popular da Idade Média e não fez pouco para elaborar a metodologia do seu estudo.

De fato, o problema das tradições "popular" e "erudita" precisa de uma análise minuciosa e abrangente. Como interagiram ao longo da Idade Média as referidas tradições culturais (uma vez que me parece mais correto falar não de duas culturas mas de diferentes tradições no contexto da cultura medieval), de que modo elas se aproximaram e se afastaram, quais foram as transformações que cada uma sofreu no processo dessa interação?

Aqui me parece oportuno lembrar que, ainda antes do início da Primeira Guerra Mundial, o grande medievalista russo Liév Platônovitch Karsávin publicou o estudo *Esboço da Religiosidade Medieval, Predominantemente na Itália*[27]. Nessa obra Karsávin estuda amplamente o ciclo de monumentos do "segundo escalão" da literatura média latina, que nos últimos anos se tornaram objeto de um estudo atento dos medievalistas – os relatos sobre os milagres e as visitas ao outro mundo, as hagiografias e particularmente as *exempla*. A obra de Karsávin, que surgiu na sombra dos grandiosos cataclismos mundiais e rus-

---

26. J. Le Goff, "Culture cléricale et traditions folkloriques dans la civilisation mérovingienne", *Annales, E.S.C.*, 1967, pp. 780-791; *idem.* "Culture ecclésiastique et culture folklorique au Moyen Age: saint Marcel de Paris et le Dragon", *Richerche storiche ed economiche in memoria di Corrado Barbagallo*, t. II. Napoli, 1970, pp. 51-90; *idem*, "Mélusine maternelle et défricheuse", *Annales, E. S. C.*, 1971, pp. 587-603 (J. Le Goff, *Pour un autre Moyen Age*, pp. 223-279, 307-331).

27. L. P. Karsávin, *Esboço de Religiosidade Medieval, Predominantemente na Itália*, S. Petersburgo, 1912.

sos que se aproximavam, não foi condignamente apreciada e, infelizmente, ficou desconhecida dos especialistas ocidentais. A historiografia soviética silenciou sobre ela durante um longo período; seu autor, que no início dos anos vinte foi mandado por métodos violentos para o exterior, terminou seus dias em um campo de concentração stalinista.

Outro nome que precisa ser lembrado em face do problema da "cultura popular" do Ocidente nos períodos da Idade Média e do Renascimento é Mikhail Bakhtin. Ao contrário de Karsávin, Bakhtin é bem conhecido na ciência mundial. Sobre a sua original concepção de cultura popular carnavalesca das sociedades pré-burguesas e da natureza específica do riso naquela época eu já me referi em outra passagem deste livro, e aqui apenas considerei meu dever mencionar os nomes dos predecessores russos daqueles historiadores que hoje se ocupam integralmente e de forma mais ampla das questões da cultura e da religiosidade populares, portanto, a cultura popular da Idade Média. Surge inevitavelmente o problema da correlação dos conceitos de "cultura popular/erudita" e "cultura oral/escrita". Esses dois pares de conceitos não são simétricos, ao menos pelo fato de que, por um lado, nem toda a cultura erudita se transformou inteiramente com a mediação dos textos escritos. Por outro lado, em determinados casos marcas vagas da cultura folclórica podem, não obstante, ser encontradas em monumentos da escrita, criados por homens letrados.

O conceito de "cultura popular" continua, apesar de tudo, insuficientemente elaborado. Também o conceito de "povo" tem múltiplos sentidos; quem é ele – as massas trabalhadoras em contraposição aos senhores, ou os iletrados diferentemente dos letrados, ou os profanos em contraposição ao clero e aos monges, ou o povo é tudo sem exceção? E o que é "cultura popular": uma tradição cultural que se conservou no "povo" diferentemente da tradição erudita, ou é uma cultura criada para consumo do povo? E onde estão os limites dessa "cultura popular": abrangeria ela, juntamente com a gente simples, também a cavalaria, os monges e padres simples? Essas questões surgem a todo instante na historiografia moderna, mas por ora pouca clareza tem sido acrescentada. Se ainda ajuntarmos ao que foi dito que uma série de cientistas considera em geral o problema da "cultura popular" artificial, uma espécie de "tributo" ao Romantismo e ao populismo, o quadro de discrepância na interpretação será particularmente pouco promissor.

E não obstante deve-se dizer com toda a clareza: o problema das diferentes tradições religioso-culturais na história, particularmente nas épocas da Idade Média e do Renascimento, é um problema científico grande e sumamente atual. É precisamente aí que a história social se aproxima da história da cultura; além do mais, muda e generaliza-se o conteúdo de ambos os conceitos: a cultura popular só pode ser entendida sob um enfoque antropológico, ao passo que, em uma interpreta-

194   A SÍNTESE HISTÓRICA E A ESCOLA DOS ANAIS

ção moderna, a história social deve incluir como componente orgânico o estudo da cultura e das mentalidades dos participantes do processo social[28]. O estudo da cultura popular insere no campo de visão do historiador novas camadas da realidade social e assim permite, mais ainda, possibilita um enfoque diferente também da "alta" cultura tradicionalmente estudada. A antropologia histórica se baseia imensamente na análise das diferentes tradições e modelos de comportamento social.

Alguns historiadores atuais chegam à conclusão de que, a par com a cultura oficialmente reconhecida, na Idade Média e na Idade Moderna existia uma espécie de "cultura alternativa", que em todos os seus "parâmetros" fundamentais se distinguia da cultura dominante. Temos dessa cultura um conhecimento muito fraco, e não só porque ela permaneceu na base da cultura oral mas ainda porque, na passagem para a Idade Moderna, o Estado e a Igreja empreenderam não poucos esforços para a sua erradicação. Os vetos puritanos aos festejos populares, a reconstrução da vida eclesiástico-religiosa como resultado da Reforma e da Contra-Reforma, a caça às bruxas – eis alguns aspectos da ampla ofensiva contra a cultura popular alternativa.

Parece-me, entretanto, que o problema da "cultura popular/erudita" tem ainda outro aspecto, que não foi inteiramente estudado. Penso que a sua essência não se reduz à definição de povo ou de cultura popular. Eu preferiria examinar esse problema antes de tudo não no plano social (senhores/súditos/letrados/iletrados, clérigos-leigos...) mas no plano em que, em linhas gerais, se situam todos os problemas da mentalidade – no plano da consciência humana. Aquilo em que esbarra qualquer estudioso da chamada cultura popular independentemente de ele compreender ou ignorar isto, consiste na inevitável, eu diria essencial pluralidade de estratos da consciência humana.

Ao estudar a cultura popular e a religiosidade medieval – uma vez que é impossível separar uma da outra –, eu constato uma série de peculiaridades no quadro do mundo, que estão fixadas nas obras destinadas ao vulgo, aos iletrados, ao rebanho, mas, como parece, inexistem nas obras de teologia. Não raro as obras dos gêneros "elevado" e "baixo" (tratados filosóficos e escolásticos, por um lado, e hagiografias, *exempla*, *visiones*, sermões, por outro) foram escritas pelas mesmas pessoas. Como explicar as diferenças, por vezes muito substanciais, na interpretação de conceitos importantíssimos e verdadeiramente centrais de Cristianismo? Conceitos, por exemplo, como o de Juízo Final e destino da alma do morto: em algumas obras supõe-se uma "grande escatologia" geral, em outras, uma escatologia "peque-

---

28. A. Ya. Guriêvitch, "Ciência Histórica e Antropologia Histórica", *Questões de Filosofia*, 1988, n. 1; do mesmo autor: "História Social e Ciência Histórica", *Questões de Filosofia*, n. 4, 1990.

MENTALIDADE, SISTEMA DE VALORES, IMAGINÁRIO. A ANTROPOLOGIA... 195

na", individual, sendo que ambas as escatologias pressupõem diferentes concepções de tempo e interpretações muito diferentes da pessoa humana.

Desde o início deve-se excluir a idéia de que, em uns casos, os autores da Igreja escreveriam o que pensavam de fato e, em outros, comporiam com fins "propagandísticos" e similares, algo que, do ponto de vista deles, não corresponderia à verdade. Não se deve esquecer: escreviam e pregavam perante o "Criador", e não podiam mentir conscientemente a respeito das "últimas coisas" – da morte, da redenção, do Juízo Final, do inferno e do paraíso. Entretanto, em diferentes gêneros literários eles representavam essas verdades de diferentes maneiras, de acordo com a poética desses ou daqueles gêneros: essa poética era determinada consideravelmente pela composição do auditório a quem tal gênero se destinava. É perfeitamente natural que, no tratado para iniciados em sutilezas da teologia, os mesmos problemas com que se defrontavam tanto o autor da *exempla* edificante quanto o pregador eram interpretados de maneira diferente, mais refinada e mais complexa, e as imagens dos portais das igrejas propunham igualmente uma interpretação dos temas escatológicos diferente daquela que lhes davam os relatos dos visionários que haviam estado no outro mundo. Mas nessas diferentes interpretações descortinam-se por vezes ao historiador aspectos inesperados do quadro do mundo dos homens medievais.

O que significavam essas discrepâncias? O pesquisador de hoje tende a ver contradições nelas. Mas será que os homens da Idade Média teriam consciência dessas contradições? Esta é uma grande questão. Minha experiência de historiador me inclina a supor que a consciência dos homens medievais não encontrava dificuldade lógica nem numa contradição aparentemente notória. E a solução é simples. Trata-se das contradições da consciência fundamentalmente religiosa, e esta dificilmente teria medo dessas contradições.

O religioso medieval poderia perfeitamente imaginar que o julgamento da sua alma aconteceria no momento da sua morte, embora ele soubesse bem que a história do gênero humano terminaria com o Juízo Final. Na consciência deles, o quadro desse juízo fixava-se de modo estranho – para nós mas não para eles! –, "sobrepunha-se" ao quadro de outro julgamento, a "pequena escatologia" como que transparecia entre a "grande escatologia". Semelhante interpretação me parece contraditória e ilógica, mas seria lógico procurar lógica onde reina o "coletivo não-conscientizado" indiferente a ela e o mesmo acontecimento se afigura ao homem como ocorrendo no presente momento e em um futuro indefinido e não se sabe se distante?

Em alguns casos, podemos encontrar nas fontes aporias da consciência religiosa formuladas de modo bastante direto, ou esbarrar em dificuldades para as quais os autores de tais aporias não estão em condição de encontrar saída. As *exempla* do século XIII lembram um há-

196 A SÍNTESE HISTÓRICA E A ESCOLA DOS ANAIS

bito que seria difundido entre os monges e o clero: se um amigo morresse antes do outro, ele deveria aparecer do outro mundo para lhe contar sobre seu destino. E eis que morreu um sacerdote erudito, o chanceler Philipp, e como havia sido combinado entre os dois, ao cabo de algum tempo ele aparece a um amigo bispo numa visão noturna. Philipp lhe conta que no momento em que estava morrendo houve o Juízo Final sobre o destino humano e ele já estava vendo Cristo-juiz sentado no trono. O amigo vivo lhe faz uma objeção: "Eu me admiro de que tu, um homem excepcionalmente ilustrado, suponhas tal coisa, pois o dia do juízo previsto pelas Sagradas Escrituras ainda não aconteceu". A essas palavras o oriundo do outro mundo respondeu: "De toda erudição que eu possuía enquanto estava vivo não restou uma só vírgula..."[29].

Uma confissão valiosa! Portanto, segundo a teoria dos teólogos, o Juízo Final será realizado "no final dos tempos". Entretanto existem concepções inteiramente diferentes sobre o julgamento no outro mundo, que contradizem notoriamente a doutrina da Igreja – o julgamento da alma do indivíduo ou até das almas das massas dos mortos que se realiza imediatamente após a morte. Como combinar essas concepções? Elas não se combinam de maneira nenhuma. Além disso, é curioso que a doutrina oficial não esteja em condição de revogar ou refutar as crenças corriqueiras. O autor da citada *exempla* constata a contradição de ambas as versões escatológicas e não tem condição de resolver o dilema.

Mas acontece que esse mesmo conflito de dois pontos de vista tão diferentes sobre o Juízo Final encontrou sua expressão no famoso episódio que ocorreu no período do pontificado do papa João XXII, nos anos vinte e trinta do século XIV. Antes do Segundo Advento, declarou o papa, as almas dos fiéis mortos não entrarão nos recintos do paraíso e as almas dos pecadores condenados não irão para o inferno. Essa doutrina do sumo sacerdote romano era, pelo visto, uma reação à divulgação de crenças inteiramente diversas, segundo as quais nem os eleitos de Deus esperavam o Juízo Final nem os pecadores irremediáveis viviam à espera do julgamento final e de serem lançados no inferno. O que se seguia à declaração do papa? O fato de que os teólogos e hierarcas eclesiásticos, que conheciam melhor os ânimos do rebanho, levantavam-se contra ele, e em 1334 o pontífice romano, já à beira da morte, teve de renunciar à sua doutrina e admitir que as almas que se haviam separado dos corpos e estavam plenamente purificadas já se encontravam nos céus e contemplavam Deus e a Sua essência divina na medida em que o admitia o estado da alma que a morte separara do corpo[30]. Os homens da

29. A. Guriêvitch, *Cultura e Sociedade na Europa Medieval*, p. 108.
30. M. Dykmans, *Les sermons de Jean XXII sur la vision béatifique*, Rome, 1973.

MENTALIDADE, SISTEMA DE VALORES, IMAGINÁRIO. A ANTROPOLOGIA... 197

Igreja sentiam a pressão dos fiéis e das suas concepções sobre a solução imediata do destino da alma depois da morte do homem, e essa versão escatológica alternativa encontrou entre eles seu reconhecimento.

Verificamos que não havia clareza relativa ao Juízo Final nem na base da pirâmide eclesiástica, entre os simples mundanos e o baixo clero, nem na cúpula, entre os hierarcas eclesiásticos. Essa imprecisão não dizia respeito a alguma questão secundária discutível mas a uma das verdades cristãs mais decisivas e importantes. A que se deve essa confusão em face das "últimas coisas"? É claro que não a uma fictícia falta de elaboração da doutrina; acontece que a doutrina entrou em choque com o mundo das emoções, expectativas, esperanças e temores dos fiéis. Ela entrou em contradição com a autoconsciência dos indivíduos, com aquela sua concepção que era inerente ao Cristianismo: o indivíduo é tão independente e em si tão importante que é digno de um Juízo Final individual, "pequeno", e espera a sua avaliação definitiva não algum dia e em um futuro indefinido mas imediatamente após a morte, para que se conclua sua biografia.

Como resultado, na consciência estavam simultaneamente implícitas ambas as imagens do Juízo Final, atualizando-se em função da situação. Minha idéia consiste em que, na consciência de um mesmo indivíduo, coexistiam diferentes camadas que de diferentes modos modelavam o mundo. Essas diferentes camadas ou níveis de consciência podem ser encontradas também no intelectual, no professor da Sorbonne, e no simples monge, cavaleiro ou camponês.

Encontrando "estranhezas", "incongruências", "contradições" e "alogismos" nos textos medievais e no comportamento dos homens daquela época, não deveríamos ter pressa em "descartá-las" (*weg zu erklären*), isto é, fingir que a contradição não existe. É preciso vê-las com plena seriedade. São efetivas aporias da consciência medieval, e precisam ser levadas em conta.

Quando eu digo que a multiplicidade de camadas era inerente à consciência de qualquer homem da época, do teólogo ao camponês, estou longe de imaginar que a estrutura de seu pensamento seja idêntica. É claro que não! Se do cardeal erudito manifesta-se em primeiro plano o aspecto da consciência disciplinado de modo logicamente rigoroso, educada não só na Bíblia e na patrística mas também em Aristóteles e na escolástica, no homem do povo predomina o aspecto afetivo da consciência, relativamente superficial ou não tocado absolutamente pela teologia mas, por outro lado, mergulhado na esfera do "inconsciente coletivo" com a sua característica indiferença pela contradição e pelo tempo.

Eis em que eu vejo antes de tudo o sentido do estudo do problema da "cultura popular": nas buscas daquele nível de consciência "obscuro", não elucidado logicamente até o fim, da consciência do "simpló-

198 A SÍNTESE HISTÓRICA E A ESCOLA DOS ANAIS

rio" que, segundo observação certeira de V. S. Bibler[31], estava implícito de uma forma ou de outra em qualquer indivíduo daquela época. Esse aspecto do Cristianismo medieval, que ainda conhecemos precariamente na forma como existia na prática da época e não nos tratados de teologia, é o que estudam em primeiro lugar os historiadores da "cultura popular", que examinam atentamente as hagiografias, os relatos e peregrinações da alma no outro mundo, os sermões e as edificantes *exempla*. Todos esses gêneros da literatura eclesiástica e similares, que durante tanto tempo foram desprezados pelos filólogos e historiadores da religião como composições de "segunda categoria", desprovidos de originalidade, de profundidade teológica, assim como de valor estético, vêm a ser fontes de importância primordial para o historiador tão logo ele se volta para a vida religioso-cultural cotidiana da Idade Média.

O objeto do estudo da religiosidade "popular" e da cultura não é a imagem ideal do cristão, em muito dissociada da realidade concreta, duvidosamente suscetível dessas fáceis estilizações, mas a tentativa de chegar ao autêntico conteúdo dos pensamentos e sentimentos do camponês e do cavaleiro, do pároco e do artesão, do comerciante e do monge, dos homens e das mulheres simples, dos seus pensamentos e sentimentos "não burilados", que formavam o seu quadro do mundo e determinavam seu comportamento social.

Uma contribuição substancial para a elaboração do referido problema é o livro de Le Goff *O Nascimento do Purgatório*[32]. Nele se aborda, em particular, também a questão das duas tradições religiosas; uma se materializou na teologia, a outra nas "visões" do outro mundo. Entretanto falaremos desse estudo de Le Goff em outro capítulo, em que examinamos as controvérsias da historiografia francesa atual no tocante às diretrizes medievais em relação à morte e ao mundo "de além-túmulo".

Uma das principais idéias que Le Goff vem desenvolvendo ultimamente é a do crescimento da autoconsciência humana no período da Idade Média central. De forma sucinta, o curso dos pensamentos do pesquisador consiste no seguinte: o desenvolvimento econômico do Ocidente é a conclusão da colonização interior, a revolução agrária, particularmente o desenvolvimento das cidades, dos ofícios e da circulação de mercadorias era acompanhada do crescimento demográfico, do fortalecimento das posições econômicas e sociais do burgo. Paralelamente vinham o movimento comunal e a unificação do Estado. Tudo isso, por sua vez, gerou ao longo dos séculos XII e XIII uma

---

31. V. S. Bibler, "A Imagem do Simplório e a Idéia de Indivíduo na Cultura da Idade Média", *Homem e Cultura. A Individualidade na História da Cultura*, Moscou, 1990.

32. J. Le Goff, *La naissance du Purgatoire*, Paris, 1981.

MENTALIDADE, SISTEMA DE VALORES, IMAGINÁRIO. A ANTROPOLOGIA... 199

profunda reorientação do mundo interior do europeu ocidental, a qual se manifestou na colocação, em primeiro plano, de outros valores éticos diferentes daqueles que os moralistas da baixa Idade Média salientavam particularmente.

Le Goff admite que precisamente o estudo do sistema de valores e das suas mudanças pode revelar a dinâmica interior da sociedade. Nos valores cristalizam-se as aspirações dos seus membros, eles são os "nós" e prendem as linhas de força que penetram as suas consciência e imaginação. O conceito de "Renascença do século XII", na hipótese de Le Goff, é completado por um novo conteúdo abrangente, uma vez que o historiador que opera com o conceito de "valor" aplica um dispositivo conceitual mais rigoroso que os seus predecessores que aplicavam os conceitos vagos *Zeitgeist* ou *Weltanschauung*. A história, vista no plano do sistema de valores, escreve Le Goff, não é a história dos acontecimentos ou das relações materiais. Ela não se baseia tanto nas provas diretas quanto nas indicações implícitas dos historiadores. No centro da atenção dessa história estão os símbolos e signos, fixados nos monumentos do mais diferente caráter; cabe restabelecê-la por partes.

Pois bem, o que distinguiu os séculos XII e XIII? Nesse período refaz-se o instrumental cultural e mental do homem. Segundo Le Goff, ocorre a transformação de todo o sistema de valores – econômicos, sociais, intelectuais, artísticos, religiosos, políticos –, de valores interligados e interagentes. Sua formação foi influenciada por fatores da vida espiritual e eclesiástica como a escolástica, que então se desenvolvia, e as novas ordens de mendigos.

O horizonte cultural, ideológico e existencial dos homens da baixa Idade Média eram os céus, e por isso os valores dos homens que lutavam por sua vida terrestre eram valores não-terrestres, supranaturais. Entretanto, o traço geral da renovação do sistema de valores no período posterior a 1200 era, segundo Le Goff, o deslocamento do centro da atenção "do céu para a terra"[33]. O crescimento da autoconsciência manifestava-se na superação do antigo "desprezo pelo mundo" (*contemptus mundi*) e no apelo do homem para o mundo terreno, naturalmente "em limites compatíveis com a religião cristã". Agora ele procura conquistar a salvação por vias diferentes, menos unívocas. Não se vê no trabalho um castigo pelo pecado original, como antes, mas um valor positivo, uma participação no ato criador de Deus. O respeito pelas autoridades de maneira nenhuma se combina com a concepção da superioridade do novo conhecimento. A novidade técnica ou intelectual já não é sinônimo de pecado. E a própria história não é vista sob o signo do envelhecimento e da decadência, mas em forma de ascensão.

---

33. J. Le Goff, "Do Céu à Terra (Mudanças no Sistema de Orientações Axiológicas no Ocidente Cristão dos Séculos XII-XIII)", *Odisseu, o Homem na História*, Moscou, 1992.

200 A SÍNTESE HISTÓRICA E A ESCOLA DOS ANAIS

Nesse período se assimilam de modo diferente o tempo e o espaço. Surgem, como sabemos, os relógios mecânicos. Elabora-se gradualmente o conceito de precisão, forma-se uma nova relação com o número e o cálculo, o número se torna eticamente neutro; a matemática deixa de ser uma "aritmética sagrada", que estava orientada para valores supremos, não-terrestres, e encarnava símbolos divinos, e se torna esfera de atividade prática. A arte do cálculo adquire enorme importância tanto nos negócios comerciais quanto nos assuntos estatais (o estudioso inglês A. Murray fala de uma "mentalidade aritmética" que surgiu nessa época e inclusive de "mania aritmética"[34]). A revolução na matemática foi trazida pela passagem para os algarismos arábicos e pela introdução do zero. Dissemina-se com mais amplitude a instrução elementar, os homens de negócio lhe dão maior importância. Mas, ao mesmo tempo, cresce a apreciação do saber por si mesmo. Muda a correlação da palavra oral com a palavra escrita em proveito da última. A escrita doravante não serve só aos céus mas também à terra; ela se dessacraliza.

Em face de um domínio mais intensivo do espaço, renasce a cartografia, os mapas geográficos refletem a aspiração de dar contornos à terra e aos mares e não são, como na baixa Idade Média, um híbrido caprichoso que une mito e lenda com representações simbólicas de países e cidades.

Mas, paralelamente aos êxitos da geografia, muda radicalmente, se é que assim se pode dizer, também a topografia do outro mundo: em seu "mapa" aparece o purgatório. A idéia do purgatório foi gerada pela necessidade dos fiéis de conservar a esperança na salvação, segundo Le Goff, em primeiro lugar, a esperança dos representantes dos círculos comerciais e financeiro, cuja atividade era condenada tradicional e implacavelmente pela Igreja que lhes pressagiava o inferno. Na imagem do purgatório, que ganha forma ao longo do último quartel do século XII, tornaram a personificar-se os avanços nas orientações humanas da época. Os homens, que aprenderam a contar bem o dinheiro, inserem essa habilidade também em suas relações com o outro mundo, calculando os pecados e as penitências, as missas de réquiens e o pagamento por elas. Le Goff dá grande atenção à tendência de passagem do desmembramento binário do mundo para o triádico: ele percebe nessa passagem um sintoma dos avanços nas mentalidades, vendo-os tanto na estrutura modificada do reino do outro mundo quanto nas novas formas de desmembramento da sociedade.

Nesse mesmo período, como observa Le Goff, dissemina-se o ideal da sociedade justa – o paraíso terrestre, a descida da Jerusalém celeste à terra –, do estabelecimento do reino milenar de Deus.

---

34. A. Murray, *Reason and Society in the Middle Ages*, Oxford, 1985, part II.

MENTALIDADE, SISTEMA DE VALORES, IMAGINÁRIO. A ANTROPOLOGIA... 201

Ocorrem mudanças em relação ao corpo humano, antes desprezado como prisão da alma e fonte de pecado, e agora merecedor de cuidados e preocupações. Se antes a alegria e o riso, ao contrário das lágrimas, eram desprezados e proibidos, no século XIII permite-se o riso moderado.

Evolui também a concepção de santidade. Na baixa Idade Média reverenciavam-se os santos que obravam milagres. Agora os milagres, permanecendo como prova da santidade, deixam de ser apreciados como a qualidade principal; os milagres não vêm do santo mas do próprio Deus. O santo é famoso antes de tudo pelo seu modo de vida e não pelos milagres que faz. É essa, em particular, a idéia da "Legenda Áurea" de Jacopo da Varazze. Paralelamente aos velhos modelos religiosos de homem – mártir, santo e monge –, forma-se o modelo aristocrático mundano do homem cortês e irrepreensível, que reúne a coragem e a sabedoria.

O século XIII é o tempo do aparecimento do retrato, da penetração do "Eu" e da subjetividade na literatura, da perspectiva linear na pintura, ou seja, de um novo domínio do espaço e do nascimento do código artístico leigo, não sacralizado, que Le Goff chama de realismo.

A ênfase na vida terrestre e nas ligações com ela, as quais se desejam prolongar até a consumação da existência do homem neste mundo, encontrou sua expressão nos testamentos cuja prática havia desaparecido desde os tempos da Antigüidade mas se renovou nos séculos XII e XIII.

Tudo isso são sintomas do surgimento do indivíduo. Na visão de Le Goff, a Europa medieval dá um passo no sentido da Idade Moderna.

Essa é a concepção moderna de Le Goff, formulada em 1990. Como sempre acontece com esse historiador, ela é interessante e merece toda atenção. Primeiro do ponto de vista metodológico. Como podemos verificar, os historiadores da Escola dos Anais concentram sua atenção principalmente nas estruturas e estados estáveis e pouco mutáveis, dando bem menos atenção às transformações desses sistemas. Na referida obra, Le Goff põe no centro da sua análise (análise que, não obstante, conduz a uma ampla síntese!) precisamente os avanços, as mudanças substanciais. Ele vê nos séculos XII e XIII o período da acumulação de um volume tão grande de novas qualidades em todos os aspectos da vida na Europa, que levam a uma espécie de "mutação" histórica, não a única ao longo da Idade Média mas decisiva segundo a argumentação dele. O acento no dinamismo e na transformação é um importante contrapeso às concepções da história "imóvel" ou "quase-imóvel". O desenvolvimento da sociedade medieval não é uma ascensão harmoniosa nem um progresso gradual voltado para a Idade Moderna; é um desenvolvimento que se processa por impulsos, que posteriormente são substituídos por períodos de estagnação ou de um desenvolvimento mais lento, quase imperceptível.

Ao mesmo tempo, a hipótese de Le Goff me parece carecer de uma série de definições; ela se me afigura um tanto unilateral.

A ruptura no sentido da *modernité*, que Le Goff já vê em perspectiva no século XIII, contraria, a meu ver, sua própria idéia da "longa Idade Média", que só se conclui em fins do século XVIII e inclusive em princípios do século XIX (veja-se a seguir). Nas históricas "camadas de sedimentação profunda", nas mentalidades, nas crendices populares, as mudanças de valores ocorreram com extraordinária lentidão. Se nos novos fenômenos, realmente verificáveis no século XIII, percebem-se certos prenúncios de outro tipo de consciência, que já tenta se libertar das amarras medievais, então o que ocorre com as suas "reincidências" como a caça às bruxas nos séculos XV-XVII? Com o retorno da Idade Média tardia às velhas formas de arte simbólica tão distantes de qualquer realismo? Com a manutenção das formas tradicionais de visão de mundo, características da Idade Média ainda no século XVI (como Febvre mostrou em seu livro sobre Rabelais)?... Acrescento: o que vamos fazer com o *O Declínio da Idade Média* de Huizinga, que na cultura e no sistema de valores dos séculos XIV e XV viu não tanto o novo quanto o estiolamento do velho?

O centro do sistema de valores é, naturalmente, o homem. Por isso o problema do indivíduo, da personalidade merece atenção especial. Em que medida é lícito falar de indivíduo como uma totalidade encerrada em si mesma e aplicável ao período estudado? Infelizmente Le Goff não se aprofunda nessa questão. Mencionando de passagem o "surgimento do indivíduo" no século XIII, ele cita os meus trabalhos como confirmação. Mas a minha idéia, ao contrário, consiste em que as premissas da consciência individual estão primordialmente radicadas no Cristianismo, cujo Deus personifica o ideal da personalidade humana. Minhas idéias sobre o indivíduo foram lidas por Le Goff em um artigo em que eu demonstro, em particular, o equívoco da opinião de Philipp Ariés e outros historiadores, segundo os quais a escatologia "pequena" ou individual substituiu nos séculos XII ou XIII a "grande" escatologia ou escatologia histórico-universal. Eu demonstro que essas duas idéias – a do Juízo Final "no final dos tempos" sobre o gênero humano a e do juízo particular sobre a alma do indivíduo no momento de sua morte – remontam igualmente aos Evangelhos e por isso não podem ser interpretadas como provas da "individualização" da idéia do juízo no outro mundo no período da alta Idade Média. Na imagem do juízo particular sobre a alma do indivíduo está efetivamente expressa a idéia da biografia humana concluída (neste sentido eu sou solidário a Ariés), mas essa idéia de maneira nenhuma foi o resultado de um longo desenvolvimento durante a Idade Média[35].

---

35. A. Gurevic, "Au Moyen Age: conscience individuelle et image de l'au-delà", *Annales, E. S. C.*, 37e année, n. 2, 1982, pp. 255-275.

MENTALIDADE, SISTEMA DE VALORES, IMAGINÁRIO. A ANTROPOLOGIA... 203

Além disso, acho difícil compreender as razões pelas quais Le Goff afirma que o Juízo Final coletivo foi recalcado nesse período pelo juízo individual, que se transformou "numa espécie de quadro decorativo sem função simbólica"[36]. Ele não era essa "decoração vazia" nem nos portais ocidentais das catedrais dos séculos XVIII-XIX nem nos afrescos dos mestres do Renascimento. Confesso que para mim é difícil imaginar que o *Juízo Final* de Bosch ou de Michelangelo na Capela de Sistina não passe de um quadro mundano.

Caberia examinar de forma mais atenta o problema da consciência individual. Mas esse é um tema especial.

Poderíamos fazer a Le Goff uma série de perguntas. Mas eu me limito a uma hipótese: no rol dos fenômenos que, a seu ver, testemunham uma mudança radical no sistema de valores nos séculos XII-XIII, ele incluiu muitos fatos relacionados principal ou exclusivamente à cúpula ilustrada ou aristocrática da sociedade. De fato, o surgimento do retrato ou da perspectiva linear, a nova relação com as autoridades, a conscientização da história que se modificou são, fora de dúvida, importantes sintomas de uma nova visão do mundo, no entanto se limitaram basicamente ao círculo dos letrados (embora não pudessem deixar de exercer sua influência também sobre círculos mais amplos da sociedade). A apreciação mais elevada do trabalho físico, no qual se deixou de ver apenas o castigo do Senhor pelo pecado original, é um fenômeno característico dos filósofos e moralistas, porém é duvidoso que aqueles que estavam diretamente ocupados com esse trabalho já o apreciassem anteriormente de modo tão negativo. Quanto à idéia de purgatório, a meu ver também aqui a questão não é tão simples. Eu desço a maiores detalhes dessa discussão com Le Goff em outro capítulo, mas mesmo assim ressalto aqui que, se a "teoria do purgatório" foi formulada com precisão pelos escolastas apenas em finais do século XII, a imagem confusa do purgatório já pairava diante dos olhares dos visionários na baixa Idade Média.

Em termos mais breves, ao desenvolver a hipótese da transformação do sistema de valores que, segundo sua opinião, ocorreu nos séculos XII-XIII, Le Goff, a meu ver, juntou ilicitamente diferentes camadas da cultura. E surge naturalmente uma questão: em que medida esses avanços na mentalidade dos sistemas de valores das orientações atinge o âmago da sociedade? Aqui não seria o caso de lembrar a hipótese da "diversidade sincrônica de tempos", segundo a qual no mesmo período cronológico coexistem e interagem diferentes ritmos temporais, correspondentes a diferentes cortes da realidade social e cultural? Por que os historiadores não estudam sistemas sociais homogêneos mas "sistemas sociais policronoestruturados?"[37]

36. J. Le Goff, *Do Céu à Terra*, p. 43.
37. W. Wrzosek, "In Search of Historical Time. An Essay on Time, Culture and

204 A SÍNTESE HISTÓRICA E A ESCOLA DOS ANAIS

Não há dúvida de que o período estudado por Le Goff é rico de inovações.

Mas, a meu ver, valeria a pena abster-se de uma afirmação categórica, segundo a qual o sistema de valores já então havia descido "dos céus para a terra", segundo expressão dele; isso seria uma mistura um tanto artificial dos acentos e uma aceleração do processo histórico. É lícito tomar uma das tendências como linha principal do desenvolvimento? Eu me absteria ainda mais de colocar o século XIII na série evolutiva que nos levaria da Idade Média para a Idade Moderna. As mudanças observadas por Le Goff combinaram-se com um fenômeno de ordem inteiramente diversa. Posteriormente, no final da Idade Média, ainda se encontram muitos recuos poderosos no sentido do passado distante.

Por último, torna a surgir diante do historiador a "maldita questão" da síntese. Ao longo dos séculos XII e XIII ocorrem vários avanços nas esferas intelectual, moral e religiosa. A que se devem tais avanços? A resposta de Le Goff não deixa dúvida: sua causa final radica na ascensão econômica do Ocidente, particularmente no crescimento das cidades e do comércio, no crescimento da agricultura e no crescimento demográfico que os acompanha. A consolidação e o ulterior desenvolvimento desses êxitos, se compreendi corretamente o pensamento de Le Goff, dependiam de novas formas de conscientização do mundo e primeiramente de novos sistemas de valores. Gerados pelo desenvolvimento material da sociedade, eles, por sua vez, o acompanham. Essa mesma lógica de raciocínio se encontra no livro de Le Goff *O Nascimento do Purgatório*.

É uma lógica habitual, bem conhecida, que parece indiscutível. Mas hoje, no início dos anos noventa, não seria o caso de refletir finalmente até que ponto ela é convincente? Não esqueçamos: as séries de causa e efeito são construídas pelo historiador, não decorrem imediatamente da análise das fontes. Mas não seria possível admitir – de modo puramente hipotético – outro curso de pensamentos, digamos, o seguinte: as mudanças na estrutura intelectual e mental dos homens daquela época serviram de impulso, de estímulo a uma nova relação com a realidade. Porque para desenvolver a agricultura e conseguir lucros, derrubar e queimar matas para o cultivo, planejar (ainda que instintivamente) a composição da família e mudar as formas de casamento (lembremos as pesquisas de Duby) – tudo indica que para tudo isso era preciso dispor de um determinado quadro do mundo e de um sistema de valores que estimulasse as respectivas formas de comportamento.

Portanto, onde está a causa e onde está o efeito? É mais fácil raciocinar sobre as "inter-relações" e "correlações" da vida mental e material. Mas em qualquer dos casos não podemos eliminar o proble-

History", *Narration and Explanation. Contributions to the Methodology of the Historical Research*, Ed. by J. Topolski, Amsterdam-Atlanta, 1990, p. 126.

MENTALIDADE, SISTEMA DE VALORES, IMAGINÁRIO. A ANTROPOLOGIA... 205

ma da mudança histórica, mais estreitamente vinculado ao problema da síntese. É preciso reconhecer que ele realmente existe e demanda uma nova reflexão.

Com relação à análise da pluralidade de planos e camadas da cultura medieval e da mentalidade, eu gostaria de salientar a importância de dois conceitos introduzidos por Le Goff, que pareceriam diferentes mas em essência estão estreitamente interligados – os conceitos de "Idade Média longa" e "outra Idade Média" (*l'autre*).

A Idade Média, que Le Goff estuda de diferentes aspectos, é "outra" Idade Média em comparação com sua feição mais habitual. Não é por acaso que ele deu à coletânea dos seus mais importantes artigos o título de *Pour un autre Moyen Age* (Por uma Outra Idade Média). Em que se distingue a "Idade Média de Le Goff" da Idade Média dos outros historiadores?

Em primeiro lugar, por sua imensa duração. É em verdade *la très longue durée*. Segundo Le Goff, a Idade Média começa na Antigüidade tardia, mais ou menos no século III, conclui-se não com a Renascença e nem com a Reforma mas no século XVIII ou até no início do século XIX. Porque Le Goff enfoca com critérios especiais o estabelecimento dos limites temporais da época e do seu próprio conteúdo.

É curioso que esse historiador, em cujo centro da atenção sempre esteve a cidade, ao revelar a especificidade substancial da Idade Média diverge dos seus predecessores – os historiadores urbanos. "Depois da Idade Média urbana e burguesa, como a concebia a história do século XIX, começando por Auguste Terry e terminando em Henry Pirenne", escreve Le Goff, "parece-nos mais correta a representação da Idade Média agrícola por Marc Bloch, Michael Postan, Leopold Genicot e Georges Duby"[38]. Por quê?

Porque a concentração da atenção nas cidades e nas populações urbanas orientava os historiadores predominantemente para o estabelecimento dos "germes do novo" no seio da conservadora sociedade agrária e eclesiástica e acabou levando à violação das proporções. Em realidade, a Idade Média, como no período em que foi forjado o termo *medium aevum*, revelou-se atemporal, um "fosso" do desenvolvimento ascensional, um retardamento do progresso. O que interessava os historiadores-urbanistas anteriores não era a Idade Média em si mas aquilo que vinha amadurecendo e caminhava para a sua mudança: o nascimento da sociedade burguesa.

A atenção aos fundamentos agrários da vida medieval, que de maneira alguma exclui o interesse pelas cidades como centro da civi-

---

38. J. Le Goff, *Pour un autre Moyen Age*, p. 339; *idem, L'imaginaire médiéval. Essais*, Paris, 1985, pp. 7-13.

206 A SÍNTESE HISTÓRICA E A ESCOLA DOS ANAIS

lização, cria outra perspectiva para o estudo da época. O historiador já não se volta apenas para o progresso e a mudança mas também para revelação das estruturas estáveis que influenciavam esse mesmo desenvolvimento.

O destaque que Le Goff dá ao fundamento da Idade Média no campo deve-se, ainda, ao fato de que a aplicação de enfoques etnológicos e histórico-antropológicos ao estudo da vida medieval – da econômica à religiosa – revela as raízes e perspectivas agrárias da mentalidade e do comportamento dos homens da época, raízes e premissas essas vinculadas à natureza. Noutros termos, é precisamente no contexto da Idade Média agrária que é possível ver o "outro" – o homem que tinha um quadro próprio do mundo, o qual diferia profundamente do quadro do mundo dos homens da Idade Moderna. Ademais, não se trata do herói em primeiro plano mas do trabalhador comum ou do fiel, do homem cotidiano (*l'homme quotidien*).

Le Goff está infinitamente distante da intenção de idealizar a Idade Média. Ele previne contra o fato de que a "lenda negra" sobre a Idade Média foi substituída pela "lenda dourada". Ele sabe que a Idade Média é a época da violência e da ameaça permanente de fome, de epidemias, é a época das dúvidas e da dominação das "autoridades" e das hierarquias, época que só em seu final surge a liberdade. Mas ele ressalta ao mesmo tempo o tônus vital tenso e o potencial criativo dessa época, a inventividade dos homens e a sua crescente capacidade de dominar o tempo e o espaço. Ele quer compreender o núcleo dos sentidos da vida medieval, penetrar na própria lógica dos homens dessa época com todas as suas complexidades e contradições, em toda a sua estranheza e diferença.

Eis o que é a "outra" ou a "nova" concepção de Idade Média do ponto de vista de Le Goff.

Entretanto, sob este tipo de enfoque a Idade Média é uma época muito longa. Longa mas não monolítica. No curso dessa época ocorreram reiteradamente determinadas transformações, avanços – Le Goff constata essas mudanças aproximadamente no ano 1000, cerca do ano 1200, por volta do ano 1500 e 1680; elas substituem as fases de desenvolvimento, a distribuição dos valores culturais e a germinação da idéia de progresso. Nem a Renascença, nem a Reforma, nem o descobrimento do Novo Mundo, nem a formação das monarquias absolutas e nem o crescimento da burguesia marcaram ainda o fim da época medieval. Porque sob o manto brilhante da nova arte e por trás das mudanças no regime eclesiástico ou político, as massas humanas continuavam vivendo numa sociedade tradicional, mantendo os antigos hábitos de consciência e os modelos de comportamento. Ao término da Idade Média, a vida mudou radicalmente e ao mesmo tempo permaneceu a mesma em sua essência, em suas últimas profundezas. Lançavam-se os fundamentos de uma nova filosofia e uma nova ciência,

MENTALIDADE, SISTEMA DE VALORES, IMAGINÁRIO. A ANTROPOLOGIA... 207

já fora formulado o sistema heliocêntrico do universo e feitas as primeiras navegações ao redor do mundo, e ao mesmo tempo na Europa de Galileu e Descartes desencadeava-se o drama final da cultura popular tradicional – a caça às bruxas.

Porque o "homem cotidiano" continuava o mesmo. Nós encontramos uma "Idade Média muito longa" no nível das representações religiosas cotidianas, das crendices discrepantes, dos hábitos de consciência – na esfera das mentalidades. Não a encontramos no nível das doutrinas e teorias, num nível de uma consciência "obscura" das massas não elucidada pela lógica.

Como já foi observado, a idéia de Le Goff sobre a "Idade Média muito longa" contraria sua hipótese da reconstrução de todo o sistema de valores no período situado entre meados do século XII e meados do século XIII. A concepção de "Idade Média longa" me parece mais fecunda. A mudança do escorço no qual se examina a história e a passagem para o seu estudo histórico-antropológico abrem novas perspectivas. A "outra" concepção de Idade Média é, sem dúvida, a sua concepção mais profunda. O acento recai sobre a especificidade, a feição individual da época e da sua cultura.

Le Goff previne contra a excessiva aproximação da história com a etnologia; ambas as ciências, outrora únicas, há muito se tornaram disciplinas *sui generis* e são perfeitamente notórias as diferenças entre elas nos métodos e procedimentos. A etnologia encarna o "ideal da história desprovida de acontecimentos" ou constituída apenas de acontecimentos que se repetem (das festas de calendário, dos nascimentos, dos casamentos e das mortes). Ao mesmo tempo, a etnologia concentra a atenção no tempo da grande duração, no tempo "estático" e não no dinâmico. Mas esse não é o tempo propriamente histórico. Para passar ao nível da história, é necessário chamar a atenção não só para o reincidente e geral mas também para o individual e único, não só para os determinismos mas também para os acasos. O carnaval em si mesmo não é um fato da história, mas quando estudado por Emmanuel Ladurie o carnaval em Romans se transformou numa luta sangrenta entre o patriciado urbano e os artesãos, e de marca na roda do movimento cíclico anual ele se transformou em acontecimento histórico.

A prevenção quanto ao perigo da fusão da história com etnologia foi enunciada por Le Goff depois que ele aplicou determinados enfoques etnológicos e demonstrou sua eficácia. Ele indica que, à luz da etnologia, os historiadores colocaram várias questões novas, tais como a da estrutura do parentesco da família, da relação dos sexos, a questão da comunidade rural, das classes etárias etc. Os historiadores deram uma nova formulação ao problema da magia e do carisma. Pela primeira vez os historiadores revelaram um autêntico interesse pela vida cotidiana dos homens do passado, pelo seu corpo e sua saúde,

208 A SÍNTESE HISTÓRICA E A ESCOLA DOS ANAIS

pelo seu modo de vida e os seus costumes. Le Goff ressalta que a etnologia ajudou os historiadores a se livrarem da concepção linear simplificada de tempo hegemônico e da fé em um progresso contínuo[39]. O conceito de "Idade Média muito longa" foi inspirado pela teoria da *la longue durée* de Braudel. Mas a influência do autor de *O Mediterrâneo* sobre Le Goff esgota-se aí. Porque na interpretação de Braudel o "tempo da longa duração" é o tempo das estruturas impessoais e suprapessoais que ele desumaniza conscientemente, ao passo que o próprio conceito de "Idade Média muito longa" em Le Goff foi formulado com base no estudo das emoções do imaginário, das mentalidades e dos quadros do mundo dos sonhos e dos sistemas de valores. Esse conceito é extremamente rico de conteúdo humano.

Em realidade, a relação de Le Goff com a herança teórica de Braudel parece bastante contraditória. Ao achar eficaz o conceito *la longue durée*, ele considera necessário estudar as estruturas estáveis, sejam estruturas econômicas, demográficas ou mentais. Ele admite que em certo sentido os métodos estruturalistas foram empregados como meio de análise na investigação histórica. Ao mesmo tempo, Le Goff não partilha de maneira nenhuma da teoria da "história imóvel" ou "quase-imóvel", porque, de seu ponto de vista, a história não é senão a "ciência das mudanças e da explicação dessas mudanças". A antropologia histórica pressupõe o movimento, a mudança de todos os objetos estudados por ela. Sendo aplicável e eficaz como um dos métodos de análise, o estruturalismo não pode ter a pretensão de explicar a história.

Essa atitude contida em face das concepções basilares de Braudel e de seus seguidores está, sem dúvida, vinculada à posição de princípio de Le Goff. Seus interesses não estão voltados em absoluto para o estudo das estruturas econômicas, vistas como auto-suficientes e dominantes. Um dos *leitmotivs* de sua obra é o imaginário humano. De categoria de criação artística, o *l'imaginaire* em Le Goff (como em Duby) se transforma numa poderosa força socioistórica, em fator inalienável da vida da sociedade. O imaginário dos homens, incluindo esferas irracionais como os sonhos ou os devaneios, é alimentado pela realidade, mas o principal consiste em que a realidade do pensamento dos homens imprime sua marca poderosa e indelével em todas as suas obras, na atividade e no comportamento social.

Le Goff vê a conquista fundamental da Nova História no fato de que ela tomou consciência da necessidade do estudo de dois tipos de realidade: da realidade em si e das representações que dela se formam nos homens que vivem na época. Noutros termos, o quadro "objetivo" da realidade histórica deve ser completado pela sua imagem "subjeti-

---

39. J. Le Goff, "L'historien et l'homme quotidien", *Mélanges en l'honneur de Fernand Braudel*, t. II, *Méthodologie de l'historie et des Sciences Humaines*, Toulouse, 1972 (J. Le Goff, *Pour um autre Moyen Age*, p. 339).

va". Poder-se-ia concordar com isso, mas é aceitável que se pergunte (a mesma questão que foi colocada anteriormente): existiriam duas realidades, uma real e uma imaginária, ou uma, que inclui em si os aspectos materiais e ideais? Como separá-las e dividi-las? Porventura a produção, os costumes, o cotidiano não estão inteiramente penetrados por representações humanas, por um sistema de valores e crenças, e por acaso não é unicamente nesse aspecto "humanizado" que eles ganham sentido para aqueles que estavam ocupados com a produção e viviam nesse cotidiano?

O historiador deve se dar conta de que os mitos e fantasias dos homens, as suas construções mentais, que a consciência racionalista dos homens da Idade Moderna tende a qualificar como "preconceitos" e incluir na categoria de "falsa consciência", determinaram grandemente o conteúdo dos textos que são fontes para o historiador, e que a primeira coisa que o pesquisador encontra é a estrutura da consciência humana reproduzida em monumentos. Conseqüentemente, antes de emitir um juízo sobre a falsidade ou a veracidade da informação neles contida, é necessário compreender a natureza das fontes históricas, seu condicionamento sociocultural e a sua função no contexto da época que os gerou.

Sobre essa colocação do problema o monumento histórico perde a sua fictícia "virgindade" e "neutralidade"; o historiador, ciente do papel do imaginário na formação de qualquer texto, de sua natureza semiótica, não pode enfocá-lo como "fonte de dados" do qual seria capaz de haurir a informação sem nenhum obstáculo. A fonte histórica, segundo expressão de Carlo Guinsburg, não é uma "janela aberta para o passado"[40]. "Esse poço" não contém, absolutamente, "fatos da vida quimicamente puros": as informações sobre eles passaram pelos complexos filtros da consciência dos autores ou compositores de textos e trazem a marca da consciência, indelével mas nunca identificável sempre facilmente. Os "fatos históricos" comunicados pelas fontes não são neutros em relação ao modo de sua fixação, pois esta é um processo sumamente complexo de elaboração e interpretação da informação que deve ser transmitida pelo texto, não é um processo de seleção, filtragem e reinterpretação. É o cúmulo da ingenuidade supor, dentro das tradições do positivismo, que os textos contêm uma "verdade histórica" em sua "forma primordial". Vários "analisadores" atuais salientam a "falta de transparência" da fonte histórica. Paul Veyne, autor do livro *Como se Escreve a História*, insiste em que a história deve ser uma "luta contra a visão e a ótica que são impostas pelos historiadores"[41].

---

40. C. Ginzburg, "Renouveler la réflexion méthodologique", *Le Monde*, 19 janvier 1990, p. 22.

41. P. Veyne, *Comment on écrit l'histoire. Essai d'épistémologie*, Paris, 1971, pp. 265-266.

210   A SÍNTESE HISTÓRICA E A ESCOLA DOS ANAIS

O "fato histórico", ou melhor, a informação que o historiador encontra sobre ele na fonte é uma certa construção; e mesmo que esse "fato" não passe de alguma cifra ou termo, por trás dele se escondem um pensamento, uma tradição intelectual, um imaginário humano (aliás, assim o afirmava Febvre com toda a clareza). O lema dos velhos positivistas "Só textos, tudo são textos, nada mais que textos!" soa hoje bastante ingênuo; além disso, é ilusório e ambíguo. Nenhuma fonte histórica é "ingênua", diz Le Goff. Ela precisa ser reestruturada e "desmistificada"[42].

Ao que parece, nós nos distanciamos bastante da fé otimista de Marc Bloch na cognoscibilidade da história, embora essa sua certeza se baseasse numa clara compreensão das muitas dificuldades de ordem não só de fonte histórica mas também gnosiológica. O ceticismo e o relativismo das terceira e quarta gerações de representantes da Nova História aumentaram indiscutivelmente. Neste sentido não seria nada inoportuno (para evitar ambigüidade) observar que as "desmistificações" e as "reconstruções" das fontes, ditadas pela problemática da investigação, não podem ser determinadas apenas pelas necessidades da última. A própria transformação da fonte histórica deve seguir tanto a sua lógica interior quanto a lógica da cultura em cujo contexto ela foi criada. Isto não significa que a investigação histórica transcorre como que em um nível especial, diferente do nível dos fenômenos do passado e do nível da atualidade do historiador? Ele não está em condição de "fazer renascer" a história naquela sua feição "em que ela realmente existia"; mas, de igual maneira, ele não deve construí-la guiando-se apenas pela problemática que o interessa, desvinculado da fatura real da história.

Eu me permiti me abstrair um pouco do curso dos pensamentos de Le Goff. O "imaginário" humano sobre o qual ele escreve determina não só a estrutura e o conteúdo do monumento histórico. Ele é um componente essencial e inalienável da própria realidade histórica. Os homens não se comportam apenas de acordo com estímulos reais vitais, suas cabeças contêm um certo modelo de realidade assimilada, uma formação contraditória urdida da grande multiplicidade de componentes e nunca redutível a um "reflexo" do "dado" externo à consciência. Seus mitos e crenças, estereótipos culturais e hábitos, etiqueta e simbólica, fantasias, esperanças e fobias determinam tanto as suas concepções de mundo e os seus atos quanto os seus interesses materiais. Não faz sentido estabelecer *a priori* alguma gradação de efetividade da influência desses ou daqueles fatores; só a investigação concreta é capaz de estabelecer essa correlação, mas é perfeitamente notório que o "imaginário" ("as ilusões de uma época", a "falsa cons-

---

42. J. Le Goff, *Histoire et mémoire*, pp. 20, 22, 304. Cf. M. Foucault, *L'Archéologie du savoir*, Paris, 1969.

MENTALIDADE, SISTEMA DE VALORES, IMAGINÁRIO. A ANTROPOLOGIA... 211

ciência") é um componente inalienável e poderoso da vida social e do seu movimento histórico.

O historiador é levado a operar não com o modelo universal e unificador "base/superestrutura", no qual, como se costuma pensar, a "superestrutura" "determina" a "base" e "serve" a ela, mas com construções mentais concretas historicamente condicionadas e mutáveis, que sempre modelam a seu modo o mundo, e esses produtos do imaginário social, ao experimentarem o influxo das relações materiais e dos interesses reais que geram, contêm, ao mesmo tempo, fenômenos diversos da "separação do pensamento em face da realidade"[43].

Neste caso, fica claro que o "imaginário" é um dos objetos mais importantes da análise histórica. Sem a inclusão do imaginário dos homens do passado no círculo das questões estudadas pelo historiador não é possível nenhuma investigação séria. O enfoque "consumista" das fontes, que foi característico da velha escola, a qual concentrava a atenção nos indícios externos de sua autenticidade e origem (sob a condição de que a fonte não é uma falsificação, dela se poderiam haurir quaisquer "dados"...), à luz de muitas concepções desenvolvidas por Michel Foucault, Le Goff ou Duby revela todas as suas limitações e a sua índole insatisfatória. Aí ganha uma importância especial o conceito de contexto sociocultural, sem cuja consideração é impossível avaliar o testemunho histórico.

É errôneo comparar o historiador ao pedreiro, que erige o seu edifício a partir de "tijolos", "dados" já prontos, de fatos históricos que teriam se conservado nas fontes. Ele procura entabular um diálogo com os homens do passado e, escutando atentamente os seus discursos, reconstruir os seus pensamentos; o homem do passado é o seu interlocutor. Mas por si mesma a fonte da história silencia, é inerte e conserva os segredos que contém. Para que a fonte comece a falar e revele esses segredos, faz-se necessário um complexo trabalho orientado para um fim, o ativismo intelectual do historiador. Aqui cabe voltar mais uma vez ao problema da relação do estudioso com a fonte histórica, uma vez que Le Goff examina especialmente essa questão.

O monumento histórico não é um canal passivo de ligação através do qual chegam ao historiador os "dados" relativos aos dias há muito passados. Entre o presente e o passado a investigação histórica estabelece uma relação intensa e complexa, uma espécie de vínculo funcional. O pensamento do historiador, que formulou o problema da investigação, como que reconstrói o monumento preparando-o para a interpretação. Só como resultado de esforços criativos conseqüentes do historiador o monumento da cultura do passado, que para nós permanece consideravelmente uma "coisa em si", um texto incompreensível, cujos hieróglifos é necessário decodificar, pode se tornar fonte

---

43. J. Le Goff, *Histoire et mémoire*, p. 23.

212   A SÍNTESE HISTÓRICA E A ESCOLA DOS ANAIS

histórica. É assim que eu compreendo o sentido das afirmações de Le Goff e de vários outros estudiosos da Escola dos Anais, segundo as quais o estudioso "constrói" a sua fonte, "inventa-a". Esse conceito, um tanto provocador, ressalta o papel ativo do pesquisador, que se guia pelo problema e de maneira nenhuma está disposto a seguir servilmente o texto da fonte.

E de fato, os monumentos estudados por Le Goff e outros "annalenses" em regra não são novos, há muito foram publicados e são conhecidos dos especialistas. Mas antes da colocação de novos problemas e da elaboração dos métodos não-tradicionais do seu estudo eles permaneceram inertes, não-informativos; os medievalistas não lhes davam maior importância, supondo que seu valor cognitivo era baixo. Com a formulação do novo enfoque a situação das fontes dos estudos históricos mudou radicalmente. Categorias inteiras de monumentos da literatura média latina, tradicionalmente incluídos no "segundo escalão" da literatura eclesiástica e citadas apenas esporadicamente, deslocaram-se da periferia da visão histórica para o seu centro, ganharam uma nova significação. Seu potencial heurístico veio a ser muito maior do que se imaginava bem recentemente. Pode-se afirmar com toda segurança que, submetidos a uma nova avaliação, esses monumentos realmente se tornaram fontes; nessa qualidade deles "se construiu" o pensamento original dos historiadores que propuseram novos problemas.

Não se trata da simples ampliação do círculo de monumentos incorporados pelo pesquisador. O sentido dos esforços de Le Goff e outros historiadores para dominar as riquezas das fontes consiste no seguinte: os medievalistas procuram atingir camadas mais profundas da realidade histórica, não atingidas pela Ciência Histórica tradicional, e essas camadas mais profundas são um campo da consciência, das mentalidades; nestas se revelam as molas internas do comportamento humano. O comportamento do homem no grupo, no *socium*, é penetrado pela simbólica, e por meio de sua decodificação e da compreensão de sua função na atividade vital dos grupos consegue-se elucidar melhor a natureza do processo histórico. O "imaginário", o "simbólico", o "enfoque antropológico da história" – todos esses conceitos do laboratório criador de Le Goff – introduzem o historiador nas profundezas da história social.

A correlação entre um "monumento" histórico, resíduo da Antigüidade, por um lado, e a "fonte" histórica, incluída na esfera da investigação do historiador, por outro, pode ser expressa através da contraposição do "objeto" ou "fato histórico" ao "objeto" da investigação científica. Sem me deter na questão de saber em que medida a língua francesa permite exprimir semelhante delimitação, eu gostaria de salientar: o termo "objeto" sugere algo externo pré-situado em face do pesquisador; é o remanescente do passado em sua "primordia-

MENTALIDADE, SISTEMA DE VALORES, IMAGINÁRIO. A ANTROPOLOGIA... 213

lidade". Entretanto, o historiador não opera com "objetos", "dados" a ele no monumento, mas com objetos científicos, que foram desmembrados por ele para análise e apreciação, preparados e transformados de acordo com os objetivos da investigação. O historiador é ativo ao máximo em suas operações com o objeto da investigação, pois, diferentemente do objeto, o objeto da investigação foi criado, concentrado pelo pesquisador de acordo com os seus objetivos; seu projeto científico encontra nesse objeto sua realização.

Os problemas da gnosiologia histórica são sumamente atuais para Le Goff. Distante da "filosofia da história", ele, ao mesmo tempo, tem nítida consciência do quanto os aspectos metodológicos são importantes para a investigação histórica. Não é difícil perceber que foram imediatamente incluídos na problemática histórico-cultural e antropológica.

Le Goff é o organizador e inspirador da série de iniciativas coletivas dos historiadores medievalistas; assim foram os colóquios sobre as heresias, a cultura popular, a percepção do tempo na Europa cristã, sobre o charivari etc. Por projeto seu e sob sua direção, em finais dos anos oitenta publicou-se o volume *O Homem Medieval*[44], no qual foram reunidos ensaios que caracterizam os diferentes tipos culturais e sociopsicológicos de homens daquela época – do cavaleiro e do camponês, do artesão e do artista, do monge e do comerciante, do intelectual e da mulher, do santo e do marginal. Aqui se aplica coerentemente o ponto de vista histórico-antropológico.

Em nosso dias Le Goff elaborou o plano de uma nova iniciativa científica internacional, a série *A Formação da Europa* em muitos volumes. Uma das intenções da série é contribuir para uma maior integração cultural da Europa, de toda a Europa. A Europa, escreve Le Goff, continua sendo "uma realidade potencial", pois "a história antecipou a Europa, mas a história não contém o destino preestabelecido" dela. Integram o projeto desse trabalho a revelação dos temas característicos da história coletiva dos povos europeus, das suas tradições comuns, assim como dos "aspectos conflituosos ou patológicos do seu passado; a elucidação desses aspectos deve ser uma prevenção contra o retorno desses conflitos"[45]. Sem dar preferência exclusiva a qualquer escola de história, Le Goff sublinha ao mesmo tempo a importância do enfoque antropológico.

O historiador não pode deixar de estar vinculado à sua época e de responder às suas necessidades profundas. *A Formação da Europa* é a resposta de Jacques Le Goff e dos cientistas por ele mobilizados às demandas palpitantes da nossa época[46].

---

44. *L'uomo medievale*. A cura di Jacques Le Goff, Roma-Bari, 1987.
45. Laterza Newsletter, January 1990.
46. Cf. Adendo: "Entrevista com o Professor Jacques Le Goff".

5. A Morte como Problema de Antropologia Histórica

"Não podemos encarar fixamente nem o sol nem a morte" (La Rochefoucauld)[1]. Nesse medo de olhar a morte na cara não estaria a causa de que até bem recentemente os historiadores costumavam omitir esse tema "tabu"? Não acho. Porque os seus colegas etnólogos esbarram constantemente nele: os ritos de sepultamento e a simbólica a eles vinculada, o folclore e a mitologia são importantes meios para a compreensão das tradições e costumes populares.

É igualmente não-novo o problema da morte para o arqueólogo que, com base no estudo dos remanescentes materiais de épocas distantes, tenta reconstruir o caráter dos sepultamentos e as representações dos homens antigos sobre a morte e o mundo de além-túmulo. As pirâmides e os majestosos mausoléus, os outeiros sepulcrais e os barcos que serviam de túmulos, a suntuosa preparação do morto nobre para o outro mundo, sua dotação com todo o necessário, incluindo tesouros fabulosos, cavalos, arma escravos e concubinas – tudo isso se refere não apenas à maneira como esses homens concebiam a existência no outro mundo mas também como, a despeito de sua "balança econômica" bastante pobre, as sociedades antigas e da baixa Idade Média estavam preparadas para fazer gastos colossais de recursos materiais e humanos sem hesitações, uma vez que se tratava do mun-

---

1. La Rochefoucauld, *Memórias. Máximas*, Moscou, 1971, p. 36 (Máxima 26). Nos EUA eu ouvi outra máxima: "Há duas coisas que é impossível evitar: a morte e os impostos".

216   A SÍNTESE HISTÓRICA E A ESCOLA DOS ANAIS

do sobrenatural. O mundo de além-túmulo era uma das idéias centrais das civilizações antigas.

Os historiadores da literatura e os teóricos da arte operam constantemente com o tema da morte. Esse problema é real também para os filósofos e os teólogos.

De sorte que o desconhecimento do tema da morte pelos historiadores, o qual durou até tempos relativamente recentes, tem de ser explicado não pelo medo de olhá-la na cara mas de um modo um tanto diferente. A causa do seu longo silêncio consistia na incompreensão, em primeiro lugar, do quanto era importante o papel que a morte desempenhava e continua a desempenhar na constituição do quadro do mundo próprio de uma determinada comunidade sociocultural, assim como na vida psicológica e, em segundo, o quanto são mutáveis – a despeito de toda a sua estabilidade – esse quadro do mundo e, de modo correspondente, a imagem da morte e da existência além-túmulo, da relação entre o mundo dos mortos e o mundo dos vivos e os modos de influência dos vivos sobre o destino dos mortos.

Os historiadores só passaram a estudar a sério o problema da morte há pouco tempo. E aí se descobriu que a morte não é apenas um tema da demografia histórica ou da teologia e da didática eclesiástica. A morte é um dos parâmetros radicais da consciência coletiva, e uma vez que esta não permanece imóvel no curso da história, essas mudanças não podem deixar de se expressar também nos avanços da relação do homem com a morte.

O estudo das diretrizes em relação à morte, que representam um grande interesse até por si mesmo, pode lançar luz sobre as diretrizes dos homens com relação às vidas e aos seus valores fundamentais. Segundo opinião de alguns cientistas (Philippe Ariès, Pierre Chaunu), a relação com a morte é uma espécie de padrão, de indicador do caráter de uma civilização.

Na relação com a morte revelam-se os segredos da pessoa humana. Mas, em termos convencionais, a pessoa é um "membro médio" entre a cultura e a sociabilidade, o elo que as unifica. Por isso, a percepção da morte, do mundo sobrenatural, dos vínculos entre os vivos e os mortos constitui os temas cuja discussão poderia aprofundar substancialmente a compreensão, pelos historiadores, de muitos aspectos da realidade sociocultural das épocas passadas.

Como se inexistisse até bem pouco tempo para o conhecimento histórico, o problema da morte surgiu de repente e de forma explosiva no horizonte da investigação, prendendo a atenção de muitos historiadores, antes de tudo dos medievalistas e dos especialistas em história da Europa dos séculos XVI a XVIII. A discussão desse problema iluminou os aspectos da mentalidade dos homens da Idade Média e da Idade Moderna, que até então haviam permanecido na sombra. Ao mesmo tempo, ela revelou novos aspectos da metodologia científica

A MORTE COMO PROBLEMA DE ANTROPOLOGIA HISTÓRICA   217

dos historiadores. O tema da conscientização da morte na história suscita um amplo interesse perfeitamente compreensível, e aqui se descobre com especial nitidez a relação já compreensível das correntes de pesquisa científica nas disciplinas humanísticas com as questões da atualidade.

A literatura que trata da relação com a morte na história já se presta com dificuldade a uma resenha. Michel Vovelle, que há muito tempo vem se dedicando com êxito a esse problema, em um dos seus artigos adverte para que não se confunda com moda a investigação científica da percepção da morte[2]. Aliás, até essa moda traduz uma certa demanda social. Uma espécie de *boom*, decorrente do interesse pelo problema da percepção da morte em diferentes culturas, realmente ocorreu nos anos setenta e oitenta, e gerou uma série de trabalhos interessantes.

No contexto de um livro dedicado à análise da Nova História, acho necessário me deter especialmente apenas em alguns trabalhos de historiadores dedicados ao problema da percepção da morte na história. Como eu já disse, é impossível abranger toda a literatura, e escolhi alguns livros que parecem mais capitais e interessantes pela colocação dos problemas e provocaram estudos subseqüentes.

A relação com a morte e a concepção do mundo sobrenatural é parte componente do problema mais geral das mentalidades, das diretrizes sociopsicológicas, dos modos de percepção do mundo. A mentalidade, como já foi dito anteriormente, exprime a feição cotidiana da consciência coletiva não plenamente refletida nem sistematizada por meio de esforços com fins definidos, empreendidos por teóricos e pensadores. No nível da mentalidade, as idéias não são construções espirituais concluídas em si e geradas por uma consciência individual, mas a percepção daquele tipo de idéias por um determinado meio social, percepção que as modifica de forma inconsciente e descontrolada.

A não-conscientização ou a conscientização incompleta são um dos importantes indícios da mentalidade. Na mentalidade revela-se aquilo sobre o que a época histórica estudada não pretendia e aliás não estava em condição de informar, e essas suas mensagens involuntárias, habitualmente não filtradas e nem censuradas nas mentes daqueles que as encaminharam, são desprovidas de uma tendenciosidade intencional. Nessa particularidade da mentalidade encerra-se o seu imenso valor cognitivo para o pesquisador. Nesse nível consegue-se escutar aquilo que é impossível saber no nível das enunciações conscientes. O círculo de conhecimento sobre o homem na história, sobre as suas representações e os seus sentimentos, crenças e fobias, sobre o seu comportamento e os valores vitais, incluindo o juízo de valor sobre si

2. M. Vovelle, "Encore la mort: um peu plus qu'une mode?", *Annales. E. S. C.*, 37e année, n. 2, 1982, pp. 27-287.

218 A SÍNTESE HISTÓRICA E A ESCOLA DOS ANAIS

mesmo, amplia-se bruscamente, torna-se multidimensional e exprime com mais profundidade a especificidade da realidade histórica.

É de suma importância que os novos conhecimentos sobre o homem, incluídos no campo de visão do historiador no nível das mentalidades, refiram-se predominantemente quer aos representantes da elite intelectual – que, ao longo de grande parte da história monopolizaram a educação e por isso também a fixação da informação acessível aos historiadores –, quer às amplas camadas da população. Se as idéias são elaboradas e enunciadas por poucos, a mentalidade é uma qualidade inalienável de qualquer pessoa, só é preciso saber captá-la. A "maioria silenciosa", praticamente excluída da história, revela-se muito capaz de começar a falar na linguagem dos símbolos, rituais, gestos, costumes, crenças e superstições e levar ao conhecimento do historiador ao menos partículas do seu universo espiritual.

Verifica-se que as mentalidades formam sua esfera especial com suas leis específicas e ritmos, esfera vinculada de modo contraditório e mediato ao mundo das idéias na própria acepção do termo mas em nenhuma medida redutível a ele. O problema da "cultura popular" – por mais indefinida e até enganosa que seja essa denominação – como problema da vida espiritual das massas, diferentemente da cultura oficial das cúpulas, adquiriu em nossos dias uma significação nova e imensa precisamente à luz do estudo da história das mentalidades. A esfera das mentalidades está vinculada de modo igualmente complexo e indireto também à vida material da sociedade, à produção, à demografia, aos usos e costumes. A refração das condições determinantes do processo histórico na psicologia social – refração por vezes fortemente transfigurada e até deformada a ponto de se tornar irreconhecível –, as tradições culturais e religiosas e os estereótipos desempenham um imenso papel na formação e no funcionamento dessa psicologia.

É objetivo de importância científica primordial e imenso atrativo intelectual discernir por trás do "plano da expressão" o "plano do conteúdo", penetrar nesse estrato da consciência social não enunciado com clareza, fluente por sua composição social e tão secreto que até recentemente os historiadores nem desconfiavam de sua existência. Sua elaboração abre diante dos pesquisadores perspectivas verdadeiramente infinitas.

Parece-me necessário mencionar esses aspectos da mentalidade, uma vez que é precisamente nas diretrizes em relação à morte que o não-conscientizado ou não-enunciado desempenham um papel especialmente importante.

Mas surge uma questão: de que maneira o historiador, aplicando procedimentos científicos verificáveis, pode realizar essa tarefa? Onde procurar as fontes cuja análise possa revelar os segredos da psicologia coletiva e do comportamento social dos homens em diferentes sociedades?

A MORTE COMO PROBLEMA DE ANTROPOLOGIA HISTÓRICA   219

Ao que me parece, o conhecimento dos trabalhos sobre a relação com a morte na Europa ocidental poderia levar ao laboratório de estudo das diretrizes mentais[3].

A inclusão do tema da percepção da morte no círculo de visão dos historiadores é um fenômeno aproximadamente da mesma ordem que a inclusão, nesse círculo, de temas novos para a Ciência Histórica como o "tempo", o "espaço", a "família", o "casamento", a "sexualidade", a "mulher", a "infância", a "velhice", a "doença", a "sensibilidade", o "medo", o "riso", a "aculturação". É verdade que, mais que outros temas da história das mentalidades, o tema da relação com a morte é nas fontes um tema "tabu", envolvido por estratos multiformes que obscurecem o seu sentido e o escondem da visão dos historiadores. Mesmo assim, os historiadores resolveram desnudar a "feição da

---

3. J. Huizinga, *O Declínio da Idade Média*, Moscou, 1988; E. Morin, *L'homme et la mort*, Paris, 1951; A. Tenenti, *La vie et la mort à travers l'art du XVe siècle*, Paris, 1952; *idem*, *Il senso della morte e l'amore della vita nel Rinascimento*, Toruno, 1957; G. Vovelle; M. *Vision de la mort et de l'au-delà en Provence d'après autels des âmes du purgtoire. XVe-XXe siècles*, Paris, 1970; M. Vovelle, *Mourir autrefois. Attitudes collectives devant la mort aux XVIIe et XVIIIe siècles*, Paris, 1974; *idem*, *Pété baroque et déchristianisation em Provence au XVIIIe siècle?*, Paris, 1978; idem, La mort et *l'Occident de 1300 à nos jours, Paris, 1983*; F. Lebrun, *Les hommes et la mort en Anjou aux XVIIe et XVIII siècles. Essai de demographie et de psychologie historiques*, Paris, La Haye, 1971; "E. Le Roy Ladurie Chaunu, Lebrun, Vovelle, La nouvelle histoire de la mort", E. Le Roy Ladurie *Le territoire de l'historien*, t. 1, Paris 1973; *idem, L'argent, l'amour et la mort em pays d'Or*, Paris, 1980; Ph. Ariés, *Essais sur l'histoire de la mort en Occident du Moyen Age à nos jours*, Paris, 1975; idem, *Western Attitudes toward Death: from the Middle Ages to the Present*. Baltimore and London, 1976; *idem. L'Homme devant la Mort*, Paris, 1977; *idem.* "La purgatoire et la cosmologie de l'Audelà", *Annales. E. S. C.*, 38e année, n. 1, 1983; "Autour de la Mort", *Annales. E. S. C.*, 3le année, n. 1, 1976; P. Chaunu, *La mort à Paris. XVIe, XVIIe et XVIIIe siècles*, Paris, 1978; "La Mort au Moyen Age", *Colloque de l'Association des Historiens médiévistes français réunis à Strasbourg em juin 1975*, Strasbourg, 1977; A. Ya Guriévitch, "Visões Européias Ocidentais do outro Mundo e o 'Realismo' da Idade Média", *Trabalhos sobre Sistemas Semióticos*, VII, Tartu, 1977; J. Delumeau, *La Peur en Occident (XIVe-XVIIIe siècles)*. Une cité assiégée. Paris, 1978; *idem. Le péché et la peur. La cumpabilistion en Occident*. XIIIe-XVIIIe siècles, Paris, 1983; H. Neveus, "Les lendemain de la mort dans les croyances occidentales (vers 1250-ers 1300)". *Annales. E. S. C.*, 34e année, n. 2, 1979; G. Gatto, "Le voyage au paradis. La christianisation des traditions fokloriques au Moyen Age", *Annales. E. S. C.*, 34e année, n. 5, 1979; *Le sentiment de la mort au moyen âge*, Sous la dir. de C. Sutto, Québec, 1979; *Mirrors of Mortality Studies in the Social History of Death*. Ed. By J. Whaley, London, 1981; J. Le Goff, *La naissance du Purgatoire*, Paris, 1981; *Questões de Cultura Popular Medieval*, M., 1981; M., 1981; A. Gurevic, "Au Moyen Age: conscience individuelle et image de l'au-delà", *Annales. E. S. C.*, 37e année, n. 2, 1982; A. Guriévitch, "Die Darstellung von Persönlichkeit und Zeit in der mittelalterlichen Kunst in Verbindung mit des Auffassung vom Tode und der jenseitigen Welt)", *Architektur des Mittelalters. Funktion und Gestalt*, Weimar, 1983 (- Archiv für Kulturgeschichte. 71. Bd., H. 1, 1989); A. L. Bernstein, *Theology between Heresy and Folklore: William of Auvergne on Punishment after Death, Studies in. Medieval and Renaissance History*, vol. V, 1982; *idem*, "Esoteric Theology: William

220 A SÍNTESE HISTÓRICA E A ESCOLA DOS ANAIS

morte" na história, e isso lhes ajudou a ver muito de novo na vida e na consciência dos homens das épocas passadas.

É pouco provável que seja fortuito o fato de que os problemas da antropologia histórica e, particularmente, a relação com a morte, venham sendo discutidos de modo mais vivo pelos medievalistas e "modernistas" (pelos historiadores da Europa dos séculos XVI ao XVIII). Precisamente na época de dominação do tipo religioso de consciência a atenção dos homens esteve concentrada nas "últimas coisas" – na morte, no juízo pós-morte, na recompensa, no inferno e no paraíso. A despeito de estar inteiramente absorvido pelas preocupações e assuntos cotidianos, o homem da época medieval não podia perder de vista o ponto final da sua peregrinação em vida e esquecer que estava sendo feita a conta exata dos seus pecados e das suas boas ações, pelas quais deveria pagar inteiramente no momento da morte ou no Juízo Final (como já foi mencionado, em relação ao tempo do juízo e à sua natureza reinava uma grande confusão). A morte era um grande componente da cultura, um fundo sobre o qual se projetavam todos os valores vitais.

O ciclo de fontes de que dispõem os estudiosos da percepção da morte na referida época é relativamente estável, as chances de uma ampliação substancial da base das fontes são pequenas e por isso os historiadores têm de seguir voluntária ou involuntariamente antes de tudo a linha da intensificação da pesquisa. O cientista procura novos enfoques para monumentos já conhecidos, cujo potencial cognitivo não foi anteriormente identificado nem avaliado, procura fazer a eles novas perguntas, experimentar a "inesgotabilidade" das fontes. A colocação do problema da relação com a morte é um nítido testemunho do quanto a obtenção de um novo conhecimento em história depende do ativismo intelectual do pesquisador, de sua capacidade de renovar o seu questionário com o qual ele enfoca monumentos que, parecia, já eram conhecidos.

A problemática da morte como fato da história da cultura é extremamente complexa e ainda inusual para os historiadores. Por isso, a resenha crítica das concepções lançadas na literatura moderna não é uma questão fácil. Se, mesmo assim, eu ouso empreender a análise de

of Auvergne on the Fires of Hell and Purgatory", *Speculum*, vol. 57, n. 3, 1982; *idem*, "Thinking about Hell", *The Wilson Quarterly*. Summer 1986; *idem*, "The Invocation of Hell in Thirteenth-Century Paris", *Supplementum festivum. Studies in Honor of P. O. Kristeller*, New York, 1987; *Death in the Middle Ages*, Ed. by H. Braet and W. Verbeke. Leuven, 1983; M. Rouche, "Haut Moyen Age occidental", *Histoire de la vie privée*, Sous la dir. de Ph. Ariès et de G. Duby, t. 1, Paris, 1985; L. Stone, "Death", L. Stone, *The past and the present revisited*, London and New York, 1987; O. A. Nóvikov, *A Percepção da Morte na Idade Média e na Idade Moderna*, Moscou, 1989; A. Ya Guriêvitch, *A Cultura e a Sociedade da Europa Medieval vistas pelos Contemporâneos* (Exempla do século XIII). Moscou, 1989; P. Camporesi, *The Fear of the Hell*, Oxford, 1991.

A MORTE COMO PROBLEMA DE ANTROPOLOGIA HISTÓRICA   221

algumas monografias francesas sobre a morte, vejo certa justificação da minha ousadia no próprio interesse profissional de historiador medievalista, que, seguindo a lógica do estudo dos problemas da história da cultura medieval, particularmente da cultura popular "de baixo", também cheguei ao problema da percepção da morte, da interpretação do outro mundo pelos homens da Idade Média. Deu-se importância especial à maneira como os historiadores inserem a questão específica da relação com a morte e da concepção da existência além-túmulo no problema "global" mais amplo da percepção medieval do mundo e do comportamento social a ela correspondente.

Para a resenha foram escolhidos trabalhos que enfocam a Idade Média ou estão inteiramente dedicados a ela; entretanto o estudo de todo um complexo de investigações sobre esta questão não deixa dúvida de que foram escolhidos os trabalhos mais representativos de um plano amplo, em cujo material é particularmente cômodo examinar esse problema. No centro da minha atenção estarão três trabalhos capitais, que contêm concepções originais – as obras de Phillip Ariès, Michel Vovelle e Jacques Le Goff.

O demógrafo e historiador francês Phillip Ariès (1914-1984) é uma das figuras mais vivas e ao mesmo tempo mais particulares da historiografia francesa dos anos sessenta a oitenta. Formado pela Sorbonne, ele não defendeu dissertação nem escolheu a carreira habitual de orientador de estudantes. Ao longo de quase toda a sua vida, Ariès não fez parte do professorado universitário ou dos pesquisadores que trabalham em instituições científicas. Servidor de um centro de informação da sociedade dedicado a temas do comércio de frutas tropicais, ele se dedicou à atividade de historiador na periferia da ciência oficial e chamava a si mesmo de "historiador que trabalha aos domingos"[4]. Só nos últimos anos de vida, Ariès ganhou a oportunidade de dar um curso na Escola de Altos Estudos de Paris.

Ao mesmo tempo ele imprimiu uma nítida marca na Nova História. Potente gerador de idéias originais, inteligência dotada de uma invulgar força construtiva, Ariès estimulou em muito o desenvolvimento da demografia histórica e o estudo da história das mentalidades. Criou vários estudos históricos de primeira classe, cujas temáticas estão concentradas nos pólos da vida humana; por um lado são trabalhos dedicados à infância, à criança e ao tratamento dispensado a ela sob a "velha ordem" dos "séculos XVI a XVIII"; por outro, são trabalhos sobre a percepção da morte no Ocidente ao longo de toda a época cristã.

---

4. Ph. Ariès, *Un historien du Dimanche*, Paris, 1980.

222 A SÍNTESE HISTÓRICA E A ESCOLA DOS ANAIS

Ultramonarquista e nacionalista de direita, homem de idéias muito conservadoras, em uma época Ariès teve intensa participação na atividade da organização política reacionária *Action française*. O autor do verbete dedicado a ele no *Dicionário das Ciências Históricas* escreve que as paixões políticas de Ariès foram ditadas por suas concepções "nostálgicas" de história: ele viu nesta um processo de destruição da velha ordem estável, cujos valores, segundo ele, superaram os valores que os substituíram[5].

Não faz parte de minhas intenções examinar esse aspecto da sua atividade e menos ainda apreciar sua contribuição para a ciência sob a ótica das suas concepções políticas. Só mencionei esse fato da biografia de Ariès porque ele explica a razão que o levou a permanecer por tanto tempo na periferia da historiografia francesa, um "profeta que não goza do respeito em sua pátria"[6]. Ao mesmo tempo, como me parece, essas concepções de Ariès tornam em parte mais compreensíveis sua concepção geral de história e certa tendenciosidade das suas avaliações históricas; Ariès preferiu permanecer na esfera das mentalidades "abstratas", inerentes sabe-se lá a que camada da sociedade, e falar de "inconsciente coletivo" como de algo perfeitamente claro, que não exigia posterior explicação. A isso parecem vincular-se também os seus princípios de seleção das fontes para o estudo: ele concentra a atenção nos monumentos oriundos dos ciclos da elite, que caracterizam as posições vitais destes últimos, embora os adote como representativos da sociedade como um todo. Aliás, às vezes isso acontece com os historiadores que não pertencem a nenhum grupo reacionário...

Antes de abordar os trabalhos de Ariès sobre a morte e a sua percepção, que muda no processo da história, eu sinto necessidade de dizer algumas palavras sobre a sua contribuição precedente para o conhecimento histórico, contribuição essa que nem de longe é indiscutível mas é ponderável e suscita ampla repercussão.

Nos anos sessenta Ariès ganhou fama com seu livro inovador sobre a criança e a vida familiar na Idade Média tardia e início da Idade Moderna. Sucintamente falando, sua idéia consiste em que a infância como categoria psicossocial e etária especial surgiu há relativamente pouco tempo. Na Idade Média a criança não estava separada dos adultos nem social nem psicologicamente. Na exterioridade essa ausência das diferenças manifestava-se no fato de que as crianças usavam as mesmas roupas que os adultos, apenas de tamanho reduzido, brincavam dos mesmos jogos que os adultos e, principalmente, executavam o mesmo trabalho. Desde o início de sua visão

5. A. Burguière, "Ariès", *Dictionnaire de sciences historiques*, Sous la dir. de A. Burguière, Paris, 1986, p. 68.
6. L. Stone, *The past and the present revisited*, p. 396.

A MORTE COMO PROBLEMA DE ANTROPOLOGIA HISTÓRICA   223

não se escondia nem o sexo nem a morte. As novas tendências do Cristianismo do século XVII, tanto as protestantes quanto as católicas contra-reformistas – observemos, não é o humanismo! – mudaram as diretrizes em relação à criança; a partir de então que ocorre a "descoberta da infância". Fortalecem-se os vínculos intrafamiliares, crescem as preocupações dos pais com os filhos. Mas ao mesmo tempo crescem também os temores relacionados com a predisposição nata da criança para o pecado, o que leva à criação de uma pedagogia de restrições e punições. A vida bastante livre das crianças no período antecedente, quando ninguém tratava da sua educação e por isso não a punia, é substituída pela época das restrições e do adestramento. Assim, pois, segundo Ariès, a "descoberta da infância" era acompanhada da perda da liberdade da criança[7].

Aqui não há lugar nem necessidade de examinar essa teoria que, sem dúvida, contém muitas idéias interessantes e, principalmente, não vê a infância como alguma categoria imutável mas como um fenômeno histórico e, conseqüentemente, confirmado pelas transformações. Basta apenas lembrar que Ariès atribui os avanços da família principalmente a influências religiosas e ideológicas. Ele ignora a esfera propriamente social, à qual a família pertencia em primeiro lugar. Ela é ignorada também em outros seus trabalhos de que falaremos a seguir.

Ao longo dos anos setenta Ariès publicou vários trabalhos dedicados às diretrizes dos europeus ocidentais em relação à morte. Essas diretrizes mudavam gradualmente, com extraordinária lentidão, de sorte que até bem recentemente os avanços escapavam ao olhar dos contemporâneos. No entanto mudavam e o pesquisador, pertencente à sociedade na qual as mudanças em relação à morte se tornaram acentuadas, repentinas e por isso percebidas por todos, pôde chamar a atenção para a história desses fenômenos no passado.

O diapasão temporal singularmente amplo da investigação – começando pela baixa Idade Média e terminando em nossas dias – se explica pelo seu próprio objeto. Para localizar as mutações nas diretrizes em relação à morte, é necessário examiná-las no plano do "tempo da duração extremamente longa". As mentalidades, em regra, mudam de uma forma muito lenta e invisível, e esses deslocamentos ignorados pelos próprios participantes do processo histórico podem se tornar objeto de estudo do historiador apenas sob a condição de que este lhes aplique uma grande escala temporal.

Essa colocação do problema não pode deixar de suscitar uma atenção fixa, e o livro de Ariès gerou realmente uma onda de repercussões não só sob a forma de críticas das suas construções mas também na forma de novas pesquisas dedicadas ao tema da percepção da morte e

---

7. Ph. Ariès, *L'Enfant et la vie familiale sous l'Ancient Régime*, Paris, 1960.

224   A SÍNTESE HISTÓRICA E A ESCOLA DOS ANAIS

do mundo de além-túmulo. Portanto, a poderosa explosão de interesse pelo problema da "morte na história", que se exprimiu numa torrente de monografias e artigos, em conferências e colóquios, foi acompanhada antes de tudo dos trabalhos de Ariès.

Qual é a tese central que Ariès desenvolve em seu livro-síntese *O Homem diante do Espelho*, a qual desenha de forma mais ampla sua posição? Existe uma ligação entre as diretrizes em relação à morte, dominantes em uma dada sociedade e em uma determinada etapa da sua história, e a autoconsciência do indivíduo típico dessa sociedade. Por isso, na mudança da percepção da morte encontram sua expressão os avanços no enfoque que o homem faz de si próprio. Noutros termos, a descoberta das transformações que a morte sofre no "inconsciente coletivo" poderia lançar luz sobre a estrutura da individualidade humana e sobre sua reconstrução, que se deu ao longo dos séculos. Ariès traça cinco etapas principais na lenta mudança das diretrizes em relação à morte.

Com a expressão "todos morreremos" ele designa a primeira etapa que, propriamente falando, não representa uma etapa da evolução mas antes um estado que permanece estável nas amplas camadas do povo, começando pelos tempos arcaicos e chegando ao século XIX, senão até os nossos dias. É o estado da "morte domada" (*la mort apprivoisée*). Entretanto, essa sua qualificação não significa de maneira nenhuma que antes disso a morte fosse "selvagem". Ariès quer apenas salientar que os homens da baixa Idade Média viam a morte como um fenômeno comum, que não lhes causava grandes fobias. O homem está organicamente incluído na natureza, e entre os seres vivos e mortos existe harmonia. Por isso a "morte domada" era vista por eles como uma inevitabilidade natural. Assim via a morte o cavaleiro Roland, e o camponês russo de uma novela de Liev Tolstói vê a morte de modo igualmente fatalista.

A morte não era conscientizada como drama pessoal e em geral não era vista como um ato predominantemente individual; nos rituais que cercavam e acompanhavam a morte exprimia-se a solidariedade do indivíduo com a família e a sociedade. Esses rituais eram parte componente da estratégia geral do homem em relação à natureza. O homem costumava sentir a tempo a aproximação do fim e se preparava para ela. O moribundo era a personagem central do cerimonial que acompanhava e dava forma à sua partida do mundo dos vivos.

Mas essa própria partida não era interpretada como um rompimento completo e sem retorno, uma vez que entre o mundo dos vivos e o dos mortos não se notava um abismo intransponível. Segundo Ariès, uma expressão externa dessa situação pode ser a circunstância de que, em contraposição aos sepultamentos da Antiguidade, que se realizavam fora dos muros da cidade, ao longo de toda a Idade Média os sepultamentos foram dispostos no território das cidades e aldeias:

A MORTE COMO PROBLEMA DE ANTROPOLOGIA HISTÓRICA   225

do ponto de vista dos homens daquela época, era importante colocar o falecido o mais próximo possível do túmulo do santo no templo de Deus. Essas proximidades entre vivos e mortos não inquietavam ninguém. Segundo Ariès, a ausência de medo da morte dos homens da baixa Idade Média deve-se ao fato de que, segundo as concepções deles, os mortos não aguardavam o julgamento e o castigo pela vida vivida; eles mergulhavam em uma espécie de sono que iria durar "até o final dos tempos", até o Segundo Advento de Cristo, após o que todos, exceto os mais graves pecadores, despertariam e entrariam no reino dos céus.

A idéia do Juízo Final, que, como escreve Ariès, foi elaborada pela elite intelectual e consolidada no período entre os séculos XI e XIII, marcava a segunda etapa da evolução da relação com a morte, que Ariès chama de "a morte de si mesmo" (*la mort de soi*). A começar pelo século XII, as cenas do juízo além-túmulo são representadas nos portais ocidentais das catedrais e em seguida, mais ou menos no século XV, a representação do juízo sobre o gênero humano como um todo é substituída por uma nova representação, um juízo individual, que ocorre no momento da morte do homem. Ao mesmo tempo, a missa de réquiem se torna um meio importante de salvação da alma do morto. Dá-se aos rituais de sepultamento uma significação nova e mais importante.

Todas essas novidades, e particularmente a passagem da concepção do juízo coletivo "no final dos tempos" para a concepção do juízo individual imediatamente após o leito de morte do homem, são atribuídas por Ariès ao crescimento da consciência individual, que experimenta a necessidade de unir em um todo único todos os fragmentos da existência humana, até então dispersos pelo estado de letargia da atividade indefinida, que separa o tempo da vida terrestre do indivíduo do tempo da conclusão da sua biografia no momento do futuro Juízo Final.

Em sua morte, escreve Ariès, o homem descobre a própria individualidade. Dá-se a "descoberta do indivíduo na hora da morte, ou no pensamento sobre a morte ocorre a tomada de consciência de sua própria identidade, de sua história pessoal tanto nesse mundo quanto no outro"[8]. O anonimato dos sepultamentos[9], característico da Idade

---

8. Ph. Ariès, *L'Homme devant la Mort*, p. 287.

9. Ariès interpretou o anonimato dos sepultamentos como testemunho da indiferença face à individualidade. Mas como combinar essa tese, que possivelmente tem certos fundamentos, com o fato de que desde o início da Idade Média compunham-se "necrólogos" e "livros de lembranças", que continham milhares de nomes de mortos e vivos, e esses nomes se mantinham quando se copiavam as listas: os monges rezavam pela salvação da alma da pessoa incluída nessas listas. A conservação do nome pode ser interpretada como atenção conferida ao indivíduo. Pelo visto a concepção do indivíduo era não-lacônica e bastante contraditória. Cf. O. G. Oexle, "Die Gegenwart der Toten",

226 A SÍNTESE HISTÓRICA E A ESCOLA DOS ANAIS

Média, modifica-se gradualmente e, como na Antigüidade, ressurgem epitáfios e inscrições nos túmulos dos mortos. No século XVII criam-se novos cemitérios situados fora da linha da cidade; a proximidade entre vivos e mortos, que antes não suscitava dúvidas, agora vem a ser inaceitável, assim como a visão do cadáver, do esqueleto, que era um componente essencial da arte num período de florescimento do gênero da "dança da morte" no final da Idade Média.

Huizinga tende a explicar essa arte *macabre* pelo desespero que se apoderou das pessoas depois da Peste Negra e das crueldades da Guerra dos Cem Anos; já Ariès vê na exibição dos esqueletos e dos cadáveres em decomposição uma espécie de contrapeso à sede de vida e de riquezas materiais que encontrava sua expressão no papel crescente do testamento, que previa funerais e sepultamentos solenes e inúmeras missas de réquiem.

O testamento era um meio de "colonizar" e assimilar o mundo sobrenatural, manipulá-lo. Ele dava ao homem a possibilidade de assegurar o próprio bem-estar no outro mundo e conciliar o amor às riquezas terrestres com a preocupação da salvação da alma. Não é por acaso que é precisamente no segundo período da Idade Média que surge a concepção do purgatório, compartimento do mundo além-túmulo que ocupa uma posição intermediária entre o inferno e o paraíso.

A terceira etapa da evolução da percepção da morte, segundo Ariès – a "morte longa e próxima" (*la mort longue et proche*) – é caracterizada pela falência dos mecanismos de proteção contra a natureza. A essência feroz e indomável desses mecanismos volta-se para o sexo e a morte. Leiam o marquês de Sade e verão a fusão do orgasmo e da agonia numa só sensação. É claro que fica inteiramente por conta da consciência de Ariès a generalização da experiência única desse escritor e a sua transferência para o vivenciamento da morte na Europa da época do Iluminismo.

A quarta etapa da evolução multissecular no vivenciamento da morte é a "tua morte" (*la mort de toi*). O complexo de emoções trágicas, suscitadas pela partida da vida de qualquer homem, esposo ou esposa, criança, pais, parentes, segundo Ariès, é uma nova visão vinculada ao fortalecimento dos laços emocionais no interior da família nuclear. Com o debilitamento da fé nos castigos de além-túmulo muda a relação com a morte; ela é aguardada como um momento de reunificação com o ser querido que antes deixara a vida. A morte de um ente próximo é vista como uma perda mais dolorosa do que a própria morte. O Romantismo contribui para a transformação do medo da morte em sentimento do belo.

Death in the Middle Ages, p. 56, n. 200. Cp. K. Schmid und J. Wollasch, "Die Gemeinschaft der Lebenden und Verstorbenen in Zeugnissen des Mittelalters", *Frühmittelalterliche Studien*, Bd. 9, Münster, 1967.

A MORTE COMO PROBLEMA DE ANTROPOLOGIA HISTÓRICA 227

Por último, no século XX desenvolve-se o medo da morte e da própria menção a ela. A "morte deturpada" (*la mort inversée*) – assim Ariès designou a quinta etapa da percepção e do vivenciamento da morte pelos europeus e norte-americanos. Assim como algumas gerações atrás consideravam indecente falar de sexo na sociedade, depois da supressão de todos os tabus da esfera sexual, essas interdições e esse complô do silêncio foram transferidos para a morte. Em seu crescimento gradual, a tendência a recalcar a morte da consciência coletiva chega ao apogeu em nossa época, quando, segundo afirmam Ariès e outros sociólogos ocidentais, a sociedade se comporta de um modo como se em geral ninguém morresse e a morte do indivíduo não abrisse nenhuma brecha na estrutura da sociedade.

Nos países mais industrializados do Ocidente, a morte de um homem está colocada de tal forma que se torna assunto apenas de médicos e empresários ocupados com o negócio do enterro. Os funerais se tornam mais simples e breves, a cremação se tornou norma, o luto e o pranteamento do morto são interpretados como uma espécie de doença mental. O lema americano da "aspiração à felicidade" é ameaçado pela morte como infelicidade e obstáculo, e por isso ela não está só distanciada das vistas da sociedade quanto é ocultada do próprio moribundo com o fim de não o tornar infeliz. Embalsamam, engalanam e pintam o morto, para que ele pareça mais jovem, mais bonito e mais feliz do que foi em vida. O leitor dos romances de Ewelyn Waugh percebe facilmente do que estamos falando.

O caminho transcorrido pelo Ocidente entre a "morte domada" arcaica, conhecida próxima do homem, e a morte "medicalizada", "deturpada" dos nossos dias, "morte proibida", reflete os avanços radicais na estratégia da sociedade aplicada inconscientemente à natureza. Nesse processo a sociedade toma por base, atualiza, aquelas idéias do acervo que tem à disposição e que correspondem às suas necessidades não-conscientizadas.

Ariès não pode deixar de perguntar por que muda a relação com a morte. Como ele explica as passagens de uma etapa para outra? Aqui não há clareza. Ele se baseia em quatro "parâmetros" que em sua opinião determinam a relação com a morte. São: 1) o individualismo (que importância se dá ao indivíduo no grupo?); 2) os mecanismos de defesa contra as forças incontroláveis da natureza, que ameaçam constantemente a ordem social (as forças mais ameaçadoras são o sexo e a morte); 3) a fé na existência além-túmulo; por último 4) a fé numa relação estreita entre o pecado, o sofrimento e a morte, que forma a base do mito da "queda" do homem. Essas "variáveis" entram em diferentes combinações entre si.

Cabe reconhecer que a explicação dada por Ariès no final do livro explica pouco. Ao mesmo tempo, como observaram seus críticos, Ariès dispensa dados da demografia histórica e da biologia, sem falar

228 A SÍNTESE HISTÓRICA E A ESCOLA DOS ANAIS

ainda nos fatores sociais ou econômicos que para ele simplesmente não existem. O conceito de cultura que ele usa é extremamente restrito e ao mesmo tempo desprovido de conteúdo concreto. É o "inconsciente coletivo" junguiano, interpretado de um modo bastante místico.

São essas, na forma mais resumida, as construções de Ariès. O resumo breve não transmite a riqueza do conteúdo da sua volumosa investigação, cheia de fatos concretos, de muitas observações agudas e conclusões interessantes. Expor a concepção da história da morte na percepção dos europeus não é fácil. O livro de Ariès é escrito de uma forma tanto interessante quanto difícil, a trama cronológica é muito confusa, o material incorporado por ele em diferentes capítulos, como veremos a seguir, é apresentado por vezes de forma caótica, reunido de modo unilateral e interpretado tendenciosamente.

Qual é o modo de argumentação de Ariès, quais são os métodos de seu trabalho e as fontes por ele incorporadas? Nessas perguntas eu gostaria de concentrar minha atenção em primeiro lugar. Aqui veremos coisas surpreendentes.

As fontes são bastante diversificadas. Temos a arqueologia – dados sobre os cemitérios antigos, a epígrafe, a iconografia e os monumentos escritos, começando pelo epos da cavalaria e pelos testamentos e terminando pela literatura memorialística e de ficção da Idade Média.

Mas como Ariès trata as fontes? Ele parte da certeza de que as cenas do final apaziguado do chefe da família, que está cercado de parentes e amigos e passa em revista a vida (exprimindo sua última vontade, deixando bens, pedindo que lhe perdoem os males causados), não é uma convenção literária mas a expressão da autêntica relação dos homens medievais com sua morte. Ele ignora as contradições entre a norma ideal e o clichê literário, por um lado, e os fatos da realidade, por outro. Ao mesmo tempo, os críticos mostraram que semelhantes cenas estilizadas não são representativas da época, sendo conhecidas também outras situações em que o moribundo e até o sacerdote experimentavam perturbação, pavor e desespero diante da morte que se aproximava. O principal consiste em que o caráter do comportamento do moribundo dependia consideravelmente de sua pertença social e do entorno. O burguês não morria como o monge no mosteiro.

Ao contrário de Ariès, segundo quem os rituais e rezas moderavam o medo da morte na Idade Média, o medievalista alemão A. Borst afirma que nessa época o medo da morte devia ser particularmente agudo; tinha raízes tanto existenciais e psicobiológicas quanto religiosas, e ninguém dentre os moribundos podia estar certo de que evitaria os tormentos do inferno[10].

10. A. Borst, "Zwei mittelalterliche Sterbefälle", *Mercür*, 34, 1980, S. 1081-1098.

A MORTE COMO PROBLEMA DE ANTROPOLOGIA HISTÓRICA   229

Mas não se trata apenas de um emprego unilateral e por vezes arbitrário das fontes escritas. Ariès se apóia mais nos monumentos das artes plásticas do que nas obras da escrita. A que equívocos leva seu tratamento desse tipo de material testemunha ao menos o seguinte fato. Com base em um monumento isolado – o relevo no sarcófago de Santo Aguilberto em Joirré, na França (cerca de 680), que representa Cristo e a ressurreição dos mortos – Ariès tira uma conclusão muito promissora segundo a qual na baixa Idade Média ainda não existiria a idéia do castigo pós-morte; como ele afirma, aí não está representado o Juízo Final.

A capacidade de convencimento do *argumenti ex silentio* é por si só duvidosa. No fundo é necessário dizer: Ariès deu um tratamento muito discutível, para não dizer equivocado, ao relevo do sarcófago de São Aguilberto. Como mostrou Beat Brenck, aí está representado precisamente o Juízo Final: em torno de Cristo não estão os evangelistas, como supôs Ariès, mas os ressuscitados dos mortos – à Sua mão direita estão os eleitos, à esquerda, os malditos[11].

A cena do Juízo Final nesse relevo não é, de maneira nenhuma, a única referente ao período inicial da Idade Média. A tradição das representações do juízo remontam ao século IV, mas se no período pós-antigo o Juízo Final era interpretado na iconografia de forma alegórica e simbólica ("a separação entre as ovelhas e os bodes", sendo que os justos e os pecadores eram representados sob a forma desses animais, separados pelo pastor em puros e impuros), no início da Idade Média o quadro muda bruscamente: seu tema se torna precisamente o julgamento de Cristo sobre os ressuscitados dos mortos, e o artista dá atenção especial à interpretação dos castigos a que os condenados são submetidos.

O período do qual se conservou a maioria dos testemunhos iconográficos dessa natureza é o Carolíngio. Do século IX datam os afrescos da igreja de Mustair (Suíça), o *London ivory carving*, *Stuttgart Psalter* e, talvez, o mais famoso dos monumentos que narram a luta das forças do bem contra as forças do mal e conclui o seu julgamento – *Utrecht Psalter*. Essa tradição representativa continua nos séculos X e XI (*Bamberg Psalter*, o *Manual de Estratos da Bíblia*, de Henrique II)[12]. Assim, contrariando a afirmação de Ariès, a idéia da recompensa pós-morte promovida pelo Evangelho não foi esquecida na arte da baixa Idade Média.

---

11. B. Brenk, *Tradition und Neuerung in der christlichen Kunst des ersten Jahrtausends. Studien zur Geschichte des Weltgerichtsbildes*. Wien, 1966, S. 43 f. Cf. M. Rouche, "Haut Moyen Age occidental", *Histoire de la vie privée*, Sous la dir de Ph. Ariès et de G. Duby, t. 1, Paris, 1985, p. 498.

12. Cf. A. Ya. Guriêvitch, *A Cultura e a Sociedade da Idade Média vista pelos Contemporâneos*, pp. 113-116.

230 A SÍNTESE HISTÓRICA E A ESCOLA DOS ANAIS

Isso em primeiro lugar.

Em segundo lugar, no mesmo período a que se refere o relevo do sarcófago de Aguilberto, a literatura média latina também fornece toda uma série de quadros do Juízo Final. Merece interesse especial o fato de que se representa nesses textos não tanto o juízo futuro sobre o gênero humano "no final dos tempos" quanto o juízo individual, que se realiza no momento da morte do pecador ou imediatamente depois dela. A seleção estranha, para não dizer arbitrária, dos monumentos, feita por Ariès levou a que ele ignorasse inteiramente o sermão, os "exemplos" (*exempla*) moralizantes, a geografia e, o que surpreende particularmente, as inúmeras *visiones* – narrativas sobre as peregrinações das almas dos mortos no outro mundo, sobre as visões desse mundo por aqueles que morreram só provisoriamente e voltaram depois para a vida a fim de levar ao conhecimento dos circundantes as recompensas e os castigos que aguardavam cada um no outro mundo[13]. Segundo essa literatura corrente, bem conhecida já nos séculos VI a VIII, no outro mundo não reina absolutamente o sono – em um dos seus compartimentos arde a chama do inferno e os diabos atormentam os pecadores, em outros os santos se deliciam com a contemplação do Criador.

Mas desse modo desmorona também o elo seguinte da cadeia de construções de Ariès – o fato de que a representação do juízo coletivo aproximadamente do século XV é recalcada pela representação do juízo sobre o indivíduo. De fato, se nos contentarmos exclusivamente com os monumentos das artes plásticas, surgem pela primeira vez apenas em fins da Idade Média as gravuras ou cenas em que o homem morre na presença de Cristo, de Nossa Senhora e dos mortos que o cercam, por um lado, e dos demônios por outro.

---

13. Para mais detalhes ver: Cf. P. Dinzelbacher, *Vision und Visionsliteratur im Mittelalter*, Stuttgart, 1981; *idem*, "Mittelalterliche Visionsliteratur", *Eine Anthologie*, Darmstadt, 1989; A. Ya Guriêvitch, *Questões de Cultura Popular Medieval*, cap. 4; A. Gurjewitsch, *Die Darstellung von Persönlichkeit und Zeit...*, S. 102 ff.; A. Ya. Guriêvitch, *Au moyen Age...*, p. 272.

A concepção de juízo individual da alma no momento da morte aparecia de quando em quando também na patrística. Essa idéia era extremamente vaga para os escritores dos primeiros tempos do Cristianismo. Cf. J. Ntedika, *L'évolution de la doctrine du purgatoire chez saint Augustin*, Paris, 1966. Depois da morte as almas sofrem tormentos ou alegria na expectativa do Dia do Juízo, escreveu Tertuliano; pelo visto, supunha-se que a sentença já havia sido proferida. Agustinho dizia a mesma coisa ao afirmar que enquanto os corpos dos mortos descansavam nas sepulturas, as almas dos justos permaneciam no seio de Abraão, ao mesmo tempo em que as almas dos ímpios penavam *apud inferos*. No entanto o juízo é impossível sem concretização. Depois da ressurreição, as alegrias dos eleitos de Deus aumentam e os tormentos dos pecadores se intensificam, pois eles irão penar conjuntamente com seus corpos. August. Comm. in Ev. Joh. 19, 17; 49, 10; Tert. Apol. 48. Cf.: B. Brenk, *op. cit.*, S. 35. Em parte alguma se falava diretamente do julgamento da alma do indivíduo logo depois da morte.

A MORTE COMO PROBLEMA DE ANTROPOLOGIA HISTÓRICA   231

Mas o que isto prova? Pelo visto apenas que se limitar a uma série iconográfica no estudo da mentalidade é tão arriscado quanto ignorá-la. É necessário comparar as diferentes categorias de fontes aí interpretadas, é claro que em sua especificidade. E então se esclarecerá que as cenas representadas nas gravuras do século XV coincidem em muito e no principal com as cenas das visões do outro mundo mencionadas por Gregório, o Grande, Gregório de Tours, Bonifácio, Bède, o Venerável, e outros autores eclesiásticos dos séculos VI-VIII. O juízo coletivo sobre o gênero humano e o juízo individual sobre a alma de um moribundo isolado coexistem de um modo estranho e incompreensível para nós na consciência dos homens da Idade Média. Trata-se de um paradoxo, mas de um paradoxo que deve ser necessariamente levado em conta por qualquer um que deseje compreender a especificidade da mentalidade medieval!

Ariès, que se apresenta no enfoque da morte no papel de ousado inovador, na interpretação do problema que nos ocupa segue o caminho trilhado pelo evolucionismo: há inicialmente a "ausência de uma relação individual com a morte", depois a sua "individualização", condicionada pelo crescente "espírito contábil" dos homens de fins da Idade Média...

A questão chega ao ponto em que, quando o pesquisador Ariès examina a mesma folha de gravura do século XV com duas representações do juízo sobre a alma – por um lado, do Juízo Final realizado por Cristo com o auxílio do arcanjo que pesa na balança as almas dos mortos e, por outro, as batalhas entre anjos e diabos pelas almas do moribundo –, ele rompe arbitrariamente essa sincronia – que lhe é inatingível – de duas versões escatológicas que pareceriam inconciliáveis e afirma que a primeira cena refletiria a "etapa inicial" das representações dos homens medievais sobre o outro mundo e a segunda a "etapa mais tardia"[14].

Quando nos deparamos cara a cara com o enigma da mentalidade medieval, em vez de tentar decifrá-lo nós procuramos contorná-lo, colocando-o nos habituais esquemas evolucionistas...

Entretanto, um estudo mais atento das fontes leva a uma conclusão: a representação sobre o julgamento imediato da alma do moribundo e a representação do Juízo Final no apocalíptico "final dos tempos" desde o início estavam inseridas na interpretação cristã do outro mundo. De fato, encontramos ambas as versões nos evangelhos. Mas para os primeiros cristãos, que viviam numa expectativa do fim imediato do mundo, essa contradição não era atual, ao passo que na Idade Média, quando a chegada do fim do mundo era adiada para um tempo indefinido, a coexistência das duas escatologias, da individual, "pe-

14. R. Chartier, "Les arts de mourir, 1450-1600", *Annales. E. S. C.*, 31e année, n. 1, 1976, pp. 51-75.

quena" e da "grande", universal, convertia-se num paradoxo que traduzia a específica "dualidade de mundos" da consciência medieval. A relação pessoal com o julgamento na hora da morte é uma propriedade orgânica do Cristianismo. Seu personalismo se manifestava, em particular, no fato de que o indivíduo tinha consciência de si diante do supremo Juiz, a sós com seus pecados e seus méritos. Assim são, por exemplo, as cenas desenhadas nos moralizantes *exempla*, narrativas breves que eram amplamente utilizadas em sermões.

Eu já me referi a essa questão em outro sentido, mas ela me parece tão substancial que eu gostaria de continuar a discuti-la aqui; isto nos ajudará a apreciar a concepção de Phillipe Ariès em sua parte medieval.

Em um dos *exempla*, um homem jaz de braços abertos no leito de morte; está cercado por familiares e amigos. De repente eles testemunham um acontecimento inesperado, maravilhoso. O moribundo ainda está com eles e eles ouvem suas palavras. Contudo essas palavras não estão dirigidas a eles mas a Cristo, porque nesse mesmo instante esse homem já se encontra diante do supremo Juiz e Lhe responde as acusações. As testemunhas, naturalmente, não ouvem as perguntas nem a sentença proferida por Cristo: o Juízo Final acontece em outra dimensão. Mas elas ouvem as respostas do pecador e a partir delas podem concluir que, apesar da gravidade das acusações, ele acaba recebendo o perdão. O moribundo se encontra como que em ambas as dimensões – ainda entre os vivos e ao mesmo tempo já no Juízo Final.

Em outro *exempla*, um jurista moribundo tenta organizar o Juízo Final de si mesmo, recorrendo à apelação e pedindo aos seus colegas que anunciem formalmente a apelação, mas eles retardam, e com as palavras "é tarde demais para apelar, a sentença já foi proferida e eu estou condenado" o advogado-rábula morre[15].

Nesses *exempla* e em outros semelhantes o público medieval não podia deixar de impressionar-se com uma espécie de "efeito da presença": o Juízo Final está próximo tanto no tempo (a ele é submetido o moribundo) quanto no "espaço": os presentes ouvem as respostas do pecador ao Juiz, o acusado tenta inclusive arrastá-los para o pleito.

Os relatos sobre as visitas ao outro mundo, as *exempla*, os sermões e as hagiografias são fontes que representam um interesse excepcional porque estão endereçadas às mais diversas camadas da população, e em primeiro lugar aos iletrados e não-iniciados nas sutilezas de uma teologia esotérica. Esses monumentos trazem a marca da "pressão" do vasto público sobre os autores, que não podiam deixar de adequar a sua exposição ao nível da compreensão do vulgo e dos iletrados e de falar com eles na linguagem das imagens e representações

---

15. A. Ya. Guriêvitch, *Cultura e Sociedade...*, pp. 87-88, 157.

A MORTE COMO PROBLEMA DE ANTROPOLOGIA HISTÓRICA   233

que eles compreendiam. Obras desse tipo abrem a cortina sobre a consciência popular e a religiosidade a ela inerente.

Portanto, verificamos que o pensamento a respeito do juízo individual sobre a alma, realizado no momento da morte do homem, não era algum produto tardio do desenvolvimento pela via do individualismo; esse pensamento sempre esteve presente na consciência dos cristãos. O enigma da mentalidade medieval consiste em que a ela era inerente a tendência a individualizar a escatologia. O enigma estava na maneira pela qual conviviam em uma consciência ambas as escatologias, a "grande" e a "pequena", que pareciam excluir-se mutuamente. A meu ver, só podemos resolver esse enigma sob a condição de que deixemos de temer as contradições lógicas e admitamos o fato de que a consciência medieval – não tanto em suas expressões escolásticas refinadas quanto no nível da mentalidade corrente, corriqueira – não evitava nem temia essas contradições e, além do mais, pelo visto não notava a contradição: o Juízo Final ao término da história e o juízo realizado imediatamente no ato da morte do indivíduo; o juízo sobre o gênero humano e o juízo sobre um indivíduo isolado; o inferno e o paraíso como lugares preparados respectivamente para os escolhidos e os condenados em um futuro indefinido e o inferno e o paraíso já funcionando atualmente.

Repito, os dados que acabo de mencionar mostram até que grau a mentalidade dos homens medievais, projetada sobre o plano da morte, não corresponde ao esquema evolucionista de Ariès.

Nesse mesmo sentido suscita dúvida a sua idéia de que a "tua morte", ou seja, a morte do outro, do próximo, percebida como uma desgraça pessoal, foi uma espécie de revolução no campo dos sentimentos, que ocorreu no início da Idade Moderna. Não há dúvida de que, com a queda do nível de mortalidade verificado nesse período, a morte repentina de uma criança ou de um jovem na flor da idade podia ser vivenciada de forma mais aguda do que nos primeiros tempos, que se caracterizavam por uma baixa média de vida e uma mortalidade infantil extremamente alta. Entretanto a "tua morte" era um fenômeno emocional, bem conhecido também na época das conjunturas demográficas desfavoráveis.

Ariès cita de bom grado o romance de cavalaria, a epopéia, só que nestes a aflição da alma, e mais, a profundíssima comoção vital, provocada pela morte repentina do herói e da heroína, são um elemento inalienável do tecido poético. Basta mencionar a lenda de Tristão e Isolda. Brunhilda, na *Edda Maior*, não quer e nem pode sobreviver a Sigurd morto. Não há fundamento para se colocar um sinal de igualdade entre o amor romântico e o amor na Idade Média. Tudo o que eu quero ressaltar é que a tomada de consciência da morte do próximo, do ser amado como tragédia vital, assim como a aproximação do amor

234 A SÍNTESE HISTÓRICA E A ESCOLA DOS ANAIS

à morte, sobre o que escreve Ariès, de forma alguma foram uma descoberta feita pela primeira vez na Idade Moderna.

Quanto ao amor pela criança, já o vimos no exemplo dos camponeses e camponesas de Montaillou: eles tinham afeição pelos seus filhos e sofriam no caso de suas mortes.

A Ariès cabe o grande mérito de ter colocado uma questão efetivamente importante de psicologia histórica. Ele mostrou que amplo o campo para a investigação abre o tema da percepção da morte e o quanto pode ser polifacetado o círculo de fontes incorporadas para essa investigação. Entretanto, ele mesmo usa as fontes de modo muito arbitrário, assistemático, sem dar atenção nem ao tempo do seu surgimento nem ao gênero a que elas pertencem. Por isso, na mesma página do seu livro ou nas páginas vizinhas podem ser citados o epos da cavalaria do século XII, o romance de Charlotte Brontë e uma novela de Saljenítzin. De um trecho de Chateaubriand passamos inesperadamente a um texto do século XV e em seguida a uma fábula de La Fontaine. As descrições dos rituais de sepultamento se alternam com dados do folclore, as cartas, citações de moralistas. Ariès também não leva em conta o meio social a respeito do qual os monumentos que ele cita poderiam oferecer informação[16].

A ausência da diferenciação social das mentalidades provoca as mais sérias reflexões nos trabalhos de Ariès. Assim, ele incorpora amplamente material das inscrições das lápides e dos epitáfios mas, em essência, quase não faz aí a ressalva de que as fontes por ele utilizadas são capazes de lançar luz apenas sobre a relação da morte de um determinado grupo social. O mesmo temos de ressaltar também para os testamentos, embora, é claro, o grau de sua difusão seja mais amplo do que as inscrições das lápides. Como no trabalho sobre a criança e a família no velho regime da França, nos trabalhos de Ariès sobre a morte o assunto gira propriamente em torno apenas das pessoas ricas ou nobres. Para comunicação, Ariès prefere pessoas pertencentes à "nata" da sociedade. Nele não se percebe interesse pelo estado de ânimo do vulgo; ou ele o exclui inteiramente do seu campo de visão ou parte da hipótese silenciosa de que as conclusões baseadas no material que caracteriza a camada superior da sociedade podem, de uma forma ou de outra, ser estendidas ao andar de baixo.

Será que se justifica esse seletivo enfoque aristocrático?

Sem dúvida, Ariès sabe perfeitamente que, por exemplo, ao longo de séculos o enterro dos pobres era bem diferente do dos nobres e dos ricos: se os corpos destes eram sepultados em criptas debaixo da igreja ou em túmulos no pátio da igreja, os corpos daqueles eram pura e simplesmente lançados em covas nos cemitérios, que não se

16. J. McManners, "Death and the French Historians", *Mirrors of Mortality*, p. 116 f.

A MORTE COMO PROBLEMA DE ANTROPOLOGIA HISTÓRICA 235

fechavam enquanto não estivessem abarrotadas de cadáveres. Ariès sabe ainda que, depois da morte, a "morada" do forte deste mundo ou do santo era o sarcófago de pedra e, em tempo mais tardio, o caixão de chumbo – ou o caixão de madeira para os menos nobres e menos ricos –, enquanto que o corpo do pobre era levado ao local de sepultamento em carroças ou em um caixão que era liberado em seguida para novos enterros. Por último, Ariès sabe também que o maior número de rezas e missas de réquiem poderia ser oficiado e proferido (por vezes muitas centenas e até milhares) por testamento do rico, do eclesiástico ou do senhor mundano, enquanto as almas dos representantes das outras camadas da sociedade deviam contentar-se com rezas muito modestas. Por isso, na Idade Média e no início da Idade Moderna se considerava que as chances de as camadas sociais superiores e as camadas sociais inferiores obterem a salvação ou redução dos prazos de permanência no purgatório diferiam extremamente.

Para ser breve, as representações da morte e particularmente dos rituais a ela vinculados não tinham pouca relação com a estratificação social, e ignorar essa ligação significa interpretar incorretamente as próprias diretrizes em relação à morte que existem nessa ou naquela sociedade. Pesquisas de outros historiadores descobriram que o próprio céu era hierarquizado na Idade Média. Peter Dinzelbacher escreve que, em contraposição ao inferno – reino do caos –, o paraíso figura nas representações dos homens medievais sob a forma de reino da ordem e da hierarquia; ele fala de *ein sehr feudaler Himmel*[17].

Nos trabalhos de Ariès sobre a morte, a concepção apriorística predominou notoriamente sobre a investigação das fontes.

A referida peculiaridade do enfoque de Ariès ao problema da morte deve-se, pelo visto, a uma certa premissa teórica geral. Ele mantém a convicção na existência de uma única mentalidade, que atravessaria todas as camadas sociais. Parte ainda da convicção de que a evolução das formas de pensamento determina em primeiro lugar o desenvolvimento da sociedade, e por isso considera lícito examinar o mental de forma autônoma, desvinculado do social. Mas com isso Ariès isola esse objeto da investigação, cujo direito à existência ainda precisa ser fundamentado. Como observou o seu crítico alemão, Ariès escreve a história daquilo que, por definição, não tem história autônoma[18]. Esse enfoque contrapõe Ariès a uma série de outros historiadores franceses, que insistem na fecundidade do estudo dos fenômenos de ordem psicossocial em correlação e interação com as relações sociais.

---

17. P. Dinzelbacher, "Reflexionen irdischer Sozialstrukturen in mittelalterlichen Jenseitsschilderungen", *Archiv für Kulturgeschichte*, Bd. 61, 1979, S. 16-34; *idem*, "Klassen und Hierarchien im Jenseits", *Soziale Ordnungen im Selbstver-ständnis des Mittelalters* (*Miscellanea Mediaevalia*, 12, 1). Bonn, 1979, S. 35-40.

18. *Zeitschrift für historische Fors hung*, Bd. 6, H. 2, 1979, S. 213-215.

236   A SÍNTESE HISTÓRICA E A ESCOLA DOS ANAIS

Agora nos cabe examinar os trabalhos dos representantes dessa corrente.

O problema da morte é estudado atualmente em material concreto por muitos especialistas e, repito, não é fácil comentar esses trabalhos. Mas pela amplitude da abrangência do tempo histórico e do espaço, é possível que a monografia de Michel Vovelle, *A Morte e o Ocidente – de 1300 aos Nossos Dias*, seja a única que pode competir com o livro de Ariès. O livro de Vovelle é a conclusão de um ciclo de suas pesquisas, nas quais, paralelamente a observações particulares, não há poucas reflexões no plano teórico e metodológico.

A Morte e o Ocidente foi escrito, sem dúvida, como uma espécie de "contrapeso" ao trabalho fundamental de Ariès, e embora no trabalho de Vovelle não haja tanta crítica direta às suas construções, em realidade a polêmica se desenvolve ao longo de todo o imenso volume (760 páginas) – uma polêmica que se estende à solução de questões concretas, à seleção das fontes e a muitos problemas metodológicos gerais. Não podia ser de outra forma. Vovelle é marxista. Se Ariès, que ninguém evidentemente suspeitaria de semelhante filiação filosófica, acha possível, no fundo, isolar a relação dos homens com a morte do sistema social (e talvez precisamente por isso, em função da desatenção pela dialética do social e do cultural vincula, de modo bastante mecânico e linear, o surgimento das diretrizes voltadas para a salvação individual com o crescimento do "espírito contábil" da burguesia urbana no fim da Idade Média), Vovelle afirma que a imagem da morte em um determinado momento da história acaba se inserindo na totalidade abrangente do modo de produção, que Marx caracterizou como "iluminação geral", como "éter específico" que determina o "peso específico" e o valor de todas as formas nele contidas.

Na imagem da morte a sociedade encontra o seu reflexo, mas esse reflexo é deformado e ambíguo.

Pode-se falar apenas de determinações indiretas complexamente mediadas – diz Vovelle –, e é preciso precaver-se contra as afirmações que estabelecem uma dependência mecânica da mentalidade em relação à vida material da sociedade. O desenvolvimento das diretrizes da sociedade diante da morte precisa ser examinado em todos os complexos vínculos dialéticos com os aspectos econômico, social, demográfico, espiritual e ideológico da vida, na interação dos fenômenos de base e superestrutura[19].

Eu não posso dizer que estou disposto a assinar embaixo dessas palavras, embora a intenção geral que move o seu autor – a de não

19. M. Vovelle, *La mort et l'Occident*, pp. 23, 24; *idem*, "Les attitudes devant la mort: problèmes de méthode, approches et lectures differentes", *Annales, E. S. C.*, 31e année, n. 1, 1976; *idem, Encore la mort...*; *idem, Mourir autrefois...*

A MORTE COMO PROBLEMA DE ANTROPOLOGIA HISTÓRICA 237

reduzir inteiramente a mentalidade ao famigerado "reflexo" da realidade material – mereça apoio indiscutível. Perturba-me o fato de que o autor, ao que me parece, não faz objeção ao princípio da determinação das mentalidades por essa realidade econômico-material "em última instância", limitando-se a ressaltar a complexidade das mediações desse tipo de determinação. Mas uma vez que ninguém conseguiu descobrir com a devida clareza o mecanismo real desse condicionamento dos fenômenos "de superestrutura" pelos fenômenos "de base" e demonstrar o caráter universal da sua ação, então as palavras relativas à "complexidade dialética" das suas inter-relações me parecem mera "folha de parreira" que encobre o mesmo esquema de dependência da vida espiritual em face da produção. Não seria mais fecundo aceitar a tese de que os fenômenos de ordem variada entram no processo da prática social nas constelações mais diversas e sempre estruturantes a seu modo, de sorte que é impossível e absurdo construir as mentalidades ou outros fenômenos da vida espiritual em quaisquer séries de causa e efeito preestabelecidas *a priori*?

Pensando bem, parece que semelhante enfoque não é estranho a Vovelle, e esse historiador não tende a colocar os fenômenos individuais sob um esquema universal.

Em *A Morte e o Ocidente*, a crítica à concepção de Ariès está diluída no texto investigatório, mas no artigo "Existiria um Inconsciente Coletivo?"[20] Vovelle apresenta suas objeções de forma mais inequívoca e concentrada. Rejeita o conceito de "inconsciente coletivo" empregado por Ariès, situado na fronteira entre o biológico e o cultural, e refere os perigos teóricos e metodológicos que jazem nele. Sob a pena de Ariès esse conceito mistifica o problema real.

Em primeiro lugar, como já vimos, citando o "inconsciente coletivo" Ariès extrapola constantemente as diretrizes mentais da elite a todo o conjunto da sociedade, ignorando a religiosidade popular, a cultura, as peculiaridades da percepção da morte pelas pessoas iletradas e da concepção que estas têm do outro mundo.

Em segundo lugar, observa Vovelle, a aplicação do conceito de "inconsciente coletivo" leva Ariès a uma "dupla redução" da história. Por um lado, ele abstrai a ideologia, as concepções e diretrizes nitidamente expressas dessas ou daquelas camadas da sociedade. Em particular, no exame do problema da percepção da morte nos séculos XVI-XVII, ele não examina o protestantismo e o catolicismo "barroco" ("pós-tridentino", ou seja, da Contra-Reforma) com as suas respectivas interpretações das relações dos vivos com o outro mundo. Está afastado o problema da elaboração e da disseminação dos modelos culturais e do caráter da sua percepção (incluindo a contraposição)

20. M. Vovelle, "Y a-t-il un inconscient collectif?", *La pensée*, n. 205, 1979, pp. 125-126 (M. Vovelle, *Idéologie et Mentalités*, Paris, 1982, pp. 85-100).

238   A SÍNTESE HISTÓRICA E A ESCOLA DOS ANAIS

nas camadas inferiores da sociedade. Por outro lado, mantendo o conceito de "inconsciente coletivo" como força autônoma, movida por um dinamismo que lhe é interiormente próprio, Ariès se recusa a ver o vínculo da mentalidade com as estruturas socioeconômicas e demográficas.

Já para Vovelle, a impossibilidade do reflexo para uma camada considerável da consciência coletiva não está vinculada a nenhuma mística e não pode ser compreendida em si. Entre as condições materiais de vida da sociedade, escreve ele, e a percepção da vida pelos seus diferentes grupos e classes, o reflexo dela em suas fantasias, crenças e representações dá-se um "jogo" complexo e cheio de contradições. Além disso, é necessário não perder de vista que os ritmos da evolução das formas "de base" e do movimento das mentalidades não coincidem e por vezes são absolutamente diversos. Por isso é extremamente difícil verificar o caminho do "porão ao sótão" (título de um dos livros de Vovelle)[21], e ele o nota: a história das mentalidades "não admite mediocridade e reducionismo mecânico".

Mesmo assim torno a ressaltar: em Vovelle não há dúvida do que precisamente está no "porão" e do que está no "sótão". Esse pensamento "geométrico-construtor" sobre a estrutura da sociedade cravou-se persistentemente na consciência até de cientistas que pensam de modo sutilmente dialético. Como já sabemos, as mentalidades mudam de modo lento e imperceptível. Isso se refere também à mentalidade dos próprios historiadores das mentalidades: os esquemas de desmembramento da realidade, herdados do século passado, resistem firmemente à mudança e à revisão.

Eu suponho que a dificuldade não está no conceito de "inconsciente coletivo" em si, pois as representações psicossociais se distinguem não raro pelo fato de que os seus portadores as conscientizam debilmente e por elas se guiam de forma antes "automática", espontânea; a dificuldade está em que Ariès realmente mistifica esse conceito.

Durante muito tempo, escreve Vovelle, entre marxistas e não-marxistas existiu um "acordo de cavalheiros não-escrito": os primeiros se limitavam predominantemente à história socioeconômica e à história da luta de classes, deixando para os segundos os problemas da consciência coletiva e das diretrizes mentais. Hoje, continua Vovelle, o historiador marxista deve ter a coragem de dizer que a história das mentalidades, com todas as suas dificuldades específicas, é também o seu campo de atividade[22].

A comparação dos trabalhos de Vovelle e Ariès é inevitável e ilustrativa. A metodologia dos dois é profundamente diferente. Essa

---

21. M. Vovelle, *De la cave au grenier: un itinéraire en Provence, de l'histoire sociale à l'histoire des mentalités*, Québec, 1981.

22. M. Vovelle, "Y a-t-il un inconscient collectif?", p. 136.

A MORTE COMO PROBLEMA DE ANTROPOLOGIA HISTÓRICA 239

comparação acentua a índole impressionista de muitas observações de Ariès que, como vimos, cita livremente um após outro os dados das fontes relativos a diferentes tempos e lugares. Em essência, o livro de Ariès abrange o mesmo período que o livro de Vovelle, pois os testemunhos dispersos do primeiro período da Idade Média dificilmente poderiam criar um quadro autônomo da relação com a morte naquela época. Vovelle é mais coerente, rigoroso no agrupamento do material, distribuindo-o por etapas delimitadas entre si.

Quando lemos o livro de Vovelle nós nos sentimos no solo mais sólido dos fatos também porque ele procura empregar sistematicamente as diferentes categorias de monumentos, evitando o risco de misturar os gêneros. Especialista em estudar um material maciço e homogêneo dos testamentos na Provence do século XVIII, material esse que admite, mais ainda, exige, aplicação de métodos estatísticos, em seu livro sintetizante Vovelle procura na medida do possível introduzir o número e a medida no estudo de um fenômeno psicossocial tão delicado como as diretrizes da sociedade em relação à morte.

Em todas as seções básicas do livro ele inclui uma análise minuciosa dos dados demográficos (número de habitantes, nível de natalidade e mortalidade, média de vida, na medida do possível com diferenciação por grupos etários, sexos e camadas e classes sociais da população), com a finalidade de depois colocar o problema da relação entre eles e a expressão subjetiva, mental da concepção de morte em dada sociedade. É estranho mas é um fato: para Ariès, especialista em demografia histórica, no referido trabalho os números vêm a ser absolutamente desnecessários.

Por último, cabe salientar que Vovelle, ao reconhecer em um período concreto de uma certa sociedade a existência de um clima espiritual, ao mesmo tempo não perde de vista as variações específicas próprias da consciência social de determinados grupos e camadas, e volta constantemente ao problema da repercussão dessa ou daquela concepção de morte no meio social, procurando estabelecer, na medida do possível, as diferenças entre a moda passageira e superficial ou o envolvimento, que se limita ao âmbito da elite, por um lado e, por outro, uma tendência mais profunda e permanente, que abrange poderosamente a consciência da sociedade nos mais diferentes níveis.

O método de estudo aplicado por Vovelle, segundo suas próprias palavras, consiste em combinar o enfoque total que abrange tanto a demografia quanto a história dos homens, quanto os rituais que acompanham ou envolvem a morte, as concepções sobre o mundo de além-túmulo, observando as mudanças que ocorrem ao longo dos grandes cortes temporais. Ao contrário de Ariès, Vovelle não se inclina a falar de "inconsciente coletivo", ao mesmo tempo ressalta que parte considerável daquilo que a sociedade diz sobre a morte permanece não-conscientizada, e a esse fundo geral das representações, crenças, ges-

240 A SÍNTESE HISTÓRICA E A ESCOLA DOS ANAIS

tos e estados psicológicos estão dialeticamente vinculados os raciocínios religiosos, filosóficos, científicos e afins sobre a morte, correntes nessa sociedade[23]. Desse modo, deve-se desenvolver a análise da relação com a morte em alguns níveis diferentes e entrecruzados, onde o não-conscientizado é substituído pelo conscientizado.

Quanto ao caráter das mudanças das diretrizes em relação à morte, Vovelle previne contra a absolutização da tese sobre a "extratemporalidade" da "história imóvel", manifesta-se de modo muito contido sobre a idéia de Ariès acerca da conseqüente individualização da percepção da morte. O próprio Vovelle se inclina antes a descrever a história dessas mudanças sob a forma de um desenvolvimento lento, no qual se combinam diferentes modelos de comportamento, de desenvolvimento em saltos convulsivos, bruscos: os cataclismos provocados pela Morte Negra no século XIV, o surgimento do tema "dança da morte" em fins da Idade Média, o patético "barroco" da morte em fins do século XVI e no século XVII, suas reincidências entre os simbolistas e decadentes no limiar do século XIX e do XX... Desse modo, o "tempo de longa duração" se combina na história da percepção da morte com o "tempo curto", pois as diferentes linhas de desenvolvimento se caracterizam por ritmos não-idênticos. Vovelle chama atenção especial para o "perigo dos silêncios" na história da percepção da morte: ao longo de uma imensa época quase não ouvimos nada sobre a relação com a morte de massas anônimas, e o erro real é tomar como voz delas aquilo que dizem os fortes daquele mundo.

A exposição das diretrizes mutáveis em relação à morte em Vovelle não parece monotonamente estilizada como no livro de Ariès. Começando pelo período aproximado ao ano 1300, Vovelle não revela um mas no mínimo dois modelos de conscientização da morte: a morte na sua percepção cotidiana e de massa (o defunto "duplo" potencialmente perigoso, que os vivos procuram mortificar) e a morte em sua feição cristã. Esta não se apresenta sob a pena de Vovelle mais original do que em Ariès, embora seja necessário ressaltar que Vovelle dá grande importância ao papel da religião na determinação das diretrizes em relação à morte.

Ao discutir o modelo de morte visto pelo povo, Vovelle pôde basear-se em parte no estudo da cultura e da religiosidade dos camponeses de Montaillou, publicado por Emmanuel Ladurie. Como já sabemos, em Montaillou, segundo as crenças da população local, nos primeiros tempos após a morte as almas, ou melhor, os fantasmas dos mortos, ficam perambulando em torno do povoado, sem encontrar paz. Por terem corpos, elas, à semelhança dos vivos, necessitam sentir calor e beber. Os demônios lançam no abismo as almas dos pecadores graves. Só com o tempo, depois das peregrinações expiatórias em tor-

---

23. M. Vovelle, *La mort et l'Occident*, pp. 10, 22.

A MORTE COMO PROBLEMA DE ANTROPOLOGIA HISTÓRICA   241

no da aldeia dos vivos, os aldeotas "da aldeia dos mortos" morrem pela segunda vez e "a sério". Os cátaros de Albigoy mantinham a doutrina da metempsicose, da capacidade da alma de transferir-se para os corpos de outros seres... Se a doutrina da Igreja sobre o mundo além-túmulo não parecia suscitar grande interesse na população de Montaillou e os camponeses tinham dela um conhecimento bastante confuso, a preocupação com a salvação da alma e com livrar-se dos tormentos pós-morte, ao contrário, ocupava um lugar imenso em sua consciência.

Vovelle certamente tem fundamentos para falar de dois modelos de morte: na sua percepção do dia-a-dia pela massa e na sua versão cristã. Mas não se pode perder de vista que ambos os modelos coexistiam na mesma consciência e por isso se entrelaçavam, se fundiam e num determinado sentido não eram dois modelos diferentes, mas antes um modelo gerado pela simbiose e pela interação de diferentes tradições. Na prática o modelo cristão correspondia não tanto à letra da teologia oficial (que por si só não estava absolutamente isento de contradições na interpretação da morte e do mundo sobrenatural) quanto da necessidade real dos fiéis e, conseqüentemente, incluía por vezes motivos e tradições folclóricas estranhas ao Cristianismo. O "Cristianismo popular" estava longe do seu modelo canônico que se desenha à imaginação dos historiadores.

As referidas representações, segundo as quais o Juízo Final aguardado "no final dos tempos" se aproxima simultaneamente e de modo integral do dia de hoje, transformando-se de juízo sobre o gênero humano em juízo sobre um moribundo isolado, não seriam uma prova evidente do quanto era forte a influência que as crenças populares exerciam sobre a doutrina cristã, recebendo desta ao mesmo tempo certos impulsos decisivos?

O período situado entre o início do século XIV e o fim do século XV é visto por Vovelle como decisivo na história da morte. Ele discorda daqueles pesquisadores que viam a causa primeira das desgraças na epidemia da peste. O descenso demográfico começou no Ocidente ainda antes da Morte Negra, no limiar dos séculos XIII e XIV, e o mal, antes de tudo, não consistia tanto na própria peste quanto nas suas freqüentes reincidências, de forma que a população não conseguia recuperar-se e restaurar sua composição anterior até a chegada de uma nova onda de epidemia. A demografia da Europa era determinada pelo esquema tradicional do ciclo "clima–ruim colheita–peste–má–colheita", do qual a população não conseguiu se livrar até o século XVIII. No "século do homem raro" era excepcionalmente elevada a mortandade infantil, poucas crianças conseguiam chegar à fase adulta e os homens de quarenta anos já eram considerados velhotes. A média de vida era baixa. Em termos mais concretos: a mortalidade chegava anualmente a trinta-quarenta casos por mil, a média de vida oscilava

242 A SÍNTESE HISTÓRICA E A ESCOLA DOS ANAIS

entre vinte e trinta anos, só metade de cada geração chegava à idade dos vinte anos. Para efeito de comparação: hoje, nos países industrialmente desenvolvidos a mortalidade anual não passa de dez por mil, a média de vida é de setenta anos ou mais, e a mortalidade infantil caiu drasticamente.

O fato de que a morte era um cotidiano severo explica as mudanças na psicologia coletiva. O agravamento das fobias e das expectativas apocalípticas encontrava as expressões mais diversas e desencontradas: da difusão das autoflagelações em massa e dos *pogrons* contra judeus (os religiosos de outra fé eram acusados de envenenamento dos poços) às danças histéricas, através das quais se procurava superar o medo da morte; até então não se havia cortado a linha daquele cotidiano que ia do aumento do número de representações do Juízo Final e das execuções dos mártires cristãos à pressa febril com que se aproveitavam as alegrias da vida; do original culto do corpo morto, em particular na feição dos monumentos sobre os túmulos, que representavam o cadáver em decomposição ou esqueleto, às cenas do triunfo da morte nas famosas danças da morte, que equilibra todas as camadas e condições.

Aqui cabe ressaltar que a opinião sobre o vínculo direto entre as epidemias do século XIV e a mudança das diretrizes mentais em relação à morte encontra objeções: essa correlação vem a ser bem mais complexa e nunca mecânica[24]. J. Chiffoleau ressalta a "obsessão" dos lavradores de testamentos dos séculos XIV-XV com a idéia da expiação dos pecados no outro mundo por meio do máximo aumento do número de missas de réquiem. Além disso, os testamenteiros insistem em que centenas de milhares de missas sejam oficiadas depois de sua morte em prazos extremamente comprimidos e sirvam para libertar suas almas dos tormentos do purgatório o mais rápido possível[25].

Paralelamente a esses paroxismos observa-se outra relação com a morte, vinculada ao aprofundamento da religiosidade e da humanização da imagem de Cristo e Seus tormentos na cruz. As esperanças dos fiéis na salvação estava ligada à mãe de Deus e aos santos protetores – mediadores entre o pecador, por um lado, e Deus nas curas maravilhosas das doenças, por outro. Quanto à imagem do outro mundo, diante da existência de um grande número de descrições do inferno e dos tormentos aí preparados para os pecadores as representações do paraíso eram raras e pálidas. Na iconografia desse período quase não se

24. J. Chiffoleau, "Ce qui fait changer la mort dans la région d'Avignon à la fin du Moyen Age", *Death in the Middle Ages*, p. 122 ff.

25. J. Chiffoleau, *La comptabilitè de l'au-delà. Les hommes, la mort et la religion dans la region d'Avignon à la fin du Moyen Age* (vers 1320-vers 1480), Rome, 1980; *idem*, "Sur l'usage obsessionnel de la messe pour les morts à la fin du Moyen Age", *Faire croire. Modalités de la diffusion et de la réception des messages religieux du XIIe au XV siècle*, Rome, 1981, pp. 235-256.

A MORTE COMO PROBLEMA DE ANTROPOLOGIA HISTÓRICA   243

encontra o purgatório: segundo Vovelle, isso é a prova de que ele ainda não havia se tornado popular. Mas é preciso notar que o purgatório já figura nos *exempla* didáticos do século XIII, que eram amplamente pregados pelos utilizados e conseqüentemente se tornavam patrimônio dos fiéis.

O mais importante é o fato de que, na relação entre a vida terrestre e o outro mundo, a alta Idade Média faz contas e cálculos: os rituais, as indulgências e as missas são consideradas necessárias para reduzir os prazos de permanência das almas dos mortos no purgatório e abrir para elas as portas do paraíso. A pregação dos monges-mendigos tem um sentido pedagógico: o fiel deve preparar a alma para a morte. Com isso estão preocupadas também as confrarias religiosas, nas quais se reúnem pessoas da mesma profissão. As obras de literatura do gênero *ars moriendi* insistem na necessidade da preparação para o fim; nelas o texto é acompanhado de quadros da competição dos anjos e dos demônios na presença de Cristo, da Virgem Maria e dos santos, que se reúnem junto ao leito do moribundo. Mas as cenas do paraíso e do inferno são representadas também nos tabla-dos dos teatros, ocupando o lugar de destaque nos mistérios. A individualização da morte pode ser observada nos testamentos que então surgem e no caráter modificado dos monumentos tumulares que representam um casal.

Não é minha intenção examinar a concepção de Vovelle ao longo de todo o seu livro vasto e rico de conteúdo. Pela exposição breve das suas primeiras partes, que tratam do fim da Idade Média, vê-se o quando é multiplanar a exposição do material. O autor procura traçar algumas linhas da investigação que exprimem os diferentes aspectos e níveis de percepção da morte e unificá-las em um quadro que ele não tende absolutamente a simplificar mas em cujo contexto revela a interação desses níveis. O principal é que as diretrizes em relação à morte, existentes em uma determinada fase do desenvolvimento da sociedade, não aparecem em sua construção como auto-suficientes; elas refletem, não raro de modo muito complexo e mediato, a real situação demográfica que, por sua vez, é determinada pela natureza dessa sociedade. Se lembrarmos a idéia de Pierre Chaunu – que à semelhança de Vovelle estudava a relação com a morte na refração do material seriado dos testamentos (na Paris dos séculos XVI-XVIII) – segundo a qual o pessimismo do século XV, o otimismo do século XVI, o pessimismo do século XVII e, outra vez, o otimismo do século XVIII refletiriam as mudanças da média de vida e do nível de mortalidade[26], fica claro o quanto Vovelle está distante dessas representações simplificadas sobre a correlação da biologia, da mentalidade e do

26. P. Chaunu, "Mourir à Paris XVIᵉ-XVIIᵉ-XVIIIᵉ siècles", *Annales, E. S. C.* 31e année, n. 1, 1976, pp. 34-35.

comportamento humano – das representações ditadas pela "teoria dos três níveis", onde o natural-material determina o social e este determina a ideologia e a mentalidade.

O livro de Vovelle é uma grandiosa tentativa de generalizar os dados já disponíveis na ciência, inclusive as suas próprias conclusões, e completá-los com novas observações – tentativa que em vários sentidos precisa ser reconhecida como bem sucedida. Essa avaliação não pode impedir que se externem dúvidas e objeções em relação a algumas questões.

A primeira objeção coincide basicamente com o que já foi dito sobre o livro de seu antecessor: a tese da individualização da percepção e do vivenciamento da morte ao longo da Idade Média tardia, que Vovelle partilha com Ariès a despeito de todas as ressalvas, não me parece bastante convincente. Porque o principal argumento a seu favor – a passagem da idéia do juízo coletivo "no final dos tempos" para a idéia do juízo individual no momento da morte do pecador não resiste à verificação das fontes. Como já foi dito, ambas as idéias são igualmente velhas, velhas como o próprio Cristianismo.

Outra observação de medievalista, que eu me permito fazer, é suscitada por uma lamentável lacuna no livro de Vovelle. Ele dá grande atenção (e com pleno fundamento) às representações populares arcaicas sobre a morte, particularmente à fé nos chamados "duplos" dos mortos que retornam do túmulo; os vivos continuam a manter contatos com eles, a lhes fazer oferendas, a se aconselhar com eles. A cristianização desses *doublès* foi lenta e é duvidoso que algum dia tenha sido completa. Mas Vovelle, como, aliás, outros autores atuais que escrevem sobre a percepção da morte na Idade Média, silencia diante do riquíssimo material escandinavo[27].

Entretanto nas sagas, nos cantos da *Edda*, da poesia dos *skald**, nos contos do Norte e nas lendas conservaram-se relatos vivos dos "defuntos vivos". Não são menos interessantes os dados arqueológicos; entretanto, infelizmente faz parte das tradições da historiografia francesa ignorar essa riqueza das fontes escandinavas.

---

27. O conceito de "cadáver vivo", em face da análise das concepções populares pré-cristãs sobre a morte, é refutado pelo medievalista alemão O. G. Oexle. Ele afirma que não se trata senão de um "conceito erudito", que não corresponde a nenhuma realidade histórica. O. G. Oexle, *Die Gegenwart der Toten*, S. 58-60. No entanto, as fontes escandinavas antigas, ignoradas por ele, não deixam a menor dúvida quanto à crença na existência de "defuntos vivos". Cf. H. R. Ellis, *The Road to Hell. A Study of the Conception of the Dead in Old Norse Literature*, New York, 1943; V. Ya Pietrúkhin, "Para uma Caracterização das Concepções de Mundo de Além-túmulo entre os Escandinavos da Época dos Viquingues (Séculos IX-XI)", *Etnografia Soviética*, 1975, n. 1.

* Poetas e cantores noruegueses ou islandeses, de quem a *Edda Menor* e as baladas conservaram fragmentos de poemas e cantos (N. do T.).

A MORTE COMO PROBLEMA DE ANTROPOLOGIA HISTÓRICA   245

Aqui não é lugar para se examinar a questão a fundo, mas uma vez que se trata das diretrizes psicossociais em relação à morte, é difícil deixar de observar a tendência extraordinária, quase sem precedentes, da poesia heróica dos povos do Norte a representar as cenas mais sombrias de matança dos heróis, inclusive dos assassinatos cometidos nos círculos do parentesco, o qual, parecia, excluía os atentados mútuos contra a vida dos seus participantes. A morte do marido pela mão da mulher, que havia matado previamente os próprios filhos; o fratricídio e o assassinato do irmão nomeado; o prazer experimentado pela amante diante da notícia da morte do homem amado para o qual ela havia atraído a vingança; o assassinato do próprio senhor ou líder – eis alguns temas recorrentes, notoriamente essenciais da poesia heróica dos povos germânicos. Se acrescentarmos que na *Lista dos Ynglingotal*[28], cantos que enaltecem os antigos governantes suecos, sobre cada um dos *konungs*[29] dessa dinastia conta-se sempre e propriamente apenas a sua morte, que é colocada no centro da narrativa, então ficará claro que a idéia da morte quase ocupava o centro da consciência culta dos escandinavos antigos[30]. Porque, a julgar pela poesia heróica e skaldica, o valor ético fundamental, as palavras, isto é, a avaliação do homem e dos seus feitos pelos contemporâneos e pelas gerações posteriores, desenha-se definitivamente justo no momento da morte do herói, nas circunstâncias de sua morte.

Pode-se ressaltar ainda que nos trabalhos dedicados à percepção da morte, particularmente nos trabalhos de Vovelle, não se dá a devida atenção ao material etnográfico, e este é muito ilustrativo. Basta lembrar o ritual amplamente disseminado da "saída da morte" – sua expulsão simbólica da coletividade. Na sociedade arcaica (nesse sentido a sociedade camponesa medieval era arcaica), tanto na morte quanto na doença via-se o resultado da ação das forças do mal, das quais era necessário proteger-se. O ritual da "saída da morte" (a condução e a queima ou afogamento do espantalho que personificava a morte) unificava a preocupação vinculada à defesa da vida humana, à preocupação com a futura colheita e, é claro, não por acaso se realizava no final do inverno: a expulsão da morte era ao mesmo tempo uma despedida do inverno.

De igual maneira, o culto dos mortos e o culto dos antepassados não estavam isolados dos hábitos e rituais dos calendários agrários. Todas essas ações mágicas e simbólicas se baseavam na percepção específica do tempo – de um tempo não desqualificadamente homogêneo – mas concretamente cheio de conteúdo vário em função dos ciclos naturais nos quais estava imediatamente incluído o camponês

28. Título do poema norueguês do século IX de autoria do poeta Tjodoril.

29. Denominação do rei chefe militar, do supremo mandatário na antiga Escandinávia.

30. Cf. A. Ya. Guriêvitch, *História e Saga*, M., 1972; do mesmo autor, *A Edda e a Saga*, M., 1979.

246 A SÍNTESE HISTÓRICA E A ESCOLA DOS ANAIS

medieval[31]. Tudo indica que o ritual da "saída da morte" remonta ao século XIV: como se supõe, a luta mágico-ritual com a morte tornou-se um hábito na situação que se formou depois da epidemia da peste (Morte Negra) em meados desse século[32].

Pode-se afirmar que nem de longe o problema da morte na Europa medieval foi elaborado suficientemente e a especificidade de sua percepção foge grandemente à visão dos pesquisadores.

Eu não abordo aqui outros problemas que, a meu ver, mereceriam uma análise especial; não os abordo na medida em que eles já não dizem respeito à Idade Média mas à atualidade, e nesta eu não sou especialista. Entretanto é difícil silenciar diante de um dos temas como "O Estado Totalitário, o Genocídio e a Morte". É muito estranho que nem Ariès nem Vovelle se sintam historiadores que trabalham depois de Auschwitz e do Gulag. A criação, pelos nazistas alemães, de campos de extermínio em massa, de uma espécie de empresas industriais para a transformação de homens vivos em defuntos; o emprego de milhões de prisioneiros em trabalho escravo acima das suas condições, que nos campos de concentração stalinistas condenava esses prisioneiros a uma morte rápida; maciças represálias judiciais e execuções sem julgamento de fictícios e reais inimigos dos regimes desumanos, que eram acompanhadas de rituais coletivos de maldição das vítimas das repressões e de exigências de sua morte – todos esses fenômenos tinham de imprimir sua marca na mentalidade dos homens do século XX. De um modo geral, eu suponho que o motivo que levou o tema da morte a assumir em nossos dias uma atualidade tão sem precedentes mereceria uma atenção mais fixa.

A tomada de conhecimento da discussão Ariès-Vovelle prova que "a morte na história" não é, de maneira nenhuma, um tema acadêmico tranqüilo nem uma moda que passa rápido. Ele suscita vivas discussões, nas quais se abordam seríssimos problemas metodológicos. É precisamente nesse "território" que se dá o choque entre dois estilos de historiografia e dois enfoques muito diferentes das fontes e de sua interpretação, e até algo mais – o choque de concepções diametralmente opostas do processo histórico e da relação entre os aspectos espiritual e material da vida social.

É curioso que, de uma forma ou de outra, os dois autores representam a Nova História na França. Embora Ariès tenha permanecido durante muito tempo à margem da vida acadêmica científica oficial, é precisamente à sua pena que pertence o minucioso artigo "L'histoire

---

31. Cf. os costumes e rituais de calendário nos países da Europa, as festas de primavera, Moscou, 1977, c. 94-95, 98, 144, 193, 206-208, 228, 230, 239, 342. Cf. as raízes históricas do desenvolvimento dos costumes, Moscou, 1983, p. 49, 76, 166.

32. Fr. Sieber, *Deutsch-westslawische Beziehungen in Frühlingsbräuchen. Todesaustragen und Umgang mit dem "Sommer"*, Berlin, 1968.

A MORTE COMO PROBLEMA DE ANTROPOLOGIA HISTÓRICA   247

des mentalités" no dicionário enciclopédico *La Nouvelle Histoire*[33]. Entretanto, o que une ambos os historiadores talvez seja apenas o interesse pelo problema das mentalidades e de forma alguma a metodologia geral ou a filosofia da história, sendo dispensável lembrar que seria incorreto abordar a Nova História como um todo monolítico inseparável.

As diretrizes em relação à morte estão indissoluvelmente ligadas à imagem do outro mundo conforme desenhada pela fantasia dos fiéis e da teologia erudita. A idéia da expiação e das recompensas aguardadas além-túmulo exerceu uma poderosa influência na interpretação da morte, assim como nos imperativos do comportamento das coletividades e indivíduos. Por isso é perfeitamente natural que, paralelamente ao aguçamento do interesse pela percepção da morte entre os homens das épocas passadas, cresceu também a atenção que os historiadores passaram a dar ao quadro medieval do outro mundo.

Segundo reconhecimento geral, o livro mais rico de conteúdo sobre esse tema é *O Nascimento do Purgatório* de Jacques Le Goff[34]. Esse livro, segundo me parece, é interessante não só do ponto de vista do seu conteúdo concreto, mas antes de tudo pelo fato de que ele propõe um modelo de explicação das mentalidades e da sua mudança.

Le Goff mostra como, depois de longas vacilações, a teologia ocidental do último quartel do século XII chegou à formulação da tese sobre a existência de um "terceiro reino" – o purgatório – no outro mundo. Ele avalia esse acontecimento como uma espécie de "revolução mental", que mudou as estruturas psicológicas e as diretrizes interiores em relação ao espaço e ao tempo e, simultaneamente, refletiu e fixou novas orientações do homem na realidade social modificada e complexificada. Le Goff concentra sua atenção nas formas de articulação do mundo, nos modos do pensamento e da vida que transcorriam dentro dos limites criados por essa articulação.

Até os anos setenta do século XII, no Cristianismo ocidental dominava integralmente a representação dual do outro mundo: o inferno e o paraíso esgotavam o quadro deste mundo. Na literatura do período antecedente, nas composições dos teólogos e nas "visões" do outro mundo mencionam-se de quando em quando a purificação das almas pela chama do inferno e os lugares em que ocorriam tais purificações. Mas nos monumentos datados de antes dos anos setenta a oitenta do século XII não existe o substantivo *purgatorium*. Evidentemente, conclui Le Goff, não existia tampouco o próprio conceito. Ele surge pela primeira vez nos textos dessa época, e o historiador dá a esse fato uma importância muito grande. Depois o conceito de "purgatório" ganha

---

33. *La Nouvelle Histoire*, pp. 402-423.
34. J. Le Goff, *La Naissance du Purgatoire*, Paris, 1981.

reconhecimento. Em meados do século seguinte o purgatório foi "sancionado" pelo papado, na *Comédia* de Dante ele figura como parte do outro mundo tão inalienável quanto o paraíso e o inferno.

A "descoberta" do purgatório representou profundos avanços nas diretrizes em relação à morte e ao mundo de além-túmulo. A sorte da alma do morto podia ser mudada; as "boas ações" eram capazes de atenuá-la, e se podia reduzir os prazos de permanência no fogo do purgatório. Na relação com o outro mundo introduz-se uma espécie de princípios comerciais, e agora o homem experimenta a necessidade de agir tanto sobre o mundo terrestre quanto sobre o mundo de além-túmulo.

Com a "invenção" do purgatório, a estrutura binária do outro mundo foi substituída pela triádica. Entre o inferno e o paraíso, como lugar em que os pecadores eram submetidos aos mesmos tormentos terríveis que no inferno, os quais, em contraposição ao inferno, não eram eternos mas apenas destinados a um determinado período após o qual as almas, purificadas dos sofrimentos, ganhavam acesso ao paraíso, o purgatório vem a ser o novo elemento do mundo além-túmulo. Entretanto, ele não está subordinado à eternidade mas ao tempo e notoriamente não funciona em um futuro indefinido mas no presente, pois a ação do purgatório cessa no momento do Juízo Final e o outro mundo ganha para sempre uma estrutura binária.

Esse novo lugar forma um elo intermediário – em termos morais entre o bem absoluto e o mal absoluto, em termos temporais – entre a morte do indivíduo e a sua ressurreição dos mortos ao término do Juízo Final, e em termos espaciais entre os céus e o inferno.

O "nascimento" do purgatório não é visto por Le Goff como um episódio na história dos dogmas da Igreja (como se sabe, em 1254 o papa Inocêncio IV reconheceu oficialmente a doutrina do paraíso e logo essa doutrina serviu de pretexto complementar para o rompimento das relações entre as igrejas ortodoxa e católica). Ele coloca a questão de um modo incomparavelmente mais amplo e ao mesmo tempo mais profundo e interessante: como ligar o surgimento de um novo "lugar" no "mapa" do outro mundo com os avanços ocorridos nas estruturas econômicas, sociais e mentais da sociedade européia ocidental, e que mudanças ele sinaliza nessas estruturas.

Segundo a convicção de Le Goff, o "nascimento" do purgatório ocorreu como resultado das transformações gerais da vida intelectual do Ocidente, que se verificaram entre os séculos XI e XIII no contexto geral das mudanças sociais. Nesse período, a concepção anterior e predominantemente cíclica de tempo, que dominava na sociedade rural, passou a ser substituída por uma nova concepção do tempo linear que se presta a um desmembramento quantitativo; a velha concepção era litúrgica, a nova é narrativa. Muda ao mesmo tempo a percepção do espaço terrestre e, de modo correspondente, as representações espaciais penetram também nas descrições do outro mundo pelos visio-

A MORTE COMO PROBLEMA DE ANTROPOLOGIA HISTÓRICA   249

nários. A complexificação das estruturas mentais encontrou sua expressão particularmente na passagem das representações binárias para as triádicas. Crescem poderosamente o interesse pelo cálculo e a necessidade de precisão. Mas ao mesmo tempo a intuição muda de caráter, e essas novas representações encontram expressão até na tendência de calcular os pecados e o número de missas, rezas e oferendas necessárias para a expiação dos pecados. Ampliam-se as esferas da cultura escrita.

As mudanças nas orientações e na avaliação do tempo estavam vinculadas à comercialização da vida, à reavaliação da significação das profissões. Os homens, ocupados com operações monetárias, censuráveis no sentido moral e rigorosamente condenadas pela Igreja, precisavam conservar alguma esperança de salvação; segundo Le Goff, os agiotas, para os quais até então estava aberto apenas um caminho após a morte – direto para o inferno –, agora, sob determinadas condições, podiam esperar purificar-se dos pecados que os maculavam na chama do purgatório[35].

Para a hierarquia eclesiástica, a introdução do purgatório na estrutura do outro mundo significava novas e imensas possibilidades de influir sobre a existência dos fiéis no outro mundo. A confissão, o arrependimento, as missas de réquiem, as rezas, o comércio das indulgências serviam ao mesmo tempo de meios potentes de controle social da Igreja sobre a vida dos paroquianos e de fontes colossais de enriquecimento da Igreja.

Le Goff examina o processo de surgimento da imagem do purgatório mediante a análise dos textos teológicos, dos registros das "visões" do outro mundo e dos *exempla*, isto é, de todo o *corpus* prático dos monumentos que pudessem dar uma idéia desse desenvolvimento. Ele cita ainda algumas hagiografias, e na parte final do livro faz uma análise de *A Divina Comédia*. Entretanto ele se inclina a dar importância preferencial à literatura escolástica e teológica.

Não é difícil notar o vínculo do livro de Le Goff sobre o nascimento do paraíso com outras pesquisas suas, particularmente com um artigo mais tardio sobre os avanços no sistema de valores ocorridos no Ocidente nos séculos XII e XIII (veja-se o capítulo 6). A importância do livro de Le Goff é muito grande. Dedicado, à primeira vista, a uma questão estritamente especial, ele nos introduz à própria "medula" das transformações das mentalidades no período que, em muitos sentidos, foi crucial na história da Europa Ocidental. As mentalidades, o "imaginário" (*l'imaginaire*), a despeito de toda a sua índole fantástica, estão da forma mais estreita vinculadas à prática humana nas suas modalidades mais diversas, da religiosa à econômica. A religião cristã não é igual a si mesma ao longo da Idade Média, muda de forma im-

---

35. Para mais detalhes, ver: J. Le Goff, *La bourse et la vie*.

250 A SÍNTESE HISTÓRICA E A ESCOLA DOS ANAIS

perceptível, e de quando em quando essas mudanças se tornam visíveis; assim, os teólogos introduzem um novo conceito de "purgatório", o papa aceita o novo dogma. Pelo visto existiam causas suficientemente sólidas para que a Igreja se decidisse por semelhante inovação verdadeiramente revolucionária.

Também aqui eu me permito discutir um pouco com um especialista de tamanha autoridade como Le Goff. Não vou me deter discutindo se está ou não perfeitamente demonstrada a tese de que o substantivo *purgatorium* (ou um equivalente seu) pode ou não ser realmente encontrado nos textos anteriores aos anos setenta do século XII. Concordando com o fato de que o surgimento de um termo marca o amadurecimento do fenômeno por ele designado, eu gostaria de salientar outro aspecto da questão, ou seja: o purgatório, não como região nitidamente esboçada no outro mundo mas antes como uma imagem confusa, debilmente delimitada da imagem do inferno propriamente dito, surge nas "visões" do outro mundo já antes da Idade Média. Sem estar ligado a uma nítida concepção da divisão triádica do outro mundo e até sem ainda ter recebido nome, mesmo assim o purgatório existiu *de facto* antes de que fosse reconhecido *de jure* e se tornasse objeto da sua reflexão escolástica. Pelo visto ele foi gerado pelas esperanças dos fiéis, a quem aterrorizava a perspectiva do inferno como único lugar preparado para todos, à exceção dos justos e santos.

O conceito de purgatório foi elaborado pelos teólogos, mas muito antes deles a sua imagem pairava na consciência dos fiéis. E, suponho, foi precisamente pelo fato de que essa imagem estava tão solidamente "cravada" na consciência popular e os fiéis sentiam a aguda necessidade de evitar os tormentos do inferno ou pelo menos não ser submetidos a eles eternamente que o clero, nesse período ainda bastante sensível às disposições e necessidades do seu rebanho, passou a buscas mais intensivas (desde os tempos de Santo Agostinho quase inteiramente abafadas) de uma solução aceitável dessa importantíssima questão. Nesse caso, a diferença entre as "visões" e os tratados escolásticos é a diferença entre o conjunto impreciso de imagens mentais, que por um lado não atingem um nível conceitual, e um bem pensado sistema generalizado de categorias elaboradas pelo pensamento disciplinado dos escolásticos, por outro[36].

Se nos lembrarmos de que também o culto dos santos se difundiu consideravelmente no Ocidente não graças a esforços dirigidos da Igreja, muitos representantes da qual levantavam a voz contra o culto às relíquias, mas sob pressão do povo, que desejava ardentemente arran-

---

36. Como mostrou A. Bernstein, na interpretação do mundo de além-túmulo e do destino das almas dos mortos existia certa contradição entre o ponto de vista dos teólogos e a religiosidade popular. Veja-se o cap. 6, nota 16.

A MORTE COMO PROBLEMA DE ANTROPOLOGIA HISTÓRICA 251

jar protetores sobrenaturais e auxiliares mais próximos e mais compreensíveis que o Senhor Deus; se, ainda, nos lembrarmos de que uma parcela não-pequena dos santos reverenciados na Idade Média não estava oficialmente canonizada e representava uma espécie de santos "amadores"; se, por último, dermos atenção ao fato de que sob a pressão de uma irresistível demanda popular por magia os párocos, particularmente nas aldeias, juntavam essa magia nitidamente não-cristã aos rituais da Igreja nas chamadas "bençãos" dos campos e do gado doméstico, das mulheres grávidas, dos recém-nascidos e dos doentes, das armas e dos instrumentos de trabalho, e nas fórmulas das excomunhões que por vezes lembravam os encantamentos dos feiticeiros[37] – então, provavelmente esboçaremos o contexto em que é mais fácil compreender também o surgimento da representação sobre o purgatório. Durante muito tempo a teologia se opôs à elaboração da idéia do purgatório, e o principal obstáculo era o fato de que o purgatório não estava previsto pelas Escrituras. Cabe supor uma espécie de "pressão" das massas dos fiéis sobre o clero.

Noutros termos, eu suponho que também no caso do purgatório é patente a aproximação e a influência recíproca, a interação complexa e contraditória entre as tradições eclesiástica e popular de religiosidade e cultura. Parece-me que Le Goff não deu a esse processo a devida importância, e isso é ainda mais estranho porque, como tivemos oportunidade de observar, são precisamente ele e os seus discípulos que há muito tempo vêem elaborando com êxito o problema da cultura popular e sua interação com a cultura oficial da Idade Média.

Por isso não estou plenamente disposto a seguir Le Goff, vinculando estreitamente o "nascimento" do paraíso apenas aos avanços no sentido do racionalismo e da "comercialização" da consciência européia ocidental (pelo visto, antes de tudo da urbana) nos séculos XII e XIII. Eu suponho que se deva procurar a causa no processo anteriormente mencionado de interação das diferentes tradições no seio da cultura e da religiosidade medievais. Parece-me que Le Goff, voluntária ou involuntariamente, pagou tributo à idéia do progresso ascendente, que nem sempre "funciona" com base no material da história das mentalidades européias.

Minhas observações não diminuem absolutamente a importância do trabalho de Le Goff. Tudo o que eu queria salientar era que valeria a pena examinar o processo de "nascimento" do purgatório também no âmbito da história da cultura popular[38].

37. Cf. A. Ya Guriêvitch, *O Mundo Medieval: A Cultura da Maioria Silenciosa*, pp. 279-308. [...] , c. 279-308.
38. Para mais detalhes, ver: A. Ya Guriêvitch, *Categorias da Cultura Medieval*, 2ª edição, M., 1981, pp. 328-334; do mesmo autor: "A Correlação entre as Culturas Popular e Erudita", *Anuário Francês*, M., 1984. [...]. M., 1984.

O estudo das mentalidades, das diretrizes psicossociais das sociedades e dos grupos que a constituem é tarefa de importância primordial para o conhecimento humanístico. Aqui se sonda a camada riquíssima das representações coletivas, das crenças, dos valores implícitos, das tradições, dos atos práticos e dos modelos de comportamento nos quais medram e sobre os quais se constroem todos os sistemas racionais e ideológicos interpretados. Sem levar em conta essa camada da consciência social não se pode compreender o conteúdo e a influência real das idéias sobre as mentes humanas nem o comportamento dos homens, grupal ou individual.

Quanto às diretrizes em relação à morte e ao outro mundo (neste capítulo examinamos apenas uma parte pequena, mas, repito, representativa da vasta literatura sobre o tema), é necessário salientar mais uma vez que não existe uma "história da morte que se baste por si mesma". A percepção e o vivenciamento da morte são um ingrediente inseparável do sistema sociocultural, e as diretrizes em relação a esse fenômeno biológico estão condicionadas ao delicado complexo de relações sociais, econômicas e demográficas refratadas pela psicologia social, pela religião e pela cultura.

Entretanto, se não se pode falar da "história da morte" como tal, seu destaque como aspecto antropológico do sistema sociocultural se justifica plenamente e permite ver em um escorço novo e de modo mais profundo e abrangente o todo – a vida social dos homens, os seus valores, ideais, esperanças e fobias, sua relação com a vida, sua cultura e psicologia.

Conclusão

DA HISTÓRIA DAS MENTALIDADES À ANTROPOLOGIA HISTÓRICA

Antes de traçar quaisquer conclusões e explicar (de antemão) o princípio tomado como base do livro, sinto a necessidade de relatar por que eu o escrevi.

Meus estudos da história socioeconômica da Idade Média há muito – ainda nos anos sessenta – fizeram-me consciente da necessidade de rever o próprio conceito de "história social". A história agrária, a cujo estudo várias gerações de medievalistas soviéticos dedicaram os seus trabalhos, demonstrou as limitações dos enfoques e a estreiteza da problemática. Veio gradualmente a tomada de consciência da inevitabilidade da revisão do acervo conceitual e da renovação do questionário com que o historiador recorre às fontes.

No processo de formulação de novos problemas e busca de novos métodos de investigação da realidade social, encontrei a corrente do pensamento social que, como me convenci, seguia na mesma direção. O estudo dos trabalhos dos historiadores da Escola dos Anais revelou tanto identidade de pontos de vista quanto diferenças nos nossos enfoques da história. A identidade de interesses científicos foi ditada pela situação cultural e intelectual no mundo atual, já suas diferenças são determinadas antes de tudo pelas peculiaridades das tradições historiográficas.

Era preciso examinar mais atentamente a riquíssima experiência dos colegas franceses. As reflexões sobre as possibilidades e a natureza da síntese em história reforçaram meu interesse pelo trabalho dos his-

254 A SÍNTESE HISTÓRICA E A ESCOLA DOS ANAIS

toriadores "annalenses". Não porque eles tivessem resolvido o problema da síntese, mas porque, antes tateando em alguns casos e com objetivos definidos em outros, enfocam essa questão cardinal de importância histórica.

Como se pode concluir facilmente do que acaba de ser dito e de todo o conteúdo dos capítulos antecedentes, este livro é profundamente pessoal. Foi escrito por um historiador que estuda muitos dos temas pesquisados pelos colegas franceses. Não foi meu propósito fazer uma avaliação ampla e equilibrada da obra deles. Eu como que "ajusto as contas científicas" com eles e comigo mesmo. Daí as inevitáveis "torções" na distribuição da atenção aos problemas e em minhas considerações sobre esses ou aqueles autores. Daí igualmente a inevitabilidade da presença constante do ponto de vista do autor na discussão com os "annalenses".

Um livro sobre o problema da síntese histórica, como a entendem esses ou aqueles representantes da Nova História na França, evidentemente, está longe da plenitude quer na análise dos problemas por eles levantados, quer na seleção dos historiadores cujas obras foram aqui analisadas. Detive-me em alguns medievalistas e historiadores do início da Idade Moderna, a meu ver suficientemente representativos para caracterizar essa corrente. O círculo de historiadores cuja obra deveria ser estudada é, de fato, incomparavelmente mais amplo. Mas tive de me limitar severamente. Eu temia perder a pequena fração de minha visão integral da Nova História que, espero, acabou encontrando aqui um leitor paciente.

De fato, por que, depois de muitas vacilações e reiteradas tentativas, eu não acabei enveredando pelo caminho da recriação da corrente científica integral da Nova História mas, em vez disso, optei predominantemente por escrever retratos individuais de seus representantes? Por que, em suma, a questão se resumiu à análise da metodologia desses ou daqueles historiadores ao invés de desenvolver uma caracterização da metodologia da Escola dos Anais como uma certa unidade.

O temor de sacrificar coisa demais e importante, próprio apenas e principalmente de um historiador individual, deteve-me sempre que tencionei traçar com largas pinceladas um panorama sob a denominação de *La Nouvelle Histoire*. É mais fácil desenhar telas historiográficas sintetizadoras *post factum*, quando uma dada corrente científica já concluiu sua existência e formou-se uma perspectiva histórica em que se consegue contemplar tanto o seu começo quanto o seu fim com a devida medida de objetividade e um distanciamento tranquilo.

Mas no caso da Nova História tudo é incomparavelmente mais complexo. Porque lidamos com um movimento do pensamento vivo, que continua em sua atividade e é sumamente dinâmico, movimento este que suscita uma aguda reação tanto dos partidários quanto dos adversários. O leitor pôde verificar facilmente que o autor deste livro

CONCLUSÃO

não está, de maneira alguma, à margem dessas discussões e nem esconde suas próprias paixões. Para minha justificação só posso dizer que minhas paixões e a ausência da "distância acadêmica" em relação aos objetos dos meus ensaios são ditadas exclusivamente por uma razão pela qual me guio ao longo de todo o trabalho: em que medida nos trabalhos de um dado historiador se persegue o objetivo – a síntese histórica –, e se ela é atingida, até que ponto esse historiador é lógico, conseqüente e convincente em suas construções.

Portanto a causa da minha recusa a elaborar um quadro único do desenvolvimento da Escola dos Anais reside antes de tudo na "resistência do material". Os principais representantes desse movimento científico foram diferentes demais, seus trabalhos não se prestam a qualquer classificação única. Dizemos: Escola dos Anais. Mas a índole difusa da Escola é excepcionalmente grande. De fato, no tempo de Bloch, em parte até de Febvre, os "annalenses" ainda não eram uma força influente. No tempo da Braudel eles se afirmaram poderosamente e conquistaram posições-chave tanto científicas quanto institucionais na historiografia francesa. E mesmo assim não há fundamentos para se falar da Escola dos Anais como "escola" de Braudel. Ao fazerem sua *hommage** a Braudel, os maiores historiadores, cujos trabalhos começaram a aparecer nos anos sessenta, seguiram o próprio caminho em muitos aspectos e no principal. O conflito entre eles e o *maitre* não se revelaram de imediato, e no entanto existia em forma latente.

De uma forma ou de outra, todos aceitaram a teoria da *la longue durée*. Via de regra, porém, os princípios da "geoistória" não foram tomados como base, e a história da civilização material, na forma que Braudel lhe deu, não pegou. Abriram-se novas perspectivas. Não é sintomático que nem Duby nem Emmanuel Ladurie, que começaram como historiadores agrários e se projetaram como notáveis pesquisadores nesse campo do conhecimento, não tenham se mantido nessa senda? O círculo dos seus interesses logo se ampliou acentuadamente, incorporando a história das mentalidades e a história da cultura. Não quero dizer que eles tenham dado inteiramente as costas à história socioeconômica. Mas eles experimentaram nitidamente a necessidade de examiná-la em um contexto mais amplo, que inclui a ideologia e a religiosidade, a psicologia e o imaginário.

Esse fenômeno não é puramente francês, e é pouco provável que esteja rigidamente vinculado à evolução da Escola dos Anais. Nele o pensamento histórico da atualidade manifestou certa tendência a ultrapassar os limites de uma especialização estreita, a elaborar uma visão mais ampla e aberta da história como história dos homens. Eu fui

---

* Homenagem, prova de respeito. (N. do T.)

256 A SÍNTESE HISTÓRICA E A ESCOLA DOS ANAIS

testemunha pessoal da crise e da desintegração das escolas da história econômica em nosso país. Fortes em metodologia e produtivas, as escolas dos medievalistas agrários concluíram sua existência nos anos sessenta, e os historiadores educados nessas escolas se voltaram para outra problemática.

Ao mesmo tempo, repito, isso não significa que a história agrária tenha sido finalizada. Ela se concluiu em seu aspecto anterior; é impossível que se continue a desenvolvê-la como disciplina isolada e auto-suficiente. Ela é possível e continuará necessária, mas em proporções já incomparavelmente mais amplas, como parte de uma história social que tudo abrange.

Uma Ciência Histórica de novo tipo está surgindo espontaneamente no mundo. É necessário pensar as suas perspectivas, a sua problemática e seus os métodos de pesquisa.

Quanto à Nova História francesa, repito, ela não é nova nem jovem "pelo estágio já feito". Escrevo estas linhas no ano em que a revista *Annales* comemorou mais um jubileu: seis décadas entre 1929 e 1989, décadas saturadas de acontecimentos, que exerceram uma indubitável influência sobre as mentes dos historiadores franceses.

Como já se ressaltou mais de uma vez na literatura especializada, a fundação da revista *Annales* em 1929 não pode ser explicada apenas pela decisão de Febvre e Bloch: por trás dela havia causas mais amplas. 1929 é um ano de ruptura na história do Ocidente. A crise econômica mundial sacudiu o mundo até nos seus fundamentos mais recônditos. Começou uma nova época* na história universal. Um dos sintomas dessa ruptura, talvez o mais importante porém nem sempre percebido com nitidez, foi a mais profunda crise de espírito que abrangeu massas humanas e aprofundou a confusão que tivera início no seio da intelectualidade ainda às vésperas da Primeira Guerra Mundial. Foi decididamente abalada a fé na força da razão, na tradição do humanismo e, ao mesmo tempo, na convicção e na eficácia da democracia. Não radicariam aí as causas sociopsicológicas da "orientação voltada para o rebaixamento moral" em cujo clima tornou-se possível o estabelecimento de regimes totalitários em toda a Europa, da Alemanha e URSS à Itália e Espanha? O "apaziguamento" dos agressores, o "espírito de Munique", a incapacidade e a falta de vontade de vários intelectuais de proa do Ocidente para compreender a essência do regime stalinista – eis apenas alguns dos sintomas dessa crise, que, como Bloch ressalta com razão em *L'étrange défaite*, preparou a catástrofe militar da França em 1040.

---

* Guriêvitch não emprega o termo *epokha*, mais comum entre os historiadores russos e derivado do grego *epoché*, mas o vocábulo russo *polossá*, que, além de várias outras significações como faixa, zona, significa período, temporada, época. (N. do T.)

CONCLUSÃO 257

A problemática da Escola dos Anais do primeiro período de sua existência dificilmente poderia ser entendida isoladamente da situação moral, intelectual e político-social da França e do resto do mundo entre as duas guerras mundiais. Neste momento não vou analisar essa questão especial, mas gostaria de salientar que o atento interesse de Bloch e Febvre pelas mentalidades dos homens das épocas passadas era, sem dúvida, alimentado pelas observações que os dois faziam da vida e por sua própria experiência (lembremos ao menos a atenção que o Bloch historiador dava ao papel dos boatos, murmúrios e falsificações na vida da sociedade medieval: nele isso foi provocado pelas impressões e observações feitas na frente de batalha). Mas muitas outras questões especiais da história econômica do passado distante, como a inflação no século XVI ou a falta de recursos monetários na Europa da baixa Idade Média, que também se discutiam nas páginas da revista *Annales*, (como supõe A. Burguière), possivelmente foram "impostas" aos historiadores dos anos trinta pela Grande Depressão[1].

Porventura não se teria de dizer o mesmo sobre os "annalenses" do período subseqüente? O apelo de Braudel para *la longue durée*, é claro, foi ditado por uma série de causas de índole científica e filosófica, porém, como o próprio Braudel reconheceu, pode ter sido ditado igualmente e em primeiro lugar por sua tentativa de fugir dos desalentadores acontecimentos do cotidiano para os níveis da vida histórica nos quais o acontecimento como que "se anula" (Braudel adquiriu essa experiência existencial quando prisioneiro alemão, ocasião em que o jovem cientista chegou à conclusão de que o homem é impotente diante da história).

Hoje os *Annales* e a Nova História operam em situação radicalmente distinta. Mudam bruscamente as relações internacionais, a Guerra Fria é coisa do passado. A democracia renova suas forças, os regimes totalitários desmoronam um após outro com uma rapidez incrível e de modo inesperado. Com seu desaparecimento em muitos países o clima intelectual fica desembaraçado, não existe mais o monopólio de um marxismo extremamente dogmatizado e, conseqüentemente, criaram-se condições para a colaboração científica entre diversas escolas e tendências históricas. Surgiu terreno para o otimismo histórico, há a esperança de que o segundo milênio da era cristã acabe não se concluindo num clima de expectativas apocalípticas de fim do mundo como aquelas que dominaram os europeus nas proximidades do ano mil (ou foram a eles atribuídas nos séculos posteriores).

Por mais grandiosa que tenha sido a continuidade da redação da *Annales* (que salta particularmente à vista quando comparada com as composições das redações de outras revistas ocidentais de história),

---

1. A. Burguière, "Histoire d'une histoire: la naissance des Annales", *Annales, E. S. C.*, 34e année, n. 6, 1979, pp. 1355-1356.

258 A SÍNTESE HISTÓRICA E A ESCOLA DOS ANAIS

ela naturalmente mudou, assim como se reorganizou a atividade da Sexta Seção. Mudaram os personagens principais. A guerra interrompeu a vida de Marc Bloch. É difícil duvidar de que sua partida tenha se refletido no caráter da *Annales*. Em 1956 morreu Lucien Febvre. Depois seria a vez de Robert Mandrou deixar a redação. Depois Fernand Braudel deixou a revista e a Sexta Seção (a escola das investigações superiores no campo das ciências sociais, como passou a denominar-se depois de ganhar uma existência autônoma). A direção da revista *Annales* passou definitivamente às mãos dos historiadores da terceira geração – Emmanuel Le Roy Ladurie, Jacques Le Goff, Marc Ferro, André Burguière, Jacques Revel... Quando, no fim da vida, Braudel declarou que em vez da *Annales* gostaria de editar uma revista inteiramente diferente ("novos 'novos *Annales*' "), foi uma expressão de rompimento científico do "patriarca" com os "herdeiros"[2]. Dificilmente seria justo procurar na história da revista uma mudança unilinear: eu vejo antes um movimento em espiral, de sorte que a etapa moderna, parcialmente em certos sentidos, está em consonância com a primeira.

Mudando pouco a pouco seus "paradigmas" e relações com outras disciplinas científicas, a Nova História conserva, não obstante, sua identidade interior. E a mantém apesar de o conceito de Nova História abranger historiadores de orientações científicas, filosóficas, metodológicas e ideológicas bastante diferentes, de que eles, evidentemente, não formam "escolas" no sentido de unidade da teoria ou do método de investigação. Ainda voltaremos a essa questão.

A Nova História deixou de ser um fenômeno puramente francês há muito tempo. Ela encontrou adeptos na Itália, na Grã-Bretanha, na Polônia, na Hungria, nos EUA e até em nosso país. Ganhou ao mesmo tempo opositores e inimigos, que de tempos em tempos tentam sepultar a *Annales* por considerar que essa revista já cumpriu o seu papel. Atualmente se ouvem em tom particularmente alto vozes dos pessimistas, segundo os quais a história dos Anais como movimento vivo e legítimo do pensamento histórico está concluída. Está disseminada a opinião segundo a qual a força dos "velhos Anais" consistia na luta com a historiografia positivista, mas depois que a vitória foi assegurada sua força atrativa começou a declinar (uma vez Braudel observou, parcialmente por brincadeira mas em linhas gerais seriamente, que a Escola dos Anais floresceu com êxito enquanto combateu seus inimigos; segundo ele, é perigoso não ter inimigos).

É verdade que os opositores, tão categóricos na crítica, sabe-se lá por que, não se apressam em lançar outro programa de investigações históricas que possa ser contraposto à tradição da Escola dos Anais. Porventura não é sintomático o fato de que nenhuma corrente do pen-

---

2. Ver a respeito os pronunciamentos bastante eloqüentes de Braudel: F. Braudel, "En guise de conclusion", *Review*, vol. 3/4, 1978, pp. 251, 255.

CONCLUSÃO 259

samento histórico mundial atrai um interesse tão intenso como a Nova História?

É notório que a questão não se reduz ao brilho literário com que se distinguem muitas obras dos historiadores franceses. (Aliás, no mundo anglo-saxão os méritos estilísticos dos "annalenses" foram interpretados como obstáculo para a compreensão até da fonte do estímulo...) Se fosse falar do estilo dos trabalhos dos "novos historiadores", eu observaria como um traço essencial seu não a elegância formal em si, que sem dúvida está presente em muitos de seus livros e artigos, e sim uma peculiaridade bem mais importante, à qual está vinculado esse requinte, ou seja: eles escrevem não só para um círculo estreito de iniciados, mas, em regra, dirigem-se a um leitor amplo e intelectualizado sem sacrificar nada da seriedade científica, da problemática, do espírito e da escrupulosidade da análise. E o conquistaram através de seus representantes mais talentosos. Esse é um fenômeno de primeiríssima importância. A diretriz voltada para um leitor amplo, assim como para o especialista, é determinada pela compreensão que estes têm da função social do conhecimento histórico. Pelo visto é justamente por isso que, a despeito da ausência de identidade de pontos de vista e metodologia, a escola francesa em história possui um atrativo particular, contém algo que a distingue de outras correntes da historiografia.

Eu suponho que nessa ligação com amplos círculos de leitores radica uma das causas da vitalidade da Nova História, que passou por todas as inconstâncias da história do nosso século, por suas próprias transformações e mudanças de "paradigmas". A nova consciência da imensa importância educativa da história, de seu lugar na vida intelectual do mundo moderno e no sistema de autoconsciência social tem dado e continua dando força aos historiadores da Escola dos Anais.

Pode-se tratar essa corrente historiográfica como aprouver, mas é necessário conhecê-la. Eu ousaria afirmar que o historiador atual, independentemente da problemática a que se dedica, não pode ignorar a produção básica dos "annalenses" e não se interessar por ela: que perguntas eles fariam às fontes e por meio de que métodos têm conseguido esses e aqueles resultados? Não se pode estar no nível da ciência mundial sem possuir esse tipo de conhecimentos, mas, por outro lado, não há razão para estudar a história se não se está no nível da ciência mundial.

Em que consiste o segredo da imensa e indiscutível atração exercida pela Nova Escola? Duby assim responde: hoje não existe Escola dos Anais e não há "novos historiadores"; existem pura e simplesmente historiadores bons e de boa qualidade, que não cessam suas investigações, e há historiadores medíocres, ruins[3]. Mas esta, é claro,

---

3. G. Duby, "Le plaisir de l'histoire", *Essays d'ego-histoire*, p. 132; G. Duby, G. Lardreau, *Dialogues*, p. 54.

260 A SÍNTESE HISTÓRICA E A ESCOLA DOS ANAIS

não é a resposta completa. Parece-me que ela não deve ser procurada em declarações de "novos historiadores" ou não só em suas declarações programáticas, a resposta está em seus trabalhos.

Mas não basta nos perguntarmos pelos aspectos fortes da Escola dos Anais; precisamos compreender também seus pontos fracos, as dificuldades que ela não conseguiu superar.

O primeiro que salta à vista como traço distintivo dos "annalenses" é a ousada colocação de novos problemas – problemas que até hoje não foram colocados pela Ciência Histórica. História-problema (*histoire-probléme*) – eis a formulação do credo dos historiadores dessa corrente. Esses historiadores não seguem o caminho da descrição dos fenômenos encontrados nas fontes; eles constroem tipos ideais, que verificam e correlacionam no processo de investigação. O domínio do problema significa necessidade de compreensão, mas não uma compreensão no sentido de "compenetração" no material ou no "espírito da época", mas no sentido da penetração investigatória na essência do fenômeno estudado.

Contudo, o que isso significa: "os historiadores recorreram a novos problemas"? O surgimento de novos problemas, de novos ângulos de análise do material antigo, o lançamento de novos pontos de vista são sempre um momento dramático na história da ciência. Mudou a visão dos cientistas. Por isso é impossível compreender a história das mentalidades sem levar plenamente em conta a mentalidade dos próprios historiadores.

Que tipo de problema se coloca no centro da investigação histórica? De uma forma ou de outra, esses problemas são sempre ditados pela atualidade, pelo movimento da cultura, pelos deslocamentos "geológicos" das camadas do pensamento, pelas profundezas dos problemas da sociedade a que pertencem os historiadores. A história não é uma fuga da vida mas um seu componente essencial – assim se coloca a questão desde os tempos de Febvre e Bloch, que não cansavam de repetir: a história sempre está ligada à atualidade, e para ser historiador é preciso sentir profunda e sensivelmente a pulsação da vida viva. O vínculo com a atualidade é visto não como um obstáculo ao estudo objetivo da história mas como condição essencial desse estudo. A história se elucida à luz dos problemas atuais, e estes só podem ser compreendidos se examinados numa ampla perspectiva histórica. Além disso Bloch e Febvre salientavam: é precisamente a atualidade que coloca diante do historiador os problemas atuais do estudo e, no fundo, só a esses problemas vitais o historiador-analisador – e não o profeta – é capaz de responder.

O diálogo da atualidade com o passado, diálogo que forma a essência do conhecimento histórico, pressupõe certa identidade dos problemas que nos inquietam e não foram estranhos aos homens do passado, embora, é natural, eles os tenham desenhado de modo diferente do

CONCLUSÃO 261

nosso. As questões centrais que se encontram diante dos "novos historiadores" são os problemas da autoconsciência humana, os aspectos da história da cambiante percepção humana do mundo, da orientação do indivíduo e do grupo, do sistema de valores.

Dificilmente seria possível falar de uma estratégia – combinada e pensada no sentido de um fim – da busca científica dos "novos historiadores", ou de um "paradigma" único desses historiadores. Suas buscas de novas vias e métodos de investigação sempre tiveram caráter predominantemente empírico. Segundo a convicção de Febvre e Bloch, "instintivamente hostis a todas as construções teóricas que ameaçassem ganhar força coercitiva" (J. Revel), a história que "vive nas realidades e não nas abstrações" não se presta a uma conceituação sistemática. De modo correspondente, desde o início da *Annales* foi proclamado que "a revista irá cumprir seu papel unificador 'pelo exemplo e na prática' "[4].

A situação mudou no último período. Não foi sem a influência do estruturalismo que se proclamou o objetivo de elaborar uma "metodologia geral das ciências do homem" (Braudel), proclamando-se, por esse motivo e de novo com uma intensidade particular, a polidisciplinaridade. Ao mesmo tempo, o acento se deslocou notoriamente do estudo do movimento, da mudança em história para a reconstrução de estruturas estáveis que se mantêm "no tempo de uma duração muito longa" e para o funcionamento das mesmas.

Traça-se simultaneamente outro "paradigma", em cujo centro da atenção está o homem com suas necessidades cotidianas e seus interesses, com suas orientações e visões de mundo que lhe determinam o comportamento. Esse "paradigma", inicialmente colocado no programa da *Annales* mas plenamente desenvolvido ao longo dos últimos dois, três decênios, levou a que se incluísse no campo de visão dos historiadores todo um conjunto de temas que, no fundo, até recentemente estavam fora da sua atenção. A diretriz centrada na ampliação permanente do "território dos historiadores", na concepção de que, no fim das contas, tudo é produto da história e como tal deve ser compreendido – esse expansionismo sadio da Escola dos Anais a torna inusitadamente dinâmica. Os historiadores expandem energicamente a esfera de sua competência, incluem nela camadas da vida humana que eram vistas tradicionalmente como constantes extra-históricas. É uma grande vitória do historicismo.

Além do mais, porém, começaram a apagar-se os contornos do todo, criou-se a impressão de que a historia teria se "desintegrado",

---

4. Para mais detalhes, ver: J. Revel, "L'Histoire sociale dans les *Annales*: une definition empirique", *Lendemains*, 24, 1981, pp. 31-41; *idem*, "Histoire et sciences sociales: les paradigmes des *Annales*", *Annales, E. S. C.*, 34e année, n. 6, 1979, pp. 1360-1376.

262 A SÍNTESE HISTÓRICA E A ESCOLA DOS ANAIS

estaria em ruínas, "estilhaçada"[5]. Difundiram-se afirmações segundo as quais o conhecimento histórico estava passando por uma profunda crise e que a culpa era precisamente dos "novos historiadores". A crise está à vista, mas lembremos as palavras de Braudel: "no fundo, o pensamento histórico está permanentemente em estado de crise, que é um meio de sua existência". Tudo se resume a saber que crise é essa – crise determinada pela decadência e degradação do pensamento histórico ou crise do crescimento, da transformação, renovação e complexificação, da transformação inevitável e necessária da problemática e da metodologia?

Pois é disso que se trata. Destaquemos alguns aspectos do problema.

É amplamente conhecido que dificuldades o historiador encontra quando tenta vincular os processos da vida espiritual da sociedade aos processos sociais. Por vezes ele tem dificuldade de ir além das constatações mais gerais e obscuras acerca da "correspondência" e do "reflexo" que "acabam tendo" na esfera espiritual as mudanças na esfera material, e fica só nisso. A "síntese" que visa ao estabelecimento de semelhantes relações vem a ser, em sua maior parte, uma "síntese de encadernador".

A ênfase da síntese foi alicerçada inicialmente na obra dos principais representantes da Nova História. Febvre e Bloch herdaram essa colocação do problema de Henry Berr, do Centro de Síntese Histórica por ele dirigido e de sua edição *Revue de synthèse historique*[6]. No fundo, em Ciência Histórica os "annalenses" foram os primeiros a colocar com seriedade, ou ao menos com um fim tão definido, o problema da coordenação das mentalidades com a estrutura social. Isso não significa que sempre se consiga resolver essa questão. E claro que nesse caminho o historiador esbarra em mais dificuldades. Mesmo assim a própria colocação de semelhante objetivo e as buscas intensas de sua solução merecem toda atenção. Mas é precisamente aí que se sente a necessidade de um intenso aprimoramento teórico.

Ao problema da síntese está imediatamente vinculado o problema da explicação em história. Os "novos historiadores" rejeitam os esquemas universais, que têm a pretensão de explicar tudo no mundo.

---

5. Pode-se ouvir esse tipo de afirmação não só dos adversários ou críticos da Nova História, mas às vezes dentro do próprio "campo" da corrente. Pierre Nora, editor da série de monografias *Bibliotèque des Histoires* (Galimard), ao longo dos anos setenta publicou na última página de cada volume seu apelo aos leitores, que começava com as palavras: "Estamos vivendo uma ruptura da História" (Nous vivons l'eclatement de l'histoire). É sintomático, entretanto, que no início dos anos oitenta esse apelo desapareceu.

6. Cf. L. Febvre, H. Berr, "History", *Encyclopedia of the Social Sciences, Vol. VII*, New York, 1932, pp. 357-368 (sobre a síntese histórica, ver p. 360). Os trabalhos mais importantes de Febvre e Bloch foram publicados na série *L'évolution de l'humanité*, publicada por Berr.

CONCLUSÃO 263

Cada fenômeno histórico requer uma explicação concreta e construída individualmente, que leve em conta todas as circunstâncias e fatores e não postule sua hierarquia *a priori*.

Ao mesmo tempo, porém, surge a necessidade de algum modelo mais geral de explicação, não aplicável mecanicamente, mas que esteja presente como hipótese constantemente verificável. De fato, vários representantes da Escola dos Anais partem da convicção de que qualquer explicação em história, como nas questões humanas em geral, deve atrair para a sua órbita a consciência dos homens co-partícipes do fenômeno em estudo. Os feitos históricos são sempre feitos dos homens e, conseqüentemente, não ocorrem sem lhes afetar os pensamentos, idéias, crenças e emoções. A modelagem e a quantificação matemáticas não abolirão esse princípio verdadeiramente universal.

Cabe reconhecer que é justamente aí que ocorre uma das delimitações fundamentais, possivelmente o mais importante divisor de águas dentro da Escola aqui estudada. A primeira corrente, representada por Bloch, Febvre, Duby, Le Goff e vários outros cientistas, mantinha e continua a manter o referido princípio: não existe história que tenha acontecido em alguma parte sem a participação dos homens, acima de sua consciência; a história ocorre através dos homens, com a sua participação. Daí porque o estudo das mentalidades, das ideologias, próprias desses ou daqueles grupos, de seu sistema de valores e de seu comportamento social não é nenhum contrapeso facultativo e complementar a uma história "séria" das estruturas – é componente inalienável da pesquisa. Além disso, o estudo da "subjetividade" humana é o nó em que se ligam todas as linhas do desenvolvimento. De modo correspondente, os métodos científicos, aplicados pelos historiadores dessa corrente, até nos casos em que se constrói um quadro geral são predominantemente individualizadores, qualitativos, e levam em conta a especificidade de cada testemunho particular. Os representantes dessa corrente estão cientes da necessidade de estudo dos fenômenos e acontecimentos concretos da história, compreendendo ao mesmo tempo que esses fenômenos devem ser estudados em relação às estruturas em cujo interior eles ocorrem.

Outra corrente, que tem em Braudel uma de suas fontes, no fundo minimiza o fator humano, nega a iniciativa humana, subordinando a história a um movimento de estruturas suprapessoais que não estariam sujeitas à ação da consciência. No contexto dessa investigação "estrutural de uma 'história sem os homens'"[7], os métodos e procedimentos negam significação ao "fato" ou "acontecimento" isolado e

---

7. Le Roy Ladurie, *Le territoire de l'historien* (1), Paris, 1973. Uma seção desse livro, intitulada "L'histoire sans les hommes" (p. 421), dedicada à história do clima, começa com um documento datado do ano de 1601: os camponeses se queixam às autoridades das desgraças que as geleiras lhes causam... Eis aí a "história sem homens"!

264 A SÍNTESE HISTÓRICA E A ESCOLA DOS ANAIS

dão preferência à "série" que absorve o individual, ao cálculo, à modelagem matemática. "Ou o historiador de amanhã se tornará um programador", declarou em 1968 Emmanuel Ladurie "ou ele simplesmente desaparecerá"[8]. Desse ponto de vista, o grau de "cientificidade" do estudo da história é determinado pela aplicabilidade de métodos exatos a ela. Aliás, desde então muita água correu pelo moinho e os historiadores dos anos oitenta, entre eles Ladurie, não se tornaram programadores.

A aproximação entre a história e as ciências sociais e o empenho de absorvê-las não acontece impunemente: leva a que a história perca sua especificidade intrínseca. A concepção de história-problema no sentido de que o historiador não só formula o problema da investigação mas construiria o próprio objeto dessa investigação acarreta certa ambigüidade. O objeto empírico é substituído pelo "objeto" intelectual, a realidade, por seu modelo.

Além disso, como tivemos oportunidade de verificar, observa-se uma tendência persistente de "retardar" o curso da história, de considerá-la sob o signo do "tempo da grande extensão". Bloch e Febvre chamavam a história de "ciência das mudanças", na Escola dos Anais do pós-guerra manifestou-se a tendência a representar a história sob forma de "quase imóvel" ou simplesmente "imóvel". Esse quadro de uma "história parada" dimana naturalmente da interpretação de suas "estruturas" predominantemente – senão exclusivamente – estáveis, tardas. Ao tomar esse tipo de história como a unicamente "científica", os adeptos de semelhantes concepções não querem ver que solapam os próprios fundamentos do conhecimento histórico. É perfeitamente lógico que os adeptos dessa concepção de história se manifestem contra o estudo das mentalidades, o qual, com certas exceções, tem de ser efetuado com o auxílio de métodos não-quantitativos mas qualitativos. É curioso que Françoise Furet censure os historiadores das mentalidades que procuram decodificar a lógica e as emoções dos homens de outra cultura, alegando que eles estariam impondo àqueles os nossos sentimentos e pensamentos atuais[9].

Depois disso não fica difícil entender aqueles críticos que, levando em conta todas essas "inovações", falam de crise e decadência, até de fim da Escola dos Anais[10]. O erro dos críticos é tomar uma das correntes da Nova História e por ela julgá-la como um todo. É necessário não perder de vista a sua profunda heterogeneidade metodológica e teórica.

8. *Idem*, p. 14.
9. F. Furet, *L'atelier de l'histoire*, p. 24.
10. "Les *Annales* ne son plus qu'elles étaient. Antretien avec F. Dosse", *L'histoire*, n. 121, 1989, pp. 71, 73.

CONCLUSÃO 265

Aliás, abstenhamo-nos das tentativas de traçar uma precisa linha demarcatória entre ambas as tendências, porque nem de longe isso é possível em todos os casos. Dificilmente seria lícito "inscrever" um historiador como Emmanuel Ladurie em apenas uma das duas tendências, pois em sua obra se entrelaçam de maneira extravagante traços característicos de ambas.

Será que semelhante "pluralismo" de enfoques e posições de princípio não significa que de fato o fenômeno da Nova História não existe absolutamente? Acho que a constatação da profunda contraditoriedade interna testemunha outra coisa. Essa corrente do conhecimento histórico é, ademais, a tendência mais significativa na atual historiografia mundial pela influência e produtividade, pela repercussão que provoca. É difícil lhe dar uma definição unívoca, porque ela não é uma "escola" com princípios elaborados mas uma tendência viva e aberta – torno a salientar – e metodologicamente heterogênea no mais alto grau.

De fato, a Nova História está aberta a diferentes métodos e enfoques, seus historiadores estão dispostos a entrar em contatos científicos com cientistas de diferentes disciplinas – da etnologia, sociologia e psicologia à geografia, aos estudos do folclore e das artes. Lembremos com que paixão Febvre combatia o "vício principal" dos historiadores do seu tempo – a dispersão artesanal e o fechamento corporativista. O princípio da polidisciplinaridade realiza-se atualmente em uma série de pesquisas e permite examinar de maneira nova muitos fenômenos históricos.

Mas repito: na elaboração do programa de trabalho da Nova História predomina a espontaneidade. "Ser filosófobo na tradição dos historiadores franceses"[11]. Esse desprezo pela metodologia foi herdado também por muitos da geração atual de "annalenses". Eles não têm uma estratégia científica voltada para um fim.

Criou-se uma situação bastante contraditória. De um lado, pelos esforços dos fundadores da Escola dos Anais e seus continuadores mudou-se a própria concepção de história (alguns autores falam de uma "revolução coperniciana" vivida pela Ciência Histórica). De forma brusca, até explosiva, deslocou-se o *front* dos trabalhos de pesquisa. A esfera das pesquisas dos historiadores ampliou-se e continua a ampliar-se de modo extraordinário. De outro lado, esse enriquecimento da Ciência Histórica é prenhe de perigo de um novo desmembramento em fragmentos e de obnubilação do todo. Não ficou fácil orientar-se num mar de temas, elaborar as suas possíveis relações mútuas. Surgiu a concepção de que a história teria se fracionado em fragmentos dispersos.

11. F. Dosse, *L'histoire en miettes*, p. 54.

266 A SÍNTESE HISTÓRICA E A ESCOLA DOS ANAIS

Na crise geral do conhecimento humanístico, vinculado aos cataclismas universais de fins do segundo milênio, a história também experimenta suas dificuldades, e a Nova História não ficou à margem delas. Sente-se agudamente a necessidade da busca de novas perspectivas e orientações. Será que os atuais líderes da Escola dos Anais estão cientes dessa crise? Será que procuram ou não saída para ela?

Aqui é oportuno mencionar testemunhos da auto-reflexão da Nova História na etapa atual de seu desenvolvimento, como as iniciativas coletivas em três volumes *Estudar a História* e o dicionário enciclopédico *La Nouvelle Histoire*.

No centro da atenção dos autores da primeira coletânea estão a renovação que vem experimentando a Ciência Histórica, as suas relações com outras ciências sobre o homem. Aí foram examinados coerentemente novos problemas levantados nos trabalhos dos "annalenses", novos tipos de fontes incorporadas por eles para a solução desses problemas não-tradicionais e novos métodos de sua investigação. "De maneira mais decidida do que nunca, rejeitando qualquer filosofia da história, sem aceitar nem Vico, nem Hegel, nem Croce e muito menos Toimbee", sem partilhar as "ilusões da história positivista", assim como a "teleologia marxista, as abstrações weberianas ou a extratemporalidade do estruturalismo", a Nova História, através de Jacques Le Goff e Pierre Nora, redatores da coletânea, proclamou em 1974 o seu apego às concepções da história "lenta", quase imóvel do "tempo da grande duração" de Braudel e ao estudo do cotidiano, do ordinário dos "homens simples", isto é, o apego àquelas orientações científicas que a aproximação com a etnologia lhe sugere. Mas ao mesmo tempo eles definem a história como "ciência das mudanças e transformações". Segundo seu ponto de vista, a história social vem ampliando atualmente o círculo dos seus interesses e inclui a história das representações sociais, das ideologias e das mentalidades. A rápida expansão da história como disciplina científica conduz à sua "pulverização". Nessas condições faz-se necessária uma nova definição de seus fundamentos e princípios; "é possível que ela esteja aguardando seu Saussure"[12].

No dicionário *La Nouvelle Histoire* discutem-se novos temas e correntes da ciência da história, seus conceitos mais importantes e as disciplinas particulares, ela não incorpora mas não esquece nem os precursores particulares, nem os antecessores imediatos da Escola dos Anais. Essa enciclopédia fornece uma boa orientação na atividade dos

---

12. *Faire l'histoire*, pp. IX-XIII. Ao contrário, Paul Veyne, que afirma que a história não possui métodos próprios, escreve: "O conhecimento histórico não teve e não pode ter o seu Galileu ou Lavoisier". P. Veyne, *Comment on écrit l'histoire. Essai d'épistemologie*, Paris, 1971, p. 134.

CONCLUSÃO 267

"annalenses"[13]. Ao mesmo tempo, porém, é impossível silenciar em torno da conhecida contradição contida no próprio sentido do dicionário: a Nova História, cujos traços característicos inalienáveis foram sempre o adogmatismo de princípio, a flexibilidade dos conceitos aplicados e o espírito da crítica, dificilmente poderia alojar com facilidade, sem custo nem "retificações", suas idéias e princípios basilares no âmbito unificador de um compêndio enciclopédico. Do modo mais estranho e lamentável, aí se contorna sem autocrítica a auto-reflexão dos principais representantes da Nova História. A história da escola é representada predominantemente como uma escola de êxitos e conquistas científicas. Assim ela realmente foi, porém existe o reverso da medalha – as dificuldades, vacilações, afastamento do caminho escolhido, as contradições no interior da Escola. Sobre esse lado da história os "annalenses" dizem pouca coisa. Foi efetivamente um grande caminho trilhado pelos aguerridos fundadores da Escola dos Anais, que defenderam sua originalidade em luta aberta contra o positivismo, e a atual Nova História, que ocupa posições-chave quer nas universidades, quer nas instituições acadêmicas, quer numa série de editoras e na *mass media*...

Os referidos trabalhos coletivos pertencem aos anos setenta. O que há atualmente?

Em um dos números da revista *Annales* do ano de 1988, a redação publicou um artigo expressivamente denominado "A História e as Ciências Sociais: Um Momento de Virada Crítica?". Os redatores da revista ressaltam que, uma vez que os antigos "paradigmas" do conhecimento histórico, que receberam impulso do estruturalismo e do marxismo, perderam a força construtiva, a Nova História se acha novamente diante da necessidade de pensar os seus caminhos e a direção das futuras buscas. Eles conclamam os leitores a participar da discussão dos métodos da investigação histórica e das relações recíprocas entre a história e as ciências sociais nas novas condições em que se faz necessário renovar o instrumental dos historiadores em decorrência da brusca multiplicação do número de objetos de estudo[14].

Um ano e meio depois a redação volta ao problema da interdisciplinaridade e da revisão das relações de reciprocidade entre a história e as ciências sociais. Mas desta vez a questão não se limita a uma colocação geral do problema e concede-se a palavra a uma série de especialistas, que discutem esses e aqueles aspectos desse problema: história e economia, biografia e história, história e geografia, a nova concepção de "social", história do direito e hermenêutica, história das

---

13. *La Nouvelle Histoire*, sur la dir de J. Le Goff, R. Chartier, J. Revel, Paris, 1978.

14. "Histoire et sciences sociales. Un tournant critique?", *Annales. E. S. C.*, 43e année, n. 2, 1988, pp. 291-293.

268 A SÍNTESE HISTÓRICA E A ESCOLA DOS ANAIS

mentalidades. A sociedade não é uma "coisa", escrevem os autores do editorial, e o modelo estruturalista ou funcionalista, proposto aos historiadores pelas ciências sociais, pouco a satisfaz. São mais eficazes os conceitos de relações dinâmicas e interações no âmbito de configurações que se modificam constantemente. Segundo opinam os redatores da revista, o objeto da história é o processo – em constante renovação – de auto-identificação dos seus participantes que atuam ao mesmo tempo de forma consciente e inconsciente, processo esse que exclui um determinismo *a priori*.

Nesse sentido os autores do artigo voltam ao subtítulo: *Annales. Economies. Sociétés. Civilizations.* e salientam: estaria longe do espírito da revista interpretar esses termos de uma maneira como se no somatório eles designassem a totalidade da história ou sugerissem um certo nível de determinação do tipo "a economia determina a estrutura social e desta depende a cultura". Em realidade a economia penetra a cultura e o social é inseparável do econômico. A sociedade funciona como um sistema de equilíbrios de todas essas categorias[15]. Observemos, não obstante, que o subtítulo: *Economias. Sociedades. Civilizações.* surgiu em 1945 e na ocasião, sem dúvida, tinha um significado programático. O fato de 45 anos depois haver surgido a necessidade de separar-se de sua interpretação reducionista é, em si, sintomático.

A investigação histórica, prosseguem os autores do artigo, é sempre um experimento em que constantemente se desloca o ângulo do exame e modificam-se os níveis da análise. Aqui reencontramos a idéia sobre o papel ativo do cientista, que interroga os textos e "constrói os seus objetos", embora os construa sem cair em contradição com os dados das fontes – ressalva importante, uma vez que os outros historiadores, que lançaram a idéia segundo a qual o pesquisador cria a sua fonte e o próprio objeto de estudo, não costumavam fazer semelhantes exatificações. Desse modo, "a síntese histórica é obtida por meio da criação de novos objetos" e não pode ser reduzida nem à série de relações causais nem a um princípio único. A preferência não deve ser dada a modelos unificados e simplificadores mas às explicações que levem em conta a complexidade dos processos sociais[16].

Quanto às relações da história com as ciências sociais, conclui a redação da *Annales*, agora está claro que uma disciplina não pode ter pretensão à hegemonia intelectual. Além disso é importante não perder de vista a especificidade da visão própria de cada uma delas. A

---

15. *Annales. E. S. C.*, 44e année, n. 6, 1989 ("Histoire et sciences sociales: un tournan critique"), pp. 1319-1320. Aqui o ponto de interrogação do mesmo título já foi suprimido.

16. *Idem*, p. 1321.

CONCLUSÃO   269

multidisciplinaridade pressupõe uma pluralidade de enfoques e escorços de análise[17].

Como se vê, os dirigentes da *Annales* de hoje estão seriamente interessados em uma nova interpretação e discussão do ofício de historiador. Os artigos de 1988 e 1989, assim como artigos mais específicos que vieram depois, testemunham uma busca incansável de possibilidades de renovação do acervo conceitual da Ciência Histórica. Não é difícil perceber que a ênfase recai no problema da interação da história com as ciências sociais. Hoje, segundo me parece, salienta-se com maior precisão não só a eficácia da interação da história com elas, mas também a necessidade de manter a distância e não permitir que ela se dilua entre elas.

Mas a discussão do atual *status* científico da Escola dos Anais não se limita a isso. Entre as manifestações de índole metodológica geral, publicadas na revista no curso da discussão atual dos artigos, destaca-se o trabalho de André Burguière, *Sobre a Compreensão em História*. Esse membro da redação da *Annales* há muito vem se dedicando a questões de teoria, assim como à história da própria revista; há alguns anos veio à luz o *Dicionário das Ciências Históricas* redigido sob direção dele. Já no prefácio ao *Dicionário* Burguière expõe seu pensamento central, fundamentado de forma mais abrangente no referido artigo. Sua idéia consiste no seguinte: a revolução científica realizada por Bloch e Febvre é a mais importante entre as revoluções na história da nossa disciplina, a começar por fins do século XVII, quando em história foram introduzidos pela primeira vez os métodos da crítica científica. Contudo, Burguière está convencido de que ela não consistia naquilo sobre o que se costuma escrever – nem na renovação dos temas e objetos de investigação (a prioridade da problemática social e econômica; a atenção voltada para os grupos e fenômenos coletivos; a preferência dada às estruturas econômicas, demográficas ou mentais latentes em face das decisões políticas e das instituições oficiais; o interesse pelos processos lentos) –, mas na mudança radical da relação do historiador com o objeto da pesquisa.

Essa "revolução coperniciana", que pôs terminantemente de cabeça para baixo as relações de reciprocidade dos historiadores com o passado, foi "silenciosa" e, paradoxalmente, passou despercebida: a nova diretriz foi aceita sem discussões e conflitos que dividissem os historiadores entre partidários e adversários do estudo das estruturas, dos grupos, da economia ou dos acontecimentos, dos indivíduos e da história política. Entretanto, esses debates todos não foram gerados pelo essencialmente novo que a *Annales* trouxera para a ciência da história, eles apenas redundaram em certa reenfatização de temas já

17. *Idem*, p. 1323.

270 A SÍNTESE HISTÓRICA E A ESCOLA DOS ANAIS

anteriormente conhecidos. Os chamados "novos objetos de estudo" adquirem um novo sentido precisamente no contexto do problema da compreensão histórica e da explicação.

Ciente ou não disso, escreve Burguière, desde os tempos de Bloch e Febvre o historiador não pode deixar de orientar-se, em sua prática, no fato de que o objeto de estudo não é o passado em si mas aqueles seus remanescentes e vestígios capazes de responder as perguntas colocadas pelo historiador; essas questões são sugeridas a ele pela vida ao seu redor. O objeto da investigação não é dado pelos arquivos sob a forma de alguma "realidade adormecida", que teria sido meio esquecida e aguarda pacientemente a sua "ressurreição" e o "último julgamento" da Ciência Histórica, no qual as próprias fontes "falarão por si mesmas"; o objeto da história é criado pelo historiador. De modo correspondente, o conteúdo da história, segundo Burguière, não é o passado mas o tempo, ou melhor, os procedimentos de análise e interpretação com cujo auxílio pode-se descobrir o movimento das sociedades, apreender os seus mecanismos e restabelecer a gênese e a desintegração[18].

Portanto, o problema consiste na compreensão e na interpretação. À luz dessa diretriz fundamental dos "annalenses" compreende-se e justifica-se a ênfase na história das mentalidades ou na história quantitativa. Daí a necessidade da "história total" como contrapeso e compensação do desmembramento do objeto histórico e do surgimento de uma multiplicidade de ramos especializados de pesquisa.

É essencial não perder de vista as exatificações e limitações que Burguière insere em sua definição de história. Seria um erro, escreve ele, ver na concepção por ele exposta apenas uma "versão francesa do subjetivismo de Benedetto Croce", pois Febvre e Bloch partiam da certeza na capacidade da história para obter um conhecimento científico objetivo[19]. No lugar da arte da narração coloca-se a ciência da interpretação. Assim é, segundo ele, o espírito da Escola dos Anais.

Nesse sentido Burguière retoma a questão que levantara anteriormente em outros trabalhos seus – sobre as divergências entre Bloch e Febvre, divergências entre a história social e a história psicológica. É importante salientar essas divergências porque elas se refletiram em duas tradições dos "annalenses" modernos. A herança de Bloch é a antropologia da história atual. O programa de Febvre, a despeito de todas as suas variações e dessemelhanças, materializa-se, segundo Burguière, nos trabalhos de Jean Delumeau, Yves Castan, Philipe Ariès e Michel Foucault. As investigações dos "epistemas" pelo último foram desenvolvidas fora do estabelecimento de suas ligações com a

18. *Dictionaire des sciences historiques*, publié sous la direction de A. Burguière, Paris, 1968.
19. A. Burguière, "De la compréhension en histoire", *Annales. E.S.C.*, 45e année, n. 1, 1990, p. 124.

CONCLUSÃO   271

realidade social de múltiplos níveis. "A grande tentação é identificar a realidade histórica com uma soma de discursos nos quais essa realidade nos é dada", observa Burguière "e supor que o conhecimento histórico possa não ser mais que uma história das representações"[20]. Além disso o passado se reduz ao pensamento, a imagens mentais conscientizadas ou não. Em decorrência de uma atenção especial pelo simbolismo, pela religiosidade popular e outros objetos da antropologia cultural, hoje se desloca para o plano do interesse pelas estruturas sociais, que dominara nos anos sessenta e setenta. Isso é o resultado do surgimento de novos paradigmas nas ciências sociais, vinculados à crise do marxismo clássico.

Como vemos, o estado atual do conhecimento histórico não é avaliado de modo plenamente idêntico pelos próprios representantes da Nova História. Mas o ativismo criador do historiador – quer na definição do problema, quer na "construção" da fonte histórica, quer na criação do próprio objeto da história por ele mesmo – é salientado terminantemente por muitos "annalenses", a começar por Febvre. É precisamente essa posição do pesquisador, ativa no mais alto grau, que se considera traço distintivo decisivo da Escola dos Anais.

Parece-me que Burguière nota a peculiaridade efetivamente essencial do conhecimento histórico atual. O leitor se interessa pela história, mas o que encontra no livro de história é uma interpretação; esta é determinada pela colocação do problema e pela visão do historiador. Por isso o primeiro a chamar a atenção no trabalho de um historiador sério não é só o tema em si, não é simplesmente o fragmento do passado que ele restaura, mas o laboratório do pensamento investigatório, a percepção do historiador e os métodos através dos quais ele investiga a história.

A causa de tal reacentuação é clara: como tem sido ressaltado reiteradamente, ao contrário do experimento em ciências naturais o historiador não estuda o "objeto" que se lhe contrapõe externamente, que tem uma natureza diferente do próprio cientista; ele estuda o homem, os homens. Por isso a sua relação com o objeto da investigação difere radicalmente da relação do físico ou do biólogo: é uma relação dialógica. Lembremos as palavras de Bakhtin em *Estética da Criação verbal*:

As ciências exatas são uma forma monológica de conhecimento: o intelecto contempla a coisa e se pronuncia sobre ela. Aqui há apenas um sujeito – o cognoscente (que contempla) e um falante (que enuncia). A ele se contrapõe apenas a coisa muda. Qualquer objeto do conhecimento (inclusive o homem) pode ser percebido e conhecido como objeto. Mas o sujeito como tal não pode ser percebido e estudado como uma coisa, pois, enquanto sujeito e permanecendo sujeito, ele não pode tornar-se mudo, logo, o conhecimento dele só pode ser dialógico[21].

20. *Idem*, p. 130.
21. M. M. Bakhtin, *Estética da Criação Verbal*, Moscou, 1979, p. 363.

O diálogo se constrói segundo o princípio do equilíbrio das partes, e na investigação histórica é importante captar ambas as vozes: de quem interroga e de quem responde. Por isso Bakhtin fala não só do "ativismo dialógico do cognoscente" mas também do "ativismo dialógico do sujeito cognoscível". O leitor de uma obra de história engaja no diálogo de culturas, a uma das quais ele mesmo pertence. O conhecimento histórico se baseia no interesse existencial do historiador (e do seu leitor). Ele desempenha o papel de uma espécie de mediador entre a atualidade e o passado.

A colocação do problema da atualidade do historiador no processo de reconstrução do passado remonta às discussões metodológicas do limiar do século XIX e do XX, que eclodiram no curso da teoria neokantiana do conhecimento. Mas dificilmente seria possível contestar a idéia de que, no âmbito do "ofício" de historiador, foram precisamente Febvre e Bloch que formularam o novo enfoque da "história-problema".

Também aqui surge outro aspecto importantíssimo do problema da compreensão em história. A história é a "ciência das mudanças". No entanto, como e por que acontecem as mudanças? À primeira vista a pergunta pode parecer incorreta, até absurda; pouco importa por que acontecem, o que se deve fazer sempre é elucidar suas causas. Fora de dúvida! Mas quando recorremos a composições históricas nos convencemos facilmente de que freqüentemente os especialistas não se dão ao trabalho de procurar explicação para as causas do desenvolvimento; cria-se a impressão de que eles já as conheciam de antemão. Constatando as diferenças na estrutura da sociedade, fixadas em diferentes momentos da história, o pesquisador tende a explicar as causas desse desenvolvimento partindo predominantemente de concepções gerais sobre o curso do processo histórico. Os esquemas de explicação não são dados pela análise do material das fontes mas pela filosofia da história da qual um dado historiador é seguidor notório ou não.

Voltando à Escola dos Anais, cabe reconhecer que no centro da atenção dos seus representantes não está o desenvolvimento, não estão as mudanças mas os estados estáveis, as estruturas (econômicas, sociais, mentais). É a sincronia e não a diacronia que completa a visão atual da história. Nesse campo conceitual ocuparam natural e inevitavelmente o primeiro plano os problemas do tempo pouco móvel de uma duração extremamente longa e os problemas das mentalidades, que, segundo conhecida expressão de Braudel, são "as prisões nas quais está presa *la longue durée*".

Por que ocorreu essa reorientação profunda do pensamento histórico, que não afetou, de maneira nenhuma, apenas a Escola dos Anais? A causa mais geral foi a crise da idéia do progresso linear da história mundial, da idéia que dominou o pensamento histórico do século passado. Essa idéia, profundamente desacreditada pelos cataclismos do

CONCLUSÃO 273

século XX, impôs ao historiador uma visão específica do passado como um determinado degrau no caminho da ascensão para a atualidade. De modo correspondente, a história passada não era vista em seu autovalor singular mas em correlação com o resultado da evolução histórica. A teleologia era obstáculo ao relativismo racional sem o qual é impossível uma penetração objetiva no conteúdo da história.

A aproximação da história com a etnologia, que enriqueceu o questionário dos historiadores, foi simultaneamente acompanhada da reorientação do pensamento destes com os dínamos voltados para a estática, partindo do desenvolvimento para o funcionamento. Mas não troquemos a causa pelo efeito: o próprio interesse pelos enfoques etnológicos e antropológico-culturais em história foi suscitado por sua nova concepção, eu diria, por uma nova concepção histórica do mundo disseminada na sociedade a que pertence o historiador.

Os "annalenses", segundo os próprios reconhecem, estão voltados para o estudo dos sistemas estáveis. "É surpreendente, mas a história praticada pela *Annales* não estuda, de modo algum, a teoria das mudanças sociais ou a passagem de um modelo histórico para o seguinte."[22] Essa é a constatação de Revel, membro do colegiado de redatores da *Annales* que, à semelhança de Burguière, estuda a história da mudança de paradigmas nos trabalhos dos historiadores dessa corrente. Aqueles pesquisadores, que, apesar de tudo, mostraram interesse pela teoria das mudanças – prossegue Revel –, recorriam ou a Marx, à semelhança de Geoerges Lefebvre, ou a Malthus, à semelhança de Emmanuel Ladurie.

É claro que não se tem em vista alguma "chave falsa universal". Trata-se da metodologia da explicação do desenvolvimento histórico e, a meu ver, essa questão nos manda de volta ao problema da síntese em história.

Também neste caso gostaríamos de dizer o seguinte: dificilmente pode suscitar dúvida de que atingir a síntese em história tem sido e continua sendo desde o início a "supertarefa" da Escola dos Anais. Não é por acaso que a Escola desenhou em sua bandeira o lema da "história global (ou total)"! É justamente para esse horizonte que estão voltados todos os esforços dos historiadores que diferenciam o tempo da história em "breve" e "longo", pois, destacando-os, estão preocupados com a maneira pela qual irão revelar suas combinações e interações e descobrir a integridade e a unidade contraditória do processo histórico. Para a solução dessa "supertarefa" está voltado o lançamento dos enfoques antropológico-culturais ao primeiro plano. Em todos os níveis de consciência dos homens, das mentalidades não-refletidas aos refinados sistemas teleológicos e filosóficos, assim como

---

22. J. Revel, "The *Annales*: Continuities and Discontinuities", *Review*, vol. I n. 3/4, 1978, p. 16. Veja-se ainda a discussão sobre esse problema em *idem*, p. 52.

274 A SÍNTESE HISTÓRICA E A ESCOLA DOS ANAIS

em seu comportamento colorido e profundamente determinado pelo quadro do mundo, sedimentado em sua consciência pela cultura, os "annalenses" procuram um "nó" em que confluam todos os movimentos da vida social.

Ao mesmo tempo, porém, temos de reconhecer que essa "super-tarefa", a síntese em história, é por vezes resguardada por aspectos mais particulares da metodologia e não é perseguida com a necessária clareza de objetivo. Não é sintomático que, nos artigos de fundo da *Annales* de 1988 e 1989 anteriormente examinados, o conceito de síntese não é absolutamente mencionado? Ele é antes subentendido (particularmente quando se trata da importância do enfoque interdisciplinar) mas não explicitamente enquanto objetivo mais importante da compreensão histórica. Entretanto, é muito importante não perder esse objetivo, distante e em certo sentido inatingível, mas que representa, repito, a *raison d'être** da Nova História.

É necessário assinalar mais uma circunstância considerável. Nos anos trinta e início dos quarenta, assim como no pós-guerra, os "annalenses" davam uma atenção grande, até predominante, à história social e econômica; basta lembrar as obras de Bloch, Febvre, Braudel, Labrousse, Duby, Vilar, Chaunu, Guber, Ladurie e Toubert para se ter uma idéia da amplitude dos trabalhos e do seu elevado nível. Mas depois o interesse por essa problemática diminuiu nitidamente. Para isto não existem poucas causas, e o deslocamento do centro da atenção para a história da cultura e das mentalidades, como já dissemos, não aconteceu apenas na Nova História. Contudo, uma vez que se trata da síntese histórica como "super-objetivo" da nossa ciência, cabe concordar que é duvidosa sua obtenção por via tão unilateral.

Já mencionamos a abertura da Escola dos Anais para diversos métodos de análise histórica. Essa abertura se revela também na capacidade de aprender os métodos específicos da lingüística e do estruturalismo, da demografia e da "quilometria", e na tendência a dar ouvidos às vozes dos representantes de correntes metodológicas e filosóficas muito diversas. Contudo não se deve confundir abertura com ecletismo ou com "onivoridade": não são a mesma coisa. A abertura, que de forma alguma exclui o distanciamento crítico, é preferível ao sectarismo estreito e fátuo. A ameaça de ecletismo surge quando os estudiosos se apóiam unicamente no empírico e negligenciam a reflexão metodológica.

Uma parte dos representantes da Nova História segue a idéia da "história total". Essa idéia não parece utópica, traduz uma tendência orientadora, uma diretriz geral da investigação, que não dispõe os fenômenos estudados em estantezinhas isoladas mas visa a descobrir os vínculos profundos e essenciais entre eles. Trata-se antes de tudo de

---

* "Razão de ser". Em francês, no original russo. (N. do T.)

CONCLUSÃO 275

superar a desarticulação entre os aspectos material e espiritual da vida social, de compreendê-los como diferentes hipóstases da história social.

Aqui são possíveis dois enfoques que se completam mas mesmo assim são diferentes. Os "annalenses" aplicam os dois enfoques. O primeiro enfoque consiste em procurar o reflexo da vida social nos fenômenos de ordem mental; o segundo enfoque, ao contrário, visa a estabelecer o caráter da ação dos motivos ideais sobre a realidade material. O primeiro enfoque implica o perigo do reducionismo, e já pudemos verificar que esse tipo de perigo é real. Quanto ao segundo enfoque, vem à mente uma objeção de Marc Bloch ao historiador marxista inglês J. Thompson, que tentou revelar os motivos econômicos da religiosidade medieval: não seria mais eficaz, pergunta Bloch, estudar a maneira como as representações religiosas imprimiram sua marca no comportamento econômico?[23]

Como já dissemos, o princípio da "história total" pode realizar-se também em forma de estudo local, regional, que examine os mais diversos aspectos da história e do funcionamento de uma dada comunidade social de homens, mas o examine de tal modo que disso resulte na formação de um quadro conexo e integral da vida dessa comunidade. Esse tipo de estudo local dos "fatos sociais totais" (Marcel Mauss) é um pequeno protótipo de "micro-história", na qual se refletem os traços essenciais da "macro-história"; a micro-análise serve como meio de modelagem da história das formações mais vastas. Por isso a "micro-história" e a "macro-história" não são antagônicas, antes estão (ao menos no ideal) numa relação de complementaridade. Aqui, num *continuum* espaço-temporal limitado, é mais fácil aproximar-se de um homem isolado, de um grupo pequeno do que sob o enfoque "macroscópico".

Mas, em termos heurísticos, o *status* de "micro" difere do de "macro-história". Ao elaborar certas construções macroscópicas, o historiador opera inevitavelmente com conceitos gerais que lhe são dados por sua visão de mundo e pela atualidade. Conceitos tipológicos da sociologia como "classe", "Estado", "sociedade", "propriedade" etc., são generalizações não fixadas por fontes imediatas, surgindo como inevitável a pergunta: em que medida eles podem ser adequadamente aplicados à sociedade do passado? Isto diz tanto mais respeito a conceitos do tipo "formação", "modo de produção" ou "feudalismo", "regime escravista", "capitalismo". A natureza de todos os conceitos similares é tal que são inevitáveis diferentes interpretações dos mes-

---

23. M. Bloch, "Classification et choix de faits en histoire économique: reflexions de méthode à propos de quelques ouvrages récents", *Annales d'lhistoire économique et sociale*, 1929, pp. 252-258.

276 A SÍNTESE HISTÓRICA E A ESCOLA DOS ANAIS

mos, e sua própria aplicabilidade a essa ou aquela época da história é objeto de discussão[24].

Entretanto, os dados sobre as microestruturas de diferentes categorias e proporções ("família", "gen", "clã", "tribo", "propriedade", "senhoria", "aldeia", "cidade", "grêmio", "paróquia", "frátria" etc.) chegam ao historiador imediatamente das fontes (o que naturalmente não o isenta da obrigação de decodificá-los e analisá-los do modo mais atento). Noutros termos, o pesquisador não tem o direito de perder de vista as diferenças da natureza metodológica e, de modo correspondente, do grau de generalização teórica dos conceitos de macro e microssociologia[25].

Sem dúvida, e isso já foi assinalado, a "história total" continua a ser sempre uma espécie de "linha do horizonte", em cujo sentido o movimento demonstra a inesgotabilidade do objeto de estudo e revela constantemente novas perspectivas. Contudo, a história "total" (ou "global"), na forma como é praticada na França, tem uma limitação nada secundária: é predominantemente a história da França. Podemos mencionar muitas obras cujos autores saíram dos limites da França e passaram a estudar a história de outros países. Tais estudos existem: a Alemanha da época de Luthero (Febvre), o Mediterrâneo no reinado de Filipe II (Braudel), a Catalúnia (Vilar), o Lácio (Toubert), Sevilha e o comércio com a América (Chaunu)... (Não menciono as obras dos especialistas em história antiga.) No entanto essas obras são relativamente pouco numerosas. É claro que nisso não há mal nenhum; quem, senão os franceses, iria estudar o passado deles?

O problema é outro. Os representantes da Nova História lançam idéias e concepções que são chamadas a explicar fenômenos não só franceses. Mesmo que o próprio autor não declare semelhantes pretensões, uma palavra pronunciada em Paris é objeto de ávida atenção longe da França. É justamente ali que se constroem modelos de aplicabilidade universal e ampla ressonância: da "revolução feudal" do século XI, da "história imóvel", da "morte no Ocidente"... Em *O Tempo das Catedrais* Duby traça uma periodização da história da arte medieval ocidental: de 980 a 1130 ("O Mosteiro"), de 1130 a 1280 ("A Catedral"), de 1280 a 1420 ("O Palácio")[26]. Essa é uma periodização européia ou francesa? Em todo caso, a leitura do livro não deixa dúvida de que ele, assim como outras obras de Duby, tem por base antes de tudo material francês.

---

24. Cf. M. Bloch, "Sur l'étude des classes, au moyen âge", *Annales d'histoire économique et sociale*, 1935, p. 215: "[...] A classificação social não é uma realidade que se pode observar com tanta simplicidade quanto um objeto material. Porque ela é criada pelos homens, que em certo sentido a inventam na medida em que a exprimem".

25. Cf. A. Ya Guriêvitch, "História Social e Ciência Histórica", *Questões de Filosofia*, 1990, Na pp. 25 e ss. Cf. E. Grendi, "Microanalisi e storia sociale", *Quaderni Storici*, 35, 1972; C. Ginsburg, C. Poni, "La micro-histoire", *Le Débat*, n. 17, 1981; J. Revel, *Histoire au ras du sol*; G. Levi, *Le povoir au village*, Paris, 1989.

26. G. Duby, *Le Temps des cathédrales, L'art et société. 980-1420*, Paris, 1976.

CONCLUSÃO

Aí não estaria encoberta certa contradição entre o estudo local, o estudo geográfico de um país, por um lado, e a teoria global, por outro? É possível que os "novos historiadores" devam abandonar mais amiúde e ousadamente o solo natal e abranger regiões mais amplas? Isso lhes facultaria um novo material e possibilidades de cotejo. Lembremos que importância Marc Bloch dava ao comparativismo. Não se trata de ampliar extensivamente as fronteiras espaciais do estudo e sim de levar mais em conta toda a diversidade do panorama europeu. Porque no mesmo período vários países se encontravam como que em "tempos diferentes", em diferentes etapas de desenvolvimento.

Uma breve relação de novos temas da pesquisa histórica, sem a revelação do seu conteúdo, daria uma idéia do diapasão singularmente amplo de interesses dos historiadores das mentalidades. O "território do historiador" expandiu poderosamente os seus limites, e continua essa expansão do pensamento histórico para campos que ele antes não abrangia. Todos esses temas refletem determinados aspectos do quadro do mundo, que está presente na consciência do homem da época estudada e foi nela inserido pela cultura, pela tradição, pela língua, pelo modo de vida. Esse quadro é multiforme e no fundo inesgotável.

Convém mencionar os temas que há relativamente pouco tempo se tornaram objeto de estudo atento. De maneira nenhuma essa relação tem a pretensão da plenitude, mas, como espero, apesar de tudo pode dar uma certa idéia do "*front* de trabalhos". Pois bem:

• a relação dos membros de uma dada sociedade e das classes que passaram a integrá-la com o trabalho, a propriedade, a riqueza e a pobreza;

• a imagem do todo social e a avaliação dos diferentes grupos, classes, categorias e castas;

• a concepção do hábito e do direito, da significação do direito como regulador social;

• a imagem da natureza e sua apreensão, os meios de ação sobre ela – dos técnicos e operatórios aos mágicos;

• a avaliação das idades da vida, particularmente da infância e da velhice, a percepção da morte, das doenças, o tratamento dispensado à mulher, o papel do casamento e da família, a moral sexual e a prática sexual, ou seja, todos os aspectos subjetivos da demografia histórica – do ramo do conhecimento que opera na fronteira da cultura e da natureza, da biologia e da mentalidade;

• a relação do mundo terrestre com o mundo transcendente, a ligação entre eles e a compreensão do papel das forças sobrenaturais na vida dos indivíduos e dos grupos – tema de suma importância quando se examina a concepção religiosa do mundo, que domina a maior parte da história humana;

• o enfoque do espaço e do tempo, que até época relativamente recente não eram concebidos como abstrações mas antes como forças poderosas, eticamente coloridas, que agiam sobre o homem; a percepção da história e de sua tendência (progresso ou regresso, movimento cíclico, repetição ou desenvolvimento), e note-se que não se trata de mera interpretação da história pelos profissionais – cronistas, teólogos, escolastas – mas do seu vivenciamento mais imediato pela consciência ordinária;

• o surgimento e a disseminação dos modelos culturais;

• os diferentes níveis de cultura, os conflitos e a interação entre eles, particularmente a correlação da cultura oficial, intelectual da elite, que tem acesso ao saber, com a cultura popular ou folclórica, com a cultura dos iletrados;

• as formas de religiosidade, próprias do "alto" e do "baixo", dos letrados e iletrados; as diferenças da consciência religiosa no nível teológico, oficial, e no nível ordinário, as contradições e a interação entre elas;

• a psicologia dos "homens do livro" e a psicologia dos homens que vivem sob a condição de domínio da palavra falada e, respectivamente, percebem e reformulam a seu modo a informação;

• as fobias sociais, as psicoses coletivas e os tensos estados psicossociais;

• a caça às bruxas como resultado da interação das tradições popular e erudita;

• a correlação da "cultura da culpa" com a "cultura da vergonha", isto é, as orientações centradas no mundo interior ou no *socium*;

• a história das festas e dos hábitos de calendários, que cadenciaram todo o curso da vida dos grupos;

• a questão central da história das mentalidades – a personalidade humana como unidade estrutural do grupo social –; a medida do seu destaque e individualização ou, ao contrário, de sua inclusão e absorção pelo *socium*; os modos de autoconsciência do indivíduo; a concepção do seu lugar na estrutura geral do universo;

• a conscientização da identidade nacional, tribal, estatal, as contradições nacionais e os estereótipos nelas contidos, seu emprego pelo Estado e por manipuladores sociais de toda espécie;

• a biografia de um homem notável em face de sua época e da cultura como foco no qual se exprimem os traços característicos de sua época;

• a simbólica do poder e a percepção das instituições políticas.

Em suma, todos os aspectos do estudo da história das mentalidades, por mais heterogêneos e dispersos que sejam, juntam-se a um centro único – ao indivíduo, que se estrutura em função do tipo de

CONCLUSÃO

cultura. Os temas anteriormente mencionados só à primeira vista podem parecer dispersos e fortuitos. Tomados em conjunto, não têm qualquer aparência de conglomerado caótico de questões desconexas. Podem e devem ser interpretados como aspectos de uma estratégia de estudo histórico-antropológico do homem, a qual se forma espontaneamente. Em seu conjunto, o exame de todos esses aspectos do quadro do mundo e do comportamento dos homens do passado cria a possibilidade de construção de uma história precisamente como história humana.

Definamos de imediato: não se trata de alguma história do homem abstrato, mas da história do homem em sociedade, no grupo social. O enfoque antropológico se realiza no contexto da história social e assim lhe muda o objeto. Não é a história do comércio mas uma história dos comerciantes e citadinos, não é a história agrária mas uma história do campesinato; não é a história do capitalismo nascente mas a história dos banqueiros e dos agiotas[27].

Torno, porém, a ressaltar que esse tipo de estratégia deve ser discutida e elaborada. O objeto da investigação histórica é sumamente ramificado e complexo, ameaça tornar-se inabarcável. Já por isso é necessário inserir em seu estudo os elementos da ordenação e do sistema. Noutros termos, faz-se necessária uma teoria construída à base do estudo e da interpretação da nova experiência dos historiadores.

A relação de temas aqui apresentada em princípio é aberta e vem sendo completada constantemente por novos problemas. É "um universo em expansão". A relação evidencia com toda precisão: no campo de visão do historiador estão o homem e seu comportamento, determinado tanto pelas condições da vida material quanto pela tradição cultural, pelo modo de conceber o mundo. Por isso o estudo atual das mentalidades, a meu ver, transforma-se em estudo da história social antropologicamente orientado[28].

Certamente não se trata de mudança de etiquetas. A questão é outra: duvida-se de que seja lícito um estudo isolado da história das mentalidades. As mentalidades são um aspecto essencial e inalienável do sistema social. É o "éter" no qual se determinam a ponderabilidade e a significação dos atos e atitudes do homem. No entanto elas não formam esse "éter" por si mesmas mas em sua integralidade. Por isso eu suponho que os historiadores não podem deter-se na revelação dessas ou daquelas diretrizes mentais, seja o sentimento do

27. Cf. R. Deutsch, "La Nouvelle Histoire – die Geschichte eines Erfolges", *Historische Zeitschrift*, 233. Bd., H. 1, 1981, S. 125.

28. Cf. N. Z. Davis, "The Shapes of Social History", *Storia della storiografia*, 1990, 17, pp. 28-34; A. Yâ. Gurevich, "What is the perspective in which a Medievalist from Russia sees Social History at the End of the 80s?", *idem*, pp. 35-39. É diferente a visão da correlação da história das mentalidades com a história antropológica por Le Goff. Veja-se adendo.

280 A SÍNTESE HISTÓRICA E A ESCOLA DOS ANAIS

tempo ou a ética do trabalho, a relação com a morte ou com a infância e a velhice, a autoconsciência do indivíduo etc. Por conseguinte, é necessário mais um passo – a reconstrução dos quadros generalizados e multilaterais do mundo, que foram parte inalienável do sistema sociocultural e imprimiram sua marca no modo de pensar e no caráter do comportamento do homem em sociedade, do comportamento dos grupos que formam essa sociedade. Enfim, no centro da atenção dos estudiosos não estão as faculdades intelectuais ou o "instrumentário sensorial", o que se subentende pelos conceitos de *mentalité* e *outillage mental*, mas o homem dotado de muitas qualidades, inclusive da mentalidade. O quadro do mundo se me afigura mais complexo e conjunto, uma formação mais abrangente que a mentalidade.

Pode-se certamente continuar a discutir o conteúdo do conceito de *mentalité*, ele foi e provavelmente continuará impreciso, vago e por isso discutível. Vem sendo aplicado, mas de modo como que precavido. Costumam aproximá-lo ora da psicologia (Mandreau), ora da ideologia (Duby), ora do "imaginário" (Le Goff), ora da "história das representações humanas" (H. W. Goetz)[29]. Pode-se aplicar esse conceito em sentido amplificador ou restritivo[30]. O conceito de "quadro do mundo" não parece tão duvidoso e vago. É mais fácil dominá-lo e, principalmente, duvida-se de que seu valor heurístico possa suscitar sérias dúvidas. Por isso eu suponho que a idéia de passagem da história das mentalidades para uma história orientada em termos antropológico-culturais, entendida como história do quadro do mundo, mereceria ulterior exame. Le Goff chamou a antropologia histórica de "disciplina que se encontra em processo de formação e ainda não saiu da fase infantil"[31]. Contudo, observo de passagem que a correlação dos conceitos de "história das mentalidades" e "antropologia histórica" (ou "etnoistória"), o quanto me costa, ainda não foi estudada especialmente (veja-se, entretanto, a "Entrevista com Jacques Le Goff").

A poderosa ampliação da temática da investigação histórica pelos cientistas do grupo da *Annales* visa predominantemente a revelar a percepção da realidade que seria inerente ao homem de uma época estudada, a revelar sua autoconsciência. Podem observar que isso absolutamente não esgota o conteúdo da história. Certamente! Mas o seu aspecto antropológico-cultural abre perspectivas essencialmente novas. A investigação histórica ganha uma nova mensuração: parale-

---

29. H. W. Goetz, "Vorstellungsgeschichte": Menschliche Vorstellungen und Meinungen als Dimension der Vergangenheit, *Archiv für Kulturgeschichte*, 61, Bd., H. 2, 1979.

30. A. Boureau, "Propositions pour une histoire restreinte des mentalités", *Annales. E. S. C.*, 44e année, n. 6, 1989.

31. *La Nouvelle Histoire*, sous la dir. De J. Le Goff, R. Chartier, J. Revel, p. 11.

CONCLUSÃO 281

lamente à descrição "externa" dos fenômenos do passado, como os vêem os historiadores de hoje, desenha-se a imagem do homem, do mundo e da sociedade que andava na consciência dos homens do passado.

O mundo simbólico em que vive o homem é objeto não só da filologia, que se ocupa em estudar os mitos e imagens artísticas; o mundo simbólico se apresenta como aspecto inalienável do conhecimento histórico. Se a história realmente pretende ser a ciência do homem em sociedade, a antropologia simbólica não pode deixar de ser incluída no nosso "ofício".

Não há tarefa de maior atrativo intelectual e ao mesmo tempo mais importante do ponto de vista científico! A história não é a física nem a entomologia. Os indivíduos e grupos humanos não são partículas inertes nem formigas e abelhas programadas. Eles não agem como mecanismos acionados de uma vez por todas, são movidos pela consciência. Por isso não é possível nenhuma história que ignore a consciência do homem.

Mas de que homem? Parece que ninguém nega o imenso papel que em determinadas condições esse ou aquele indivíduo é capaz de desempenhar na história (aliás, como vimos, Braudel professava outro ponto de vista). Mesmo assim, os historiadores das mentalidades e os representantes da antropologia histórica se interessam antes de tudo não pelos "heróis" da história mas por seus participantes comuns, pelas "pessoas sem arquivos", pela "maioria silenciosa". O que é isso? Um democratismo falsamente interpretado, um tributo retardado ao romantismo? Suponho que o problema seja outro. A história orientada em termos antropológico-culturais sonda o solo real no qual, unicamente, é possível surgirem os "mesmos heróis do primeiro plano". Eles foram as crianças de sua época, no entanto é possível interpretá-la permanecendo a sós apenas com esses "heróis"?

A questão está colocada assim: a consciência de quem se deve estudar para compreender o processo histórico – do "grande projeto" de Henrique IV ou também a mentalidade do camponês francês? Os pensamentos negros de Stálin ou ao mesmo tempo também a psicologia dos inúmeros funcionários que cumpriam as ordens desumanas dele? Para compreender a complexidade de uma situação cultural basta conhecer as idéias de Giordano Bruno, ou é necessário levar em conta também as reflexões sobre Deus e o universo do desconhecido moleiro friulano Domenico Scandella, queimado pela Inquisição quase simultaneamente com Bruno e "ressuscitado" pelos esforços investigatórios de Carlo Ginsburg?[32]

32. C. Ginsburg, *Il formaggio e i vermi: Il cosmo di un mugnaio del'500*, Torino, 1976.

282 A SÍNTESE HISTÓRICA E A ESCOLA DOS ANAIS

É preciso reconhecer: em seu tempo os "annalenses" trabalharam bastante a fim de não só transferir o centro da atenção da psicologia individual para os fenômenos psíquicos de massas como eliminar quase inteiramente ou "marginalizar" a personalidade histórica. Hoje o papel da personalidade notável na história é uma questão recolocada perante os historiadores e teóricos, e recolocada pela própria vida. Obras como *Guilhaume, o Marechal ou o Melhor Cavaleiro do Mundo*[33] de Duby ou a biografia *São Luís*[34] de Le Goff testemunham o renascimento do interesse pela biografia entre os "novos historiadores", mas por uma biografia compreendida na mais estreita relação com o curso do processo histórico. Esse interesse me parece um dos sintomas de um avanço mais geral – do retorno ao individual em história, isto é, uma reação natural à "orgia" das "estruturas" e ao desconhecimento do tempo "breve" dos homens.

Aqui há muitas questões interessantes, mas deixemo-las de lado.

Contudo, há outro aspecto, talvez mais importante, da história das mentalidades: em que medida as representações que os homens fazem de si e do universo social e natural ao seu redor influenciam seu comportamento e de que maneira? Agem eles movidos apenas pelos interesses materiais concebidos racionalmente ou se guiam também por um quadro do mundo, por uma formação muito mais complexa e contraditória, carregada de símbolos, valores e modelos culturais? Lembro as palavras antes citadas de Duby:

a sociedade não se caracteriza só e exclusivamente por bases econômicas mas também por representações ideais sobre si mesma que ela elabora e desenvolve, pois os homens se comportam de acordo com a imagem da vida real que eles construíram[35].

Sobre a representação "objetiva" da história em conceitos e categorias da ciência contemporânea superpõe-se a interpretação "subjetiva" desses mesmos homens, sua visão de mundo. A coordenação desses dois pontos de vista diferentes, que em princípio não coincidem, torna o quadro da história estereoscópico, mais verídico, pois dá aos historiadores a possibilidade de evitar a modernização, de subpor nas cabeças dos homens de outra época pensamentos e sentimentos que absolutamente não são próprios deles mas dos nossos contemporâneos.

Mas a questão não se esgota no "estereoscópico". Como resultado da combinação das descrições "interna" e "externa", o historiador atin-

---

33. G. Duby, *Guillaume le Maréchal ou le meillheur chevalleur du monde*. Paris, 1984.

34. J. Le Goff, "After *Annales*: the Life as History", *The Times Literary Suplement*, abril, 14-20, 1989, n. 4, pp. 394, 405.

35. G. Duby, "Histoire sociale et histoire des mentalités. Le Moyen Age", *Aujourd1hui l'histoire*, Paris, 1974, p. 206; *idem*, "Histoire sociale et idéologies des sociétés", *Faire de l'histoire*, I, 1974, pp. 147-168.

CONCLUSÃO 283

ge uma "visão dupla (binocular)": uma se apóia na análise do passado, a qual passou pela rede contemporânea de categorias (a chamada "concepção científica da história"); a outra visão parte da percepção da mesma vida pelos homens do passado estudado. Esses dois quadros, que em princípio não podem coincidir, ainda assim devem estar coordenados entre si. Eles só podem ser compreendidos em conjunto, nunca separados. Só a correlação entre eles faz com que o quadro da história seja convincente e responda à especificidade do objeto do conhecimento histórico.

O confronto dos dois modos de descrição do "interno" e do "externo" pode trazer surpresas ao historiador, que por tradição se prende apenas à descrição "externa". As explicações, ditadas pelo seu "bom senso", podem perfeitamente revelar sua insuficiência perante a lógica dos homens de outra cultura e de outra época. Permito-me lembrar um exemplo com tesouros da época dos viquingues, tesouros que, a meu ver, devem ser explicados não pela sede de acumulação da riqueza em si mas pelas concepções da época sobre a "sorte" mágica, materializada em ouro e prata, sobre a existência do homem no outro mundo; devem ser explicados pelas crenças dos homens escondidas quer por trás da avareza, quer por trás da generosidade deles.

Pode parecer que as mentalidades e o imaginário são uma espécie de "adorno" no amplo frontão do edifício socioeconômico e que por isso se pode, é claro, ocupar-se da psicologia dos homens, assim como se pode também desprezá-la: essa ocupação é facultativa. É na raiz errôneo o ponto de vista que parte da concepção da própria natureza do conhecimento histórico.

É igualmente errônea a negação de princípio do estudo da história das mentalidades como "substituto verbal do marxismo e da psicanálise", o qual não possuiria nenhuma força explicativa e criaria a falsa ilusão de que, por essa via, "seria possível explicar a base e a superestrutura". Segundo François Furet, a descoberta de novos temas de estudo da história das mentalidades leva apenas à "multiplicação do secundário" e está sujeita às tendências fortuitas da moda ou a uma intuição de momento. Porque esses objetos são encontrados na realidade histórica e não construídos no ateliê do historiador[36]. É aí que está o mal. A história das mentalidades nos faz voltar à realidade, mas Furet despreza a realidade e prefere uma história que constrói seus objetos. Ele não deseja compreender que a história não é, em linhas gerais, uma ciência sobre os objetos mas sobre os sujeitos! Nessa posição negativa eu vejo a conclusão lógica do enfoque da história formulado por Braudel, sob o qual a liberdade e a escolha, os atos e o comportamento humanos não têm grande importância, pois as forças

36. F. Furet, *L'atelier de l'histoire*, p. 25.

motrizes devem ser procuradas em outros níveis – da "geoistória", da demografia histórica e da história da economia.

O estudo dos quadros do mundo, que se alternam na história, motiva imperiosamente os historiadores a agir precisamente como manda a natureza do ofício do historiador, ou seja: estudar o seu objeto – o homem em sociedade – não como objeto "externo", à semelhança dos objetos das ciências naturais, mas tal qual ele é em sua essência, isto é, como sujeito que age, pensa e sente, como autor e ator do drama vital da história, como interlocutor, participante do diálogo entre o passado e o presente. Concebido como objeto, como simples unidade estatística do movimento browniano ele não é interessante, está fora da história.

A história não é uma ciência sobre abstrações político-econômicas e nem uma "física social", é a ciência sobre os homens vivos e os grupos nos quais eles estão organizados; conseqüentemente, o historiador atual que tencione descobrir os segredos do passado não pode deixar de dirigir suas interrogações aos homens que outrora viveram, e tentar entabular um diálogo com eles, ou seja, fazer às fontes que se conservaram e foram criadas por aqueles homens as perguntas que interessam a ele, historiador, e procurar escutar suas respostas, decodificar suas mensagens.

O princípio monológico, que dominou por tanto tempo investigação histórica e sob o qual só se ouvia a voz do historiador que, à semelhança do naturalista que descrevia o seu objeto, é substituído pelo princípio dialógico: o historiador interroga os homens do passado e escuta atentamente suas respostas. Estas lhe sugerem novas perguntas e assim se entabula o diálogo do passado com o presente, o diálogo entre culturas.

O traço mais distintivo e ao mesmo tempo mais atraente da Nova História foi e continua sendo o interesse permanente e persistente pela história da consciência e do comportamento humanos. Para uns é um programa preciso, para outros, talvez uma sensação, uma intenção não inteiramente racional.

Como tentei mostrar, a história das mentalidades foi apenas esboçada nas obras de Febvre e Bloch. Mais tarde, no início dos anos sessenta, seu estudo foi reiniciado nas obras de Mandreau, Duby, Le Goff e vários cientistas. Mas logo a história das mentalidades começou a mudar de *status* cognitivo e transformar-se em antropologia histórica voltada para a reconstrução do quadro do mundo[37].

---

37. Cf. "Pour une histoire anthropologique", *Annales, E. S. C.*, 29e année, n. 6, 1974; "L'Anthropologie en France", *Annales, E. S. C.*, 31e année, n. 4, 1976; A. Burguière, *The New Annales...*, p. 195 ff; *idem*, "Anthropologie et science historiques das l'étude des sociétés européennes", *L'Anthropologie en France*, Paris, 1979; J. Revel, "L'Histoire sociale das les Annales: une définicion empirique", *Lendemains*, 24, november 1981, p. 41.

André Burguière divide os seguintes conjuntos de temas englobados pelo conceito

CONCLUSÃO 285

A antropologia histórica não pretende suplantar a história ou substituí-la. Há lugar para todos. Mas ela se torna parte inalienável de qualquer conhecimento humanístico e, por conseguinte, da Ciência Histórica. Perante ela se abrem – e disto estou profundamente convicto – amplas perspectivas, e tudo consiste na maneira pela qual essas possibilidades serão aproveitadas. Aí ganha grande atualidade a questão da interpretação teórica da experiência acumulada pela ciência e a da obtenção de todos os necessários efeitos metodológicos dessa experiência.

A Ciência Histórica se encontra hoje numa encruzilhada. Pensando bem, provavelmente ela sempre esteve diante de uma opção, mas os períodos de certeza na justeza da linha escolhida têm sido substituídos em sua história por períodos de dúvidas e buscas. Atualmente a consciência da crise é característica das mais diversas escolas de historiadores. Os procedimentos habituais, os enfoques tradicionais e os velhos problemas já não podem satisfazer nem os especialistas, nem a sociedade que lança esses especialistas para tomar consciência melhor e mais profunda de si mesma. A mudança dos "paradigmas" do "ofício" de historiador é um caso particular da crise geral da consciência, da perda das orientações tradicionais em nosso mundo, que, ao chegar aos limites do terceiro milênio, viu-se tomado de expectativas e temores apocalípticos.

Os historiadores, ou ao menos uma parte deles, sentem agudamente a necessidade da busca de novas vias e de novos conceitos. Além do mais, certamente não se deve descartar, de modo algum, tudo o que já foi feito. A experiência deve ser estudada e na medida em que seja positiva e valiosa, assimilada.

de "antropologia histórica": 1. a antropologia material e biológica, que estuda o corpo, as diretrizes em relação à vida e à morte, a sexualidade, a alimentação; 2. a antropologia econômica, que engloba o comportamento econômico, a troca (particularmente a troca de presentes), a correlação das diretrizes culturais e psicológicas com a técnica, a especificidade da economia dos países pré-capitalistas, nas quais os motivos materiais podem não desempenhar papel decisivo, subordinando-se às exigências da religião e da ética; 3. a antropologia social: o estudo da família, dos sistemas de parentesco, da demografia histórica, das relações entre a família e o Estado, da especificidade dos vínculos sociais; 4. a antropologia cultural e política, que estuda as crendices e rituais populares não nitidamente formulados e difusos, dos quais é rica a vida cotidiana, os sistemas de representação sobre o mundo, sobre o tempo, o folclore religioso, os mitos, a simbólica dos gestos, a correlação da cultura popular com a cultura erudita. Ao fazer um balanço da sua resenha, Burguière salienta que a antropologia histórica não possui seu próprio "domínio"; é uma tentativa de exame conjunto, "total" do material e de estabelecimento de vínculos entre os diferentes níveis da realidade. Seu objetivo comum é o estudo das lógicas não plenamente conscientizadas, que servem de base ao comportamento coletivo. Ela é uma realização do programa traçado por Marc Bloch. A. Burguière, "Anthropologie historique", *Dictionnaire des sciences historiques*, pp. 52-60.

286 A SÍNTESE HISTÓRICA E A ESCOLA DOS ANAIS

É por isso que senti necessidade de analisar as conquistas e as falhas dos colegas franceses. Ao longo de seus sessenta anos de história, a Escola dos Anais esteve invariavelmente pesquisando e experimentando inquietude criadora. Entre seus melhores representantes sempre esteve na ordem do dia a preocupação de sondar novos problemas, novos métodos de sua solução, novos tipos de fontes históricas.

Pois bem, qual é o balanço da nossa peregrinação pelos caminhos da Nova História. Não encontro fundamentos para falar de sua "decadência" ou de seu "fim". Não resta dúvida de que se podem e se devem constatar profundas divergências metodológicas no interior da escola, mas é necessário vê-la de modo rigorosamente diferenciado, sem confundir a "linha" de Bloch com correntes distantes dela. Meu trabalho foi dedicado antes de tudo à corrente que remonta a Bloch como a mais promissora.

Falando do futuro da Escola, parece-me que tudo ou pelo menos muita coisa depende da atenção que os "annalenses" tencionem e estejam em condição de dar à metodologia e à gnosiologia. A experiência imensa, e em muitos sentidos singular, que eles acumularam, requer exame mais atento e rigoroso. Aqui nem de longe foi feito tudo. A análise da situação atual na Ciência Histórica ajudaria a descobrir as suas tendências principais e elaborar alguma tendência geral nova, que nada recusaria categoricamente e ao mesmo tempo permitiria traçar os principais pontos de referência para o ulterior desenvolvimento do pensamento histórico.

Entrevista com Jacques Le Goff[1]

Aaron Guriêvitch: Eu gostaria de lhe fazer algumas perguntas, em primeiro lugar sobre a *Annales* e a Nova História e, em segundo, sobre o seu próprio trabalho como historiador. Alguns autores afirmam que a Escola dos Anais estaria em processo de desintegração e que seu papel na renovação da profissão de historiador já se teria esgotado. A meu ver é uma afirmação equivocada. Entretanto surge uma pergunta: por que esse tipo de crítica vem sendo amplamente difundido atualmente? Talvez haja algumas causas para se falar em "crise", tendo em vista que, em absoluto, esta não pressupõe forçosamente uma doença com desfecho letal, pois é admissível falar de crise de crescimento e de mudança. Os membros do colegiado de redatores da *Annales* estão indubitavelmente distantes dessas tendências pessimistas, e no entanto escreveram recentemente sobre uma "reviravolta crítica" no desenvolvimento da sua revista[2]. Existem alguns fundamentos para uma revisão da Nova História?

Jacques Le Goff: *Em primeiro lugar, não acho que uma crítica claramente formulada à* Annales *esteja amplamente difundida. Ademais, é preciso fazer uma distinção entre diferentes críticos. Um dos*

---

1. Esta entrevista me foi dada para a revista *Arbor mundi*. Acho isso de uma importância essencial para caracterizar as concepções de Jacques Le Goff e a compreensão das posições da Nova História atualmente, e por isso a reproduzi na íntegra.

2. *Histoire et sciences sociales: un tournant critique*, Annales. E. S. C, 43e anée, mars-avril 1988; *idem*, 44 année, novembre-decembre, 1989.

288 A SÍNTESE HISTÓRICA E A ESCOLA DOS ANAIS

juízos, que me parece bastante limitado, está expresso na obra de François Dosse Uma História em Estilhaços[3]. *Ele acusa a* Annales *de ter perdido o conceito de "história global". Estou convencido de que esse juízo é resultado de uma leitura desatenta ou de simples desconhecimento da revista, e se explica a priori pela posição hostil do autor. Além disso, costuma-se considerar que qualquer corrente intelectual ou científica expira com o tempo e que a* Annales *não fugiu a essa lei científica. Quanto a mim, suponho que essa idéia é falsa. O mundo do saber, se ele tem leis, não se sujeita às leis que regem o corpo humano. É o caso em que se precisa desprezar as metáforas vitalistas.*

Mas a revista, que foi a vanguarda da renovação, não está em condição de propor incessantemente o novo. A conjuntura de 1929[4], que suscitou mudanças profundas, não é a mesma conjuntura de 1992. À semelhança de todo o complexo de idéias, a Ciência Histórica de hoje não produz revoluções. Pode-se falar de crise, que é a crise de todo o conjunto de ciências sociais, e uma das causas dessa crise consiste em que, em muitos países, sejam quais forem os regimes políticos, a própria sociedade está em crise, e com ela o conceito de sociedade. A história, como foi definida pela Annales, *é em sua essência uma história social. Mas eu concordo com o senhor quanto ao fato de que a crise atual é uma crise de mudança e a historiografia está passando por uma mutação. A revista, tão solidamente vinculada à idéia de renovação, é um produto de sua época e na nova historiografia as mudanças da sociedade e dos conhecimentos sobre ela não podem deixar de ter expressão.*

Eis a razão pela qual a Annales *tem a intenção de realizar uma "reviravolta crítica". É necessário evitar que a recusa de determinados hábitos torne imprecisa a compreensão do que está nascendo. Essa reviravolta crítica traduz a vontade de ruptura com aquilo que se tornou estéril. Atraídos mais do que nunca para a multidisciplinaridade, que liga a história a outras ciências sociais, nós sonhamos com suas novas formas e estamos cheios de decisão de experimentá-las. Mas de quando em quando é útil manter as antigas orientações, por exemplo, aprofundando e enriquecendo a concepção braudeliana de tempo de longa duração e dos três níveis de tempo, e levando em*

3. Fr. Dosse, *L'Histoire en miettes. Des "Annales" a la "Nouvelle histoire"*, Paris, 1987.

4. Em 1929 saiu o primeiro número da *Annales* (até o início da Segunda Guerra Mundial chamava-se *Anais de História Econômica e Social*. Le Goff tem em vista que o ano de 1929 marcou o início da crise econômica mundial, que exerceu enorme influência sobre as mentes dos intelectuais ocidentais e não passou sem deixar vestígio para a reorientação da Ciência Histórica. No pós-guerra a revista sai com o nome *Anais. Economias. Sociedades. Civilizações.*

ENTREVISTA COM JACQUES LE GOFF 289

conta a pluralidade do tempo social e histórico, do qual a qualidade e a natureza são mutáveis em sociedades diferentes. É possível que essa mudança seja um dos elementos essenciais das mudanças históricas.

Parece-me que a "história das mentalidades" foi substituída parcialmente pelo conceito de "antropologia histórica". Existirá algum sentido interior em semelhante avanço dos conceitos ou o senhor considera que eles se substituem mutuamente?

A história das mentalidades e a antropologia histórica nunca se confundiram. Constituíram-se quase simultaneamente, mas correspondiam a diferentes fins e objetos. A antropologia histórica é uma concepção geral e global de história. Ela abarca todas as conquistas da Nova História, unindo o estudo da mentalidade, da vida material e do cotidiano em torno do conceito de antropologia. Ela abrange todos os novos campos da investigação, tais como o estudo do corpo, dos gestos, da palavra oral, do ritual, da simbólica etc. Já a mentalidade está restrita à esfera das formas automáticas de consciência e comportamento.

O destino de ambos os conceitos é muito diferente. A mentalidade teve um êxito surpreendente. O termo "mentalidade" disseminou-se do francês para quase todas as línguas, passou a integrar a linguagem de uso corrente e inundou os manuais. Por outro lado, muitos historiadores, inclusive aqueles que eram inovadores no estudo das mentalidades, entre os quais George Dumézil, negam-se a empregar esse conceito antes de tudo por sua excessiva imprecisão, e também porque é evidente a intenção de transformá-lo no conceito essencial de causalidade em história, desprezando a economia, as relações sociais, a política etc. Quanto a mim, estou convencido de que o estudo das mentalidades é uma conquista inalienável da Ciência Histórica, conquista que permite a esta superar as barreiras que a dividem. Mas eu aspiro a completar e reforçar a história das mentalidades com a história da ideologia, com a história do imaginário e com a história dos valores. No campo da história da cultura as mentalidades estão vinculadas à história intelectual, mais ampla e mais aberta que a antiga história das idéias, mas ao mesmo tempo a história das mentalidades tem os seus domínios especiais.

Discutindo o problema da originalidade da Escola dos Anais em seu recente livro sobre essa corrente, Peter Burke[5] escreveu que nos estudos dos "novos-historiadores" não existe nenhuma questão específica que não tenha sido estudada antes deles, e que só uma combinação singular de diferentes enfoques da história gerou a *A Revolução Francesa no Campo da História*. O senhor concorda com essa interpretação? Desconfio de

5. P. Burke, *The French Historical Revolution. The Annales. Economies. Sociétés. Civilisations.*

290 A SÍNTESE HISTÓRICA E A ESCOLA DOS ANAIS

que sua resposta será negativa. Neste caso, como o senhor avalia a originalidade da *Annales*, particularmente no campo da gnosiologia?

A opinião de Peter Burke não me parece inteiramente equivocada. É verdade que a Annales *teve predecessores. Na história intelectual é raro encontrar a novidade absoluta. Neste caso os predecessores foram, a meu ver, de duas espécies. Inúmeros grandes historiadores, que eram também grandes escritores, anteciparam a história global, que deve abranger tudo o que está ligado à atividade do homem e das sociedades humanas, tanto à atividade material quanto a espiritual, ligado à economia e à técnica assim como à religião e à política, à vida de cada homem e não só dos grandes homens e da elite. Essa concepção de história, como suponho, encontrou expressão especial na historiografia francesa, que constitui o fundamento histórico do êxito da* Annales. *A meu ver, os principais antepassados foram Voltaire, Chateaubriand, Guizot e Michelet. No início do século XIX foram feitas tentativas de renovação da história, as quais, não obstante, não foram plenamente coroadas de êxito por causas várias. Lembro-me da revista alemã* Zeitschrift für Zosial und Wirtschaftsgeschichte, *da influência do historiador belga Henri Pirenne, da revista* Revue de Synthèse *de Henri Berr[6], da americana* New History, *da* Nuovo Storia *de Barbagallo e do livro de John Huizinga.*

Parece-me que a Annales *inverteu a historiografia mediante a combinação de três idéias basilares: 1. pela crítica da relação entre o historiador, o monumento histórico e o fato em história; 2. pela aspiração a criar uma história total que unisse todos os aspectos do ativismo das sociedades humanas; 3. pela prática interdisciplinar da história e das ciências sociais, cabendo observar que a história, ocupada com a cronologia e com a análise da duração e das mudanças, continua sendo o carro-chefe nesses jogos interdisciplinares. Até aquelas estruturas estudadas pela história, as quais evoluem lentamente, apesar de tudo passam por transformações. Não existe história imóvel.*

A meu ver, a maior conquista dos "novos historiadores" no nível da epistemologia está na concepção totalmente nova da posição e do *status* gnosiológico do historiador. Eles chegaram por via empírica a essa apreciação das peculiaridades da profissão de historiador, a qual, em princípio, se assemelha à epistemologia neokantiana na forma como foi definida por Windelband, Rickert e Max Weber: a contraposição das "ciências da cultura" às "ciências da natureza", o papel dos juízos de valor, a necessidade de aplicação dos "tipos ideais" etc. A idéia dos "annalenses" para a qual a história é a ciência sobre o homem, sobre o homem na sociedade e no tempo, tese segundo a qual a investigação histórica depende da

---

6. Henri Berr (1863-1954), filósofo francês, que se propôs a tarefa de unir a história com a filosofia em torno do problema da síntese histórica.

ENTREVISTA COM JACQUES LE GOFF 291

formulação do problema (pela qual ela começa), e o problema acaba
sendo ditado pela cultura de dada sociedade à qual o historiador pertence, parece-me refletir o mesmo enfoque proposto pelos referidos pensadores de feitio neokantiano.

Mas o postulado dos metodologistas alemães foi formulado pre-
ferivelmente em forma abstrata e teórica, ao passo que Marc Bloch,
Lucien Febvre e seus seguidores trabalhavam como historiadores praticantes. Lembrando a tradicional aversão dos historiadores franceses
a qualquer filosofia, eu não suponho uma influência direta das teorias
alemãs e tenho plena consciência de que os "annalenses" tinham suas
próprias "retaguardas" científicas. As idéias de Durkeim, Marcel
Mauss[7], Berr, Simian[8] eram de suma importância para eles. O que eu
tenho em vista se resume no seguinte: a "Revolução Francesa dos
Historiadores" foi um dos movimentos intelectuais altamente característicos da cultura e da mentalidade do século XX, foi uma das expressões dos profundos avanços latentes na concepção contemporânea de
história e como resultado personificou um novo enfoque da história,
mais adequado e convincente que os enfoques anteriores. O que o
senhor acha disso?

É preciso reconhecer que os fundadores da Analles *e da Nova História ignoravam grande parte dos estudiosos alemães, à exceção de Max
Weber, e assimilaram suas idéias apenas em medida restrita. Nem a influência de Marx e a leitura das suas obras foram profundas. A hostilidade da maioria dos historiadores franceses pela filosofia da história está
fora de dúvida e era partilhada por Febvre e Bloch, mas estes experimentavam sensivelmente a necessidade de um enfoque se não teórico, ao
menos metodológico e epistemológico em sua prática in-vestigatória.*

*Infelizmente, as fontes intelectuais da "Revolução Francesa dos
Historiadores" do século XX não foram suficientemente estudadas.
Se está claro que a influência de Durkheim, Mauss, Berr e Simian foi
grande, então ainda sabemos mal de que maneira, em que medida e
até que ponto ela foi efetiva. Durkheim foi mais importante que tudo
para Marc Bloch. Isso é confirmado pela sua aspiração a estudar o
racional no processo histórico e a interpretar o social como núcleo
das ciências sobre o homem, incluindo a história. Mas Bloch lamen-
tou que Durkheim e os sociólogos fossem indiferentes à cronologia e
ao curso do tempo. A influência de Mauss se fez notar particularmente na* Annales *pós-Braudel[9] com sua orientação antropológica. Essa
influência foi exercida através dos "padrinhos" da* Annales – Louis

7. Marcel Mauss (1872-1950), notável etnólogo francês.
8. François Simian (1873-1935), economista e sociólogo francês.
9. Isto é, no anos setenta, a direção do colegiado de redatores da revista era exercida
por Jacques Le Goff, Emmanuel Le Roy Ladurie, Jacques Revel, Marc Ferro e seus colegas.

292 A SÍNTESE HISTÓRICA E A ESCOLA DOS ANAIS

Gernet e seus discípulos como Jean-Pierre Vernant e Pierre Vidal-Naquet[10]. A influência de Henri Berr foi mais direta, e existe uma autêntica continuidade entre a Revue de Synthèse *e a* Annales. *Entretanto a* Annales *deixou de lado a filosofia, que era muito importante para Henri Berr e sua revista. Em um futuro próximo, o estudo dos importantes materiais de arquivo deveria mostrar quais haviam sido as relações entre o Centro da Síntese de Henri Berr e o grupo da* Annales. *Por fim, Simian influenciou principalmente com seu famoso* Manifesto Crítico Dirigido aos Historiadores, *que Lucien Febvre e Marc Bloch consideraram o ponto de partida das suas reflexões e atividade. É também possível, mas de difícil demonstração em face da ausência de pesquisas especiais, que as novas diretrizes em relação à duração e, de modo correspondente, a história das camadas profundas da sociedade francesa tenham influenciado o surgimento da* Annales. *Isso é indubitavelmente verdadeiro em relação ao livro de Maurice Halbwachs[11]* Les cadres sociaux de la mémoire *(1924). Eu sugiro a hipótese de um determinado paralelismo entre as pesquisas do romancista Marcel Proust e a concepção de duração dos "annalenses", que, talvez, experimentaram inconscientemente a influência da filosofia de Bergson. Por outro lado, a posição ideológica e política dos fundadores da* Annales, *que seguiam nitidamente uma orientação de esquerda, devia estimular o seu interesse pelas classes inferiores da sociedade, pela cultura técnica e material.*

Não há poucos estudos interessantes sobre a história das mentalidades, a história antropológica e a história dos valores. O senhor acharia útil discutir a "estratégia geral" da Nova História, que serve de base a esses estudos? Confesso que depois da nossa conferência dedicada à *Annales* (Moscou, 1989), eu continuei a achar que semelhante discussão seria interessante em um fórum internacional.

Não há dúvida de que o movimento, que conclamou a terceira geração da Annales *a ocupar-se antes das mentalidades e da antropologia histórica, continua a intensificar entre o grupo atual da* Annales *e muitos outros historiadores franceses várias formas de reflexão histórica, que servem de base de tais estudos. A aspiração de conservar a fecunda plasticidade do conceito de* mentalité *e a infinitude de horizontes da antropologia histórica se combina com a aspiração de introduzir conceitos mais "rigorosos" na epistemologia histórica. Em todo caso, no que me diz respeito, eu insisto na necessidade de uma história do imaginário e de uma história dos valores. A influência do estruturalismo de Claude Lévy-Strauss foi importante para a interpretação das*

---

10. Gernet, Vernant e Vidal-Naquet: historiadores franceses especialistas em Antiguidade.

11. Maurice Halbwach (1877-1945), membro do colegiado de redatores da *Annales*.

ENTREVISTA COM JACQUES LE GOFF 293

fontes e dos acontecimentos, mas a sua antropologia cultural ou social, por força de sua indiferença pela categoria de tempo, exerceu uma influência apenas limitada sobre os historiadores da Annales.

A questão do desenvolvimento da *Annales* no futuro afigura-se muito importante, se não decisiva. O senhor admite que se possa esperar a continuidade da tradição ou se deve esperar um novo começo? O que o senhor pode dizer sobre uma "quarta geração" de "annalenses"? O senhor poderia citar os representantes mais destacados e promissores da nova geração?

Compreende-se que durante um longo tempo a Annales *alimentou-se da inesgotável iniciativa dos seus fundadores. O espírito da* Annales *não morreu e ele é permanentemente necessário, pois, caso contrário, uma falsa idéia difundida por alguém poderia levar a Annales a subordinar-se a pontos de vista que eu me permitiria chamar de obscurantistas, reducionistas e reacionários, mas hoje, graças ao espírito da* Annales, *eles encontram resistência. Enquanto uma parte daqueles que falam de "retornos" – retorno ao acontecimento, retorno à história política, retorno à biografia – procura estimular novas investigações históricas para as quais a* Annales *sempre está aberta (eu me permito lembrar que ainda em 1971 eu fui o primeiro na França a insistir na necessidade de elaboração de um novo tipo de história política), os motivos de muitos teóricos e praticantes, que conclamam a semelhantes "retornos", consistem em solapar e liquidar a causa da* Annales *e a sua influência, sob o pretexto da necessidade de fazer renascer a "história-relato"... Os combates pela história, como Lucien Febvre os denominou, são sempre atuais na historiografia internacional, e também na própria França. Mas o editorial "Reviravolta Crítica" (*Annales, *1989) testemunha a vontade de uma revisão profunda. Se todos nós da redação da* Annales *concordamos com a necessidade de combinar a fidelidade aos princípios fundamentais com a revisão de posições, então fica claro que aquilo a que o senhor chamou de quarta geração está com uma disposição mais decidida e mais radical nessa nossa iniciativa, pois a* Annales *não está à margem do problema das gerações.*

Eu teria dificuldade de mencionar nomes, antes de tudo porque alguém já se revelou mas ainda não concluiu sua pesquisa e outros, mais maduros, mesmo assim continuam inovadores e combatentes. Na redação da Annales *quem mantém a ordem em suas mãos é o nosso secretário Bernard Lepti, que há algumas semanas se tornou membro do colegiado de redatores, mas ele ainda não recebeu os louros da universidade.*

O senhor está trabalhando no livro sobre São Luís, rei da França. Posso lhe perguntar sobre os seus planos para o futuro? Fiquei forte-

294 A SÍNTESE HISTÓRICA E A ESCOLA DOS ANAIS

mente impressionado com seu livro *Histoire et Mémoire*[12]. O senhor tenciona continuar estudando os aspectos teóricos da história? Sem dúvida, estou sumamente interessado no seu livro sobre o riso medieval, porque eu mesmo estudo esse problema. Demais, se não estou enganado, o senhor tenciona escrever sobre Marc Bloch. Estou aguardando impacientemente esse trabalho, porque justo agora eu concluí meu livro *A Síntese Histórica e a Escola dos Anais*, no qual Bloch é um dos personagens centrais (assim como Jacques Le Goff).

De fato, estou concluindo o livro sobre São Luís, no qual não vejo, em absoluto, certa negação das tradições da Annales *mas, ao contrário, uma disseminação de suas idéias e das minhas próprias reflexões sobre a vida de um personagem histórico no tempo e sobre a estruturação de todos os ramos da história e de seus diferentes enfoques em torno de um indivíduo.*

Quanto ao futuro, eu realmente estou para escrever um trabalho sobre Marc Bloch, que difere fortemente de sua biografia recém-publicada pela americana Carole Fink[13]. Será o retrato intelectual do cientista no entorno em mutação e em diferentes momentos de sua vida, que contribuíram para a elaboração e o desenvolvimento do seu método histórico: começando pelo caso Dreyffus e terminando na Segunda Guerra Mundial, incluindo a Escola Normal Superior e a Fundação Thiers, as experiências de Bloch no campo da história antropológica e comparada, sua viagem científica à Alemanha, a participação na Primeira Guerra Mundial, o cerco de Bloch em Strasburgo, que conhecemos melhor, e o tempo de Sorbonne até o início da nova guerra. Espero dar muita atenção aos congressos internacionais de historiadores dos quais Bloch participou.

Engajado na construção da Europa moderna, tenciono materializar na série européia de monografias históricas, que eu dirijo e da qual o senhor mesmo participa, minhas reflexões sobre o nascimento e o desenvolvimento das universidades da Idade Média e da Idade Moderna como um dos mais importantes fundamentos da estrutura do ensino e dos conhecimentos da Europa de hoje. Eu gostaria de ver essas questões mais sob a perspectiva da antropologia histórica das instituições que no plano de uma história sociológica (tenho em vista precisamente a "história sociológica" e não a "sociologia histórica", pois sou historiador e não sociólogo), como o fiz no meu ensaio Les intellectuels du Moyen Age *(1957).*

Eu sempre me interessei pela correlação da história com a etnologia e por isso tenciono estudar um personagem tão representativo do meio intelectual de fins do século XII e início do século XIII como

12. Jacques Le Goff, *Histoire et Mémoire*, Paris, 1986.
13. Carole Fink, *Marc Bloch. A Life in History*, New York, 1989.

ENTREVISTA COM JACQUES LE GOFF

Gervasio de Talburg, que entre outras coisas estudava etnografia, procurando entender o florescimento da cultura cristã no âmbito das culturas tradicionais da Irlanda ao sul da Itália.

Não estou certo de que meu seminário "O Riso na Idade Média"[14] me dará material suficiente (já sem falar de tempo) para um livro. Não tenho intenção de escrever novos trabalhos sobre metodologia, semelhantes a La Nouvelle Histoire[15] *ou* Histoire et Mémoire, *mas continuo refletindo sobre o saber histórico e a profissão de historiador. Nós somos produtos de nossa época, e sei que ela precisamente me motivará a escrever no tempo que ainda me resta.*

14. Na Escola de Altos Estudos em Ciências Sociais em Paris.

15. *La Nouvelle Histoire*, sous la dir. de J. Le Goff, R. Chartier, J. Revell, Paris, 1978.

COLEÇÃO ESTUDOS

1. *Introdução à Cibernética*, W. Ross Ashby.
2. *Mimesis*, Erich Auerbach.
3. *A Criação Científica*, Abraham Moles.
4. *Homo Ludens*, Johan Huizinga.
5. *A Lingüística Estrutural*, Giulio C. Lepschy.
6. *A Estrutura Ausente*, Umberto Eco.
7. *Comportamento*, Donald Broadbent.
8. *Nordeste 1817*, Carlos Guilherme Mota.
9. *Cristãos-Novos na Bahia*, Anita Novinsky.
10. *A Inteligência Humana*, H. J. Butcher.
11. *João Caetano*, Décio de Almeida Prado.
12. *As Grandes Correntes da Mística Judaica*, Gershom G. Scholem.
13. *Vida e Valores do Povo Judeu*, Cecil Roth e outros.
14. *A Lógica da Criação Literária*, Käte Hamburger.
15. *Sociodinâmica da Cultura*, Abraham Moles.
16. *Gramatologia*, Jacques Derrida.
17. *Estampagem e Aprendizagem Inicial*, W. Sluckin.
18. *Estudos Afro-Brasileiros*, Roger Bastide.
19. *Morfologia do Macunaíma*, Haroldo de Campos.
20. *A Economia das Trocas Simbólicas*, Pierre Bourdieu.
21. *A Realidade Figurativa*, Pierre Francastel.
22. *Humberto Mauro*, Cataguases, Cinearte, Paulo Emílio Salles Gomes.
23. *História e Historiografia do Povo Judeu*, Salo W. Baron.
24. *Fernando Pessoa ou o Poetodrama*, José Augusto Seabra.
25. *As Formas do Conteúdo*, Umberto Eco.
26. *Filosofia da Nova Música*, Theodor Adorno.
27. *Por uma Arquitetura*, Le Corbusier.
28. *Percepção e Experiência*, M. D. Vernon.
29. *Filosofia do Estilo*, G. G. Granger.
30. *A Tradição do Novo*, Harold Rosenberg.
31. *Introdução à Gramática Gerativa*, Nicolas Ruwet.
32. *Sociologia da Cultura*, Karl Mannheim.

33. *Tarsila sua Obra e seu Tempo* (2 vols.), Aracy Amaral.
34. *O Mito Ariano*, Léon Poliakov.
35. *Lógica do Sentido*, Gilles Delleuze.
36. *Mestres do Teatro I*, John Gassner.
37. *O Regionalismo Gaúcho*, Joseph L. Love.
38. *Sociedade, Mudança e Política*, Hélio Jaguaribe.
39. *Desenvolvimento Político*, Hélio Jaguaribe.
40. *Crises e Alternativas da América Latina*, Hélio Jaguaribe.
41. *De Geração a Geração*, S. N. Eisenstadt.
42. *Política Econômica e Desenvolvimento do Brasil*, Nathanael H. Leff.
43. *Prolegômenos a uma Teoria da Linguagem*, Louis Hjelmslev.
44. *Sentimento e Forma*, Susanne K. Langer.
45. *A Política e o Conhecimento Sociológico*, F. G. Castles.
46. *Semiótica*, Charles S. Peirce.
47. *Ensaios de Sociologia*, Marcel Mauss.
48. *Mestres do Teatro II*, John Gassner.
49. *Uma Poética para Antonio Machado*, Ricardo Gullón.
50. *Burocracia e Sociedade no Brasil Colonial*, Stuart B. Schwartz.
51. *A Visão Existenciadora*, Evaldo Coutinho.
52. *América Latina em sua Literatura*, Unesco.
53. *Os Nuer*, E. E. Evans-Pritchard.
54. *Introdução à Textologia*, Roger Laufer.
55. *O Lugar de Todos os Lugares*, Evaldo Coutinho.
56. *Sociedade Israelense*, S. N. Eisenstadt.
57. *Das Arcadas do Bacharelismo*, Alberto Venancio Filho.
58. *Artaud e o Teatro*, Alain Virmaux.
59. *O Espaço da Arquitetura*, Evaldo Coutinho.
60. *Antropologia Aplicada*, Roger Bastide.
61. *História da Loucura*, Michel Foucault.
62. *Improvisação para o Teatro*, Viola Spolin.
63. *De Cristo aos Judeus da Corte*, Léon Poliakov.
64. *De Maomé aos Marranos*, Léon Poliakov.
65. *De Voltaire a Wagner*, Léon Poliakov.
66. *A Europa Suicida*, Léon Poliakov.
67. *O Urbanismo*, Françoise Choay.
68. *Pedagogia Institucional*, A. Vasquez e F. Oury.
69. *Pessoa e Personagem*, Michel Zeraffa.
70. *O Convívio Alegórico*, Evaldo Coutinho.
71. *O Convênio do Café*, Celso Lafer.
72. *A Linguagem*, Edward Sapir.
73. *Tratado Geral de Semiótica*, Umberto Eco.
74. *Ser e Estar em Nós*, Evaldo Coutinho.
75. *Estrutura da Teoria Psicanalítica*, David Rapaport.
76. *Jogo, Teatro & Pensamento*, Richard Courtney.
77. *Teoria Crítica I*, Max Horkheimer.
78. *A Subordinação ao Nosso Existir*, Evaldo Coutinho.
79. *A Estratégia dos Signos*, Lucrécia D'Aléssio Ferrara.
80. *Teatro: Leste & Oeste*, Leonard C. Pronko.
81. *Freud: a Trama dos Conceitos*, Renato Mezan.
82. *Vanguarda e Cosmopolitismo*, Jorge Schwartz.
83. *O Livro dIsso*, Georg Groddeck.
84. *A Testemunha Participante*, Evaldo Coutinho.
85. *Como se Faz uma Tese*, Umberto Eco.

86. *Uma Atriz: Cacilda Becker*, Nanci Fernandes e Maria Thereza Vargas (org.).
87. *Jesus e Israel*, Jules Isaac.
88. *A Regra e o Modelo*, Françoise Choay.
89. *Lector in Fabula*, Umberto Eco.
90. *TBC: Crônica de um Sonho*, Alberto Guzik.
91. *Os Processos Criativos de Robert Wilson*, Luiz Roberto Galizia.
92. *Poética em Ação*, Roman Jakobson.
93. *Tradução Intersemiótica*, Julio Plaza.
94. *Futurismo: uma Poética da Modernidade*, Annateresa Fabris.
95. *Melanie Klein I*, Jean-Michel Petot.
96. *Melanie Klein II*, Jean-Michel Petot.
97. *A Artisticidade do Ser*, Evaldo Coutinho.
98. *Nelson Rodrigues: Dramaturgia e Encenaçes*, Sábato Magaldi.
99. *O Homem e seu Isso*, Georg Groddeck.
100. *José de Alencar e o Teatro*, João Roberto Faria.
101. *Fernando de Azevedo: Educação e Transformação*, Maria Luiza Penna.
102. *Dilthey: um Conceito de Vida e uma Pedagogia*, Maria Nazaré de Camargo Pacheco Amaral.
103. *Sobre o Trabalho do Ator*, Mauro Meiches e Silvia Fernandes.
104. *Zumbi, Tiradentes*, Cláudia de Arruda Campos.
105. *Um Outro Mundo: a Infância*, Marie-José Chombart de Lauwe.
106. *Tempo e Religião*, Walter I. Rehfeld.
107. *Arthur Azevedo: a Palavra e o Riso*, Antonio Martins.
108. *Arte, Privilégio e Distinção*, José Carlos Durand.
109. *A Imagem Inconsciente do Corpo*, Françoise Dolto.
110. *Acoplagem no Espaço*, Oswaldino Marques.
111. *O Texto no Teatro*, Sábato Magaldi.
112. *Portinari, Pintor Social*, Annateresa Fabris.
113. *Teatro da Militância*, Silvana Garcia.
114. *A Religião de Israel*, Yehezkel Kaufmann.
115. *Que é Literatura Comparada?*, Brunel, Pichois, Rousseau.
116. *A Revolução Psicanalítica*, Marthe Robert.
117. *Brecht: um Jogo de Aprendizagem*, Ingrid Dormien Koudela.
118. *Arquitetura Pós-Industrial*, Raffaele Raja.
119. *O Ator no Século XX*, Odette Aslan.
120. *Estudos Psicanalíticos sobre Psicossomática*, Georg Groddeck.
121. *O Signo de Três*, Umberto Eco e Thomas A. Sebeok.
122. *Zeami: Cena e Pensamento Nô*, Sakae M. Giroux.
123. *Cidades do Amanhã*, Peter Hall.
124. *A Causalidade Diabólica I*, Léon Poliakov.
125. *A Causalidade Diabólica II*, Léon Poliakov.
126. *A Imagem no Ensino da Arte*, Ana Mae Barbosa.
127. *Um Teatro da Mulher*, Elza Cunha de Vicenzo.
128. *Fala Gestual*, Ana Claudia de Oliveira.
129. *O Livro de São Cipriano: uma Legenda de Massas*, Jerusa Pires Ferreira.
130. *Kósmos Noetós*, Ivo Assad Ibri.
131. *Concerto Barroco às peras do Judeu*, Francisco Maciel Silveira.
132. *Sérgio Milliet, Crítico de Arte*, Lisbeth Rebollo Gonçalves.
133. *Os Teatros Bunraku e Kabuki: Uma Visada Barroca*, Darci Kusano.
134. *O diche e seu Significado*, Benjamin Harshav.
135. *O Limite da Interpretação*, Umberto Eco.
136. *O Teatro Realista no Brasil: 1855-1865*, João Roberto Faria.
137. *A República de Hemingway*, Giselle Beiguelman-Messina.

138. *O Futurismo Paulista*, Annateresa Fabris.
139. *Em Espelho Crítico*, Robert Alter.
140. *Antunes Filho e a Dimensão Utópica*, Sebastião Milaré.
141. *Sabatai Tzvi: O Messias Místico I, II, III*, Gershom Scholem.
142. *História e Narração em Walter Benjamin*, Jeanne Marie Gagnebin.
143. *A Política e o Romance*, Irwing Howe.
144. *Os Direitos Humanos como Tema Global*, J. A. Lindgren.
145. *O Truque e a Alma*, Angelo Maria Ripellino.
146. *Os Espirituais Franciscanos*, Nachman Falbel.
147. *A Imagem Autônoma*, Evaldo Coutinho.
148. *A Procura da Lucidez em Artaud*, Vera Lúcia Gonçalves Felício.
149. *Memória e Invenção: Gerald Thomas em Cena*, Sílvia Fernandes Telesi.
150. *Nos Jardins de Burle Marx*, Jacques Leenhardt.
151. *O Inspetor Geral de Gógol/Meyerhold*, Arlete Cavalière.
152. *O Teatro de Heiner Müller*, Ruth Röhl.
153. *Psicanálise, Estética e Ética do Desejo*, Maria Inês França.
154. *Cabala: Novas Perspectivas*, Moshe Idel.
155. *Falando de Shakespeare*, Barbara Heliodora.
156. *Imigrantes Judeus / Escritores Brasileiros*, Regina Igel.
157. *A Morte Social dos Rios*, Mauro Leonel.
158. *Barroco e Modernidade*, Irlemar Chiampi.
159. *Moderna Dramaturgia Brasileira*, Sábato Magaldi.
160. *O Tempo Não-Reconciliado*, Peter Pál Pelbart.
161. *O Significado da Pintura Abstrata*, Mauricio Mattos Puls
162. Work in Progress *na Cena Contemporânea*, Renato Cohen
163. *Mito e Tragédia na Grécia Antiga*, Jean-Pierre Vernant e Pierre Vidal-Naquet
164. *A Teoria Geral dos Signos*, Elisabeth Walther
165. *Lasar Segall: Expressionismo e Judaísmo*, Cláudia Valladão Mattos
166. *Escritos Psicanalíticos sobre Literatura e Arte*, Georg Groddeck
167. *Norbert Elias, a Política e a História*, Alain Garrigou e Bernard Lacroix
168. *A Cultura Grega e a Origem do Pensamento Europeu*, Bruno Snell
169. *O Freudismo – Esboço Crítico*, M. M. Bakhtin
170. *Stanislávski, Meierhold & Cia.*, J. Guinsburg
171. *O Anti-Semitismo na Era Vargas*, Maria Luiza Tucci Carneiro
172. *Apresentação do Teatro Brasileiro Moderno*, Décio de Almeida Prado
173. *Imaginários Urbanos*, Armando Silva Tellez
174. *Psicanálise em Nova Chave*, Isaias Melsohn
175. *Da Cena em Cena*, J. Guinsburg
176. *Jesus*, David Flusser
177. *O Ator Compositor*, Matteo Bonfitto
178. *Freud e Édipo*, Peter L. Rudnytsky
179. *Avicena: A Viagem da Alma*, Rosalie Helena de Souza Pereira
180. *Em Guarda Contra o "Perigo Vermelho"*, Rodrigo Sá Motta
181. *A Casa Subjetiva*, Ludmila de Lima Brandão
182. *Ruggero Jacobbi*, Berenice Raulino
183. *Presenças do Outro*, Eric Landowski
184. *O Papel do Corpo no Corpo do Ator*, Sônia Machado Azevedo
185. *O Teatro em Progresso*, Décio de Almeida Prado
186. *Édipo em Tebas*, Bernard Knox
187. *Arquitetura e Judaísmo: Mendelsohn*, Bruno Zevi
188. *Uma Arquitetura da Indiferença*, Annie Dymetman
189. *A Casa de Adão no Paraíso*, Joseph Rykwert
190. *Pós-Brasília: Rumos da Arquitetura Brasileira*, Maria Alice Junqueira Bastos

191. *Entre Passos e Rastros*, Berta Waldman
192. *Depois do Espetáculo*, Sábato Magaldi
193. *Franz Kafka: Um Judaísmo na Ponte do Impossível*, Enrique Mandelbaum
194. *Em Busca da Brasilidade*, Claudia Braga
195. *O Fragmento e a Síntese*, Jorge Anthonio e Silva
196. *A Análise dos Espetáculos*, Patrice Pavis
197. *Preconceito Racial: Portugal e Brasil-Colônia*, Maria Luiza Tucci Carneiro
198. *Nas Sendas do Judaísmo*, Walter I. Rehfeld
199. *O Terceiro Olho*, Francisco Elinaldo Teixeira
200. *Maimônides, O Mestre*, Rabino Samy Pinto
201. *A Síntese Histórica e a Escola dos Anais*, Aaron Guriêvitch
202. *Cabala e Contra-História*, David Biale
203. *A Sombra de Ulisses*, Piero Boitani
204. *Samuel Beckett: Escritor Plural*, Célia Berrettini

IMPRESSÃO E ACABAMENTO
Bartira Gráfica e Editora Ltda.